刑事法入門

［第2版］

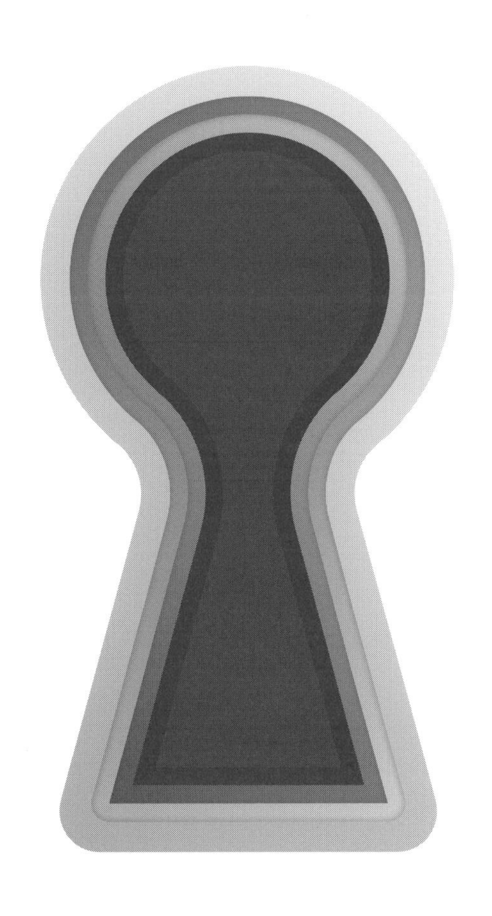

上野幸彦
太田　茂

第２版発刊にあたって

本書の初版はお陰様で各方面から好評をいただきましたが、発刊後４年を経過し、その間、関係法令の改正や実務の運用の変化・進展もあったことから、改訂版を発刊することになりました。

本書は、私たち著者が教授を務める（太田は2020年まで）日本大学危機管理学部における刑法・刑事訴訟法等の講義の教科書とすることを主眼としていました。しかし、その内容が、刑法等の実体法、刑事訴訟法等の手続法の双方を含み、理論面のみならず、実際の刑事事件の捜査・公判にも即して解説を行うものであるため、学生諸君のみならず、警察官等、刑事司法の実務に携わる皆さんにとっても有用なものだと考えています。のみならず、ロースクールなどで司法試験を目指す皆さん、特に未修者の方には、これ１冊で、実体法と手続法の双方にわたり、刑事司法の理論と実務の概要が理解できるものと考えています。

そのため、改訂版においては、これら学生、警察官等、司法試験受験者の皆さんを読者層とすることをより強く意識し、それに即した内容とすることを心掛けました。

第１編「刑法」では、まず、法律改正に関して、交通犯罪の箇所に「妨害運転罪の新設」を加えるとともに、去年の刑法改正により導入されることとなった懲役・禁錮の廃止に伴う「拘禁刑」の創設について説明を加えました。また、立法の動向に関連して、性刑法をめぐる国際的な状況と日本における要件の見直しについて言及しています。さらに、とくに、サイバーないしデジタル関連犯罪について、注目すべき判例をフォローして紹介しました。

第２編「刑事訴訟法」においては、実務的にも、司法試験受験のためにも重要な論点である、任意同行・留置き。宿泊を伴う取調べ、秘密撮影などについて加筆し、また、取調べの録音録画、司法取引などの刑訴法の改正、少年法改正などの要点についても加筆しました。

本書が、読者の皆さんにとって、勉学のためにも、また捜査・公判等の実務の適正な執行のためにも、座右の指針となるものであれば、誠に幸いです。

2023年１月

上野　幸彦
太田　　茂

はじめに

筆者（太田・上野）は、平成28年に開設された日本大学危機管理学部の専任教員として、「社会安全と法（刑事法入門）」の講義を担当しています。同学部は、災害マネジメント領域（地震・大規模事故対策など）、パブリックセキュリテイ領域（犯罪やテロ対策など）、グローバルセキュリテイ領域（戦争や紛争、環境や難民問題など）、情報セキュリテイ領域（情報管理やサイバーセキュリテイなど）の４領域を設け、それぞれの領域で将来活躍できる人材を養成することを目的としています。刑法や刑事訴訟法などの刑事法は、警察官をはじめとして刑事司法の分野を担う者にとっては不可欠の素養です。しかし、犯罪は市民生活に危険をもたらし、企業や行政の分野でも犯罪が生じることがあり、また、様々な事故なども刑事の分野と関連する場合が少なくないことから、刑事法の基礎的な素養は、同学部の学生全員にとって必要なものです。そのため、同学部では１年次の秋学期の必須科目として、刑法と刑事訴訟法の基礎を中心とした本講座を設けています。

本書は、その講座の教科書とすることを主眼としつつ、２年次以降の「犯罪と法Ⅰ・Ⅱ（刑法）」「刑事司法手続Ⅰ・Ⅱ（刑事訴訟法）」の講座の受講者の参考書ともなるものです。

本書の内容は、第１編「刑法」と第２編「刑事訴訟法」で構成しています。

第１編では、刑法の基礎的な考え方や基本的な原則を踏まえつつ、刑法上の犯罪の成立について、問題点を理解しやすいように具体的な事例を手掛かりとし、また重要な判例を織り込みながら説明します。そして、伝統的な犯罪類型の説明にとどまらず、急速に変化する現在の状況に照らし、直面する課題に対して、今日、刑法がどのように対応してきているのかという点も意識しながら、解説を進めます。

第２編では、刑事手続の中核である刑事訴訟法について、我が国の刑訴法の成立ちや特色にも触れつつ、捜査法・公判手続・証拠法を体系的に理解できるよう概説するとともに主要な問題点を判りやすく解説します。また、少年法を始めとする刑訴法以外の実務で重要な手続法、更には刑事司法を担う人や組織、犯罪者の矯正と再犯防止、犯罪被害者の保護などについても簡潔に説明します。

これらによって読者は、我が国の刑事の実体法と手続法の全体についての基本的かつ全般的な素養を身に付けることができるでしょう。同学部での「社会安全と法」「犯罪と法」「刑事司法手続Ⅰ・Ⅱ」を受講する皆さんのみならず、法科大学院の法学未修者の皆さんなどが、刑事の実体法と手続法の基本と骨格を理解し、今後の学習を深めるための基礎とする上で役に立つものと思われます。また、学生のみならず、若手の警察官など刑事司法制度を担う皆さんはもとより、刑事司法に関心を持つ広い範囲の読者にとっても刑事法の基礎的理解に役立つものと期待しています。本書がこれらの皆さんに幅広く活用されることを願って公刊した次第です。

本書の公刊にあたり、日本大学危機管理学部における刑事法入門（社会安全と法）の講座の運営などでご支援と協力をいただいている福田弥夫学部長、福田充学部次長を始めとする同僚教員及び事務局の各位と、出版に多大の尽力をいただいた成文堂田中伸治氏と担当者各位に、心よりお礼申し上げます。

2018年８月

上野　幸彦・太田　　茂

目　次

第4　法益にもとづく犯罪類型の分類

第5　個人的法益に対する罪

第6　社会的法益に対する罪

第7　国家的法益に対する罪

第8　特別刑法上の犯罪

第2編 刑事訴訟法入門

第1 捜査の流れ

第2 刑事司法制度を担う人と組織、刑事手続のアウトライン

第3 捜査法各論

第4　事件の処理（公判請求、略式命令、家裁送致等）

第5　公判手続の流れと証拠調べの方法

第6　証拠法の基本と諸問題

第7　訴因と公訴事実

第8　少　年　法

第9　心神喪失者等医療観察法

第10　犯罪者の矯正と再犯防止の諸制度

第11　犯罪被害者保護の諸制度

凡　例

1　法　　令

法令名の略語、通称は、各年版の六法全書（岩波書店、三省堂、有斐閣）又は大方の慣用に従う。

2　判　　例

判例集・判例収録誌の略称は、次の例によるほか、一般の慣例に従う。

例）最（一小）判平成24・２・13刑集66巻４号482頁：最高裁判所第一小法廷判決平成24年２月13日最高裁判所刑事判例集第66巻第４号482頁以下

最大判：最高裁判所大法廷判決
最（一小）判（決）：最高裁判所第一小法廷判決（決定）
最（二小）判（決）：最高裁判所第二小法廷判決（決定）
最（三小）判（決）：最高裁判所第三小法廷判決（決定）
高判：高等裁判所判決
地判：地方裁判所判決
支判：支部判決
簡判：簡易裁判所判決
大判：大審院判決
刑録：大審院刑事判決録
刑集：最高裁判所刑事判例集、大審院刑事判例集
民集：最高裁判所民事判例集
裁判集刑：最高裁判所裁判集刑事
裁判集民：最高裁判所裁判集民事
高刑集：高等裁判所刑事判例集
下刑集：下級裁判所刑事裁判例集
刑月：刑事裁判月報
判特：高等裁判所刑事判決特報
東高刑時報：東京高等裁判所判決時報
判時：判例時報
判タ：判例タイムズ

3　概　説　書

井田・刑事法：井田良『基礎から学ぶ刑事法［第６版］』（2017年、有斐閣）
井田・総論：井田良『講義刑法学・総論［第２版］』（2018年、有斐閣）
井田・各論：井田良『講義刑法学・各論［第２版］』（2020年、有斐閣）
今井ほか・総論：今井猛嘉＝小林憲太郎＝島田聡一郎＝橋爪隆『刑法総論［第２版］』（2012年、有斐閣）

今井ほか・各論：今井猛嘉＝小林憲太郎＝島田聡一郎＝橋爪隆『刑法総論［第２版］』（2013年、有斐閣）
大谷・総論：大谷實『新版 刑法講義総論［新版第５版］』（2019年、成文堂）
大谷・各論：大谷實『新版 刑法講義各論［新版第５版］』（2019年、成文堂）
佐伯・総論：佐伯仁志『刑法総論の考え方・楽しみ方』（2013年、有斐閣）
高橋・総論：高橋則夫『刑法総論［第５版］』（2022年、成文堂）
高橋・各論：高橋則夫『刑法各論［第４版］』（2022年、成文堂）
西田・総論：西田典之『刑法総論［第３版］』（2019年、弘文堂）
西田・各論：西田典之／橋爪隆補訂『刑法各論［第７版］』（2018年、弘文堂）
橋爪・総論：橋爪隆『刑法総論の悩みどころ』（2020年、有斐閣）
林・総論：林幹人『刑法総論［第２版］』（2008年、東京大学出版会）
林・各論：林幹人『刑法各論［第２版］』（2007年、東京大学出版会）
前田・総論：前田雅英『刑法総論講義［第７版］』（2019年、東京大学出版会）
前田・各論：前田雅英『刑法各論講義［第７版］』（2020年、東京大学出版会）
松原・総論：松原芳博『刑法総論［第３版］』（2022年、日本評論社）
松原・各論：松原芳博『刑法各論［第２版］』（2021年、日本評論社）
松宮・総論：松宮孝明『刑法総論講義［第５版補訂版］』（2018年、成文堂）
松宮・各論：松宮孝明『刑法各論講義［第５版］』（2018年、成文堂）
山口・刑法：山口厚『刑法［第３版］』（2015年、有斐閣）
山口・総論：山口厚『刑法総論［第３版］』（2016年、有斐閣）
山口・各論：山口厚『刑法各論［第２版］』（2010年、有斐閣）
山中・総論：山中敬一『刑法総論［第３版］』（2015年、成文堂）
山中・各論：山中敬一『刑法各論［第３版］』（2015年、成文堂）

太田・応用刑訴：太田茂『応用刑事訴訟法』（2017年、成文堂）
太田・実践刑事証拠：太田茂『実践刑事証拠法』（2017年、成文堂）

4　注　釈　書

注釈⑴：西田典之＝山口厚＝佐伯仁志編『注釈刑法 第１巻 総論§§１～72』（2010年、有斐閣）
注釈⑵：西田典之＝山口厚＝佐伯仁志編『注釈刑法 第２巻 総論§§77～198』（2016年、有斐閣）
大コンメ刑法［３版］⑴：大塚仁＝河上和雄＝中山善房＝古田佑紀 編『大コンメンタール刑法［第３版］第１巻』（2015年、青林書院）
大コンメ刑訴法［２版］⑴～⑽：河上和雄＝中山善房＝古田佑紀＝原田國男＝河村博＝渡辺咲子編『大コンメンタール刑事訴訟法［第２版］第１巻～第10巻』（2010年～2013年、青林書院）

5　判例解説・判例研究

刑法百選Ⅰ［８版］：佐伯仁志＝橋爪隆編『刑法判例百選Ⅰ総論［第８版］』（2020年、有斐閣）
刑法百選Ⅱ［８版］：佐伯仁志＝橋爪隆編『刑法判例百選Ⅱ各論［第８版］』（2020年、有斐閣）

刑訴百選［9版］：井上正仁＝大澤裕＝川出敏裕編『刑事訴訟法判例百選［第9版］』（2011年、有斐閣）

刑訴百選［10版］：井上正仁＝大澤裕＝川出敏裕編『刑事訴訟法判例百選［第10版］』（2017年、有斐閣）

新刑訴争点：井上正仁＝酒巻匡編『刑事訴訟法の争点』〔新・法律学の争点シリーズ6〕（2013年、有斐閣）

6　祝賀論文集

曽根・田口古稀（上）、（下）：高橋則夫＝川上拓一＝寺崎嘉博＝甲斐克則＝松原芳博＝小川佳樹編『曽根威彦先生・田口守一先生古稀祝賀論文集 上巻、下巻』（2013年、成文堂）

第 1 編
刑法入門

第1　刑法とは

1　はじめに

通行中に、道端に人が倒れていたとすると、意識の有無や生死を確認して、さしあたって救急車を要請したり、警察に通報する。もし、その後、搬送先の病院で、不幸にも死亡が確認されたとする。①被害者には骨折や打撲の跡があり、被害者が倒れていた付近の車道には生々しいタイヤ痕があった。②被害者の心臓に、刃物で刺したような傷があった。③死因は心臓発作で、家族の話によれば、心臓の持病を抱えていた。④当日の気象状況によれば急な激しい豪雨と落雷が発生し、被害者の頭上には火傷の跡が見られた。この４つのケースについて、少し考えてみよう。①の場合には、車と接触した可能性が疑われるし、②の場合には、何者かによって意図的に加害された疑いがある。これらの場合には、①では、自動車運転死傷処罰法の過失運転致死罪の可能性があるし、②に関しては、刑法上の傷害致死罪または殺人罪の可能性がある。これに対して、③において、特段の外傷もないとすれば、持病である心臓病による心臓発作である可能性が高く、これが確認されるのであれば、病死とされる。④では、落雷による死亡の可能性がある。病死であると判明したり、落雷のような自然災害に巻き込まれたとすれば、もはや事件性はなく、警察が捜査に乗り出すこともない。一方、①や②の場合には、犯罪の疑い（事件性）が認められるので、警察による捜査が開始される。警察は、真相を究明するために、証拠の収集等を行い、犯人であると疑われる者（被疑者）を特定し、場合によってはその身柄を強制的に拘束する。警察の捜査活動が尽くされた後は、事件が検察に送致され、公訴の提起によって、事件は裁判所に係属し、被告人に対する有罪、無罪の判決が言い渡される。捜査から判決に至る一連の刑事司法手続について定めているもっとも中心的な法律が、「**刑事訴訟法**」である。

社会に生起する出来事の中で、捜査機関による捜査の対象となり得るのは、「事件性」を含むものに限られるのであり、この事件性の存否は、犯罪事実（の疑い）を含んでいるかどうかに係っている。犯罪事実の成否は、最終的には、刑事裁判を通じ、その事実認定を経て、判定されるのであるが、（人の活動による）ある事実が、そもそも犯罪に該当するのかどうかは、法律に基づいて判断される。つまり、何が犯罪であるかは、法律によって規定されている。捜査機関の捜査の対象となったり、検察が起訴し、刑事裁判の対象となる事件は、その中に、法律で犯罪と疑われる事実が含まれている。何が犯罪であり、それに対して、どのような刑罰が科されるのか、このことを定めている法律が、「**刑法**」である。

2　刑法の条文

刑法199条は、「**人を殺した者は、死刑又は無期若しくは５年以上の有期懲役に処する。**」と定めている。これを、一般の人びとが読んだならば、他人を殺害する行為に対して、重たい刑罰の制裁が科せられるのだということを知る。もし自分が犯したとすると、そのような刑罰を受けるわけだから、この規定は、殺人を行ってはならないことを命じているのだと判断するだろう。同時に、みんなに殺人の禁止を要求し、各人の生命の保護を図っているのだと理解すれば、自分の生命も守ってくれているのだと気づくだろう。このように、刑罰法規は、一般の人びとに対し、刑罰の力によって一定の行為を禁止するなどして、人びとの行為を規律し、これによって人びとの利益を守っている。同時に、199条は、裁判官に対して、人を殺したと認められる場合に、この規定が定める刑罰の範囲で処断すべきことを命じている。裁判官も、裁判を行う際に、刑罰法規によって拘束され、規律づけられている。犯罪の疑いのある出来事が発生した場合に、警察などの機関によって、捜査が行われることになるが、捜査から始まる一連の刑事司法手続は、最終的には刑事裁判における有罪・無罪という結論を目指している。したがって、199条は、直接には裁判官に対する裁判の際の規準を示すものであるが、このことにより、間接的には捜査関係者や、公訴提起の可否を決め、刑事裁判において原告官の役割を果たす検察官の活動を規律する効果をもつ。裁判官、検察官そして捜査関係者という国家の刑事司法活動を担う者は、刑罰法規による拘束を受けるのであり、その結果、国民にとっては、刑罰の対象とされていない行為については、国家刑罰権の行使が禁止されているのであるから、刑事制裁を科されることはない。この意味で、刑罰法規は刑罰権の限界を画し、これに該当しない行為については、国民の自由を絶対的に保障するものでもある。

3　刑法の目的

法の存在意義の一つには、社会秩序の維持がある(1)。社会を維持し、人びとがお互いに安全に生活するためには、秩序が必要だ。この秩序は、一定のルールや規範に依存しており、人びとがそれらにしたがって行動している状態が存在すれば、お互いに他者の行動を予期しながら活動することができるので、社会の安定が保たれる(2)。刑法は、社会の人びとによって守られるべき規範の違反があった場合に、刑罰というとても強力な制裁手段を用意することにより、その遵守（じゅんしゅ）を強制する作用を果たす。社会秩序の維持にとって、法の中でも、とくに刑法は重要な役割を担っている。このように、刑法の重要な目的は、刑罰を手段とする人びとの行為規律を通じた、**社会秩序の維持**(3)にある。

刑法は、刑罰手段を通じて人びとの行為をコントロールし、社会の秩序化を図っているが、国家が人びとの自由な活動に刑罰によって干渉し、その行為を強制できる根拠は、いったい何か。自由で民主主義的な社会であれば、国家による刑罰強制の正当性が問われる。その根拠として挙げられるのが、**法益の保護**である(4)。各人の生命、自由、財産、それに社会全体の安全、そして――国民のために、社会の安全を維持し、国民を保護する責任を担う――国家の機構およびその公共的活動を保護する必要に基づき、人びとに対する刑事的な規制が行われるのであり、このために刑法は存在すると考えるべきである。もっとも、法益の保護手段は、刑罰に限られるわけではない。刑罰は極めて峻厳な

（１）　加藤一郎・伊藤正己編『法学入門［第４版］』（2005年、有斐閣）８、17、21頁。
（２）　六本佳平によれば、社会秩序とは、「一定の人間集団においてその構成員の行為が相互に調整され、予測可能になっており、その間に争いが生じても闇雲の闘争状態にはならず、何らかの既定の型に沿った収拾がなされるようになっている状態」を指す（同『法の世界』〈2004年、放送大学教育振興会〉27～28頁）。
（３）　井田良『基礎から学ぶ刑事法［第６版］』（2017年、有斐閣）38～41頁。
（４）　西田・総論31～32頁、井田・総論16～18頁。

制裁であるから、他の有効な手段（たとえば、民事上の損害賠償等）によって保護効果を期待できるのであれば、刑事制裁は差し控えるべきである。これを、刑法の謙抑性（**謙抑主義**）という[5]。

さらに、刑法という「法律」で、犯罪と刑罰を法定することにより、国家による刑罰の行使についてもコントロールしている。歴史的には、権力者が思いのまま勝手に人びとを処罰してきた。それは、単なる不当な暴力以外の何物でもない。このような恣意的な権力の濫用から国民の自由・人権を守るために、法の支配ないし法治主義という思想を背景に、近代以降、法律による処罰のコントロールというシステムが確立された[6]。近代刑法は、処罰の限界を画し、国民が不当な処罰を受けることのないよう、その**自由の保障**を図っている。

以上に示したように、刑法は、社会の秩序化において必要不可欠な存在であり、法益の保護および自由の保障という機能を果たしている。

4　刑法の法源

法を法として認識することができ、実際に裁判の際に利用できる存在の形態を指して、法源という[7]。これには、不文法と成文法（制定法）との区別があるが、刑法は、罪刑法定主義に基づき、制定法の一形式である「法律」によって定めなければならない。憲法31条が、「何人も、法律の定める手続によらなければ、その生命若しくは自由を奪はれ、又はその他の刑罰を科せられない。」と規定するのは、この趣旨を表している。ここにいう「法律」とは、狭義の法律、すなわち国会によって制定される法のことを指す。**【➡法の分類】**

【法の分類】

法と一口に言っても、いろいろある。実際に効力をもって妥当している法（つまり、現に「在る法」）を、実定法という。これに対峙するのが、「在るべき法」としての自然法である。

実定法は、その存在形式を基準に、成文法、すなわち制定法と不文法とに分類される。制定法とは、一定の手続きを経て定められ、成文の形式で存在する法をいう。不文法は、これ以外の法である。制定法は、制定主体によって区別される。主権者自身によって制定されたものが、「憲法」である。日本国憲法は、主権者である国民によって制定された〔憲法前文１段冒頭参照〕。国会（議会）により制定された法が、「法律」であり、これを狭義の法律と呼ぶこともある。さらに行政機関が定立する法を、「命令」と総称する。行政機関もいろいろあり、内閣が定めるものを「政令」、内閣府の長である内閣総理大臣が定めるものを「府令」、各省大臣が定めるものを「省令」、委員会等によって定められる場合には、「規則」等と呼ぶ。憲法は、地方自治を保障しており、地方自治体が、法律の範囲内でその地域の自主法を制定することを認めている〔憲94条〕。これが、「条例」である。憲法は、主権者自身が

（5）　西田・総論33頁、山中・総論54頁、井田・総論18～20頁。
（6）　刑罰手段による社会統制を第１次的統制とするならば、その刑罰行使を法によってコントロールするのは、第２次的統制と呼ぶことができる。この点につき、田中成明『法学入門』（2006年、有斐閣）39頁。
（7）　法源、法の種類につき、上野幸彦・古屋仁『国家と社会の基本法［第４版］』（2018年、成文堂）220～225頁。

制定したものだから、国家法の中で最上位の位置を占める。したがって、これに反する法令等には、法的効力ないし有効性は認められない〔憲98条１項〕。

不文法の典型は、慣習法や判例法である。民法をはじめとする私法の領域では、慣習にも法的効力を認められる場合がある〔法適用２条、民92条参照〕。しかし、刑事法の領域では、罪刑法定主義の見地から、慣習法によって処罰することは許されない。英米法は、伝統的にコモン・ローとして判例による法形成が発達し、制度的に判例（先例）の法源性が認められている。これに対し、ヨーロッパの大陸法は、制定法を中心とする法体系となっており、日本も明治の近代化の過程で、この法システムを採用したので、判例は制度的法源とは認められない。しかし、最高裁判所が、法の解釈適用において繰り返し同様の判断を下している場合、事実上の法源として機能することは否定できない。たとえば、刑法においても、判例は、直接実行に加わらなくとも、共謀に参加すれば、60条の解釈として共同正犯が成立すると、一貫して判断しているが、このような確立した判例は、実務上、下級審の判断を拘束する力をもっており、社会的にも事実上の規範力をともなって妥当している。

刑罰法規を定めているあらゆる法律が、刑法に当たる（「実質的意義の刑法」）。この中で、もっとも中核的位置を占めるのが、明治40年４月24日に制定された「刑法」という名称をもつ法律だ（「形式的意義の刑法」とか、**刑法典**と呼ばれる。）。このほかにも、刑罰法規を定めている法律は、たくさんある。たとえば、「航空機の強取等の処罰に関する法律」、「自動車の運転により人を死傷させる行為等の処罰に関する法律」、「不正アクセス行為の禁止等に関する法律」等のほか、「道路交通法」の中にも、刑罰法規が存在する。これらは、**特別刑法**と総称される。これに対して、刑法典は**一般刑法**に当たる。刑法典の総則（第１編）に定められている規定は、特別の規定がない限り、他の法令の罪についても適用される〔刑８条〕。法律（または法規）間に、一般法と特別法の関係が存在する場合、法学上のルールとして、特別法を優先して適用し、特別法に定めがない場合に一般法を適用する（**特別法優先の原則**）。したがって、自動車運転に際し、過失によって人に傷害を負わせた場合、刑法典上の過失致傷罪や業務上過失致傷罪の規定〔刑209・211条〕を適用することも考えられるのであるが、この場合には、特別法である自動車運転死傷処罰法が優先して適用され、同法５条が適用されることになる。

刑法は、法全体の中で、どのような位置を占めているのか。法律関係を基準に、私人間を規律する法を私法、国家と個人とを規律する法を公法と分類することがある。民法は私法の代表例であり、憲法や刑法は、公法の典型例である。また権利の実体的内容を定める法を実体法、その権利を実現するための手続を定めた法を手続法と呼ぶ。刑法は、どのような行為に、どのような刑罰を科すのかという、国家の刑罰権の内容を定めているので、実体法に属する。これに対して、刑法を実現するための具体的な手続を定めている刑事訴訟法は、手続法に該当する。**刑事法**といった場合には、ふつう刑法、刑事訴訟法および行刑・矯正関係法をまとめて指して使われている。

5　刑罰の種類

罪刑法定主義の下、刑罰の種類も法律で決められている。「死刑」「懲役」「禁錮」「罰金」「拘留」「科料」が主刑であり、「没収」は付加刑と定められている〔9条〕。**死刑**は生命を剥奪する刑罰（生命刑）である。**懲役・禁錮・拘留**は、自由を奪う刑罰（自由刑）で、前二者は、無期または1月以上20年以下の期間〔12条1項、13条1項〕、後一者は1日以上30日未満の期間〔16条〕、刑事施設に拘置する。懲役は、所定の作業が義務づけられるのであるが〔12条2項〕、禁錮の場合には、この義務はない。**罰金**および**科料**は、ともに財産刑である。1万円以上を罰金といい〔15条〕、1,000円以上1万円未満の場合が科料である〔17条〕。罰金や科料を完納できない場合には、「労役場留置」の措置が取られる〔18条〕。付加刑である没収の換刑処分として追徴〔19条の2〕がある。刑法では、刑罰の対象とされている行為（だけ）が犯罪であるといってよいから、一般的にこれらの刑罰が科される対象となる行為が、犯罪となり得る。

【懲役・禁錮の廃止に伴う「拘禁刑」の創設】

現行刑法制定以来、懲役と禁錮という区別が維持されてきたが、2020年6月に成立した刑法の一部改正法により、これらを廃止し、新たに「拘禁刑」が創設されることになった（施行は、2025年の見込み）。そして、拘禁刑を定める規定に、「改善更生を図るため、必要な作業を行わせ、又は必要な指導を行うことができる」〔12条3項〕との条文が盛り込まれている。拘禁刑の創設に併せて、受刑者の改善更生および円滑な社会復帰を推進するため、施設内・社会内処遇の一層の充実を図るための法整備も行われる。背景には、依然として好転しない再犯の情勢がある。出所受刑者の2年以内の再入率を見ると、保護観察の付く仮釈放者と比較し、それが付かない満期釈放者の場合、2倍以上高くなっている。また、検挙者に占める再犯者の割合も約50%となっており、再犯の防止は大きな課題となっている（このため、国は「再犯防止推進法」を制定し、再犯防止に対する取組みを推進している）。拘禁刑の創設により、受刑者の特性に応じた処遇を柔軟に行うことが予定されている。そうした処遇方法によって、改善更生の促進や社会復帰の推進につながる効果が期待される。

否定的なサンクションには、刑罰以外にもさまざまなものがある。行政法令等や自治体の条例中で定められている「**過料**」と呼ばれる制裁もその一種である。このほか、各種の行政法規違反に対する行政機関による制裁（**行政処分**）が規定されている。たとえば、道路交通法違反における免許の取消・停止（公安委員会）および道路交通法上の交通反則金制度に基づく「**反則金**」、独占禁止法（公正取引委員会）や金融商品取引法（金融庁〔証券取引等監視委員会の勧告による〕）等に基づく「**課徴金**」、各種税法上の「**加算税**」「**重加算税**」、食品衛生法に基づく営業停止処分（保健所）、消防法に基づく防火対象物全体に対する使用停止命令（消防長、消防署長）等である。これらは、法令等の違反に対する制裁という性質を帯びているが、刑罰ではない。違反行為は、犯罪行為ではないから、犯罪事件として刑事手続にしたがって処理されるのではなく、それぞれの法令で定められた手続に拠ったり、非訟事件としてその手続に則って処理される。なお、他人の権利を侵害した場合に、不法行為を理由とする損害賠償責任が生じるが、この民事責任は、あくまでも被害者が蒙った損害の填補を図るものであって、日本では、一般に懲罰という性質も加わった損害賠償責任は認められていない。

6　刑法の効力範囲

【1　刑法の時間的効力範囲】

法規が制定されれば、すぐに法的拘束力を生じ、人びとに強制的に作用するというわけではない。制定後、まず公布されなければならない。公布の方法について、現行の法令上、明文の規定は存在しないが、慣行として「官報」への掲載に拠っている。判例によれば、一般の希望者が官報を閲覧し又は購入しようとすれば、それをなしえた最初の時点に、公布があったと認められる（最大判昭和33・10・15刑集12巻14号3313頁）。法的効力が生じるのは、公布の後である。一般的には、法令中の附則において、施行日を明記するのがふつうだが、もしこのような定めがない場合には、公布の日から起算して20日を経過した日から施行することになっている〔法適用２条本文〕。施行に至って、はじめて法的効力が生じる。

ある行為に刑法を適用する場合に、その行為の当時に、実際に効力を有する刑罰法規が存在していることが必要である。とくに刑法では、罪刑法定主義に基づいて遡及処罰が禁止されており、刑罰法規の遡及適用による処罰は、憲法上禁止されている〔憲39条〕。法令の改正によって行為時の法規と裁判時の法規との間に相違が生じる場合もある。犯罪が行われた後、刑法が改正されて重罰化された場合には、憲法が定める遡及処罰の禁止原則に照らし、裁判時の重罰化された規定を適用することは許されない。刑法でも、「**犯罪後の法律によって刑の変更があったときは、その軽いものによる**」〔６条〕と規定されている。これにより、裁判時における重罰化された（改正後の）規定の適用は排除される。他方、犯罪後の法律によって刑が軽くなった場合には、軽い刑を定めている裁判時の法規によることになる。裁判時の法規を遡及適用する結果となるが、被告人にとって有利な法規の適用であり、憲法に抵触することはない。ここにいう「刑の変更」とは、主刑および付加刑としての没収に関する変更のほか、労役上留置期間の変更も含まれる。これに対して、刑の執行猶予の要件に関する変更は、これに当たらない（最（三小）判昭和23・６・22刑集２巻７号694頁）。犯罪後の法律によって刑が廃止された場合には、刑事訴訟法337条２号により、免訴が言い渡される。

【2　刑法の場所的効力範囲】

法が、どの地域にいる人を対象に、効力をもって規律するのかということを論じるのが、法の場所的効力（適用範囲）の問題(8)である。法は、その社会の秩序を維持するために存在するのであるから、国家という社会の範囲にあるすべての人――つまり国籍に関わりなく、国家によって統治されている地域にいるあらゆる人――にその効力が及ぶ必要がある。「郷に入れば、郷に従え」という諺の通りである。自国の領域内の犯罪行為に対して、国籍の如何（いかん）を問わず自国の刑法を適用することを**属地主義**という。主権国家は、まずこの考え方に立脚している。しかし、これにとどまらず、なお、国外に

（８）　詳細は、大コンメ刑法［３版］⑴69頁以下〔古田佑紀＝渡辺咲子〕、注釈⑴25頁以下〔髙山佳奈子〕参照。

ある人についても規律を及ぼすべき場合がある。

A　国　内　犯

刑法１条１項は、「**この法律は、日本国内において罪を犯したすべての者に適用する**」と定め、原則的な**属地主義**の採用を明示する。「日本国内」というのは、日本の領土を指し、領陸、領海およびこれらの上空である領空という範囲に及ぶ。そして、この延長として、「**日本国外にある日本船舶又は日本航空機内において罪を犯した者についても**」刑法が適用される〔１条２項〕。これを、**旗国主義**と呼ぶ。「日本船舶」とは、船舶法１条が定める日本船舶をいい、日本の船籍を有する船舶だけでなく、日本国民が所有する船舶を指す（最（一小）決昭和58・10・26刑集37巻８号1228頁）。また、「日本航空機」とは、航空法に基づいて登録されている日本の国籍を有する航空機をいう。

〈スタディ・ケース〉

① Ｘ（日本国籍）は、マニラ在住のＹ（フィリピン国籍）に、覚せい剤を入手し、貨物内にその覚せい剤を忍ばせて輸出することを依頼し、Ｙがこれを引き受けて行い、その貨物をＸは成田で受け取った。

② Ａ（アメリカ国籍）を殺害する目的で、Ｚ（中国国籍）がコーヒーに毒薬を混ぜて飲ませ、Ａが香港からロサンゼルス行きのアメリカの航空機に搭乗したが、日本上空で毒薬の効果によって体調が悪化し、ロサンゼルス到着直後に死亡した。

構成要件に該当する事実の一部でも日本国内において発生すれば、**国内犯**（犯罪地が国内である場合）として取り扱うとする考え方（**偏在説**）が一般に採用されている。偏在説によれば、行為（実行行為のほか共犯行為などを含む）が国外で行われ、結果が国内で発生した場合や、逆に行為が国内で行われ、結果が国外で発生した場合、さらに行為が国外で行われ、（最終）結果も国外で発生しているものの、日本国内で結果発生に至る影響が生じた場合（中間影響地）も、国内犯に当たる。上記ケース①の場合に、Ｘが覚せい剤密輸入罪〔覚せい剤41条〕の国内犯に当たるのはいうまでもないが、Ｙについても覚せい剤密輸入罪の共同正犯につき、国内犯に該当する。②のＺによる殺人行為についても、国内犯として日本の刑法を適用することができる。

B　国　外　犯

〈スタディ・ケース〉

① Ｘ（日本国籍）は、ニューヨークで、Ａ（アメリカ国籍）を殺害した。

② Ｙ（アメリカ国籍）は、メキシコで、日本の通貨を偽造した。

③ 日本の公務員Ｐ（日本国籍）は、タイ所在の企業の幹部Ｔ（タイ国籍）から日本での許認可を受けるに当たり、便宜を図ることを依頼され、バンコク滞在中に賄賂を受け取った。

次に、犯罪地が日本国内でない場合について考えてみよう。刑法は、属地主義を基本としながら、国外で罪を犯した場合にも日本の刑法を適用する規定を設けている（**国外犯**）。これには、a）すべての者の国外犯〔2条〕、b）国民の国外犯〔3条〕、c）国民以外の者による日本国民を被害者とするときの国外犯〔3条の2〕、d）公務員の国外犯〔4条〕、e）条約による国外犯〔4条の2〕がある。

a）の対象犯罪は、内乱罪や通貨偽造罪等であり、日本の国家・社会の法益を保護するために、国外で何人が犯そうとも日本の刑法を適用する趣旨である。自国（または自国民）の利益を保護するために自国の刑法を適用することを**保護主義**という。これにより、②のYには、日本の刑法が適用される〔2条4号〕。

b）は、日本国民が国外で罪を犯した場合に日本の刑法の適用を図るものである。犯罪地がどこであるかを問わず、自国民に刑法を適用することを（積極的）**属人主義**という。これにより、他国で犯罪を犯した自国民につき、自国で処罰可能となる。たとえば、外国で犯罪を行った日本国民が帰国した場合、日本の逃亡犯罪人引渡法は、日本国民の不引渡し〔同法2条9号〕を定めており、この者が処罰を免れる結果になりかねない。こうした結果を回避し、日本の裁判所で裁き、処罰（代理処罰）できるようになる。したがって、①のXに対し、日本の刑法199条を適用し、殺人罪として処罰することが可能である〔3条7号〕。

c）は、外国で犯罪被害に巻き込まれる日本国民の保護を図る趣旨で、2003年に新設された規定である。被害者である自国民を保護するものである。国民保護主義とか、自国民であることに着眼して、消極的属人主義とも呼ばれる。

d）は、公務員の職権濫用罪や収賄罪等を対象に、**公務員の国外犯**を処罰する規定であり、国家保護主義・（積極的）属人主義に基づく。③のPには、日本の収賄罪が適用される〔4条3号〕。

属人主義や保護主義のほか、国際的な犯罪抑止という見地から、犯罪地や国籍を問わず、各国が自国の刑法の適用を認め、国際間における法適用上の隙間を埋めるという考え方を、**世界主義**という。今日、犯罪もグローバル化しており、各国間の法適用上の共通化を図る必要性が益々高まっている。e）は、このような観点から、2条乃至4条によってカバーされない場合に、「**日本国外において、第二編の罪であって条約により日本国外において犯したときであっても罰すべきものとされているものを犯したすべての者に適用する**」〔4条の2。1987年本条追加〕と定めている。条約に基づく国外犯に対する処罰義務を履行するため、包括的な規定を置いて対応したものである（本条の追加は、「国際的に保護される者（外交官を含む。）に対する犯罪の防止及び処罰に関する条約」〔昭和62年条約3号〕、「人質をとる行為に関する国際条約」〔昭和62年条約4号〕への対応を図る必要を契機とした立法的な整備として行われた[9]。その後、たとえば、「核物質の防護に関する条約」〔昭和63年条約6号〕についても、本条が適用される。）。法律中で、本条の規定によることを明文で定めている例も見られる。たとえば、「爆発物取締罰則」10条、「暴力行為等処罰ニ関スル法律」1条の2第3項、1条の3第2項、「人質による強要行為等の処罰に関する法律」5条、「組織的な犯罪の処罰及び犯罪収益の規制等に関する法律」12条、「不正アクセス行為の禁止等に関する法律」14条等である。なお、「航空機の強取等の処罰に関する法律」5条は、同法が定めている犯罪につき、刑法2条の例によることを定めているが、保護主義に基づくというよりも、実質的には世界主義に立った適用を図ったものと理解することができよう。

➡**【国際刑法と司法共助】**

（9）　山中・総論104頁、注釈⑴45頁〔髙山佳奈子〕。

【国際刑法と司法共助】

犯罪が行われたにもかかわらず、主権国家の壁によって、犯罪者に対する適切な訴追が行われず、不処罰になるのは、不正義であるし、犯罪の抑止という観点からも見逃すことはできない。ここに、国際刑法の必要性と課題がある。マネーロンダリング、薬物犯罪、人身売買、児童ポルノ、サイバー犯罪等、今日、ますます犯罪現象のグローバル化が拡大している。条約等に基づいて、各国の刑法で共通の犯罪化を図ったうえで、世界主義の見地から、どこを犯罪地としようが自国の刑法を適用し、処罰の間隙を埋めなければならない。また集団殺害犯罪（ジェノサイド）、人道に対する犯罪、戦争犯罪は、国際社会全体の関心事である最も重大な犯罪であり、国際社会が協力して、適切な処罰を行うことが必要である。後者の目的のために、2002年に国際刑事裁判所（ICC）が発足した（日本も、2007年に加入）。

国際社会は、国内社会とは異なり、主権国家が並存する分権社会である。各国の刑法によって隙間なく犯罪化し、刑法の適用を図ったとしても、訴追国が他国において捜査したり、強制的に証拠を収集できるわけではない。それは、まさに主権の侵害である。そこで、各国間における捜査等の協力体制を整備することも必要となってくる。各国の刑事警察間における情報収集・交換等の協力を図る国際機関として、国際刑事警察機構（ICPO）が設置されている。捜査をはじめ、訴追、裁判に対する他国への協力を、司法共助という。日本では、「外国裁判所ノ嘱託ニ因ル共助法」、「逃亡犯罪人引渡法」、「国際捜査共助等に関する法律」等が制定されている。また、日本は、米国、韓国、中国との間で、二国間の刑事共助条約を結んでいる。

C　刑法の人的適用範囲

国内犯について、刑法1条は「**すべての者に適用する**」と定める。したがって、刑法が誰に対しても効力をもって適用される。刑法が等しく適用されるとしても、特定の人に関して、特別な取り扱いが図られている場合がある。

〔i〕 天皇・摂政

天皇に関する直接の規定は存在していないが、摂政については、皇室典範21条が「その在任中、訴追されない。但し、これがため、訴追の権利は、害されない」と定めている（なお、天皇の国事行為の代行を委任された皇族に関しても、同様の規定が置かれている〔「国事行為の臨時代行に関する法律」（昭和39年制定）6条〕。摂政在任中の不訴追特権を定めたものと解することができる。規定上、退任後には、訴追の可能性は排除されない。この意味で、摂政という身分に基づく訴訟障害事由と理解することができる。この規定を根拠として、天皇についても当然刑事責任を問うことはできないと解される（当然解釈・勿論解釈）。ただ、その理論的な説明の仕方として、2つの見解が見られた。一つは、従来、天皇は退位することが認められていなかったため、終身訴追されることがなく、人的処罰阻却事由（犯罪の成立は認められるものの、一定の人的な事情によって、実体法上の処罰が阻却され

(10)　大谷・総論519頁。

ること）と解する見解である[10]。他の見解は、摂政の場合と同様に、訴訟障害と理解するものである[11]。現在、「天皇の退位等に関する皇室典範特例法」（平成29年制定）が成立し、退位後、上皇という身分に変わり、同法では、一部を除き、「皇族」の例による〔同法３条３項〕と定められている。そうすると、天皇退位後、上皇の身分では、皇室典範21条の援用は困難となるだろう。この点を考慮すれば、訴訟障害事由と理解する方が適切のように思われる。

〔ii〕 国会議員

憲法は、国会議員につき、「議院で行つた演説、討論又は表決について、院外で責任を問はれない」〔憲51条〕と規定する。国民を代表する議員としての活動を保障するために、とくに免責特権を付与したものである。議員辞職後も、責任を問われることはない。したがって、人的処罰阻却事由である。

〔iii〕 国務大臣

国務大臣在任中、内閣総理大臣の同意がなければ、訴追されない〔憲75条本文〕。内閣総理大臣の同意が訴訟条件であり、同意がないという事情が訴訟障害に当たる。

〔iv〕 外国元首・外交官

外国の元首および外交官については、国際法上、裁判権が及ばない。

＊「外交関係に関するウィーン条約」（昭和39年条約14号）
【第29条】外交官の身体は、不可侵とする。外交官は、いかなる方法によっても抑留し又は拘禁することができない。
【第31条第１項】外交官は、接受国の刑事裁判権からの免除を享有する。

〔v〕 駐留外国軍隊

日米安全保障条約に基づいて締結された日米地位協定により、日本に駐留する米国軍隊の構成員（軍属を含む）に対して、日本の裁判権が制限されている場合がある。なお、米軍人等による日本国民を被害者とする犯行が相次ぐ中、沖縄県をはじめとして強い非難が生じているのを受けて、日米両国間で刑事裁判手続に関する運用の改善も行われている（これにつき、http://www.mofa.go.jp/mofaj/area/usa/sfa/rem_03.html参照）。

＊日米地位協定（昭和35年条約７号）
【第17条第１項】(a)　合衆国の軍当局は、合衆国の軍法に服するすべての者に対し、が宗国の法令により与えられたすべての刑事及び懲戒の裁判権を日本国において行使する権利を有する。
(b)　日本国の当局は、合衆国軍隊の構成員及び軍属に並びにそれらの家族に対し、日本国の領域内で犯す罪で日本国の法令によって罰することができるものについて、裁判権を有する。
【第17条第３項】裁判権を行使する権利が競合する場合には、次の規定が適用される。
(a)　合衆国の軍当局は、次の罪については、合衆国軍隊の構成員又は軍属に対して裁判権を行使する第一次の権利を有する。
(i)　もっぱら合衆国の財産若しくは安全のみに対する罪又はもっぱら合衆国軍隊の他の構成員若しくは軍属若しくは合衆国軍隊の構成員若しくは軍属の家族の身体若しくは財産のみに対する罪
(ii)　公務執行中の作為又は不作為から生ずる罪

(11)　山中・総論120頁。

第2　刑法の基本原則

1　罪刑法定主義

【1 意　　義】

罪刑法定主義とは、犯罪と刑罰に関し、議会の「法律」で定めるとする基本原則をいう。自由、さらに場合によっては生命さえ奪う刑罰の行使は、国民に、権力による強制をもっとも強く印象づける。何の根拠もなく、権力者が恣意的な処刑を行うのは、国民にとって耐えがたい。歴史的に繰り返されてきた権力者の横暴を、法によって規制し、国民の自由を保障するという思想が、罪刑法定主義に流れている[(1)]。➡【罪刑法定主義の歴史】

【罪刑法定主義の歴史】

罪刑法定主義は、歴史的には、1215年のマグナ・カルタ〔英〕にその淵源を探ることができる。その後、啓蒙期に、ベッカリーアが、『犯罪と刑罰』（1764年）を著し、当時の絶対王制下（アンシャン・レジーム）での恣意的で苛烈な刑事裁判を痛烈に批判した。その中で、彼は、罪刑専断主義を排除し、社会契約論の思想に基づいた立法による処罰を唱えたのである。この思想は、フランス革命にも強い影響を与え、1789年の『人および市民の権利宣言』（いわゆるフランス人権宣言）に盛り込まれた。

【第８条】

「法律は、厳格で明白に必要な刑罰でなければ定めてはならない。何人も、犯行に先立って設定され、公布され、かつ適法に適用された法律によらなければ処罰されない。」

（樋口陽一・吉田善明編『解説 世界憲法集［第３版］』（1994年、三省堂）257～258頁）

ドイツでも、P.J.A.v.フォイエルバッハが、「法律なければ、犯罪なく刑罰なし」という表現を用いて罪刑法定主義を定式化し（1801年）、近代刑法学の父（の一人）と称えられている。彼は、処罰される対象である犯罪行為の内容を予め公示することによって犯罪の一般予防を期す（これは、「心理強制説」と呼ばれる。）とともに、裁判官の判断を法律によって規制し、国民の自由を保障するために、罪刑法定主義を提唱したのである。

このように、罪刑法定主義は、「法の支配」の精神を基盤としつつ、近代的な自然権思想や社会契約論を背景に、民主的に国民を代表する議会が定める法律によって、国家権力による恣意的な刑罰権の行使を規制し、もって市民の自由（人権）を守るために形成、確立された原則である。国家権力の濫用から市民の自由を守り、その行動の予測可能性を保証する機

（1）　西田・総論40～41頁、山口・総論10頁、井田・総論34頁。

能を担う点において、**自由主義**と結合するとともに、国家による処罰の正当性ないし根拠を国民の代表機関としての議会が制定する法律に求める点で、**民主主義**の精神を反映するものでもある。また、フォイエルバッハの心理強制による犯罪の一般予防という見解に示されるように、刑罰について、その根拠や目的を合理的に考察しようとする近代合理主義の精神も、罪刑法定主義を確立する契機となっている。

【2　内　　容】

〔ⅰ〕 法律主義

国家による処罰は、「法律」によらなければならない。これが、罪刑法定主義のもっとも基本的な内容である。憲法31条が、「**何人も、法律の手続によらなければ、その生命若しくは自由を奪はれ、又はその他の刑罰を科せられない**」と定めているのは、この趣旨を含む。ここにいう「**法律**」とは、国会制定法（すなわち狭義の法律）を意味する。具体的な犯罪行為とそれに対する刑罰につき、法定することが求められる。法律主義の要請に基づき、ａ）慣習刑法による処罰、ｂ）包括的な委任（白地刑罰法規）による処罰、ｃ）絶対的不確定刑（刑罰の種類やその量を一切定めないこと）を定めることは許されない。

法律主義に基づき、行政府が独自に罰則を制定することはできない。ただし、憲法は、「法律の委任」に基づいて内閣の定める政令に罰則を設けることを許容している〔憲73条６号但書〕。同趣旨の規定は、府令につき内閣府設置法７条４項、省令につき国家行政組織法12条３項等にも置かれている。法律主義の趣旨に照らして、ここにいう委任とは、法律による個別的・具体的な委任（これを特定委任という）を要し、一般的・包括的な委任は許されないと解される(2)。判例も、基本的に具体的な委任の存在を必要としている(3)。

《判例》**猿払事件**（最大判昭和49・11・６刑集28巻９号399頁）

国家公務員法は、国家公務員による「人事院規則で定める政治的行為」を禁止〔102条１項〕し、それらの違反につき刑罰を定めている。処罰対象は、人事院規則に委ねられているのであるが、委任の特定をめぐり問題となった。

最高裁は、「国公法102条１項が、公務員の政治的中立性を損うおそれのある行動類型に属する政治的行為を具体的に定めることを委任するものであることは、同条項の合理的な解釈により理解しうるところである」として、憲法違反の主張を退けている。

地方自治体は、憲法が保障する地方自治に基づいて、「法律の範囲内で」条例を制定することができる〔憲94条〕。地方自治法によれば、「法令に特別の定めがあるものを除くほか、その条例中に、条

（２）　西田・総論47頁、山口・総論11頁、井田・総論37頁。
（３）　なお、最近の判例につき、今井ほか・総論15～16頁〔今井猛嘉〕参照。

例に違反した者に対し、２年以下の懲役若しくは禁錮、100万円以下の罰金、拘留、科料若しくは没収の刑又は５万円以下の過料を科する旨の規定を設けることができる」〔自治14条３項〕。この規定は、刑罰の対象となるべき行為の特定を欠いており、包括的な委任を認める内容となっている。しかし、命令とは異なり、条例は、自治体の機関である議会が民主的に制定する法であり、当該地域においては国の法律に準じた性質を帯びている。刑罰範囲も極めて限られていることを考慮すれば、法律主義の精神を逸脱するものではない(4)。判例も、このような見地から地方自治法の定めにつき、憲法31条に違反しないと判断している（最大判昭和37・５・30刑集16巻５号577頁）。

〔ii〕　遡及処罰の禁止（事後法の禁止）

法的安定性の見地から、法学上、一般に法令の制定・公布後に法的効力を生じさせるべきであると考えられている（これを法律不遡及の原則という）。もっとも、この原則は絶対的なものではなく、遡及適用の必要性と合理性が存在する場合には、例外的に遡及適用されることもある（たとえば、借地借家附則４条参照）。

しかし、刑罰法規に関しては、このような遡及適用による処罰は絶対に許されない。憲法も明文でこれを禁止している〔憲39条〕。立法（法律）に基づいているわけだから、民主主義の要請を満たしているが、行為当時、少なくとも処罰対象とされていなかったものを、事後に法律を制定し遡及適用される場合もあるとなると、国民は、いまは罰せられなくとも、将来処罰されるかもしれないという不安定な状態に置かれ、予測可能性を奪われてしまう。この結果、自由に行為することができなくなり、委縮を余儀なくされる。このような状況を生じさせないように、自由を十分に保障し、予測可能性を確保するという観点から、事後法による処罰は禁止されている。

判例が従来の解釈を変更し、被告人に不利益となる刑罰法規の適用を行うことに関しても、問題となる。遡及処罰禁止原則の趣旨に照らして、判例による不利益となる解釈変更の遡及適用を否定する見解(5)もある。これに対し、判例によれば、その行為の当時の最高裁判所の判例の示す法解釈に従えば、その行為が無罪となるときに、判例を変更してその行為を処罰したとしても、憲法39条に違反するものではない（最（二小）判平成８・11・18刑集50巻10号745頁）。

〔iii〕　類推解釈の禁止

直接適用できる法規が存在しない場合（いわゆる「法の欠缺（けんけつ）」）に、類似する規定を援用してこれを適用する解釈方法のことを、**類推解釈**という。たとえば、民法上、債務不履行については、損害賠償の範囲について明文の規定〔民416条〕が定められているが、不法行為の場合については特にそのような規定は見当たらない。そこで、判例は、後者の場合にも民法416条を類推適用して、問題の解決を図っている。私人間の紛争解決を目的とする私法の領域では、このような類推という解釈方法によって類似する法規の適用により裁判することが、一般に認められている。しかし、類推という操作は、明文の法規がない場合に、この穴埋めをする解釈方法にほかならない(6)。明文の規定が欠けているにもかかわらず、解釈を通じて類似する規定を適用するのは、解釈に名を借りた、法の欠缺を埋める裁判所による一種の法の創造といえるだろう。そうだとすれば、刑法で類推解釈を認めることは、

（４）　山口・総論12〜13頁、今井ほか・総論16頁〔今井猛嘉〕。
（５）　大谷・総論505頁、高橋・総論33頁、佐伯・総論21頁。
（６）　田中成明『法学入門』（2005年、有斐閣）173〜174頁。

まさに法律主義と矛盾することになる。したがって、法律主義の要請に基づき、刑罰法規の類推解釈による処罰は許されない。

類推解釈に対して、法文を日常用語例よりも拡張して解釈適用する方法を**拡張解釈**という。類推も拡張も、条文を拡大して適用するという側面では共通するが、拡張解釈はあくまでも法文の可能な語義の範囲で、通常よりも広く解釈する方法であるから、規定上の文言からの逸脱はない。したがって、拡張解釈は刑法上も許される。たとえば、往来危険罪の規定中に、客体として「汽車又は電車」〔刑125条1項〕とあるが、この中に、ディーゼル機関の車両やモノレールを含めることは問題ないであろうが、もしバスもその対象になると解するとすれば、これは類推に当たるというべきである。もっとも、類推と拡張との限界は、必ずしも明確ではない。法規の趣旨・目的を考慮しながら、文言の日常的な使用例および語義を踏まえて判断を行う必要がある。

〔iv〕 明確性の原則

罪刑法定主義は、一般市民の予測可能性を確保し、その自由の保障を目指している。このため、刑罰法規は、一般の人びとにおいて、どのような行為が処罰の対象となっているのかをはっきりと認識・理解し得るものでなければならない。そこで、現在では、**刑罰法規の明確性**も、罪刑法定主義の一内容と理解されている(7)。憲法31条も、このような刑罰法規の明確性を要請していると解されている。したがって、刑罰法規があまりに曖昧であったり、漠然としている場合には、憲法違反として無効となり得る。判例も、刑罰法規の明確性が憲法上の要請であることを認めている。

《判例》**福岡県青少年保護育成条例事件**（最大判昭和60・10・23刑集39巻6号413頁〈刑法百選Ⅰ［8版］2事件〉）

福岡県青少年保護育成条例は、「何人も、青少年に対し、淫行又はわいせつの行為をしてはならない」と定め、その違反に対して2年以下の懲役又は10万円以下の罰金に処する旨規定していた。ここにいう「淫行」概念をめぐって、その明確性が争点となった。

最高裁は、本件規定の趣旨等に徴し、性行為一般を指すのではなく、「青少年を単に自己の性的欲望満足させるための対象として扱っているとしか認められないような性交又は性交類似行為をいうものと解するのが相当」であり、このような合理的に導き得る解釈による限り、不明確とはいえないとする合憲限定解釈の方法によって、憲法違反の主張を退けた（なお、これに対し、伊藤正巳裁判官等の反対意見が付されている）。

〔v〕 実体的デュー・プロセス（実体的適正処罰の原則）

法律で定めさえすれば、どのような行為であっても処罰することができるのか、またどんな刑罰であっても許されるのか(8)。罪刑法定主義は、民主主義に立脚すると同時に、自由主義・人権尊重に基

（7） 前田・総論56～58頁、山口・総論17～18頁、井田・総論40～42頁、佐伯・総論26～27頁。
（8） この問題につき、ゲルハルト・ゼーエア／上野幸彦（訳）「限界なき刑法？　――犯罪化の哲学的な限界を探究して――」日本法学82巻4号（2017年）185頁以下参照。

づく原則でもある。たとえば、多数派が支配する国会で、少数者の自由や権利を抑圧する刑事規制を立法化することは許されないだろう。なぜなら、そのような法律は、憲法13条や14条等に違反するからである。すなわち、刑罰法規の内容に関しても、憲法上の人権諸規定と抵触することは認められない[(9)]。この意味で、憲法は、刑罰法規の定立にあたって、その内容の適正さも要請していると解される[(10)]。今日、刑罰法規の内容上の適正性も、罪刑法定主義の実質的な内容と理解されている（これを、**実体的デュー・プロセス**と呼ぶこともある。）[(11)]。判例は、刑法（旧）200条の尊属殺人罪の規定につき、その法定刑が、普通殺人罪と比較して著しく重いことを理由として、憲法14条の法の下の平等に反するとしている（最大判昭和48・4・4刑集27巻3号265頁）。また、憲法は自由を尊重しているのであるから、合理的な根拠なしに、国民の自由を不当に制限するような刑罰強制を伴う立法につき、立法府の裁量の逸脱・濫用が問題となる余地もある[(12)]。

2　責任主義

「**責任なければ、刑罰なし**」。罪刑法定主義と並ぶ、近代刑法の基本原則が**責任主義**である。責任主義の内容は多面的であるが、ここでは特に二つの傾向を軸にして説明する。

その一つとして、団体責任から**個人責任**へという動向を指摘することができる。歴史的には、たとえば、封建的な身分制社会において、罪を犯した当事者ばかりでなく、その家族や一定の繋がりのある関係者も広く処罰された（連座責任）。見せしめのためであったり、さらなる反逆の芽を摘むために、このような処罰が繰り返されてきたのであろう。しかし、近代社会は、個人主義を基調とし、個人の自由と平等を理念とする。各人の自由に基づく自らの行為についてはその責任を負わなければならない（自己責任原則）が、他人の行為について責任を問われる理由はない。このように、かつて見られた団体責任という考え方は克服され、近代以降は、個人行為責任原則が基本となっている。

もう一つには、結果責任から**行為責任・意思責任**[(13)]への転換が見られる。かつては、害（結果）を惹起すれば、行為者の意思や責任を問題とすることなく、刑罰が科されてきた。これに対し、近代に至り、自律性が強調され、自由とそれに対応した責任ということが自覚されるようになった。この結果、およそ本人にとってコントロール不可能な結果であれば、責任を負わないとするルールが形成された。予測不可能な結果に対しても責任を問われると、自由に行動することができなくなるからだ[(14)]。このため、予見可能な範囲、すなわち少なくとも過失のある場合に限って結果に対する責任を負うという原則が確立された（過失責任主義ともいう）。自らの意思に基づく、または意思によってコントロール可能であった結果についてのみ、責任が認められる[(15)]。刑法でも、犯罪が成立する要件として、故意または過失の存在が必要とされている。このように、結果責任を克服して、意思を重視する責任論が展開されることとなった。意思に責任の根拠を求める場合、そのような意思を形成できる能力の

（9）　佐伯・総論18頁。
（10）　芦部信喜／高橋和之補訂『憲法［第6版］』（2015年、岩波書店）244頁。
（11）　前田・総論59～60頁、山口・総論17頁、林・総論66頁、今井ほか・総論21～25頁〔今井猛嘉〕。
（12）　山口・総論19頁、林・総論67頁。
（13）　西田・総論222頁。
（14）　西田・総論43頁参照。
（15）　山口・総論6～7頁。

あることが前提となる。つまり、意思に対する刑事責任を問うためには、是非善悪の判断能力（これを、**責任能力**という。詳細は、本書41～42頁）が存在していなければならない。これを欠く者に対しては、刑事責任を問うことはできない。刑法が、「心神喪失者の行為は、罰しない」〔39条1項〕と規定しているのは、この趣旨を表している。

以上のように、歴史的には、団体責任から脱却するとともに、結果責任を克服して、近代的な責任主義が形成された。この結果、刑事責任を問うべき対象は個人の意思に基づいた行為に限られるわけである。

そして、法は人びと相互間の社会関係を規整するものであり、行為の外部的側面を問題とする。刑法においても、法益保護の観点から、（各人等の法益に影響を及ぼし得る）外部的な行為だけが処罰の対象であり、内心の意思、思想、心情それ自体を理由に処罰を行うことは許されない。「思想は罰せず」という法格言は、この趣旨を表現している。これを、基本原則の一つに位置づけ、**行為主義**として説明する見解も見られる[16]。

(16)　井田・総論30～34頁、松原・総論20～21頁。

第3　刑法上の犯罪

――犯罪の一般的成立要件――

1　はじめに

犯罪とは何かという問いに対して、さまざまな答え方があり得る。歴史的に見ると、宗教的な見地から、神の教えに背くことを罪と観念したり、王の命令に従わないことが罪であるとして責任を追及されたこともある。どのような行為を犯罪とするかは、時代や地域、社会の状況、その文化等、さまざまな条件によって一様ではない。このような犯罪概念を実質的犯罪概念と呼ぶことができる。これに対して、刑法上の犯罪とは何かという問題を取り扱うのが、形式的犯罪概念である。

刑法上の犯罪とは何か。英米法系においては、その成立要件を客観面と主観面とに分けて論ずるのが一般である。日本は、明治期に近代化を推進する過程で、刑法を制定するに当たり、ヨーロッパ、とりわけ当時のドイツの刑法を参考に、刑法典を整備した経緯があり、それ以来、ドイツの刑法学の影響を受けながら、その基本的な考え方を継受している。このような事情から、日本では、ドイツ刑法学に倣って、刑法上の犯罪とは「**構成要件に該当する違法かつ有責な行為**」と定義づけられている。

既に説明したように、罪刑法定主義の観点から、まず刑罰法規により刑罰の対象として定められている行為だけが処罰される。したがって、刑法上の犯罪を検討する際、最初に、刑罰法規に該当することを確認しなければならない。刑罰法規には、刑罰の対象となる行為等について記述されているが、それは、刑罰という法効果を生じる要件を定めたものにほかならない（民法等では、権利の得喪という法効果をもたらす要件を法律要件という。）。この要件の記述を通じて導かれる犯罪の型（類型）を、刑法学では、「構成要件」と呼んでいる(1)。刑法上、犯罪の成否を論じるうえで、第１の要件は、ある行為事実が、刑罰法規に定められている構成要件に該当することである。**構成要件該当性**が認められないのであれば、どんなに反社会的であったとしても、犯罪とはいえず、もはや処罰の対象とはならない。

構成要件は、一般的・類型的に行為のタイプを示しているだけなので、構成要件に該当する行為事実が認められたとしても、直ちに犯罪の成立が導かれるわけではない。たとえば、加害者が刃物で襲ってきたので、自分の生命を守るためにやむを得ずとっさに道端の石を投げたところ、加害者が受傷したという場合もある。意図的に他人に対して投石し、けがを負わせたとすれば、刑法204条に規定されている「人の身体を傷害した」という構成要件に該当する。しかし、法は、一般の人びとに他人による不正な攻撃の忍受を強いるものではなく、自己や他人を守るための行動を許容している。このように、具体的な状況や事情によっては、法（秩序）によって規範的に許容され、正当化される場合もある。このような事情を、**違法性阻却事由（正当化事由）**と呼ぶが、上記の場合には、違法性を阻

（1）　前田・総論46頁、山口・総論27頁、井田・総論94頁。

却する事情の一つである正当防衛〔刑36条〕による行為であって、違法ではない。したがって、この段階で、犯罪の成立が否認される。

構成要件該当性、違法性が認められたとしても、行為者に**責任**が存在しない場合には、刑罰を科すことはできない。客観的に違法と評価される行為であっても、精神の障害により行為自体の是非善悪を判断する能力が欠如〔刑39条1項参照〕していたり、当該状況の下では、行為者自身に責任非難を向けることができない事情が存在するのであれば、刑事責任を問うことはできない。

以上のように、刑法上の犯罪といえるためには、構成要件該当性、違法性、責任を具備していなければならない。体系的かつ段階的に分析し、一般的・類型的な構成要件該当性の判断から始めて、個別・具体的な客観的な評価としての違法性の有無をチェックし、さらに最終的に主観的な責任について確認することにより、刑法上の犯罪の成否が判定されることになる(2)。

2 行　　為

【1　行為とは】

上述した刑法上の犯罪の定義からも知られるように、犯罪は、「行為」である。外部に表れた態度だけが、処罰の対象となるという意味も込められている（行為主義）。また、法律学では、しばしば行為という表現が使われる。たとえば、民法上、売買等の契約は「法律行為」の一種であるし、事故の場合に損害賠償責任という効果を生ずるためには、加害者に「不法行為」の成立が認められなければならない。また、行政法学においても、行政庁の活動を指して、「行政行為」と呼ぶ場合がある。実は、伝統的には、「行為」という表現には共通の要素が存在する。それは、**人の意思に基づく**活動ということである。上に挙げた各種の行為という表現によって、人の意思に基づくものであるということが含意されている。法律学の世界では、伝統的に、「行為」と「活動」とを区別して使用している。

このことは、刑法の場合にも妥当する。従来、刑法学の行為概念として、「人の意思に基づく身体の動静」(3)等と定義されてきた。このような行為概念を有意行為論とか因果的行為論という。これによれば、反射的な動作や睡眠中の動作等は、――人の意思を介在させていないので――そもそも行為には当たらないと理解されることになる（これに対して、意思性の要素を排除して、客観的な身体の活動をすべて行為と理解する見解も有力に主張されている。）。

【2　行為の態様】

殺人行為、強盗行為といえば、ナイフで人の心臓を突き刺す、刃物で脅しあげて現金を出させるといった積極的な動作を想像する。このような積極的な動作を**作為**という。作為が、行為の典型的な形態であることはいうまでもないが、行為には、これ以外に**不作為**の態様も含まれる。

構成要件上、不作為を明示的に規定している場合もある。たとえば、住居侵入罪を定めている刑法130条は、「侵入」という実行行為のほかに、「要求を受けたにもかかわらずこれらの場所（注：人の

(2)　犯罪論の意義につき、井田・総論76～80頁参照。
(3)　山口・総論43頁。

住居や建造物等）から退去しなかった者」〔同条後段〕と規定し、また218条では「老年者、幼年者、身体障害者又は病者を保護する責任のある者がこれらの者を遺棄し、又はその生存に必要な保護をしなかったときは」と規定されている。前者は不退去罪、後者は不保護罪を定めたものであるが、これらのように、構成要件上、不作為が規定されている犯罪類型を指して、**真正不作為犯**という。

さらに、刑法学では、構成要件上、不作為が明示的に規定されていない場合であっても、不作為による犯罪の成立・実現が認められている。たとえば、海に幼い子を連れて行った親が、浅瀬で溺れているその子を目撃しながら、容易に救助することが可能であったにもかかわらず、このまま溺死しても構わないという意思態度の下に、そのまま放置した結果、その子が死亡したという場合に、その親には不作為による殺人罪が成立する可能性がある。その理由は、親には法律上未成熟子を保護すべき法的作為義務があり、幼児を危険な海に連れて行きながら、容易に救出できたにもかかわらず、死亡結果発生を認識しながら、あえて意図的に放置することが、――不保護罪にとどまらず――、作為による場合に匹敵する程度に殺人としての手段性を具えていると評価できるからである。このように、構成要件が不作為を明示していない場合にも、不作為による犯罪の成立ないし実現が認められる場合を、**不真正不作為犯**と呼んでいる（詳しくは、**3【2　不作為犯】**参照）。

3　構成要件該当性

【1　構成要件の要素】

刑法上の犯罪成立の要件として、まず構成要件に該当することが必要である。さまざまの構成要件を分析すると、一定の要素を抽出することができる。そこで、おもな構成要件の要素を確認しておこう。

A　客観的要素

〔i〕主　　体

民法709条は、「故意又は過失によって他人の権利又は法律上保護される利益を侵害した者は、これによって生じた損害を賠償する責任を負う」と定める。ここにいう「者」には、自然人ばかりでなく、法人等の団体も含まれる。これに対して、刑法では、**自然人**に限られると解されており(4)、**法人**(5)を処罰するためには、特別の規定が必要である。その例として、たとえば、公害罪法４条では、「法人の代表者又は法人……（の）使用人その他の従業者が、その法人……の業務に関して前二条の罪を犯したときは、行為者を罰するほか、その法人又は人に対して各本条の罰金刑を科する」と規定されている。行為者自身のほかに、法人等を罰する規定を、**両罰規定**という。行為者以外の存在が刑罰を科されるので、責任主義の観点から問題も生じるが、判例・通説は、業務主として使用人等の選任・監督に関する注意を怠ったという点に過失責任があり、両罰規定は業務主である法人の過失を推定した規定であると解することによって、責任主義の要請との調整を図っている（たとえば、最大判昭和32・11・27刑集11巻12号3113頁、最（二小）判昭和40・３・26刑集19巻２号83頁〈刑法百選Ⅰ［８版］

（４）　西田・総論79頁、山口・総論36頁、井田・総論102頁
（５）　法人の犯罪能力につき、前田・総論51～53頁。さらに、詳しくは樋口亮介『法人処罰と刑法理論［増補新装版］』(2021年、東京大学出版会）参照。

３事件〉)。

多くの構成要件では、主体にとくに制限はない。つまり、誰でも所定の行為を実行し結果が発生すれば、それで構成要件が充足される。しかし、たとえば、特別公務員職権濫用罪の規定を見ると、「裁判、検察若しくは警察の職務を行う者……がその職権を濫用して、人を逮捕し、又は監禁したとき」〔刑194条〕と定めており、主体が限定されている。構成要件上、主体が特定されている場合を、**身分犯**という。収賄罪〔197条以下〕や偽証罪〔169条〕、保護責任者遺棄罪〔218条〕等も、この例である。これらのうち、収賄罪や偽証罪は、「公務員」、「法律により宣誓した証人」でなければ犯罪を構成しないのに対し、特別公務員職権濫用罪や保護責任者遺棄罪では、一般の人による逮捕・監禁や遺棄も処罰されるが〔220条、217条参照〕、特定の者による場合にその刑罰が加重されている。前者を**構成的身分（真正身分犯）**、後者を**加減的身分（不真正身分犯）**という。刑法では、これらの犯罪に、身分のない者が関与した場合の処理が問題となり、これについては、刑法65条に規定が設けられている。

〔ii〕客　　体

殺人罪における「人」、窃盗罪における「他人の財物」等、多くの構成要件で行為の客体（対象）が規定されている。

〔iii〕行　　為

個別の刑罰法規の構成要件で定められた行為を「実行行為」と呼んでいる。犯罪に複数の者が関与している場合において、「人を教唆して犯罪を実行させた者」は教唆犯〔61条〕であり、正犯（実行行為者）を「幇助した者」が従犯だ〔62条〕。教唆・幇助は、実行とは区別され、狭義の共犯と呼ばれる。また、時間的プロセスを軸にすると、刑法は「実行」を基準に、未遂とその前段階〔43条参照〕とを画している。このように、「実行行為」という概念によって、態様という側面においては、正犯と狭義の共犯とを、犯罪の進行プロセスという側面においては、未遂と予備・陰謀の段階とを区別づけている。

〔iv〕結　　果

刑法199条は、「人を殺した」と記述しているので、人を殺すに足りる行為に出て、その結果として人の死亡（殺害結果）という事実が発生したことにより充足される。そのような行為に出たものの、死亡結果が発生しなかったときは、未遂にとどまり、未遂の処罰規定が存在すれば、その規定が適用される（未遂を処罰するためには、各本条で定めなければならない〔刑44条〕。殺人の場合には、203条に未遂処罰規定がある。)。

多くの構成要件は、一定の結果を規定している（**結果犯**）。しかし、行為者の行為だけで構成要件が直ちに充足される場合もある（**単純行為犯・挙動犯**）。たとえば、住居侵入罪や偽証罪等が、この例として挙げられる。

故意による行為によって意図していなかったより重い結果を惹起した場合に、認識していた犯罪（故意犯）と重い結果に対する過失犯の観念的競合よりも重い刑罰が科されている犯罪類型を、一般に**結果的加重犯**と呼んでいる。傷害致死罪〔刑205条〕、遺棄致死傷罪〔219条〕等が、その例だ（暴行罪〔208条〕と傷害罪〔204条〕との関係についても、後者が前者の結果的加重犯という性質をもっている。)。

一般に法益の現実的侵害をともなう場合を**侵害犯**、その危険の発生をもって足りる場合を**危険犯**として区別している(6)。たとえば、殺人罪は、人の生命を保護法益としており、実際に死亡結果が発生し、生命が侵害された場合に成立するから、侵害犯の典型例である。これに対し、刑法108条の放火罪は、放火行為により現住建造物等を焼損すれば成立するのであり、不特定または多数の人の生命や財産という法益を現実に侵害したことを必ずしも要しない。この意味で、放火罪は、危険犯（この場合は、公共危険犯）に分類される。

法益侵害と犯罪の完成との関係を基準に、即成犯、継続犯、状態犯という区別も行われている[7]。法益の侵害（危険）結果の発生によって犯罪事実が完成し、かつ終了する場合を**即成犯**という。殺人罪や放火罪等がその例である。犯罪が既遂に達した後も実行行為が継続しており、犯罪も終了していないと認められるものを**継続犯**という。一般に監禁罪がその例として挙げられる。監禁行為自体が既遂に達した後も、他人の身体の自由を奪っている状態が継続している限り、実行行為が継続している。したがって、この間は、つねに正当防衛が可能である。他方、犯罪が既遂に達し実行行為も終了するが、その後法益侵害の状態だけが残る場合を**状態犯**と呼ぶ。窃盗罪がこの典型例である。窃盗行為によって他人の財物に対する占有の確保により窃盗罪が完成し、この時点で実行行為も終了する。この後は、財産権の侵害という状態となる。この場合、実行行為は終了してしまっているので、被害者が翌日窃盗犯人と遭遇し、自己の財物を取り返す行為に、正当防衛を認めることはできない。もはや「急迫不正の侵害」とはいえないからだ（そこで、刑法上は、自救行為〔自力救済〕の問題として取り扱われる。）。

〔v〕 因果関係

構成要件的結果の発生は、行為者の行為によるものでなければならない。行為に「よって」結果が発生したという関係が必要である。これが**因果関係**である（これについては**【3 因果関係】**参照）。

〔vi〕 構成要件的状況

上記の客観的要素のほか、構成要件によっては一定の状況を必要とするものがある。たとえば、騒乱罪における「多衆で集合して」というのは、必ずしも行為者の行為に還元できる要素ではないから、構成要件的状況として理解すべきである。

B 主観的要素

〔i〕 故　　意

刑法は、「罪を犯す意思がない行為は、罰しない。ただし、法律に特別の規定がある場合は、この限りでない」〔38条1項〕と定める。**故意犯処罰が原則**であり、過失処罰は特別の定めがある場合に限られる。故意とは、一般に結果の発生を主観的に認識・予見している場合をいう。

〔ii〕 過　　失

結果発生の認識を欠いている場合には過失が問題となる。過失が認められるためには、結果の発生を予見することができたこと（結果の予見可能性）を必要とする。およそ予見することができない結果であるならば、誰もその結果を回避し得ないのであり、規範的に行為者を非難することはできない。法は、人びとに不可能を強いるものではないからである。注意すれば結果を回避することができたというときに、過失の責任非難が成立する。したがって、結果に対する予見可能性を前提として予見義務があり、結果回避可能性を前提とした結果回避義務があるにもかかわらず、不注意にもこうし

(6) 山中・総論174頁、山口・総論47頁。
(7) 西田・総論89～91頁、山口・総論48～50頁、井田・総論111～113頁。

た義務（注意義務）を尽くさずに、結果を発生させたといえる場合に、刑法上の過失が認められる。

〔iii〕 **目　　的**

故意だけでなく、いくつかの構成要件では主観的な「目的」が構成要件要素として付け加えられている。たとえば、内乱罪の構成要件を見ると、「国の統治機構を破壊し、又はその領土において国権を排除して権力を行使し、その他憲法の定める統治の基本秩序を壊乱することを目的として暴動をした者」〔77条〕となっている。単に、暴動の故意があるだけでなく、その暴動が所定の目的をもって行われた場合に本条の適用が認められる。このような犯罪類型を、**目的犯**という。このほか、通貨偽造罪や各種の文書偽造罪における「行使の目的」〔148条、154条以下〕等も、これに当たる。

【2　不作為犯】

〔ｉ〕 **作為犯と不作為犯**

刑法は刑罰威嚇によって、人びとの行為を規律する基本的機能をもっており、構成要件要素として中核的な位置を占めるのは、行為であろう。「殺」す、「窃取」する等の行為が、禁止の対象である。一方、不作為犯の場合には、「生存に必要な保護を」する〔刑218条参照〕、人の住居等から「退去」する〔刑130条後段参照〕等といった特定の作為に出ることが命じられている。作為犯と不作為犯との間では、一般的な行為の禁止と一定の行為（作為）の要求という規範構造上の違いが存在する。人びとへの規制の在り方（働きかけ）において、作為犯の場合には消極的な態度を取ることで足りるのに対し、不作為犯の場合には積極的な作為に出ることが要求されるため、後者の場合の方が重い負担を強いられる点に留意する必要がある[8]。

刑法の重要な任務は法益の保護であり、この目的を達成するために、法益への積極的な攻撃が禁止される。人びとが作為的な侵害に及ばない限り、現状の法益はそのまま維持される。しかし、法益の維持・保全のために一定の支えが必要な場合もある。この場合には、積極的な措置を講じることが要求されるのであり、法による作為強制も正当化されよう。真正不作為犯の規定は、法益を維持するために要求される作為の不履行を処罰するものであり、明文で作為の強制を図っている。作為の強制は、これに限られるわけではないであろう。法益保護の観点から、このほかにも作為を必要とする場面があり、その不作為が作為と同視できる場合には、刑法上も処罰対象となり得る。

〔ii〕 **不真正不作為犯の成立要件**

不真正不作為犯の成立要件をめぐって、現在でも多種多様な議論が行われており、課題も多く残されている。しかし、今日、危険にさらされている法益に対して何らかの関係に基づく**作為義務**が存在し、かつ作為が可能であることを前提に、その不作為が作為による構成要件実現と同視し得るかどうか（**同価値性**）を実質的に検討して、不作為による犯罪の成否を判断するのが多数となっている[9]。

犯罪結果の発生に自然的には因果力をもたない不作為が、犯罪性を帯びる契機は、結果の発生を回避したり、保護する措置（作為）を講じるべきであるにもかかわらず、敢えてそれを行わないという点に求めることができる。このような作為の強制は、誰に対してでも命じられるというわけではな

（8）　今井ほか・総論100頁〔小林憲一郎〕。
（9）　作為義務と同価値性要件の関係をどのように位置づけるかは別として、実質的にこうした判断によるものとして、たとえば、大谷・総論128～139頁、前田・総論98～105頁、西田・総論124～126頁、山口・総論76頁、佐伯・総論89～95頁など。

い。溺れた人を目撃した人につき、道徳的には積極的に人の命を助けるべきであるという規範が存在し、それを怠ったとすれば、道義上の責任非難を免れることはできない。しかし、このことと、法によって犯罪として処罰することとは別論である。そのような作為を一般的に刑罰によって強制するのは、一方で人びとの自由に大きな負荷を負わせる結果となり、自由を過度に制約しかねない。したがって、法的に作為強制を義務づける正当な根拠が必要となる。

従来、この作為義務を生じる原因として、①法令、②契約・事務管理、③条理上の先行行為が挙げられてきた。これらは、法益と特別な関係を有するがゆえに積極的なコントロールを要求される者（**保証人**）を特定・識別する一種の契機となり得る。つまり、これらを原因として、特定の法益を保証する関係に立っていることに基づいて、法益保護のための積極的な作為を強制づけられると考えることができる。

作為義務が存在するとしても、その意図的な不履行が直ちに不作為犯を構成するわけではない。法益を保証する関係にあり作為義務を負っていたとしても、具体的な状況の下で作為に出る可能性が認められないのであれば、もはや義務の履行を要求できない。およそ泳げない者に、溺れる者を救助せよと命じても意味がない。したがって、作為可能性を前提として要する。そして、当該不作為が作為による犯罪実現と同視できる程度に犯罪性（手段性）を帯びていることが必要である。単に何もしないということを処罰するとすれば、明らかに広範に過ぎよう。規範的に法益侵害の手段といえる程に意図的なその不作為が犯罪実現と結びついていることが、犯罪（実行）行為性を認める要素と見るべきである。学説上、近時「排他的支配領域性」[(10)]、「危険創出と因果経過の排他的支配」[(11)]を要求する見解が示されているのは、この趣旨を含むものであろう。

さて、以上に示した不真正不作為犯の要件に照らせば、上掲の目撃者に関しては、不作為による殺人罪の成立は否定されるべきである。なぜなら、保証人的地位に基づく作為義務は認められないからである。これに対して、親の場合はどうであろうか。まだ泳ぐこともできない幼児を海水浴に連れて行き、海浜で遊んでいるうちに波にさらわれそうになっていたのを、そのまま放置し、死亡結果を予見しながら、容易に救助できたのにあえてこれをせず、結局、幼児は溺死したというケースである。この場合、親は親権者として法律上子に対する監護義務〔民820条参照〕を負い、自ら危険を排除して身を守る能力を持ち合わせていない幼児を海浜のような危険な場所に連れて行くという先行行為と相俟って、親には保証人的地位に基づく作為義務を肯定し得る。そして、容易に救助できたにもかかわらず、死亡することを認識しながら黙過していたのである。親は、保護責任者不保護罪〔218条〕にとどまらず、不作為による殺人罪の罪責を負うと解すべきである。

〔iii〕判　　例

判例上、不真正不作為犯が問題となるのは、放火罪、殺人罪、詐欺罪等に限られる。放火罪に関しては、大審院は、養父と争い殺害後、養父が投げた燃木尻の火により引火した事案につき、罪証隠滅目的で既発の火力を利用する意思を認定し、放火罪の成立を認めた（大判大正７・12・18刑録24輯1558頁）。また、自己が灯したろうそくが神符に傾いているのを認識しながら、火事になれば保険金を得られると思いそのまま外出した事案について、同様に放火罪が認められた（大判昭和13・３・11刑集17

(10)　西田・総論132～133頁。
(11)　佐伯・総論89～95頁。

巻237頁)。これらの判決では、既発の火力を利用する意思が認定されていたが、その後、最高裁は、仮眠中に火鉢が過熱し机等に火が燃え移ったが、自己の失策が発覚するのを恐れてそのまま立ち去った事案につき、放火罪の成立を認め（最（三小）高裁昭和33・９・9刑集12巻13号2882頁)、この要件が必須のものではないことを明らかにした。

殺人罪に関しては、大審院時代の判例として、貰い受けた嬰児を５か月養育した後、食べものを与えずに死亡させた場合に肯定したものがある（大判大正４・２・10刑録21輯90頁)。最近のものとして、シャクティパットと称する治療を行っている被告人が、入院中の患者をその親族に連れ出させたうえ、患者の生命を維持するために必要な適切な医療を受けさせることなく、施術を行ったものの何の効果もなく、未必の殺意のもと患者をそのまま放置した結果、死亡させた事案につき、最高裁は殺人罪の成立を認めている（最（二小）決平成17・７・４刑集59巻６号403頁〈刑法百選Ｉ［８版］６事件〉)。

自動車運転による死傷事故を起こし、そのまま現場を離れるひき逃げの事案に関しては、過失運転致死傷罪と道路交通法上の救護義務違反罪・報告義務違反罪として処理されている。この場合に、負傷した被害者をそのまま現場に放置したとすれば、刑法上の保護責任者不保護罪〔218条〕の適用も考えられる。しかし、同条の法定刑は３月以上５年以下の懲役である。これに対し、道路交通法上の救護義務違反罪〔同法117条、72条１項前段〕が定める刑罰は、死傷が運転者の運転に起因する場合には、10年以下の懲役または100万円以下の罰金であり、はるかに重たいものとなっている。このため、救護義務違反罪は実質的に不保護罪をカバーしている規定と理解するのが相当である。ゆえに、不保護罪の適用を図る必要は認められない。このような考慮によって、実務上は一般に、単純なひき逃げの事案については、上述した処理によっている。もっとも、裁判例を見ると、事故後、負傷した被害者を乗せていったんは病院へ向かったものの、刑事責任をおそれて遺棄しようと適当な場所を探しているうちに、被害者が死亡した事案につき殺人罪（東京地判昭和40・９・30下刑集７巻９号1828頁)、重傷を負わせた被害者を自動車に乗せ、深夜寒気厳しい時刻に発見される見込みのない場所に放置した事案につき殺人未遂罪（東京高判昭和46・３・４高刑集24巻１号168頁）の適用を認めたものがある。これらは、単純なひき逃げではなく、過失による先行行為に加えて、引き受けや支配下に置いた事情が認められ、これにより被害者との特段の依存関係を生じたことによって、被害者の生命保護への積極的な作為を要求されるに至ったにもかかわらず、場所的な移置をともなう生命に対する危険を一層高める行為が行われた事案であり、死亡結果を予見しながら生命への危険をもたらす行為が行われた点で、むしろ殺人の手段性を帯びる行為と評価されたものであろう。

なお、飲酒運転による死傷事故に関連して、飲酒運転行為者と飲酒をともにし、飲酒運転することを認識していた者について法的な責任も生じ得る。道路交通法は、飲酒運転に対する罰則の整備・強化により、酒類の提供を行った者に対して３年以下の懲役または50万円以下の罰金を科している〔同法117条の２の２第５号。このほか117条の３の２第２号〕。飲酒運転による事故で被害者が死傷した場合には、このほかにも、民事責任や刑事責任も考えられる。たとえば、相当長時間飲食をともにし、かなり酔っていることを認識しながらその状態で運転することを黙認し見送り、運転者が運転中に事故を起こし被害者を死亡させた事案につき、飲食をともにしていた者には運転を制止する義務が存在するとして、民事上、共同不法行為〔民719条〕として損害賠償責任を認めた下級審の裁判例がある（たとえば、東京地判平成18・７・28判タ1289号203頁)。刑事責任に関しても、６名もの死傷者を出した危険運転致死傷事件につき、飲酒を共同にし同乗していた者につき、危険運転致死傷幇助罪を肯定した最高裁の判例（最（三小）決平成25・4・15刑集67巻4号437頁）[(12)]がある。

【3 因果関係】

構成要件の多くは「結果犯」であり、一定の結果の発生が構成要件の要素となっている。殺人罪で言えば、人の「死亡」という結果の惹起によって、構成要件が充足される。このように一定の結果（ないし事態）の招来が構成要件要素となっている場合に、そのような結果に対する責任を問うための基本的な前提として、行為者の「行為」と「結果」との間に、原因・結果という因果関係が認められなければならない。したがって、因果関係も構成要件の要素として位置づけられる。

〔i〕 条件関係

① 条件関係の公式

結果に対する責任を問うために必要なもっとも基礎的な要件は、行為と結果との間における条件関係の存在である。およそ条件関係すら存在しないのであれば、もはやその行為とその結果とは無関係である。

この条件関係は、一般に「Aなければ、Bなし」、つまり「その行為がなければ、その結果も発生しなかったであろう」（conditio sine qua non）という仮定的消去法を用いた公式（これを、**条件関係の公式**あるいはコンディツィオ公式と呼ぶ。）によって確認される。ナイフによる傷害事件について、ナイフで切り付ける行為を取り除いてみて、刺傷というその傷害結果も発生しなかったであろうといえるのであれば、刺す行為は傷害結果発生の条件である。しかし、たとえば、毒殺を企て致死量の毒入りコーヒーを被害者に飲ませたが、すぐに被害者がタクシーに乗り込んで移動中、毒の作用が及ぶ前に衝突事故に巻き込まれ、その衝撃で頭部挫傷により死亡した場合には、毒の提供を取り除いても、なお被害者の死亡は発生したであろうといえるので、毒入りコーヒーの提供行為と被害者の死亡との間には、条件関係を肯定することができない。したがって、毒の提供は被害者の死亡結果とは何ら関係がないから、行為者は殺人未遂罪の罪責を負うにとどまる。

② 条件関係公式の適用について

しかし、条件関係の公式の適用上、問題となる場合も指摘されている。たとえば、まったく意思連絡なく、XとYが各別に被害者Aの毒殺を計画しており、偶然にも同時に、Aが飲んでいるコーヒーの中にXとYそれぞれが相次いで致死量の毒薬を混ぜたとしよう。この場合に、Xの行為を取り除いてみても、やはりAの死亡は（Yの毒によって）発生したであろうし、またYの行為を取り除いて考えた場合にも、なおAの死亡結果が起きたといえる。このため、条件関係の公式を当てはめると、Xの行為、Yの行為ともに、Aの死亡結果との間に条件関係が認められず、誰にも死亡惹起の責任を問えなくなるのではないかというのである。確かに、それぞれが致死量の半分の毒を投与したときには条件関係が肯定されるのに、それぞれが致死量以上を与えた場合には条件関係が否定されるというのでは、明らかに不合理である。Aは致死量の2倍もの毒を飲まされているのであるから、死亡結果に至る経過をより具体的に観察すれば、XあるいはYだけの毒の量の場合と比較し、Aの死が一層早まったということができるだろう。そうだとすれば、致死量の2倍もの毒による死という具体的な結果

(12)　本件第1審（さいたま地判平成23・2・14裁判所ウェブサイト）評釈として、上野幸彦「飲酒関与同乗者に危険運転致死傷幇助罪が認められた事例」刑事法ジャーナル35号（2013年）127頁以下。

に着眼すれば、ＸＹそれぞれの投与行為との間に、条件関係を肯定することに支障はないと考えられる[13]。

〔ii〕 **因果関係論**

① **条　件　説**

以上に説明した条件関係が存在すれば、刑法上も結果に対する責任を問うことができるとする立場を**条件説**という（結果に影響を及ぼすすべての条件を同等に取り扱うので、**等価説**とも呼ばれる。）。結果に対する責任を問題にする以上、およそ条件関係も存在しない行為に、結果に対する責任を負わせることは正当化され得ない。この限りで、条件関係は結果に対する（客観的な）責任を問う上で最低限の必要条件というべきである。しかし、たとえば、Ｘが傷害の意図でＡの腕を切り付けケガを負わせたが、被害者Ａを病院へと搬送中の救急車が自動車と衝突し、Ａは頭部を強打して即死したというケースを考えてみよう。ＸのＡに対する加害がなければ、病院への搬送もなく、したがって事故に巻き込まれることもなかったのであるから、Ｘの行為とＡの死亡との間における条件関係を否定することはできない。このことを以て、直ちに傷害致死の罪責をＸに負わせることが果たして妥当なのであろうか。Ｘの傷害行為は確かにＡ死亡の一条件であるとしても、Ａの死亡結果は事故によるものであろう。つまり、Ｘの行為後に、Ｘが引き起こした事態とは無関係に介在した事情に起因する死亡結果と評価することができ、その死亡をＸの責任とすることには疑問も生じる。

② **相当因果関係説**

このような問題を意識して、学説上、不相当な結果を排除するために、相当性を基準とする因果関係論が展開されることになった。これが、**相当因果関係説**であり、日本では通説的な見解となった。この見解は、相当性を判断する資料ないし判断基底の範囲をめぐって、行為者が認識した事情および認識し得た事情を対象とする**主観説**、行為当時存在したすべての事情および行為後の客観的に予見可能な事情を対象とする**客観説**、それに行為当時、一般人の予見可能な事情および行為者が特に認識していた事情を対象とする**折衷説**に分かれる。このように判断基底をめぐって見解が分かれており、また、因果経過の異常性をどのように判断するのかについて、必ずしも明確とはいえないという問題も指摘されている[14]。

③ **客観的帰属論**

そこで、近時、事実的因果関係の問題と規範的な判断の問題とを区別して、後者について「**危険創出**」および「**危険実現**」という基準（危険増加論）を利用して判断する**客観的帰属論**という考え方が、次第に有力となってきている[15]。

〔iii〕 **判　　例**

判例上、とくに因果関係が争点となった事案を類型化すると、①被害者の特殊事情が存在した場合、②被害者自身の行為が介在する場合、③第三者の行為が介在する場合等に整理することができる[16]。それらの事例を中心に、判例の見解について概観しておこう。

---

(13)　井田・総論126～127頁、130頁。
(14)　この点につき、井田・総論137～142頁、佐伯・総論66～68頁参照。
(15)　客観的帰属論につき、山中・総論291頁以下。
(16)　山口・刑法34～39頁参照。

①　**被害者の特殊事情が存在する場合**

被害者自身に何らかの特異事情（体質や疾患等）が存在し、この事情が結果の発生に大きく影響を及ぼしたケースでは、被告人がその特殊事情を知らなかったり、致死の結果を認識することができなかった場合にも、因果関係が肯定されている。たとえば、被害者の左眼を蹴りつけ、傷自体は全治10日程度の傷害であったものの、被害者が脳梅毒であったため、脳に高度の病変を生じ、死亡した場合（最（二小）判昭和25・3・31刑集4巻3号469頁）、63歳の女性の頸部や口を押える等の暴行を加え、ふとんを顔にかぶせてその上から口付近を圧迫したところ、被害者には重篤な心臓疾患があり、急性心臓死した場合（最（一小）判昭和46・6・17刑集25巻4号567頁〈刑法百選Ⅰ［8版］8事件〉）等、いずれも死亡結果との因果関係が認められている。暴行それ自体、生命に対する危険をつねに含んでおり、因果関係を否定する理由はないといえよう。

②　**被害者自身の行為が介在した場合**

高度の火傷を負わされた被害者が、苦痛に耐えられず、またさらなる暴行を避けるために水中に飛び込んだところ、心臓麻痺を起こして死亡した場合（大判昭和2・9・9刑集6巻343頁）、暴行に耐えかねた被害者が逃走しようとして池に落ち、頭部擦過打撲傷に基づくクモ膜下出血を起こし死亡した場合（最（三小）決昭和59・7・6刑集38巻8号2793頁）に、いずれも死亡結果との因果関係が肯定され、傷害致死罪の成立が認められている。このほか、柔道整復師が風邪の症状を訴える患者に対し、誤った治療法を繰り返し指示し、その患者が医師の診療を受けることなく忠実に指示にしたがったため、病状を悪化させて死亡した場合（最（一小）決昭和63・5・11刑集42巻5号807頁）、被告人が被害者を傷害した後、被害者自身が医師の指示に従わず安静にしていなかったため、容態がさらに悪化して死亡した事案につき、「傷害は、それ自体死亡の結果をもたらし得る身体の損傷であって、仮に被害者の死亡の結果発生までの間に、（中略）被害者が医師の指示に従わず安静に努めなかったために治療の効果が上がらなかったという事情が介在していたとしても、被告人らの暴行による傷害と被害者の死亡との間には因果関係がある」と判示している（最（二小）決平成16・2・17刑集58巻2号169頁）。さらに、長時間にわたり激しい暴行を受けた被害者が、すきをみて逃走し、追跡を免れようとし高速道路に進入したところ、走行中の自動車に轢かれ死亡した事案においても、「被害者が逃走しようとして高速道路に進入したことは、それ自体極めて危険な行為であるというほかないが、被害者は被告人らから長時間激しくかつ執ような暴行を受け、被告人らに対し極度の恐怖感を抱き、必死に逃走を図る過程で、とっさにそのような行動を選択したものと認められ、その行動が、被告人らの暴行から逃れる方法として、著しく不自然、不相当であったとはいえない」と説き、被害者が高速道路に進入して死亡した点について、被告人らの暴行に起因するものと評価している（最（二小）決平成15・7・16刑集57巻7号950頁〈刑法百選Ⅰ［8版］13事件〉）。

③　**第三者の行為が介在した場合**

自動車運転中に自転車に乗った被害者を跳ね飛ばし、被害者に気付かずにそのまま運転を続けていた際、被害者が自動車の屋根にはね上げられ意識を失った状態にあったところ、助手席に乗っていた同乗者が被害者に気づき、屋根から引きずり降し、路上に転落させたのであるが、被害者の死因となった頭部の傷害が衝突の際に生じたものなのか、転落によって生じたものであるのか、特定できなかったという事案につき、最高裁は次のように判示した。「同乗者が進行中の自動車の屋根の上から被害者をさかさまに引きずり降ろし、アスファルト舗装道路上に転落させるというがごときことは、経験上、普通、予想しえられるところではなく、ことに、本件においては、被害者の死因となった頭部の傷害が最初の被告人の自動車との衝突の際に生じたものか、同乗者が被害者を自動車の屋根から引きずり降ろし路上に転落させた際に生じたものか確定しがたいというのであって、このような場合に被告人の前記過失行為から被害者の前記死の結果の発生することが、われわれの経験則上当然予想しえられるところであるとは到底いえない。したがって、原判決が右のような判断のもとに被告人の業務上過失致死の罪責を肯定したのは、刑法上の因果関係の判断をあやまった結果、法令の適用をあやまったものというべきである」（最（三小）決昭和42・10・24刑集21巻8号1116頁〈刑法百選Ⅰ［8版］9事件〉）と。この**米兵ひき逃げ事件**決定は、第三者（同乗者）の行為が経験上予測できないことを根拠に因果関係を否定したものと受けとめられ、伝統的に条件説的と評価されてきた判例の立場が、相当性を考慮する見解へと変化したとの理解も生まれた。しかし、死因となった頭部の傷害について、そもそもいずれの行為によるものか不明だったのであり、死亡結果との因果関係の証明がなされていない事案である。仮に、過失運転行為が頭部傷害結果を形成する原因となったことが証明されたとすれば、死との因果関係が肯定される可能性も生じ得よう(17)。

その後の判例では、被告人が第1現場で被害者に暴行を加え脳出血による意識消失状態とし、第2現場に運んで放置したところ、被害者は脳出血により死亡したが、生存中に第三者が角材で頭部を殴打した痕跡が認められ、これによって死期を早める影響を与えた事案につき、「犯人の暴行により被害者の死因となった傷害が形成された場合には、仮にその後第三者により加えられた暴行によって死期が早められたとしても、犯人の暴行と被害者の死亡との間の因果関係を肯定することが」認められている（最（三小）決平成2・11・20刑集44巻8号837頁〔**大阪南港事件**：刑法百選Ⅰ［8版］10事件〕）。さらに、被害者を自動車後部のトランクに押し込んで脱出不能にしたまま、自動車を発進走行させて、午前4時ころ片側1車線で見通しの良い路上で停車していたところ、たまたま後方から走行してきた自動車が前方不注意のため停車中の車に時速約60㎞で追突し、トランク内の被害者が頚髄挫傷の傷害によりまもなく死亡したケースにつき、「被害者の死亡原因が直接的には追突事故を起こした第三者の甚だしい過失行為にあるとしても、道路上で停車中の普通乗用自動車後部のトランク内に被害者を監禁した本件監禁行為と被害者の死亡との間の因果関係を肯定することができる」との判断を示し、監禁致死罪を認めている（最（一小）決平18・3・27刑集60巻3号382頁〔**トランク監禁事件**：刑法百選Ⅰ［8版］11事件〕）。最近においても、管制官に対する業務上過失致傷罪が問われた日航機ニアミス事件で、便名を言い間違えた降下指示は両機が接触、衝突するなどの事態を引き起こす高度の危険性を有しており、機長がTCASによるRAに従わず、降下を継続したという事情が介在したとしても、被告人（筆者注：管制官）から指示を受けたことに影響されたものであり、「本件ニアミスは、言い間違いによる本件降下指示の危険性が現実化したものであり、同指示と本件ニアミスとの間には因果関係があるというべきである」（最（一小）決平成22・10・26刑集64巻7号1019頁）と判示されている。

このような判例の動向に基づいて、「行為の危険性が結果へと現実化したか」という基準（**危険の現実化**）によって因果関係の判断を行っているとの分析が、現在、一般化しつつある(18)。

---

(17)　山口・総論65～66頁。
(18)　前田・総論139頁、山口・総論60頁、井田・総論136頁、佐伯・総論77頁など。

4 違 法 性

【1 総　　説】

違法とは何かについては、さまざまな考え方がある。法規範からの逸脱であると理解することもできるし、法秩序に反することであるとする理解も成立する。しかし、このような定義上の問題ばかりでなく、違法の実質をどのような点に求めるのかという実質的な違法性を解明することが、解釈上重要となる。違法性の実質的根拠をめぐって、日本では、とくに**行為無価値論**と**結果無価値論**とが厳しく対立してきた(19)。後者は、違法の実質を法益の侵害ないし危険の惹起に求める見解であり、前者は行為自体の反価値性（あるいは行為の社会的相当性からの逸脱）を考慮する見解である。もっとも、説明の仕方が異なっているに過ぎず、実際の結論において、必ずしも大きな違いを生じているわけではない。刑法は、規範的に行為を規制する機能を担い、かつ法益を保護する機能を営んでいるのであるから、行為無価値と結果無価値とを対立的な関係として捉えるべきではなく、むしろ違法の実質を構成する二つの要素（側面）と理解する方が妥当であると思う。

構成要件が、社会秩序の維持、法益保護の観点から刑罰をもって対処すべき社会的に害のある違法な行為を類型的に規定したものだとすれば、構成要件に該当する行為は、原則として違法でもあると判断されることになるだろう（これを構成要件の違法推定機能という。）。しかし、構成要件に該当する行為が常に違法であるとは限らない。すなわち、具体的なケースにおける特別の事情の存在により、（例外的に）違法性がないと認められる場合もある。このような事情を違法性阻却事由（あるいは正当化事由）という。

違法性阻却事由として、刑法典上には、法令に基づく行為・正当行為〔35条〕、正当防衛〔36条1項〕、緊急避難〔37条1項本文〕が規定されている。後二者は、法益が現に危険にさらされている状況での正当化を扱っている（両者を総称して、緊急行為と呼ぶこともある。）。これに対して、35条は、一般的な正当化について定めた規定である。そこで、一般的違法性阻却と緊急状況下での正当防衛および緊急避難とを区別して説明する。

【2 一般的違法性阻却事由】

刑法35条は、「**法令又は正当な業務による行為は、罰しない**」と規定する。「罰しない」というのは、犯罪の不成立を指すが、ここでは違法性が欠けることを根拠として犯罪の成立が阻却されるという意味である。同条は、前段で法令による行為、後段で正当な業務による行為に関し、違法性の阻却を認める。後段の「正当な業務による行為」につき、違法性阻却にとってとくに「業務」であることに意味があるわけではないとすれば、正当行為一般を不可罰とする趣旨を含むと解することができるので、いわゆる超法規的違法性阻却事由に属する類型も、本条を根拠として違法性の阻却が認められることになる。

〔i〕 法令行為

構成要件に該当する行為であっても、法令によって特別に命じられていたり、許容されている場合には、適法・合法な行為であって、違法性は認められない。法令自体によって許容されている行為を

(19)　西田・総論134～145頁、井田・総論86～93頁、佐伯・総論98～113頁など参照。

刑法で処罰することは、法秩序の統一性に矛盾する。この観点から、刑法上も正当化されるものであることを定めている。法令行為として、違法性が阻却される場合として、３つの類型に整理することができる[20]。

ａ．職権・職務または権利の行使

死刑・自由刑の執行〔刑11～13条、刑訴471条〕、警察官等による被疑者・被告人の逮捕・勾留〔刑訴60条、199条以下〕、警察官の拳銃等の武器使用〔警職７条〕等の法令上の職権（職務）による場合のほか、法令に基づく権利行使の例として、私人による現行犯人の逮捕〔刑訴213条以下〕等を挙げることができる。

ｂ．政策的な理由に基づき法令により特別に許容される場合

日本では、賭博〔刑185条〕、富くじ販売〔刑187条〕は犯罪化されているが、競馬〔競馬法〕、競輪〔自転車競技法〕、競艇〔モーターボート競争法〕、宝くじ〔当せん金付証票法〕等につき、特別法によって許容され、合法化されている。

ｃ．所定の手続・要件を法定し、その条件の下で一般的な正当化を図る場合

たとえば、堕胎罪に関して、母体保護法に基づいて行われる医師の人工妊娠中絶〔同法14条、２条２項〕、臓器移植法に基づく臓器の摘出〔同法６条〕、「精神保健及び精神障害者福祉に関する法律」に基づく精神障害者の入院措置〔同法29条以下〕等は、この例に当たる。

〔ii〕 正当業務行為

刑法35条後段では、違法性阻却事由として、「正当な業務による行為」を規定している。「業務」とは、一般に社会生活上の地位に基づき反復・継続して行う行為を指す。社会的な有益性をもって日常的に行われる活動について、法秩序に反しない「正当な」ものを対象に、違法性の阻却を認めたものである。ここでは、いくつかの代表的な類型を挙げておこう。

ａ．医 療 行 為

医師による手術等の医療行為（患者の身体に対する侵襲）について、患者の意思の基づき、患者の生命の維持、健康の回復を目的として行われる行為であることを根拠に、正当化される。一般に正当化の要件として、①患者の同意、②医学的適応性（医療行為が患者の生命の維持、健康の回復のため必要であること）、③医術的正当性（医学上承認された医療技術・医療準則にしたがって行われること）を具備することが必要とされている。

ｂ．取 材 活 動

報道機関の取材活動は、自由で民主的な社会を構築する上で大切な意義があり、憲法上も表現の自由、国民の知る権利といった観点から、きわめて重要である。

《判例》**外務省機密漏えい事件**（最（一小）決昭和53・５・31刑集32巻３号457頁〈刑法百選Ⅰ［８版］18事件〉）

新聞記者が、外務省に勤務する女性職員に対し、関係書類の持ち出しを依頼、懇願した事案。記者は、国家公務員法111条、109条12号、100条１項の「そそのかし」罪として立件・起訴され

(20)　井田・総論284～286頁。

た。最高裁は、報道のための取材の自由も、憲法21条の精神に照らし、十分尊重に値するとしたうえ、「真に報道の目的からでたものであり、その手段・方法が法秩序全体の精神に照らし相当なものとして社会観念上是認されるものである限りは、実質的に違法性を欠き正当な業務行為であるというべきである」と判示した。ただし、本件においては、秘密文書を入手する手段として女性との間で肉体関係を持ったものであるとして、手段・方法において社会観念上是認できず、正当な取材活動の範囲を逸脱しているとして、違法性の阻却を否定した。

c．宗 教 活 動

憲法20条は、宗教活動の自由を保障している。これに関連して、宗教に基づく行為の違法性阻却が問題となる。健康を回復する手段として信者等に信仰に基づく処置が施されることがあるが、いうまでもなく、まったく医療準則を無視し、生命の危険に陥れるような行為は正当化され得ない。たとえば、精神障害のある息子の平癒を願った親に依頼された僧侶が、狭い部屋の中で３時間にわたり大量の線香護摩を焚き、加持祈祷を行った結果、息子が熱傷等を負い、ショックを起こして死亡した事例につき、傷害致死罪の成立が認められる（最大判昭和38・５・15刑集17巻４号302頁）。これに対して、罪を犯した少年を教会で保護し説得を行ったキリスト教の牧師が犯人隠避罪に問われた事案で、正当業務行為として違法性阻却を認めた下級審の裁判例（神戸簡判昭和50・２・20刑月７巻２号104頁）がある。

d．争 議 行 為

憲法28条は労働者の労働基本権を保障しており、団体活動として争議権も認められる。労働組合法は、正当な目的のために行われる団体交渉、団体行動について刑法35条の適用を明文で規定している〔労組１条２項〕。正当性の判断に関し、判例は、「争議行為に際して行なわれた犯罪構成要件該当行為について刑法上の違法性阻却事由の有無を判断するにあたっては、その行為が争議行為に際して行なわれたものであるという事実をも含めて、当該行為の具体的状況その他諸般の事情を考慮に入れ、それが法秩序全体の見地から許容されるべきものであるか否かを判定しなければならない」（最大判昭和48・４・25刑集27巻３号418頁〔久留米駅事件：刑法百選Ⅰ［８版］16事件〕）と説いている。

e．弁 護 活 動

弁護士による活動、とくに刑事弁護人として被告人を擁護する弁護活動について、国の行う司法作用の行使と衝突する場面も生じる。このような場合に、違法性阻却が問題となる。これについて、判例は、法令上の根拠、弁護目的との関連性、被告人自身によって行われたときの違法性阻却の有無といった諸点を考慮し、法秩序全体の見地から許容されるべきものでなければならないと判示している（最（一小）決昭和51・３・23刑集30巻２号229頁〔丸正事件〕）。

【3　正当化の基本原理と実質的違法性】

一般的な違法行為類型としての構成要件に該当するとしても、35条に該当する場合には違法ではなく、不可罰である。違法性の段階では、このほか、個別具体的な事情の下で、実質的な観点から違法性の存否を判断する必要がある。実質的な違法性の理解をめぐって、前述したように、刑法の役割を法益保護に求める見地から、法益侵害（危険）の惹起という側面を重視する見解（**結果無価値論**）と、一定の社会倫理秩序の維持を刑法の任務と捉える立場から、社会的相当性からの逸脱という側面を重視する見解（**行為無価値論**）とが対立してきた。行為無価値論に立てば、**社会的相当性**が正当化の判断基準となり、その範囲内にあると認められることにより違法性が阻却されることになる。これに対して、結果無価値論によれば、侵害される法益とそれにより保護される法益との比較衡量を通じた**優越的利益**の存在を根拠に、正当化が図られる(21)。

このような観点から、35条に明記されている場合のほかにも、実質的な正当性の判断に関して、違法阻却が問題となる場面が生じる。その代表例として、同意傷害、安楽死・尊厳死、可罰的違法性を取り上げて説明する。

〔i〕 **被害者の同意（承諾）**

法益主体が処分可能な自己の法益に関して、有効な同意を与えて侵害することを容認している場合には、法益保護の必要性が欠如することになる(22)。したがって、個人的法益の多くは、法益主体の同意によって、刑法上保護すべき利益が失われたり、侵害が許容されているので、犯罪は成立しないと解される。たとえば、自由に関する罪に関しては、当人の意思に反する加害行為が処罰の対象であり、被害者の同意が存在する限り、構成要件該当性は認められない。また、財産に対する罪についても、被害者が同意しているのであれば、権利を放棄したものとみられるので、構成要件に該当しないと理解することができる。これに対して、刑法202条は、被害者の承諾を得て殺した者についても同意殺人罪として処罰しており、違法性の阻却を認めていない。そうすると、個人の財産および自由に関しては、同意により一般的に犯罪の成立は否認されるが、生命の処分については、法律上、同意の効果は限定的である。

① **有効な同意の要件**

有効な同意といえるためには、a.法益主体の自律的決定に委ねられている法益であること、b.同意能力が存在すること、c.意思に瑕疵がないことを要する。

② **同 意 傷 害**

個人的法益の中で、自由や財産等に関しては、本人の同意により犯罪の成立は阻却される。しかし、生命侵害に対する同意に関しては、刑法上、犯罪阻却の効果は否認されている。そこで、傷害罪における被害者の同意についてその法的効果が問題となる(23)。

身体に関しても、結果無価値論に立脚し全面的に自己決定権を尊重するという立場に立てば、同意が存在する限り法益性が欠如するので、可罰性は否定される。これに対して、判例は、目的や手段の相当性を考慮して、違法性の有無を判断している。

《判例》**保険金詐欺目的による同意傷害事件**（最（二小）決昭和55・11・13刑集34巻6号396頁〈刑法百選Ⅰ［8版］22事件〉）

共犯者が、交通事故による傷害を装った保険金騙取を企て、自動車を衝突させて、その共犯者

(21)　西田・総論141～142頁、山口・総論109～110頁、
(22)　西田・総論200頁、山口・総論162頁、井田・総論346～349頁。
(23)　この問題につき、佐伯・総論223～227頁参照。

に傷害を負わせた事案につき、「被害者が身体傷害を承諾したばあいに傷害罪が成立するか否かは、単に承諾が存在するという事実だけでなく、右承諾を得た動機、目的、身体傷害の手段、方法、損傷の部位、程度など諸般の事情を照らし合せて決すべきものであるが、本件のように、過失による自動車衝突事故であるかのように装い保険金を騙取する目的をもって、被害者の承諾を得てその者に故意に自己の運転する自動車を衝突させて傷害を負わせたばあいには、右承諾は、保険金を騙取するという違法な目的に利用するために得られた違法なものであって、これによって当該傷害行為の違法性を阻却するものではないと解するのが相当である」と判示している。

このほか、同意に基づくやくざの指詰めにつき、傷害罪の成立を認めた下級審の裁判例もある（仙台地石巻支判昭和62・2・18判時1249号145頁）。

〔ii〕 安楽死・尊厳死

死期が間近に迫る中激しい肉体的苦痛をともなう場合、または延命処置によって生命が維持されている状態にある場合に、本人の意思に基づいて死を実現するとき、刑法上、殺人罪、嘱託・同意殺人罪の成否に関連して、違法性の有無が問題となる。安楽死・尊厳死は、死期を早める処置が介入する点で共通するが、前者は肉体的な苦痛除去を目的として行われるのに対し、後者は自然な死を迎えるために延命治療を拒否するものである点で、異なっている(24)。

安楽死として、苦痛からの解放を目的に、積極的に生命を絶つ場合（たとえば、筋弛緩剤を投与する等して心停止を招来させる）と、苦痛の除去・緩和の処置により死期が早められる場合とを区別することができる。前者を直接的（積極的）安楽死、後者を間接的安楽死という。刑法上、問題となるのは前者の場合である。

直接的安楽死に関し、裁判例のうえで、違法性の阻却を認め、犯罪の成立を否定したものは見当たらない。この問題について、先駆的裁判例として名古屋高判昭和37・12・22高刑集15巻9号674頁（父の嘱託に基づく殺人罪〔刑202条・嘱託殺人罪〕を認め、懲役1年執行猶予3年が言い渡された。）を挙げることができる。この判決では、正当化の要件として、①不治の病で、死が目前に迫っていること、②苦痛が甚だしいこと、③もっぱら死苦緩和の目的でなされること、④本人の真摯な嘱託または承諾が存在すること、⑤原則として医師の手によること、⑥方法が倫理的に妥当であることが示された。その後、東海大学安楽死事件において、横浜地裁は、①耐え難い激しい肉体的苦痛が存在すること、②死が避けられず、死期が切迫していること、③積極的安楽死の場合には患者本人の明示の意思表示を要すると判示した（横浜地判平成7・3・28判時1530号28頁〈刑法百選Ⅰ［8版］20事件〉。家族からの要求に基づいて塩化カリウム製剤を患者に注射し、心停止により死亡させた医師につき、殺人罪の成立を認め、懲役2年執行猶予2年宣告）。

《判例》**川崎協同病院事件**（最（三小）決平成21・12・7刑集63巻11号1899頁〈刑法百選Ⅰ［8版］21事件〉）。

(24) 井田・総論360頁。

医師が、家族からの要請により、こん睡状態にあった患者の気管内に挿入されていたチューブを抜管したところ、予期に反して苦もん様呼吸を起こし、最終的に筋弛緩剤（ミオブロック）を注射し心停止させた事案につき、最高裁は、「被害者が気管支ぜん息の重責発作を起こして入院した後，本件抜管時までに，同人の余命等を判断するために必要とされる脳波等の検査は実施されておらず，発症からいまだ２週間の時点でもあり，その回復可能性や余命について的確な判断を下せる状況にはなかったものと認められる。そして，被害者は，こん睡状態にあったものであるところ，本件気管内チューブの抜管は，被害者の回復をあきらめた家族からの要請に基づき行われたものであるが，その要請は上記の状況から認められるとおり被害者の病状等について適切な情報が伝えられた上でされたものではなく，上記抜管行為が被害者の推定的意思に基づくということもできない。以上によれば，上記抜管行為は，法律上許容される治療中止には当たらないというべきである。そうすると，本件における気管内チューブの抜管行為をミオブロックの投与行為と併せ殺人行為を構成するとした原判断は，正当である」と判示した（なお、原判決は、被告人の医師に、懲役１年６月執行猶予３年の宣告）。

〔iii〕 可罰的違法性

①　総　　説

実質的違法性を検討するうえで、違法が一元的に把握されるのか、多元的に理解できるのかという問題もある。つまり、一つの法秩序において、違法・合法の評価が択一的に定まるのか、それとも、法領域間において、違法性の評価が異なり得る（**違法の相対性**）のかという問題である。一元説によれば、可罰的違法性を論じる余地はほぼ存在しないといってよいが、違法の相対性を認めるとすると、他の法領域において違法であったとしても、それが直ちに処罰と結合するような刑法上の実質的違法性を備えるものと評価できるかどうかは別の問題ということになる(25)。

違法の相対性を肯定する立場では、刑罰に値する程度の違法性を具備しない場合には、刑法上の実質的違法性を欠くことを理由に犯罪の成立が阻却される理論的な可能性が生まれる。これには、(a)被害の軽微性による場合（絶対的軽微型）と、(b)権利・法益相互間の対立を反映した当罰性の低さに基づく場合（相対的軽微型）の２つの類型が存在する(26)。

②　判例の見解

判例は、かつて(a)に関連して、煙草耕作人である被告人が、価額１厘相当の葉煙草を国に納付することなく消費したという（旧）煙草専売法違反の事案に対し、刑罰法の目的が国家の秩序を維持する点にあり、共同生活に危害を及ぼさない零細なる反法行為は処罰の必要がないとして無罪を言い渡した（大判明治43・10・11刑録16輯1620頁〔**一厘事件**〕）。最高裁も、旅館業を営む被告人が宿泊客のためにたばこを買い置いたというたばこ専売法違反の事案について、同法の趣旨・目的に反するものではなく、社会共同生活上、許容さるべき行為であるとして犯罪の成立を否定した（最（一小）判昭和32・３・28日刑集11巻３号1275頁）。しかし、その後、電話を無料でかけることを可能とするマジックホン

(25)　前田・総論36頁。
(26)　前田・総論234～235頁、今井ほか・総論260～262頁〔橋爪隆〕。

と称する機器を加入電話回線に取り付け、1回通話を試みただけで取り外した事案では、有罪が認められている（最（一小）決昭和61・6・24刑集40巻4号292頁〔**マジックホン事件**：刑法百選Ⅰ［8版］17事件〕）。理論的には、犯罪の成否の問題と処罰の必要性の問題とは区別して論じられなければならない。この意味において、最高裁昭和61年決定の判断は、被害の軽微性によって犯罪の成立を否定することに厳格な姿勢を示したものと評価することができる(27)。

(b)に関連して、とくに争議行為の違法性が争点となった裁判で、最高裁は、昭和30年代には、違法一元論に立っていた（たとえば、最（二小）判昭和38・3・15刑集17巻2号23頁〔国労檜山丸事件〕）ものの、昭和40年代に入り、一定の違法の相対性を認める姿勢を示すに至った（最大判昭和41・10・26刑集20巻8号901頁〔全逓東京中郵事件〕）。しかし、その後、名古屋中郵事件判決（最大判昭和52・5・4刑集31巻3号182頁）以降、再び違法阻却を厳格に解する態度を採っている。

【4 正当防衛】

社会的にみて一般的に違法とは認められない場合のほか、緊急的状況の下でやむをえず行われた行為につき、違法性が阻却される場合がある。現行刑法上、こうした**緊急行為**(28)として違法性が阻却される類型には、**正当防衛**と**緊急避難**の2つが規定されている。

〔i〕意　　義

「急迫不正の侵害に対して自己又は他人の権利を防衛するため、やむを得ずにした行為は、罰しない。」〔36条1項〕

〔ii〕要　　件

①　急迫不正の侵害

侵害とは、権利（法益）を侵害する危険をもたらすものをいう。侵害が、人間の行為に限られるのか、人以外による場合（たとえば、物）も含まれるのかについては争いがあり、これによって対物防衛の肯否が左右される。**不正**とは、違法であることを意味する。したがって、侵害者が有責である必要はない。また、構成要件に該当する行為である必要はなく、保護を必要とする侵害であれば足りる。**急迫**とは、被侵害者の法益に対する侵害の危険の切迫性をいう。急迫性を欠くときは、もはや正当防衛は許されない。この場合には、自救行為として、より厳格な要件の下で違法阻却が検討されることになる。

②　権利の防衛

「自己又は他人の権利」を対象に認められる。他人のためにする正当防衛を緊急救助ともいう。他人の中には、国も含まれ得る。判例は、公共的法益のための正当防衛が許容される余地を認めるが、国家公共の機関の有効な活動を期待し得ない極めて緊迫した場合に限って例外的に許容されると判示している（最（一小）判昭和24・8・18刑集3巻9号1465頁）。

正当防衛として許容されるのは、侵害者の法益を侵害する場合に限られる。防衛行為の要件として**防衛の意思**を要する（判例・通説）。したがって、偶然防衛は正当防衛には当たらない。防衛の意思は、憤激・逆上して反撃した場合（最（三小）判昭和46・11・16刑集25巻8号996頁）や、攻撃の意思が

(27)　山口・総論192頁。
(28)　井田・総論291～292頁。

併存する場合（最（三小）判昭和50・11・28刑集29巻10号983頁〈刑法百選Ⅰ［８版］24事件〉）であっても、排除されない。

③　やむを得ずにした行為

不正な侵害（攻撃）を忍受しなければならない理由はないので、自己または他人の法益を保全するために、その手段・方法が相当であれば、正当防衛が成立する(29)。

〔iii〕効　　果

「罰しない」というのは、犯罪が成立しないという意味であり、ここでは違法性が認められないという趣旨である。なお、「盗犯等ノ防止及処分ニ関スル法律」１条は、所定の状況において法益に対する危険を排除するため、犯人を殺傷した場合に関して、防衛行為として広く正当化する特則を定めている。

〔iv〕過剰防衛〔刑36条２項〕

防衛の程度を超えた場合には、正当防衛とはいえない。したがって、違法性阻却に当たらず、犯罪の成立が認められる。しかし、急迫不正の侵害に対してなされた行為であることを考慮して、任意的な刑の減免が定められている。その根拠をどこに求めるかをめぐり、責任が減少すると理解する見解と違法性が減少するという見解とが対立している。適法な限度で行われる防衛行為と共通性を有する点で、責任減少だけと捉えることに問題がある一方、犯罪は成立しているのに刑の免除まで可能であることを違法減少のみで説明することも難しい。このため、違法・責任ともに減少すると解する見解が多数説となっている。

〔v〕誤 想 防 衛

客観的には急迫不正の侵害状況が存在していないにもかかわらず、そうした状況があると誤認し、主観的には防衛の意思をもって行った場合が、**誤想防衛**である。行為者の主観的側面を見ると、正当防衛行為の場合と異ならない。この面を重視すれば、誤想防衛も違法ではないという結論に至り得る。だが、客観的には違法な加害行為であるといわざるを得ない。相手側にとっては、いわれのない攻撃であり、正当防衛の権利は失われない。そこで、錯誤の問題として処理し、行為者の責任について検討すべきである。急迫不正の侵害状況という事実に関する錯誤であり、故意責任は認められない。しかし、誤認について、過失が存在するのであれば、この点について過失責任を負う(30)。

〔vi〕誤想過剰防衛

急迫不正の侵害があるものと誤信し、かつその手段が防衛の程度を超えた過剰なものであった場合が、**誤想過剰防衛**である。過剰性の認識がある限り、故意犯の成立は免れない(31)。ただし、主観的には過剰防衛の意思で行っており、36条２項が定める任意的な刑の減軽・免除の対象となるかどうかが問題となる。

(29)　前田・総論275～280頁、山口・総論134～139頁。
(30)　山口・総論211～212頁。
(31)　山口・総論212頁。

《判例》**英国人騎士道事件**（最（一小）決昭和62・3・26刑集41巻2号182頁〈刑法百選Ⅰ［8版］29事件〉）

英国人である被告人（空手3段）が、女性が襲われていると誤信し、防衛のため被害男性の顔面に対して空手の回し蹴りをした結果、路上に転倒させ死亡させた事案につき、最高裁は、「本件回し蹴り行為は、被告人が誤信したA〔筆者注：被害男性〕による急迫不正の侵害に対する防衛手段として相当性を逸脱していることが明らかであるとし、被告人の所為について傷害致死罪が成立し、いわゆる誤想過剰防衛に当たるとして刑法36条2項により刑を減軽した原判断は、正当である」と判示した。

【5 緊急避難】

〔i〕意　　義

「**自己又は他人の生命、身体、自由又は財産に対する現在の危難を避けるため、やむを得ずにした行為は、これによって生じた害が避けようとした害の程度を超えなかった場合**」には、罰せられない〔刑37条1項本文〕。正当防衛は急迫不正の侵害に対するものであるのに対し、緊急避難は現在する危難の状況における法益保全行為である。この点で、前者は不正対正、後者は正対正という構造上の違いが認められる（なお、民法上の緊急避難〔民720条2項〕は、物から生じた危難を避けるためにその物自体を損傷した場合に関する不法行為責任につき、免責を定めたものであり、刑法の緊急避難とは異なる点に注意を要する。）。

緊急避難の法的性格については、違法性阻却と解する見解と責任阻却と解する見解とが基本的に対立している。害の均衡が法定されているように、優越的利益の保護という正当化原理の表れと見られ、多数説は違法性阻却と解している(32)。

〔ii〕要　　件

① **「自己又は他人の生命、身体、自由又は財産」**

36条と比較して対象が限定して列挙されているが、とくに制限する趣旨ではない。したがって、法益を対象とすると理解して差し支えない。

② **現在の危難**

緊急避難が認められるためには、**侵害が切迫**している状態でなければならない。また、危難は行為に起因する場合に限らず、自然災害等の場合も含まれる。さらに、違法である必要もない。

③ **避難行為**

現在する危難を避けるための行為でなければならない。避難行為といえるためには、**避難意思**を要する。

④ **やむを得ずにした行為**

正当防衛は不正な侵害行為者に対する防衛行為であるから、必要性と相当性をもって足りる。しかし、緊急避難は危難状況において他者の正当な法益毀損を容認し、他人に害を転嫁することを許容し

(32)　西田・総論146～151頁、前田・総論286～287頁、佐伯・総論179～189頁。

ている。緊急避難行為によって結果的に害を蒙ることになった者の利益も、本来保護に値するものであるが、危難状況の下でそれを犠牲にせざるを得ないのである。このため、他人を犠牲にすることなく他に危難を回避できる手段・方法があるのであれば、それによるべきである。そのような方法がない場合にはじめて、害を転嫁することが許容される。この条件のことを、**補充性**という[33]。

⑤　**害の均衡**

緊急避難として正当化されるためには、回避しようとした害（保全法益）と避難の結果生じた害（侵害法益）とを比較衡量し、少なくとも両者が均衡したものでなければならない。危難状況下において優越的利益の保護の観点から違法阻却を図った趣旨と理解することができる。

〔iii〕　過剰避難〔刑37条1項但書〕

現実に生じた害が回避しようとした害の程度を超えた場合が、過剰避難である。この場合には、緊急避難は認められず、犯罪が成立する。任意的な刑の減免が規定されている。

〔iv〕　業務上特別義務者の特則〔刑37条2項〕

業務の性質上、危難に対処することを要求されている者については、業務の遂行に随伴する危険を一定程度受忍する必要があり、そうした危険を軽々に一般人に転嫁することは許されない。このため、業務上特別の義務がある者には緊急避難・過剰避難の規定は適用されない。

〔v〕　自招危難

避難行為者自身によって危難の状況が招来された場合を、自招危難という。この場合に、自招危難者に緊急避難が認められるか否か問題となるが、判例はこれを否定している（たとえば、大判大正13・12・12刑集3巻867頁〈刑法百選Ｉ［8版］32事件〉）。

5　責　　任

【1　責任の意義】

〔i〕　総　　説

犯罪が成立するためには、構成要件に該当する違法な行為であるだけでなく、責任が認められなければならない。違法性の評価は行為を中心とする事実に対する客観的な規範的評価であるが、違法行為に出たことについて、行為者に責任が存在する必要がある。

自然主義が支配的であったときには、行為は意思を原因とする外部的な動作ないし態度と理解され、行為の原因としての意思も、心理的な事実としての故意・過失と考えられた。しかし、その後、およそ行為者に適法行為を期待する可能性が存在しないときには、責任を問うべきではないという議論（**期待可能性の理論**）が起きて、心理的な事実としてではなく、規範的に構成された責任の観念が登場し、今日に至っている。期待可能性の理論によれば、行為者が構成要件に該当する違法な行為を行った場合に、何らかの事情に基づいて適法行為に出ることを行為者に期待し得ないときには、責任の阻却が認められる。超法規的な責任阻却事由といえよう。期待可能性の判断基準として、行為者基準説、平均人基準説、国家基準説が主張されている。平均人や国家には期待可能であったとしても、当の行為者自身に期待し得ないのであれば、責任非難を加えることはできない。したがって、行為者

(33)　山口・総論153頁。

基準説が妥当である[34]。

規範的責任論の中核は、違法行為を行ったことについての行為者に対する**非難可能性**だ[35]。行為者に違法行為以外の他行為可能性が存在していないのであれば、もはや責任非難を加えることができない。そもそも、刑罰は、他者に対する害悪の惹起を一般的に抑止する手段であるが、行為者において適法な行動を選択する可能性が欠けていたり、侵害結果を回避し得ないのであれば、抑止効果を発揮できず、もはや刑罰を科す意味が失われるといえよう。このことは、刑罰の強制的賦課の正当化にとって疑いを生じさる。この意味で、規範的責任論には妥当性が認められ、支配的な考え方となっている。

〔ii〕 故意犯処罰の原則・例外的な過失犯処罰

現行刑法上、犯罪の成立には故意が存在することを原則とし、特別な規定に基づいて、例外的に過失が処罰される〔刑38条1項〕。刑法の規範的機能は、刑罰威嚇を通じた人びとに対する犯罪の一般的な抑止にある。この作用は、法規範が意識的・自覚的に受け止められる場合に効果的である。単純にいえば、殺人を企図する者に対して、はっきりと他人を殺してはならないという規範が刑罰強制をともなって示される場合に、その威嚇の下に殺人を差し控えるということが想定されているのである。これに対して、過失の場合には、結果発生に対する認識を欠いている場合が多く、故意犯の場合のような規範的威嚇効果の発揮を期待することが難しい。この意味で、刑法の規範的な一般的犯罪抑止機能の観点から、故意犯の場合の方が、より実効性が高いといえよう。このような点も考慮して、過失犯を例外として取り扱っていると考えられる。しかしそれでもなお、生命等に対する重大な結果惹起につながる行為を行うにあたり、注意を尽くしてその発生を防止することが必要不可欠である。とりわけ、現代社会は、高度な危険を内包する複雑な社会関係となっており、過失犯処罰を明定して、注意を促すことも大切なのである。

【2 責任能力】

責任は、行為者に対する非難である。行為者の意思によって構成要件に該当する法益の侵害・危険の惹起がもたらされたことを根拠に、刑罰が科される。行為者に刑事責任を負担させる際に、その前提として必要とされる能力のことを、**責任能力**という。刑法は、「心神喪失者」を責任能力が欠けることを根拠として不可罰と定め、「心神耗弱者」につき、限定責任能力者として刑の必要的減軽を規定している。

〔i〕 心神喪失者

「**心神喪失者の行為は、罰しない**」〔刑39条1項〕。**心神喪失**とは、精神の障害により、行為の是非善悪を弁識する能力又はその弁識に従って行動を制御する能力が欠ける状態を指す（大判昭和6・12・3刑集10巻682頁）。したがって、弁識能力、制御能力のいずれか一方が欠けても心神喪失に該当する。この定義は、生物学的方法および心理学的方法を用いて判断する混合的方法に依っている。この判断は、あくまでも法律判断であり（「心神喪失」という概念は、（精神）医学や心理学上の概念ではない。）、鑑定意見が心神喪失の状態との評価であったとしても、裁判所がこれと異なる判断を行うこと

(34)　大谷・総論355頁、西田・総論313頁。
(35)　西田・総論219頁、222頁、山口・総論197頁、今井ほか・総論269頁〔今井猛嘉〕。

は許される（最（三小）決昭和59・7・3刑集38巻8号2783頁）。もっとも、生物学的方法および心理学的方法による評価資料によりながら、精神医学的知見に基づいて行われるものであるから、精神医学者等の鑑定を十分に尊重して認定されるべき事柄であろう。したがって、精神医学者の鑑定等が証拠となっている場合に、これを採用し得ない合理的な事情が認められるのでない限り、その意見を十分に尊重して認定する必要がある（最（二小）判平成20・4・25刑集62巻5号1559頁）。なお、民法では、民事上の不法行為責任（損害賠償責任）を問う前提としての能力のことを、責任弁識能力と呼んでいる。

〔ii〕 心神耗弱（こうじゃく）者

刑法39条2項は、「**心神耗弱者の行為は、その刑を減軽する**」と定めている。**心神耗弱**とは、上記の弁識能力または制御能力が著しく限定されている状態を指す。これらがまったく欠けているわけではないので、責任を問うことは可能であり、犯罪の成立は認められるものの、責任能力が著しく乏しく、責任の程度が低いという事情を考慮して、必要的な刑の減軽が規定されたものである。

〔iii〕 医療観察制度――心神喪失者・心神耗弱者の処遇――

かつては、事件を起こした者であっても、心神喪失として責任無能力と判定された場合には、刑事手続から除外され、その後は通常、都道府県知事による措置入院という処置による対応が行われてきた。しかしながら、このような対応では不十分であることは、しばしば指摘されてきた。精神の障害という病的要因による被害の惹起であり、当人に責任非難を向けることはできないので、刑事責任を問うことは適切ではない。一方で、退院した後、再び自傷他害のおそれもあるため、何らかの有効な制度が必要である。もっとも、もっぱら社会の安全を守るという観点から、他害のリスクだけを根拠にして、一方的に強制的な処置を取ることについては、人権上の問題も生じるため、慎重な対応が求められる。

そこで、2003年、「心神喪失等の状態で重大な他害行為を行った者の医療及び観察等に関する法律」（**医療観察法**：2005年施行）が制定された。この法律は、適切な司法手続の下で、継続的な医療や必要な観察・指導等の処遇を行って病状の改善を図り、同様の行為の再発防止を目指すとともに、その社会復帰の促進を目的としている〔同法1条〕。

その概要は、まず、重大な他害行為が行われたものの、心神喪失・心神耗弱を理由に不起訴・無罪となった者に関して、検察官により、地方裁判所に審判の申立てが行われる。この申立てを受けて、裁判官と精神保健審判員の合議により、**入院決定**または**通院決定**を行う。入院決定後は、6か月毎に入院継続確認の決定を行い、通院決定を受けた者は、原則3年間通院医療を受ける。この法律に基づき、**保護観察所**に社会復帰調整官が配置され、処遇実施計画の作成、社会復帰のための生活環境の調整、精神保健観察の実施、関係する機関相互間の連携確保を行うことになっている。

【3　刑事未成年】

「**満14歳未満の者の行為は、罰しない**」〔刑41条〕。責任能力の欠如を根拠として不可罰とされたものではなく、年齢上未熟であり、可塑性に富んでいる等の事情を考慮して、成年と同じ刑事責任を問うのではなく、他の処遇による教育、更生を優先するという政策的な趣旨による(36)（なお、民法の不法

(36)　山口・総論273頁。

行為責任に関しては、「未成年者は、他人に損害を加えた場合において、自己の行為の責任を弁識するに足りる知能を備えていなかったときは、その行為について賠償の責任を負わない」〔民712条〕と規定されているだけで、とくに免責される一定の年齢は示されていない。だが、判例上は、弁識知能を具備する年齢として、11～12歳程度を標準としていると分析されている。)。

満14歳未満の者が、傷害行為や窃盗行為を行ったとしても、刑法上の犯罪とはいえない。少年法は、「刑罰法令に触れる行為」〔少3条1項2号〕と表現しており、**触法少年**と呼んでいる。このような場合に、警察は必要に応じて調査を行い〔少6条の2〕、故意の犯罪行為により被害者を死亡させた罪や一定の刑罰に当たる罪に係るものは、事件を児童相談所長に送致する〔少6条の6〕。児童相談所長は、都道府県知事に報告し、都道府県において、児童福祉法に基づき、児童自立支援施設に入所させる等の措置が採られる〔児福27条〕。

満14歳以上の者であれば、**犯罪少年**ということができる。犯罪少年の場合には、家庭裁判所において、①保護観察所の保護観察、②児童自立支援施設・児童養護施設への送致、③少年院送致といった**保護処分**が決定される〔少24条〕。死刑、懲役又は禁錮に当たる罪の事件に関し、罪質や情状に照らして刑事処分を相当とするときは、検察官に送致する〔少20条1項〕。これを、**逆送**という。なお、故意の犯罪行為により被害者を死亡させた罪の事件で、犯行当時16歳以上であった場合には、原則として検察官送致の決定を行うことになっている〔同条2項〕。

【4　原因において自由な行為】

責任能力は、行為時に存在しなければならない。これを**行為と責任（能力）の同時存在の原則**という[37]。そうすると、たとえば、違法ドラッグを自ら使用し、完全な妄想に陥った状態で、他人を殺傷した場合に、行為時の心神喪失を理由として、この加害者の刑事責任を問うことはできないのであろうか。しかし、行為者は、違法ドラッグの使用によって自分がどのような状態に陥るのか、そしてその状態で場合によっては他害行為に及ぶ危険性を十分に認識していたり、少なくとも認識することが十分に可能であったはずである。このように、原因設定時（違法ドラッグを使用する時点）において完全な責任能力を備えており、本人の自由な判断により敢えて違法ドラッグを使用することを選択決定しているのであり、かつその際に、結果発生の危険を認識していたり、認識することは可能であった点を契機として、たとえ行為時に責任無能力の状態であったとしても、なお刑事責任を問うことができると解する余地もある。この場合を、**原因において自由な行為**と呼ぶ。

実は、民法の不法行為に関しては、この点について明文の規定がある。民法713条は、「精神の障害により自己の行為の責任を弁識する能力を欠く状態にある間に他人に損害を加えた者は、その賠償の責任を負わない。」〔同条本文〕として、責任弁識無能力者の免責を定めているが、その但書において、「ただし、故意又は過失によって、一時的にその状態を招いたときは、この限りでない」と規定し、明文で損害賠償責任が認められている。

刑法上も、責任無能力の状態を招いて結果を惹起した点について過失が認められるのであれば、過失犯としての処罰は可能だろう。

---

(37)　西田・総論302頁、山口・総論274頁。

《判例》**病的酩酊による致死事件**（最大判昭和26・1・17刑集5巻1号20頁〈刑法百選Ⅰ［8版］37事件〉）

飲食店での飲酒により、病的酩酊に陥り、飲食店の店員を刺して即死させた事案で、原判決が心神喪失状態での犯行を認定し、無罪を言い渡した。これに対し、最高裁は、「本件被告人の如く、多量に飲酒するときは病的酩酊に陥り、因って心神喪失の状態において他人に犯罪の害悪を及ぼす危険ある素質を有する者は居常右心神喪失の原因となる飲酒を抑止又は制限する等前示危険の発生を未然に防止するよう注意する義務」があり、「(イ)被告人にして既に前示のような己れの素質を自覚していたものであり且つ (ロ)本件事前の飲酒につき前示注意義務を怠ったがためであるとするならば、被告人は過失致死の罪責を免れ得ない」と判断している。

問題は、さらに故意犯として処罰することができるのかという点である。学説の中には、同時存在の原則を維持しながら、責任無能力状態を利用する一種の間接正犯類似の理論構造に拠って、原因行為に実行行為性を求める見解も見られる（構成要件モデル）。しかし、限定責任能力の場合の取扱いや、飲酒や薬物使用自体をたとえば殺人の実行行為と評価することについて、疑問も提起されている。一方、同時存在の原則の例外を認め、結果行為を実行行為と理解しながら、原因行為時における責任能力の存在に基づく処罰を肯定する見解も主張されている（例外モデル・責任モデル）。だが、なぜ例外として認められるのかという根本的な疑念は残る。この問題も、結局のところ、「刑法理論を原則通り，適用することに尽きる」(38)のであり、現在では、構成要件該当性を具備する実行行為性の存否、結果との因果関係、当該犯罪の故意の成否といった具体的な分析を通じて、その可罰性を検討する立場が有力となっている(39)。

《判例》**酒酔い運転事件**（最（三小）決昭和43・2・27刑集22巻2号67頁〈刑法百選Ⅰ［8版］39事件〉）

心神耗弱の状態で酒酔い運転を行った被告人につき、最高裁は、「本件のように、酒酔い運転の行為当時に飲酒酩酊により心神耗弱の状態にあったとしても、飲酒の際酒酔い運転の意思が認められる場合には、刑法39条2項を適用して刑の減軽をすべきではないと解するのが相当である。」と判示している。

【5　故　　意】

刑法は、「**罪を犯す意思がない行為は、罰しない**」〔38条1項本文〕と定め、但書で「**法律に特別の**

(38)　橋爪・総論250頁。
(39)　たとえば、山口・総論275〜278頁、佐伯・総論325〜329頁、注釈刑法(1)624〜633頁〔古川伸彦〕、橋爪・総論252〜264頁など参照。

規定がある場合は、この限りでない」と規定している。すなわち、現行法は、故意犯の処罰を基本とし、過失を罰するのは特別の規定がある場合に限るという立場を採っている。

〔ⅰ〕 故意の要件

① 「罪を犯す意思」

「罪を犯す意思」とは、故意のことである。つまり、犯罪事実の認識・予見を指す。「罪」とは、刑法上の犯罪事実であるから、認識の対象は、違法と評価される事実である。行為の違法性を基礎づける事実を認識し、違法行為に出るべきか止まるべきかという規範に直面しながら、あえて違法行為を選択し遂行したときに、当該違法行為を行ったことに対して行為者に故意責任の非難が可能となる。

② 認識（予見）の対象

犯罪事実とは、客観的な構成要件に該当する事実である。故意が認められるためには、客観的な構成要件該当事実に関する認識・予見を必要とする（故意の構成要件関連性）。ただし、構成要件の客観的要素のうち、結果的加重犯における重い結果や客観的処罰条件については、認識・予見の対象に含まれない。

このような構成要件的故意が存在するとしても、ただちに故意犯が成立するとは限らない。それは、行為者が、違法性阻却事由に該当する事実を認識している場合である。この場合には、構成要件該当性は認められても、違法性は阻却されるので、違法な犯罪事実を認識していたとはいえず、故意責任は認められない（誤想防衛の場合を参照）。

③ 意味の認識

構成要件の要素の中には、わいせつ物頒布罪〔175条〕における「わいせつ性」のように、規範的評価を要するものも存在する。これを**規範的要素**といい、どのような認識をもつときに故意が認められるのかについて問題となる。外国語で書かれた文学作品が、わいせつと判断されたとしても、当該言語の知識がなく作品の意味を理解していない者に、故意を認めることはできない。この限りで、故意を認めるためには、**意味の認識**を必要とする[40]。もっとも、判例は、問題となる記載の存在の認識をもって足り、わいせつでないと行為者が思っていたとしても、法律の錯誤に過ぎず、故意を阻却するものではないと判示している（最大判昭和32・3・13刑集11巻3号997頁参照〔チャタレー事件：刑法百選Ⅰ［8版］47事件〕）。

〔ⅱ〕 認識（予見）の内容・程度――故意と過失との区別――

故意は、一般に①犯罪事実実現の意図（意図）、②犯罪事実発生の確定的な認識（**確定的故意**）、③確定的な認識ではない未必的な認識（**未必の故意**）に整理することができる。これに対して、過失には、④犯罪事実を認識していたが、その結果発生を否定した場合（認識ある過失）、⑤犯罪事実自体の認識を欠いた場合（認識なき過失）が含まれる。

これらの中で、③と④との区別をめぐって、**認容説**と**蓋然性説**とが対立している。前説は、意思に着目しながら、認容するという意思態度を重視する見解である。後説は、表象に着目し、構成要件該当結果発生の蓋然性を認識している場合に故意を認める見解である。

〔ⅲ〕 違法性の意識

故意または故意責任を問うために、違法性の意識の必要性の有無が問題とされる。判例は、違法性

(40)　山口・総論205頁。

の意識を不要とする立場を採っている（最（三小）判昭和25・11・28刑集4巻12号2463頁）。規範的責任論の立場では、規範に直面しながら、あえて違法な行為を選択した点に、故意の責任非難が向けられる。故意が認められる場合、通常、規範に直面しており、違法性の意識も随伴するように思われる。しかし、犯罪事実を認識しながら、何らかの事情により規範に直面することなく、違法性の意識をおよそ持ちえないという場合もあり得る。このような場合に、故意の責任非難を問うことには疑問が残る。学説の多くは、少なくとも違法性の意識の可能性は必要であると解している。

【6　錯　　誤】

錯誤とは、一般に認識内容の思い違いをいうが、まず、法律を誤解した場合と事実に関して誤解した場合とに大別できる。前者を法律の錯誤、後者を事実の錯誤という。法律の錯誤については、刑法38条3項が、「法律を知らなかったとしても、そのことによって、罪を犯す意思がなかったとすることはできない」と定めているので、法律を勝手に誤解し、許容されていると思って行為を行った場合であっても、刑法上、故意の成否に影響を及ぼさない（「法律の不知は、罰する」という格言がある）。これに対して、事実の錯誤の場合には、故意の成否の問題を生じる。

事実の錯誤とは、客観的な出来事と認識との間に齟齬（そご）がある場合をいう。故意は構成要件によって規制されているので、基本的に構成要件ごとに故意の成立が認められる。したがって、錯誤が異なる構成要件間に及ぶ場合（**抽象的事実の錯誤**）には、——構成要件相互の共通性（重なり合い）が認められない限り——、故意を認めることができない。山中で熊だと思って猟銃を発砲したところ、実は人間だったという場合、人間の死亡という結果を惹起しているが、客体につき熊という動物であるとの認識に止まる限り、殺人罪の故意を認めることはできない。したがって、人間を熊だと誤信した点について、過失が存在する場合に、過失致死罪の罪責を負うに過ぎない。これに対して、問題となるのは、同一の構成要件内における錯誤（**具体的事実の錯誤**）の場合である。

具体的事実の錯誤の態様には、①客体が認識・予見した属性と異なっていた場合（**客体の錯誤**）、②認識・予見した客体とは異なる客体に侵害結果が生じた場合（**方法の錯誤・打撃の錯誤**）、③結果に至る因果経過が認識・予見と異なる場合（**因果関係の錯誤**）がある。

具体的事実の錯誤の処理に当たり、とくに構成要件を基準として認識と結果の食い違いが同一の構成要件内である限り、故意の成立を肯定する見解（**法定的符合説・構成要件的符合説**）(41)と、認識と結果との具体的な一致（符合）を必要とする見解（**具体的符合説**）(42)とが対立している。判例は、前者の見解を採っている。

〔ⅰ〕　客体の錯誤

【例】 Ｘは、Ａ殺害を企て、自宅付近で帰宅するＡを待ち受け、マンション内に入るところで刺殺したが、被害者をよく見てみるとＢだった。

この場合、ＸにＢに対する殺人既遂罪が成立することについて、学説上異論はない。認識した「そ

(41)　大谷・総論166頁、前田・総論194～196頁、高橋210～211頁など。
(42)　西田・総論237～240頁、山中・総論338～341頁、松宮・総論196～199頁、松原・総論234～235頁など。

の人」を殺害しているのであり、殺人罪の故意に欠けるところはない。誤解は、対象を取り違えた点にあり、刑法上の故意の成立に影響しない。

〔ii〕 方法の錯誤

【例】 Yは、殺意をもって、Cを狙って発砲したが、Cには当らず、傍らを通りかかったDに命中し、Dが死亡した。

法定的符合説によれば、殺人の意思で、殺人の結果が発生しており、殺人罪という構成要件内にある食い違いにとどまるので、Xには殺人既遂罪が成立する。これに対して、具体的符合説は、認識と発生した結果との具体的な一致（符合）を要求するため、Cに対する殺人未遂罪、Dに対する（重）過失致死罪の成立を認める（両罪の観念的競合）。行為者の認識と結果との具体的な一致を故意成立の要件とする具体的符合説は、故意とそれに基づく犯罪実現プロセスの具体的な関係を基礎に論じる見解であって、理論的な明確性に優れている面を有している。しかし、たとえば、E宅の窓ガラスを壊す意思で投石したところ、逸れてF所有の自転車を損壊した場合、具体的符合説によれば、Eの財産に対する器物損壊未遂、Fの財産に対する過失による器物損壊となり、いずれも現行法上不可罰であるので、何罪も成立しないということになる。法定的符合説からは、このような処罰の間隙を生じる点で、具体的符合説に対する批判が加えられている。

《判例》**新宿びょう打銃事件**（最（三小）判昭和53・7・28刑集32巻5号1068頁〈刑法百選Ⅰ［8版］42事件〉）

被告人は、警察官のけん銃を強取する目的で、改造した建設用のびょう打銃を使用して、殺意をもって甲を狙って発射したところ、同人に当たり傷害を負わせたうえ、貫通したびょうが通行中の乙にも当たり、傷害を負わせた。最高裁は、次のような判断を示した。「被告人が人を殺害する意思のもとに手製装薬銃を発射して殺害行為に出た結果、被告人の意図した巡査甲に右側胸部貫通銃創を負わせたが殺害するに至らなかったのであるから、同巡査に対する殺人未遂罪が成立し、同時に、被告人の予期しなかった通行人乙に対し腹部貫通銃創の結果が発生し、かつ、右殺害行為と乙の傷害の結果との間に因果関係が認められるから、同人に対する殺人未遂罪もまた成立し……、しかも被告人の右殺人未遂の所為は同巡査に対する強盗の手段として行われたものであるから、強盗との結合犯として、被告人の甲に対する所為についてはもちろんのこと、乙に対する所為についても強盗殺人未遂罪が成立するというべきである」と（両罪は、観念的競合）。

なお、上記判例の見解(43)に対しては、法定的符合説の論者の中にも、批判的な意見が見られる。判例が複数の故意犯の成立を認めている点につき、故意の個数を問題とし、一人の対象の認識しかない

(43) 一般に、数故意犯説と呼ばれる。大谷・総論168頁、前田・総論194頁、高橋・総論211頁、林・総論257頁（ただし、包括一罪説）。

場合には、一個の故意犯だけが成立すると解する見解だ（一故意犯説）(44)。これによれば、強盗の部分を除いて考えると、殺人未遂罪と（重）過失致傷罪ということになる。

〔iii〕 因果関係の錯誤

【例】Ｚは、Ｇを溺死させるつもりで橋から突き落としたが、Ｇは落下中に橋脚への激突によって死亡した。

Ｚに故意が認められることについて、学説上異論はない。判例も、たとえば、被害者を絞殺したと思い込み、海岸の砂上まで運び放置したところ、被害者が砂末を吸引して死亡した場合につき、殺人既遂罪の成立を認めている（大判大正12・４・30刑集２巻378頁〈刑法百選Ⅰ［８版］15事件〉）。

【7 過　　失】

過失は、「特別の規定」が存在する場合にのみ、処罰される〔刑38条１項〕。刑法典中で、過失を処罰する規定としては、116条の失火罪、117条の２の業務上失火等、122条の過失出水建造物等浸害罪、129条の過失往来危険罪、209条の過失傷害罪、210条の過失致死罪、211条の業務上過失致死傷罪がある。公共の安全、人の生命・身体というとくに重要な法益を侵害する場合に、過失行為が処罰の対象とされている。

〔ｉ〕 過失犯の構造

伝統的には、故意と対比させて、心理的な事実として過失を理解してきたが、現在では、一般に**注意義務違反**として捉えられている。注意義務は、**結果予見義務**と**結果回避義務**とに区別される。結果予見義務が課される前提として、**結果を予見することが可能**でなければならない。およそ結果を予見することができなかったとすれば、もはや人はその結果をコントロールし得ないのであり、責任非難を向けることはできない。結果を予見することが可能であったにもかかわらず、結果の予見（結果発生の認識）を欠いた点に問題が存在し、予見義務違反が認められる。さらに、予見が可能であったのに、予見義務に違反して、結果発生の認識をもたなかったというだけでなく、この違反により、結果を回避する義務があったのに、これを回避する措置を講じなかった点に落ち度が認められる。もっとも、予見義務は尽くしており、結果発生の可能性を認識していたものの、結果回避措置を取ることが不可能であったために、結果の発生を防ぐことができなかった場合にも、行為者を非難することはできない。したがって、結果回避可能性があることも必要である。このように、結果の予見可能性・回避可能性を前提に、結果予見義務、結果回避義務に違反したことが、過失犯として処罰される根拠である。

〔ii〕 予見可能性

結果（構成要件該当事実）に対する予見（認識）可能性が否認される場合には、過失犯を論じる余地はない。逆に、結果に対する予見可能性が存在しているのであれば、注意して認識すべきであり、こうした予見に基づき、結果の発生を防止するために回避措置を十分に講じるべきであったと、容易に非難を向けることができる。このため、予見可能性の有無は、実際上、過失犯の成否を左右する重要

(44)　佐久間修『刑法総論』（2009年、成文堂）121頁。

な要素となる。

〔iii〕 **信頼の原則**

信頼の原則とは、被害者（または第三者）が不適切な行動にでないことを信頼するに足る事情がある場合に、それを前提として適切な行為を行えば足り、相手が不適切な行動を取ったために結果が発生したとしても、過失責任を問わないとする原則をいう(45)。道路交通を中心に、判例によって認められている。たとえば、「自動車運転者としては、特別の事情のないかぎり、右側方からくる他の車両が交通法規を守り自車との衝突を回避するため適切な行動に出ることを信頼して運転すれば足りるのであって、……あえて交通法規に違反し、自車の前面を突破しようとする車両のありうることまでも予想して右側方に対する安全を確認し、もって事故の発生を未然に防止すべき業務上の注意義務はない」（最（三小）判昭和41・12・20刑集20巻10号1212頁）とされている。

〔iv〕 **管理・監督過失**(46)

社会の高度化や組織の発展、さらに技術的な進歩は、一方で非常に大きな法益侵害のリスクを増大させている。これに対応するため、組織的なリスク管理も進展している。危険をともなう作業を行っている者に、慎重な行動が求められると同時に、このような作業にともなうリスクの管理体制も問題となる。ここに、直接の行為者の過失を管理・監督する立場にある者の過失刑事責任が問われる契機がある。

行為者がその過失行為によって結果を惹起した場合、それを監督すべき立場にある者（監督者）の過失を問題とするのが、監督過失である。直接行為者の過失行為に関し、予見可能であったかどうかが一つの焦点となる。管理過失とは、結果発生を防止すべき物的・人的体制を整備すべき立場にある管理者の過失責任をいう。多数の死傷者を出した一連の大規模火災事故（川治プリンス事件、千日デパートビル事件、大洋デパート事件、ホテル・ニュージャパン事件）につき、判例は、建物の管理者に防火体制確立の懈怠に対する過失責任を肯定している。

6 未遂犯――犯罪実現のプロセス――

【1 総　　説】

殺人罪〔199条〕は、人を殺す意思の下で殺害行為を行い、その結果被害者が死亡した場合に適用される。結果犯の規定では、構成要件に示されている結果が発生した場合に、構成要件該当事実が充足され、「既遂」となる（危険犯の場合においても、法益に対する具体的または抽象的な危険の発生が、既遂の要件である。）。構成要件は、このように犯罪の完成形をモデルに定められる。しかし、既遂結果に至らない場合や、犯罪の実現のための準備を行ったり、計画を立てたりした段階を対象として、処罰する場合もある。一般に犯罪実現のために準備を行うことを「**予備**」、犯行について計画したり、話し合いを行うことを「**陰謀**」という。刑法は、犯罪が最終的に実現された場合に限らず、法益を保護する必要上、犯罪が完成する以前の段階を処罰の対象とすることによって、そのような危険の惹起自体を抑止しようとしている。そこで、犯罪遂行のプロセスに着眼して、可罰範囲を確認しておこう。

(45)　前田・総論216～217頁、山口・総論256～257頁。
(46)　西田・総論289～293頁、山口・総論258～264頁参照。

【犯罪の実現プロセス】

話し合い・準備	➡	実行の着手	➡	犯罪結果発生（完成）
陰謀・予備の段階		未遂の段階		既遂

【2　未　遂　罪】

〔ⅰ〕　未遂と予備

「**犯罪の実行に着手してこれを遂げなかった**」〔43条本文〕場合が**未遂**である。これを処罰するためには、「各本条」で定めなければならない〔44条〕。犯罪が既遂に至らなかったとしても、実行に着手している場合には、未遂を処罰する規定があれば、可罰的となる。しかし、実行の着手が認められないのであれば、未遂以前の「**予備**」の段階にとどまる。未遂を処罰する規定は、刑法典中にも数多く存在するが、予備を処罰しているのは、殺人〔201条〕、放火〔113条〕、強盗〔237条〕等、限られた重大な犯罪についてだけである。このため、未遂罪としては処罰対象となっているが、その予備を処罰する規定がない場合には、実行の着手の有無が、犯罪の成否に直結する。

〔ⅱ〕　実行の着手

そこで、実行の着手が認められる時期が重要な問題となる。法益保護のために刑法が存在し、法益の侵害・危険の惹起のゆえに処罰されると考えるのであれば、未遂犯を処罰する根拠も、構成要件的結果発生の具体的な危険を惹起させた点に求められる(47)。したがって、このような危険性が認められる行為に着手する時点を、**実行の着手**として把握すべきであろう（実質的客観説）。たとえば、住居侵入窃盗に関して、一般の住居に侵入しただけで、窃盗罪の実行の着手を認めることはできないが、侵入後、金品物色のためにタンスに近づく行為に及べば、窃盗の着手を認めることができる（大判昭和9・10・19刑集13巻1473頁、最（二小）判昭和23・4・17刑集2巻4号399頁）。これに対し、土蔵の場合には、錠を破壊する時点で、窃盗の着手といえよう（名古屋高判昭和25・11・14高刑集3巻4号748頁）。このほか、たとえば強姦に関し、姦淫目的をもって被害者をむりやり車に引きずり込もうとした時点（最（三小）決昭和45・7・28刑集24巻7号585頁〈刑法百選Ⅰ［8版］62事件〉）、あるいは強姦の意図でむりやりラブホテル内に連れ込もうとした時点（東京高判昭和57・9・21判タ489号130頁）で、強姦罪の着手が認められている。

《判例》**クロロホルム事件**（最（一小）決平成16・3・22刑集58巻3号187頁〈刑法百選Ⅰ［8版］64事件〉）

被告人らは、事故死に見せかけた保険金詐取を企て、被害者を誘い込み、クロロホルムを使って失神させたうえ、車ごと転落させてでき死させる計画を立て、クロロホルムを吸引させて昏倒させた（第1行為）後、被害者を車に運び入れた上、岸壁から海中に転落させた（第2行為）。しかし、被害者の死因は、でき水に基づく窒息か、クロロホルム摂取に基づく呼吸停止、心停止等であるのか特定できなかったという事案である。最高裁は、「第1行為は第2行為を確実かつ容易に行うために必要不可欠なものであったといえること，第1行為に成功した場合，それ以降の

(47)　西田・総論328頁、山口・総論285頁。

殺害計画を遂行する上で障害となるような特段の事情が存在しなかったと認められることや，第1行為は第2行為に密接な行為であり，実行犯3名が第1行為を開始した時点で既に殺人に至る客観的な危険性が明らかに認められるから，その時点において殺人罪の実行の着手があったものと解するのが相当である」として、クロロホルムの吸引行為を殺人の実行行為と認め、殺人既遂罪の成立を肯定している。この問題は、早すぎた構成要件の実現というテーマで論じられている。

【3 不能犯】

犯行を遂行しようとして行為に出た場合であっても、およそ構成要件的結果を惹起し得ない、あるいは結果発生の危険性が全く欠けているという事情の存在により、実行の着手性が否認され、未遂犯の成立が認められない場合がある。これを**不能犯**（不能未遂）という。未遂犯を処罰する根拠が、構成要件的結果惹起の具体的危険の発生に求められるとすれば、およそこのような危険を招来するおそれがないときは、可罰性が失われると考えられる。

そこで、可罰的な未遂犯と不可罰である不能未遂とを区別する具体的危険の発生について、どのような基準で判断を行うのかをめぐって、2つの見解が対立している。一つは、一般人が行為の時点で認識可能な事実に基づいて、結果惹起の可能性・蓋然性を判断する見解（**具体的危険説**）(48)である。もう一つは、事後的な観点を考慮して具体的危険を判断する見解（**客観的危険説**）(49)である。判例は、たとえば、殺人の意図で被害者に硫黄粉末を飲ませる行為につき、殺害の結果を惹起することが絶対に不能であるとして、殺人未遂罪の成立を否定している（大判大正6・9・10刑録23輯999頁）。他方で、殺意をもって被害者の静脈に致死量に達しない空気を注射した場合につき、空気の量が致死量以下であったとしても、身体的条件等によっては死の結果発生の危険が絶対にないとはいえないとして、殺人未遂罪が認められている（最（二小）判昭和37・3・23刑集16巻3号305頁〈刑法百選Ⅰ［8版］66事件〉）。また、警察官から着装している拳銃を奪い、同人に向けて引き金を引いたが、実弾が装填されていなかった場合（福岡高判昭和28・11・10判特26号58頁）、強盗目的で通行人を引き倒し、懐中物を奪おうとしたが、被害者が懐中物を所持していなかった場合（大判大正3・7・24刑録20輯1546頁）につき、いずれも実行行為性を肯定し、殺人未遂罪、強盗未遂罪の成立を認めている。

【4 中止犯】

刑法43条但書は、「**自己の意思により犯罪を中止した**」場合に、必要的に刑を減軽又は免除すると定めている。未遂に至っている場合であっても、行為者に刑の減免という特典を付与することによって、なお結果発生の防止を図る趣旨と解される(50)。判例によれば、殺意をもって殺害行為に及んだものの、吹き出した血を見て恐怖心に駆られて（大判昭和11・3・6刑集15巻272頁）、あるいは流血痛苦の様子を目撃して（最（三小）決昭和32・9・10刑集11巻9号2202頁）、中止したとしても、殺人の中止犯は成立しない。また、強姦の犯行現場において、深夜電車の前照灯に照らされて、被害者の陰部に

(48) 大谷・総論376頁、井田・総論451頁。
(49) 西田・総論331頁、山口・総論290頁、高橋・総論431頁。
(50) 山口・刑法145頁。裏を返すと、犯罪実現の危険性を惹起した行為者が、自らその危険を消滅させることを積極的に促す規定ということができる（このような見解を、危険消滅説という〔今井ほか・総論333頁〔橋爪隆〕）。

挿入した自分の指等に赤黒い血が付着しているのを見て、驚愕して姦淫を遂げなかった場合にも、中止犯ではなく、強姦未遂罪が成立する（最（二小）判昭和24・7・9刑集3巻8号1174頁）。

【5　予備・陰謀の処罰】

実行に着手する以前の段階を処罰する場合もある。実行の着手前の段階に位置づけられるものとして、予備・陰謀がある。「**予備**」とは、犯罪を実行する意思をもって、その準備を行うことをいい、「**陰謀**」とは、二人以上の者が犯罪の遂行について謀議し、合意を形成することをいう。陰謀や予備行為の後に、実際に犯罪実行の着手に至れば、未遂の段階となり、さらに犯罪の遂行によって当該犯罪結果が惹起されたときには、既遂に達する。可罰的な未遂の段階（既遂も含む）に至った場合には、陰謀罪・予備罪はそれに吸収される。

刑法典上、予備を処罰する規定としては、内乱予備罪〔78条前段〕、外患誘致・外患援助予備罪〔88条前段〕、私戦予備罪〔93条前段〕、現住・非現住建造物等放火予備罪〔113条〕、通貨偽造等準備罪〔153条〕、殺人予備罪〔201条〕、身代金目的略取等予備罪〔228条の3〕、強盗予備罪〔237条〕がある。いずれも、目的犯の構造となっている。陰謀の処罰については、刑法典の中では、内乱陰謀罪〔78条後段〕、外患誘致・外患援助陰謀罪〔88条後段〕、私戦陰謀罪〔93条後段〕に限られている。

7　共犯——複数人の関与と犯罪——

【1　総　　説】

〔i〕　正犯・共犯体系

多くの構成要件は、単独での犯行を想定している。しかし、犯罪現象の多くは、単独で行われるより、むしろ複数の者がかかわっている。単独で実行するよりも、複数で犯罪を行った方が、一般に犯罪実現の確実性が高まるといえるのであり、とくに周到に犯行を計画して実行に移す場合には、複数人の関与が認められるケースが多い。

犯罪の実現に複数の者が関与している場合に、これらの者について、法律上どのように扱うのかという点に関し、大別して2つの立法態度が認められる。一つは、犯罪に関与した者を一律に「正犯」として取り扱うもので、**統一的正犯体系**と呼ばれる。オーストリアなどが採用している。もう一つは、正犯と共犯とを区別して取り扱うもので、ドイツや日本の刑法は、この方法を採用する（**正犯・共犯体系**）[51]。

日本の刑法は、共犯に関し、60条以下に規定を置いている。それによれば、「犯罪を共同して実行した者」は**共同正犯**として全員正犯として扱われる〔60条〕。また、「人を教唆して犯罪を実行させた者」は**教唆犯**として、正犯の刑が科される〔61条1項〕。さらに、「正犯を幇助した者」が**従犯**であり、正犯の刑を減軽して科される〔62条〕。このように、複数人の関与について、共同正犯、教唆犯、従犯の区別を法定している。

〔ii〕　共犯の分類

①　必要的共犯と任意的共犯

---

(51)　高橋・総論452頁。

構成要件の中には、もともと複数人の関与を予定して規定されているものがある。これを**必要的共犯**という。たとえば、内乱や騒乱の罪は、多数人による暴動が予定されている。内乱罪ではこのことを前提に役割に応じて刑罰が個別化されているし〔77条1項各号参照〕、騒乱罪では、構成要件的状況として「多衆で集合」することが定められている。これらは、**集合犯**または**多衆犯**と呼ばれる。このほか、賄賂の罪を見てみると、収賄罪〔197条〕の構成要件は、当然に賄賂を提供する者の存在を前提としており、収賄にとって必要的な関与として賄賂の提供が想定されている。同様のことは、わいせつ物頒布罪〔175条〕にもあてはまる。すなわち、頒布の実行に当たり、頒布される者の関与が当然必要となる。これらは、**対向的必要的共犯（対向犯）**と呼ばれる。前者に関しては、賄賂の「供与」も贈賄罪〔198条〕として処罰されているが（双方処罰型）、後者の場合には、もっぱら頒布者だけが処罰の対象であり、必要的関与者である頒布を受ける者については、現行法上不可罰（一方処罰型）となっている点に注意する必要がある。後者の場合には、受け取る行為が必然的に想定されながら、あえて不可罰とされているわけだから、このような関与を行ったとしても、わいせつ物頒布罪の共犯として処罰されることはないと解される(52)。

上記の場合を除いて、多くの構成要件は、単独での犯罪遂行を予定して規定されており、これへの関与については、刑法60条以下の適用がある。

②　広義の共犯と狭義の共犯

刑法は、第11章で「共犯」という見出しの下、共同正犯、教唆犯および従犯について定めている。これら複数人の関与形態すべてを指して、**広義の共犯**という。これに対して、正犯と取り扱われる共同正犯の場合を除き、教唆犯と従犯だけを指して、**狭義の共犯**と呼ぶ。

〔iii〕　共犯の従属性

狭義の共犯は、いずれも正犯（被教唆者・被幇助者）が犯罪の実行に出ることを成立要件としていると解されている。このように、共犯の成立が正犯に依存するという考え方を、**共犯従属性説**と呼び、今日では異論がない。したがって、教唆行為や幇助行為が行われたものの、被教唆者、被幇助者が実行に出なければ、共犯の成立は認められない。すなわち、教唆未遂罪、幇助未遂罪が成立するわけではなく、不可罰だ（これに対して、かつては、共犯独自の不法に基づき、共犯行為を行った以上、未遂罪が認められると説く見解も主張された。これを、共犯独立性説という。）。

共犯の成立が正犯の実行に依存している側面を指して、**実行従属性**と呼ぶことがある。このほか、共犯が認められるためには、正犯がいかなる要素を具備していることが必要かという点（**要素従属性**）に関して、構成要件該当行為に出たこと（最小従属形式）、正犯が構成要件に該当する違法な行為を行っていること（制限従属形式）、構成要件に該当する違法かつ有責な行為を行うこと（極端従属形式）等に、分析される。このうち、制限従属形式を支持する見解が多数説となっている(53)。この問題は、かつては、間接正犯と教唆犯との区別に関連して議論されたが、今日では両者の区別という意味での重要性は薄らいでいる。

〔iv〕　共犯の処罰根拠

直接犯罪結果を実現した者が処罰されるのは当然として、犯罪を唆（そそのか）したり、手助けした者は、な

(52)　この点につき、西田・総論406～410頁参照。
(53)　これにつき、注釈(1)893～899頁〔嶋矢貴之〕参照。

ぜ処罰されるのだろうか。この問題を扱うのが、共犯の処罰根拠論である。現在では、共犯行為が構成要件的結果を（間接的に）惹起した点に求める見解が、日本において支配的となっている[54]。この見解を、**因果的共犯論（惹起説）**という。因果的共犯論によれば、共犯行為が正犯による法益侵害結果（危険）につき、物理的・心理的な影響を与え、正犯結果（危険を含む）との間に因果性を有するがゆえに、処罰されるということになる。

【2　正犯の形態】

正犯と共犯とを区別づけている立法体系の下では、両者の区別および関係を理解することが重要となる。そこで、まず、正犯とは何かについて考えよう。

Xが殺人を企てていることを知ったYは、Xのためにピストルを用意して、Xに渡し、同人がそのピストルを用いてAを殺害したとしよう。この場合、Yによるピストルの準備とXへの提供は、Aの殺人結果と因果的ではある。しかし、正犯・共犯体系の下では、ピストルの準備をもって直ちに殺人罪の正犯と認めることはできないであろう。なぜなら、199条は、「人を殺した者」と規定しており、発砲を行って相手を殺害したのであれば、殺人罪の正犯であるが、ピストルの用意だけでは「人を殺した」とはいえないからである。このような見方は、構成要件を実行する者が「正犯」であり、実行以外の方法で関与する者が共犯に該当するという認識に基づいている。刑法典も、「実行」を正犯基準としているように思われる。

そこで、まず、構成要件該当事実を直接実現する者は、「正犯」であると理解して良いだろう。単独で直接構成要件を実現したのであれば、**直接単独正犯**ということになる。

それでは、たとえば、患者の殺害を企てた医師が、致死性の薬物を混入した薬を看護師に渡して、患者に服用させるよう指示し、まったく事情を知らない看護師が、医師の指示にしたがって患者に薬を飲ませた結果、患者が死亡したというケースについて考えてみよう。患者の死亡は、看護師が薬を飲ませたことによって生じているが、もちろん殺人の故意をもって行ったわけではなく、せいぜい業務上過失致死罪の責任が問われるに過ぎない。問題は、医師の罪責である。確かに、直接殺人の実行行為を行っているわけではないが、事情を知らない看護師を利用して、自己の殺人意図を実現しているのであり、医師は、まさに殺害という犯行の中心人物にほかならない。この例が示すように、直接手を下していなくとも、他人を利用して間接的に犯罪を実現する場合もある。これを、**間接正犯**という。間接正犯が認められるのは、上記の例のように、自己の犯罪を実現する手段として、他人を道具のように利用する場合のほかに、他人の意思を抑圧して犯罪を行わせる場合等もある[55]。

《判例》**12歳の養女利用事件**（最（一小）決昭和58・9・21刑集37巻7号1070頁〈刑法百選Ⅰ［8版］74事件〉）

12歳の養女に対して日頃から自己の意に従うように強制している状況の下で、窃盗を命じて行わせた事案につき、最高裁は、「被告人は、当時12歳の養女Aを連れて四国88ケ所札所等を巡礼

(54)　たとえば、西田・総論362～363頁、山口・総論311頁、林・総論373頁、高橋・総論479頁など。
(55)　詳細は、西田・総論350～355頁、井田・総論489～491頁、高橋・総論459～468頁参照。

中、日頃被告人の言動に逆らう素振りを見せる都度顔面にタバコの火を押しつけたりドライバーで顔をこすったりするなどの暴行を加えて自己の意のままに従わせていた同女に対し、本件各窃盗を命じてこれを行わせたというのであり、これによれば、被告人が、自己の日頃の言動に畏怖し意思を抑圧されている同女を利用して右各窃盗を行ったと認められるのであるから、たとえ所論のように同女が是非善悪の判断能力を有する者であったとしても、被告人については本件各窃盗の間接正犯が成立すると認めるべきである」と判示している。

正犯の形態には、上記の直接正犯、間接正犯のほかに、60条が規定している共同正犯が含まれる。

【3 共同正犯】

〔i〕意　　義

60条は、「**二人以上共同して犯罪を実行した者は、すべて正犯とする。**」と定める。構成要件該当事実を共同して実現した場合に、共同者全員を正犯として処罰する。たとえば、X、Y両名が強盗を企てて、Xが被害者Aの反抗を抑圧している間に、YがAの財布を奪った場合、各別に行為を観察すれば、Xは暴行、Yは財物の盗取を行っているに過ぎないが、XおよびYは「共同して」強盗罪を実現しているのであり、両名とも強盗罪の共同正犯として処罰される。部分的な関与であっても、共同して実現した結果全体に対する正犯としての責任を負わせる点に、60条の存在意義が認められる（これを、「**一部実行全部責任**」と表現することもある。）(56)。

〔ii〕成立要件

①　客観的要件

共同の犯罪実行とは何かをめぐり、かつての通説は、各人が「実行」に出ることを要すると解していた。条文の解釈としては、もっとも素直なものであるし、「実行」を正犯基準として厳格に解するのであれば、実行の共同を必要とするのも合理的である。これに対して、判例は、犯罪遂行の合意（共謀）を行った者のうち、誰か一人が実行に出ることで足り、各人が実行行為を行うことまでは必要ではないという立場を一貫して採っている。共謀者の一部が共謀に基づく犯罪の実行に出た場合に、実行行為を行っていない共謀者についても、60条を適用して共同正犯の成立を認める場合を、**共謀共同正犯**という(57)。

《判例》**練馬事件判決**（最大判昭和33・5・28刑集12巻8号1718頁〈刑法百選Ⅰ［8版］75事件〉）

「共謀共同正犯が成立するには、二人以上のものが、特定の犯罪を行うため、共同意思の下に一体となって互に他人の行為を利用し、各自の意思を実行に移すことを内容とする謀議をなし、よって犯罪を実行した事実が認められなければならない。したがって右のような関係において共謀に参加した事実が認められる以上、直接実行行為に関与しない者でも、他人の行為をいわば自己の手段として犯罪を行ったいう意味において、その間刑責の成立に差異を生ずると解すべき理

(56)　井田・総論504～505頁。
(57)　詳しくは、注釈⑴815頁以下〔島田聡一郎〕参照。

由はない。さればこの関係において実行行為に直接関与したかどうか、その分担または役割のいかんは右共犯の刑責自体の成立を左右するものではないと解するを相当とする。」

判例によれば、このような共謀は、明示的な場合に限らず、黙示的なものでも足りる。

《判例》**スワット事件**（最（一小）決平成15・5・1刑集57巻5号507頁〈刑法百選Ⅰ［8版］76事件〉）

暴力団組長が、スワットと呼ばれる警護の役割を担う者とともに外出し、行動を共にした際に、彼らがけん銃を携行して警護していた事実に関連し、組長に関してもけん銃等の所持につき共同正犯として立件された事案について、最高裁は次のように説示している。「被告人は，スワットらに対してけん銃等を携行して警護するように直接指示を下さなくても，スワットらが自発的に被告人を警護するために本件けん銃等を所持していることを確定的に認識しながら，それを当然のこととして受け入れて認容していたものであり，そのことをスワットらも承知していた」「前記の事実関係によれば，被告人とスワットらとの間にけん銃等の所持につき黙示的に意思連絡があったといえる。そして，スワットらは被告人の警護のために本件けん銃等を所持しながら終始被告人の近辺にいて被告人と行動を共にしていたものであり，彼らを指揮命令する権限を有する被告人の地位と彼らによって警護を受けるという被告人の立場を併せ考えれば，実質的には，正に被告人がスワットらに本件けん銃等を所持させていたと評価し得るのである。したがって，被告人には本件けん銃等の所持について，……スワット5名等との間に共謀共同正犯が成立するとした第1審判決を維持した原判決の判断は，正当である」

②　主観的要件

共同者によって惹起された事象全体に対する正犯としての責任を認める契機として、共同者間における犯罪を共同に行うという**合意（意思連絡）**が重要である。共同正犯が成立するためには、このような意味での合意を要すると解しなければならない。したがって、一方のみが加担の意思をもっており、他方がこのことの認識を欠いている場合（片面的共同正犯）には、共同正犯の成立は認められない[58]。結果の認識を内容とする故意犯の場合には、このような合意の存在について、とくに問題はないが、過失犯の場合には疑問も生じ得る。判例は、過失犯についても60条の適用を認めている（最（二小）判昭和28・1・23刑集7巻1号30頁。下級審の裁判例として、名古屋高判昭和61・9・30高刑集39巻4号371頁、東京地判平成4・1・23判時1419号133頁〈刑法百選Ⅰ［8版］80事件〉等。さらに最（三小）決平成28・7・12刑集70巻6号411頁参照）。

意思連絡が犯行の途中で形成された場合に、中途関与者における共犯責任の範囲が問題となる（承継的共犯）。かつて、大審院は、夫による強盗殺人の直後に、妻が手燭を掲げて物色を手伝ったケー

(58)　前田・総論346頁、井田・総論514頁、高橋・総論500頁。これに対して肯定する見解として、西田・総論384頁。

スに対して、妻に強盗殺人罪の従犯を認めた（大判昭和13・11・18刑集17巻839頁）。このように、関与以前を含めた共犯責任を肯定する見解や裁判例も多く見られたが、因果的共犯論の考え方が一般化したことにより、中途関与者は、原則として関与以後の共犯責任を負うと解する見解が、現在の多数説(59)となっている。判例も、関与以前に既に発生した結果については、中途関与者が共犯責任を負わないことを認めるに至っている。

《判例》**傷害罪の承継的共同正犯**（最（二小）決平成24・11・6刑集66巻11号1281頁〈刑法百選Ⅰ［8版］81事件〉）

Xらによる A、Bに対する暴行が既に行われた後、被告人が合流し、暴行に加わった事案で、一連の暴行の結果、Aらは傷害を負った。最高裁は、次のように判示している。「被告人は，Xらが共謀してAらに暴行を加えて傷害を負わせた後に，Xらに共謀加担した上，金属製はしごや角材を用いて，Bの背中や足，Aの頭，肩，背中や足を殴打し，Bの頭を蹴るなど更に強度の暴行を加えており，少なくとも，共謀加担後に暴行を加えた上記部位についてはAらの傷害……を相当程度重篤化させたものと認められる。この場合，被告人は，共謀加担前にXらが既に生じさせていた傷害結果については，被告人の共謀及びそれに基づく行為がこれと因果関係を有することはないから，傷害罪の共同正犯としての責任を負うことはなく，共謀加担後の傷害を引き起こすに足りる暴行によってAらの傷害の発生に寄与したことについてのみ，傷害罪の共同正犯としての責任を負うと解するのが相当である。」

【4 教 唆 犯】

「**人を教唆して犯罪を実行させた者**」が教唆犯であり、正犯の刑が科される〔61条1項〕。

教唆犯が成立するためには、被教唆者が実行に出ることが必要である。教唆者の故意は、因果的共犯論を前提にすると、正犯による構成要件該当結果惹起の認識を要する。したがって、初めから未遂に終わらせる認識しか持っていない場合（これを、アジャン・プロヴォカトェールという）には、教唆の故意が認められず、教唆犯は成立しないと解される(60)。

61条2項は、教唆者を教唆した場合の規定であり（間接教唆）、正犯の教唆と同様に処罰される。

【5 従　　犯】

「**正犯を幇助した者**」は従犯として、正犯の刑を減軽される〔62条1項、63条〕。従犯が成立するためには、正犯者が実行に及ぶことを要する。幇助とは、正犯の犯行を物理的・精神的に援助することにより、正犯結果を促進することをいう。このような援助であれば幇助に該当し、とくに手段・方法に制限はない。幇助概念は広汎であり、日常的な取引によって正犯者が犯行手段を取得し、実際に犯行に利用したとすれば、販売者は結果的に犯罪に寄与したことになる。しかし、この場合に、犯罪結

(59) 西田・総論395〜396頁、山口・総論370頁、林・総論380〜385頁、松原・総論449頁など。
(60) 西田・総論363頁、山口・総論335頁、高橋・総論522頁。

果との因果性だけに基づいて、処罰するのは妥当でない。これに関し、中立的行為・日常行為の問題として、共犯責任の限定が論じられている[61]。

《判例》**Winny事件**（最（三小）決平成23・12・19刑集65巻９号1380頁〈刑法百選Ⅰ［８版］89事件〉）

インターネット上でファイル共有ソフトを無償で提供していた者につき、そのソフトを利用して著作権侵害を行った正犯の幇助犯として起訴されたが、最高裁は、「Winnyは，……１，２審判決が価値中立ソフトと称するように，適法な用途にも，著作権侵害という違法な用途にも利用できるソフトであり，これを著作権侵害に利用するか，その他の用途に利用するかは，あくまで個々の利用者の判断に委ねられている。……新たに開発されるソフトには社会的に幅広い評価があり得る一方で，その開発には迅速性が要求されることも考慮すれば，かかるソフトの開発行為に対する過度の萎縮効果を生じさせないためにも，単に他人の著作権侵害に利用される一般的可能性があり，それを提供者において認識，認容しつつ当該ソフトの公開，提供をし，それを用いて著作権侵害が行われたというだけで，直ちに著作権侵害の幇助行為に当たると解すべきではない。かかるソフトの提供行為について，幇助犯が成立するためには，一般的可能性を超える具体的な侵害利用状況が必要であり，また，そのことを提供者においても認識，認容していることを要するというべきである」との一般論を示したうえ、本件において、客観的に、例外的とはいえない範囲の者がそれを著作権侵害に利用する蓋然性が高い状況の下での公開、提供行為であったことは認めたものの、被告人の主観面において、そこまでの認識、認容を認めるに足りる証拠がないとして、著作権違反罪の幇助犯の故意を欠くとして、無罪を言い渡した[62]。

【6　共犯と身分】

共犯関係において、身分者と非身分者が存在する場合について、65条が規律している[63]。１項は**構成的身分**、すなわち**真正身分犯**への関与につき、「身分のない者であっても、共犯とする。」と定め、２項では身分によって刑の軽重があるとき（**加減的身分**）、すなわち**不真正身分犯**につき、「身分のない者には通常の刑を科する」と定めている。

判例によれば、ここにいう共犯には、狭義の共犯だけでなく、共同正犯も含まれる。したがって、公務員が妻に賄賂を収受させた場合には、事情を知って受け取った妻も、65条１項の適用によって収賄罪〔197条〕の共同正犯が成立する。一方、保護責任のない者とある者とが、共同して幼年者を遺棄した場合には、65条２項の適用により、前者は遺棄罪〔217条〕、後者は保護責任者遺棄罪〔218条〕として処罰される。また、常習者が非常習者の賭博行為を幇助した場合には、その常習者に常習賭博罪の幇助犯が成立する。

(61)　上野幸彦「日常行為と可罰的幇助」日本法学77巻１号（2011年）63頁以下参照。
(62)　これにつき、上野幸彦「中立的行為の幇助」板倉宏監修『現代の判例と刑法理論の展開』（2014年、八千代出版）197頁以下参照。
(63)　西田・総論433～445頁以下、注釈(1)951～967頁〔小林憲太郎〕参照。

第4　法益にもとづく犯罪類型の分類

1　刑法各論について

「刑法」という法律を見ると、第１編「総則」という部分があり、刑法の適用範囲、刑の種類、犯罪の不成立、未遂罪、共犯等の規定が置かれている。**刑法総論**では、個々の犯罪類型に共通する一般的な犯罪の成立について体系的に分析、考察することをその中心的内容とする。したがって、犯罪の不成立に関して違法性を阻却する事由を定める35条〔正当行為〕、36条〔正当防衛〕、37条〔緊急避難〕、責任に関する38条〔故意〕、39条〔心神喪失および心神耗弱〕、41条〔刑事未成年〕、未遂の処罰に関する43条〔未遂罪〕、共犯に関する60条〔共同正犯〕、61条〔教唆犯〕、62条〔従犯〕、65条〔共犯と身分〕等の規定を対象としながら、刑法の原理的な知見を踏まえつつ、それらの規範的意義を明らかにすることによって、犯罪の成否を明確に認識することが探究される。

一方、**刑法各論**は、個別の犯罪類型を定めている具体的な刑罰法規を対象とする。刑法典でいえば、第２編に「罪」と題された部分が置かれており、ここに内乱罪、外患罪など特定の犯罪を類型化した構成要件およびそれに対する刑罰が具体的に規定されている（刑法典中のこの部分を、「各則」という。）。刑法典以外でも、具体的な犯罪類型とその刑罰量を規定している刑罰法規（特別刑法）は、すべて刑法各論の考察対象となる。具体的に構成要件として記述されている法規定の規範的意義を明らかにし、当該規定を個別具体の事件に適用するにあたって、正当性をもった合理的かつ妥当な結論を導き得る解釈適用を考究するのが、刑法各論の重要な任務であるといってよい。学問上、総論と各論とに区別されるが、実際の事件に対する刑法の解釈適用においては、両者の総合的な知見によって問題の解決が図られるのであり、相互の関連性については十分に意識しなければならない。

2　「法益」による分類

刑法は、既に述べたように（４頁）、法益を保護する重要な機能を担っており、刑罰法規は一定の法益を保護する目的で規定されている。「生命」という法益を守るために、199条は人を殺すという行為に対して、死刑を含む非常に重たい刑罰をもってそれを禁圧している。

法益にはさまざまなものがある。大別すると、３つに分類することができる。すなわち、個人的、社会的および国家的法益である。刑法典の第２編に規定されている罪について、この３つの分類に基づいて整理し、概観しておこう。

【1　個人的法益に対する犯罪】

憲法13条は、前段で「個人の尊重」を規定し、後段で「生命、自由及び幸福追求に対する国民の権利」について、国政上最大の尊重を払うよう命じている。また、憲法29条１項では、財産権の不可侵が定められている。このことから明らかなように、日本国憲法は、個人主義に立脚し、生命価値を頂点として、自由や財産という価値を大切にしている。刑法でも、各人の「生命」、「身体」、「自由」、「名誉・信用」「財産」を対象として、それらの保護を図っている。

⑴　生命・身体の保護

人の生命および身体の保護を目的に定められた規定としては、殺人の罪〔199条以下〕、傷害の罪〔204条以下〕、過失傷害の罪〔209条以下〕、遺棄の罪〔217条以下〕がある。このほか、胎児の生命・身体を保護する規定として堕胎の罪〔212条以下〕がある。

① **殺人の罪**　殺人既遂罪〔199条〕のほか、その未遂が処罰される〔203条〕と同時に、未遂に至らない予備も処罰の対象である〔201条〕。かつては、尊属を殺害した場合に「死刑又は無期」という極刑を定めた尊属殺人罪の規定〔200条〕が置かれていたが、昭和48年に最高裁が、同規定の法定刑が普通殺人罪と比べて著しく重いことを根拠に、憲法14条が定める法の下の平等に反するとし、違憲無効と判断した（最大判昭和48・４・４刑集27巻３号265頁）。その後、この規定は平成７年の刑法改正の際に削除された。殺人の罪の章には、さらに、自殺関与罪・同意殺人罪〔202条〕の規定も配置されている。

② **傷害の罪**　傷害の罪は、身体および身体の安全を保護法益とする。故意の傷害行為によって被害者を死亡するに至らせた場合には、傷害致死罪〔205条〕が適用される（このように意図・認識した結果よりもさらに重い結果を招来させたときに、刑罰が加重される犯罪類型を**結果的加重犯**という）。暴行を加えたが傷害に至らなかったときは、暴行罪〔208条〕が成立する。複数人が同時に傷害行為を行った場合、誰が、どの程度の傷害を与えたのか特定することが極めて困難となる場合も少なくないことから、全員を正犯として処罰することができるとする特例〔207条〕も規定されている。

また、傷害罪の周辺の行為として、現場助勢〔206条〕や凶器準備集合・結集〔208条の２〕も処罰の対象となっている。

③ **過失傷害の罪**　生命、身体という最も価値の重たい法益については、故意による場合のほか、過失による場合の処罰規定も定められている（過失傷害罪〔209条〕、過失致死罪〔210条〕、業務上・重過失致死傷罪〔211条〕）。

④ **堕胎の罪**　この罪は、胎児の生命・身体とともに、母親の生命・身体も保護法益とする（通説）。堕胎とは、自然の分娩期に先立って人工的に胎児を母体外に分離・排出させることをいう。自己堕胎〔212条〕、同意堕胎・同致死傷〔213条〕、業務上堕胎・同致死傷〔214条〕、不同意堕胎・同致死傷〔215・216条〕が処罰対象である。このうち、業務上堕胎罪は身分犯である。ただし、母体保護法に基づいて、指定医師が人工妊娠中絶を行うことは、違法性阻却事由に該当し、合法である（32頁参照）。

⑤ **遺棄の罪**　遺棄は、現実に人の生命や身体を直接侵害するものではない。生命・身体を危険にさらす行為である（講学上、**危険犯**という）。単純遺棄〔217条〕、保護責任者遺棄〔218条〕、遺棄等致死傷〔219条〕が処罰される。保護責任者遺棄罪は、不真正身分犯であると同時に、構成要件的行為として明文で不保護を定めており、真正不作為犯の規定でもある。

⑵　自由の保護

人の意思決定や身体活動の自由を保護する規定として、以下のものがある。

① **強制わいせつの罪**　人格権としての性的自己決定の自由を保護法益とする。平成29年の改正により抜本的に改められた。現在、強制わいせつ〔176条〕、強制性交等〔177条〕、準強制わいせつ・準強制性交等〔178条〕、監護者わいせつ・性交等〔179条〕が定められ、これらの未遂も処罰される〔180条〕。結果的加重犯として強制わいせつ等致死傷〔181条〕が規定されている。13未満の者に対しては、わいせつ、性交等の行為自体が処罰される〔176条後段・177条後段参照〕。

なお、強制わいせつに至らない場合であっても、自治体が定めるいわゆる迷惑防止条例等により処罰されることがある（たとえば、東京都では、「公共の場所又は公共の乗物において、衣服その他の身に付ける物の上から又は直接に人の身体に触れること」で人を著しく羞恥させたり、不安を覚えさせるような場合を処罰の対象としている〔東京都「公衆に著しく迷惑をかける暴力的不良行為等の防止に関する条例」５条１項１号〕その罰則は６月以下の懲役又は50万円以下の罰金）。

② **脅迫の罪**　意思決定の自由を脅かす犯罪として、脅迫罪〔222条〕および強要罪〔223条〕が規定されている。脅迫とは、人に畏怖心を生じさせるに足りる害悪の告知をいい、このような脅迫または暴行により、義務のないことを行わせたり、権利の行使を妨害した場合に、強要罪が成立する。強要罪は未遂も処罰される〔223条３項〕。

③ **住居を侵す罪・秘密を侵す罪**　私生活の自由・平穏や人の秘密を保護法益とする。前者に関して住居侵入罪〔130条〕、同未遂罪〔132条〕、後者について信書開封罪〔133条〕、秘密漏示罪〔134条〕が規定されている。秘密漏示罪は、主体が特定されている（真正身分犯）。

④ **逮捕及び監禁の罪**　人の身体活動の自由を保護法益とする。逮捕・監禁〔220条〕およびその結果的加重犯として逮捕監禁致死傷〔221条〕の処罰対象が置かれている。

⑤ **略取・誘拐及び人身売買の罪**　従来の社会生活環境から離脱させて、自己または第三者の支配内に移して自由を奪う行為が、略取および誘拐の罪を構成する〔224条乃至226条〕。平成17年に、226条の２が追加され、人身売買罪が規定された。これらの周辺の行為として、被略取者等の移送、引き渡し等も処罰対象である〔226条の３、227条〕。未遂処罰規定〔228条〕のほか、身代金目的の略取については予備も処罰される〔228条の３〕。

⑶ 名誉の保護

人格権としての名誉を保護する規定として、名誉毀損罪〔230条〕および侮辱罪〔231条〕を挙げることができる。名誉毀損罪をめぐっては、一方で表現の自由の保障と抵触する場合も生じる。そこで、両者の調整を図るために、「公共の利害に関する事実に係り、かつ、その目的が専ら公益を図ることにあったと認める場合には、事実の真否を判断し、真実であることの証明があったとき」には罰しないという規定が設けられている〔230条の２〕。

⑷ 信用および業務の保護

人の経済面に関する社会的評価としての信用および業務の遂行を保護法益として、233条乃至234条の２の規定が置かれている。虚偽の風説の流布または偽計による信用の毀損や業務妨害、威力を用いてする業務の妨害を処罰対象とする。コンピュータの普及を受けて、そのデータを損壊したり、業務に使用するコンピュータに不正な指令を与える等して業務を妨害した場合の処罰規定も盛り込まれている〔234条の２〕。

⑸ 財産の保護

財産の保護に関する規定は、多岐にわたる。侵害の行為態様に着眼すると、利欲的な要素の有無を基準に、領得罪と毀棄罪とに大別することができる。領得罪に関しては、毀棄・隠匿罪との区別を図り、また一時使用の不可罰性を根拠づけるために、一般に不法領得の意思が必要であると解されている。

① **領　得　罪**

領得罪は、侵害の態様によって、a）占有を直接侵害する場合、b）占有侵害をともなわない場合、c）相手方の瑕疵ある意思表示によって占有を取得する場合に分類することができる。a）には、窃盗罪〔235条〕、強盗罪〔236条〕が属する。b）は、横領の罪の類型であり、単純横領罪〔252条〕、業務上横領罪〔253条〕、遺失物横領罪〔254条〕がこれに当たる。c）には、詐欺および恐喝の罪〔246条以下〕が該当する。詐欺とは、他人を欺罔して、相手方を錯誤に陥らせ、その錯誤に基づく処分行為によって、財物を交付させたり、財産上不法の利益を得る（又は他人に得させる）ことをいう。錯誤に陥るのは、人に限られるから、機械等に対する不正な操作は詐欺には当たらない。そこで、昭和62年の刑法改正により、電子計算機使用詐欺罪〔246条の２〕が追加された。詐欺および恐喝の罪の章には、これらのほか、背任罪〔247条〕の規定も置かれている。会社の取締役等による背任については、会社法で重い刑罰が規定されている〔会社960条〕。

領得罪に関連して、盗品等に関する罪も規定されている〔256条〕。

② **毀　棄　罪**

公用文書〔258条〕、私用文書〔259条〕、建造物等〔260条〕、器物〔261条〕、境界〔262条の２〕に対する毀棄（損壊）と信書の隠匿〔263条〕について、処罰規定が設けられている。昭和62年の改正で、文書毀棄罪の対象に、「電磁的記録」が追加された（なお、７条の２に電磁的記録の定義が示されている。）。

【2　社会的法益に対する犯罪】

法益の主体が、個人ではなく、社会全体に求められるものが、社会的法益と呼ばれる。これは、さらに、⑴不特定多数人の生命や財産等を包括的に保護するために、社会における公共の安全（平穏）を確保するための犯罪類型、⑵公衆の健康を保護する犯罪類型、⑶公共の信用を保護する犯罪類型、⑷健全な社会風俗を保護する犯罪類型に分類することができる。

⑴　公共の安全の保護

不特定または多数人の生命・財産等を包括的に保護するため、社会の安全・平穏そのものを法益として保護する必要がある。個々人の現実的な生命・身体・財産の侵害は、構成要件上要求されておらず、公共の危険が抽象的または具体的に発生すれば、犯罪が成立する。したがって、これらの犯罪は危険犯である。これには、騒乱の罪、放火及び失火の罪が属する。

① **騒乱の罪**　騒乱罪〔106条〕と多集不解散罪〔107条〕とが規定されている。

② **放火及び失火の罪**　公共危険犯の代表的な犯罪類型であり、火力によって建造物その他の物を焼損した場合を対象とする〔108条、109条、110条〕。未遂〔112条〕および予備〔113条〕も処罰されるほか、故意犯ばかりでなく、過失による場合〔116条、117条の２〕も処罰される。このほか、激発物破裂罪〔117条〕、ガス漏出罪および同致死傷罪〔118条〕が規定されている。

③ **出水及び水利に関する罪**　水力による場合を主な処罰対象とし、出水による浸害につき、浸害罪〔119条、120条〕、過失による場合につき過失建造物浸害〔122条〕が定められている。さらに、水害の際における水防妨害罪〔121条〕、堤防等を決壊させる行為等に対する水利妨害及び出

水危険罪〔123条〕が規定されている。

④ **往来を妨害する罪**　交通の安全確保を図るための規定である。交通の妨害等を対象とする往来妨害罪〔124条1項〕、同致死傷罪〔同条2項〕、電車等の往来に危険を生じさせる行為を対象とする往来危険罪〔125条〕、電車等の転覆・破壊行為を対象とする電車等転覆・破壊罪〔126条1項・2項〕、同致死傷罪〔126条3項〕が定められている。未遂〔128条〕が処罰されるほか、過失による場合〔129条〕も処罰の対象となっている。

(2) 公衆の健康の保護

刑法典上では、あへん煙に関する罪〔136条乃至141条〕と飲料水に関する罪〔142条乃至147条〕が定められている。薬物に関する取締りは、現在、特別法が中心的な役割を果たしており、大麻取締法をはじめ、覚せい剤取締法、麻薬及び向精神薬取締法、あへん法、麻薬特例法、薬事法等による規制が行われている。

(3) 公共の信用の保護

流通する通貨や文書等の社会的な信用を確保し、円滑な取引等を可能とするため、各種の偽造罪が置かれている。

① **通貨偽造・有価証券偽造の罪**　行使の目的で通貨等を偽造・変造する行為、偽造・変造された通貨等を行使する行為が処罰の対象である〔148条、149条〕。有価証券についても同様である〔162条、163条〕。いずれも、目的犯である。

② **文書偽造の罪**　文書に対する公共の信用を保護する規定である。「詔書」「公文書」「公正証書」「私文書」「診断書」等が保護の対象となっている。権利・義務、事実証明に関する電磁的記録〔161条の2〕も保護の対象であり、平成13年の刑法改正により、支払用カード電磁的録に関する罪（第18章の2〔163条の2乃至163条の5〕）が追加された。

以上のほか、印象偽造の罪〔164条以下〕が置かれている。

(4) 健全な社会的風俗の保護

これには、わいせつの罪、賭博及び富くじに関する罪、礼拝所及び墳墓に関する罪が含まれる。

① **わいせつの罪**　公然わいせつ罪〔174条〕およびわいせつ物頒布罪〔175条〕が、風俗犯罪としての処罰規定である。わいせつな電磁的記録に係る場合も後者の対象に含まれる。日本は、一夫一婦制〔民732条、744条〕を採っており、刑法上でも重婚〔184条〕が処罰される。

② **賭博及び富くじに関する罪**　日本では、賭博〔185条〕、富くじ〔187条〕は、犯罪化されている。もっとも、特別法によって合法化されている場合もある（32頁参照）。

③ **礼拝所及び墳墓に関する罪**　礼拝所に対する不敬や説教、礼拝、葬式を妨害する行為が処罰の対象である〔188条〕。また、墳墓発掘〔189条〕、死体等損壊〔190条〕、墳墓発掘死体損壊〔191条〕、変死者密葬〔192条〕も処罰される。

【3 国家的法益に対する犯罪】

社会の安定や秩序の維持にとって、国家機構の存立および国家の活動を欠くことができない。このため、国家も、法で保護されるべき対象であり、またその活動についても法の保護を受ける。

(1) 国家機構の保護

国家機構の対内的な保護を図るのが**内乱に関する罪**であり、その対外的な保護を図るのが**外患に関**

する罪である。

「国家の統治機構を破壊し、又はその領土において国権を排除して権力を行使し、その他憲法の定める統治の基本秩序を壊乱することを目的として暴動をした」場合に、内乱罪が成立する〔77条〕。本罪は目的犯である。したがって、所定の目的を欠く集団での暴動は、騒乱罪である。未遂〔77条3項本文〕を罰するほか、予備・陰謀〔78条〕も処罰される。他方、「外国と通謀して日本国に対し武力を行使させた」場合が外患罪〔81条〕に該当する。法定刑は死刑のみとなっている。外患援助〔82条〕を罰するほか、未遂〔87条〕および予備・陰謀〔88条〕についても処罰される。

これら以外に、**国交に関する罪**〔92条乃至94条〕が規定されている。

⑵　国家の活動（作用）の保護

これには、国家の正当な活動を保護する類型と、国家の活動に対する国民の信頼を保護する類型とがある。

国家の作用に対する罪　　国家の作用の中でも、一般的な公務の保護を図るために、**公務の執行を妨害する罪**〔95条〕が定められているほか、とくに司法作用に関して、偽証の罪〔169条〕、虚偽告訴の罪〔172条〕、逃走の罪〔97条乃至102条〕、犯人蔵匿及び証拠隠滅の罪〔103条乃至105条の2〕が規定されている。

国家の作用に対する国民の信頼を保護する犯罪類型としては、**汚職の罪**が置かれている。これには、職権濫用型と賄賂型とがある。前者として、公務員職権濫用罪〔193条〕、特別公務員職権濫用罪〔194条〕、特別公務員暴行陵虐罪〔195条〕、同致死傷罪〔196条〕が規定され、後者には、収賄罪〔197条〕、加重収賄罪〔197条の3〕、あっせん収賄罪〔197条の4〕、第三者供賄罪〔197条の2〕、贈賄罪〔198条〕が属する。贈賄罪を除き、公務員を主体とする真正身分犯の規定となっている。また収賄と贈賄とは、対向関係に立っており、講学上（対向的）必要的共犯と呼ばれる。

第5　個人的法益に対する罪

日本国憲法は、「個人の尊重」を謳い〔憲13条前段〕、個人主義に立脚することを明言している[1]。個人の尊厳を原理とし、立憲主義の精神に基づいて、国民の人権・自由を保障するために、民主主義的な国家が成立しているとすれば、国民の人権を保護することが、国家の基本的な責務であるといえよう[2]。この責務を果たすために、国家は、刑罰という強力な手段を用いて、一定の法益侵害・危険行為の抑止を図っていると考えられる。そこで、まず、個人的法益に対する罪を取り上げる。刑法が保護の対象とする個人的法益としては、生命・身体、自由、財産等が代表的である。

1 「人」の意義

人の生命は、かけがえのない最も尊い価値を有する。憲法13条も、「生命、自由及び幸福追求に対する国民の権利については、公共の福祉に反しない限り、立法その他の国政の上で、最大の尊重を必要とする」と規定し、「生命」を最上位の価値として位置づけている。

刑法で保護される客体としての「人」とは、出生によって母体から一部でも露出した時点以降である（大判大正８・12・13刑録25輯1367頁）。民法では、権利能力の取得時期として、全部露出した時点と解されているが、刑法上は、一部でも露出すれば、攻撃・加害の対象となり、保護の必要性が生じるからである。それ以前の胎児の段階では、人と区別され、刑法上、堕胎罪等の規定〔212条以下〕の適用がある。胎児となるのは、受精卵が子宮内で着床した以降である[3]。着床以前の胚を直接保護の客体とする刑法上の規定は存在しない。しかし、人の生命の萌芽として、特別な取扱いを要する。人の終期について、伝統的には、三徴候によって判定されてきた。心停止、呼吸停止、瞳孔散大である。しかし、臓器移植を合法的に行うため、臓器移植法では、「脳死」も人の死と認められている。最近では、脳死を人の一般的な死と認める見解も有力に主張されている[4]。死亡後の死体については、たとえば、死体損壊罪〔190条〕の客体として保護される。

2 生命の保護

人の生命を保護するため、刑法は、故意による殺人の場合のほか、過失による場合、さらに生命に対する危険を生じさせる遺棄行為も、処罰の対象としている。

（1） 芦部信喜／高橋和之補訂『憲法［第６版］』（2015年、岩波書店）82頁。
（2） ドイツでは、基本法に基づいて、国家には、基本権保護義務があると解されている。
（3） 山中・各論101頁、山口・各論18頁、井田・各論82頁。
（4） 井田・各論19～22頁、林・各論21～23頁、松原・各論10頁。なお、松宮・各論18～19頁参照。

【1　殺　人　罪】

「**人を殺した**」者は、死刑又は無期若しくは5年以上の懲役に処せられる〔199条〕。殺人については、未遂及び予備も処罰の対象である〔203条・201条〕。

【2　自殺関与罪・同意殺人罪】

人を教唆・幇助して自殺させる行為（自殺関与）や人の嘱託・同意により殺す行為（同意殺人）も罰せられる〔202条〕。法定刑は、6月以上7年以下の懲役・禁錮であり、殺人罪と比較して非常に軽い。本人が自由意思に基づいて自殺することも、自己決定の一環と理解するのであれば、一種の権利行使であり、これに関与したとしても、違法性がないと考えられなくもない。だが、人間の生命そのものが尊重され保護されるべきであると解する限り、他人としても本人（自殺者自身）の意思にかかわらず、その者の生命を尊重すべきであろう。本人が自ら死の選択決定を行うことに関して、とくに刑事責任を問う必要がないとしても、他人の関与についてどのように取り扱うべきかという問題は別に考えなければならない。もっとも、本人自身が自殺の意思を有していたり、同意しているという事情が存在するのであれば、一般の殺人と比較して、違法性・責任ともに低いと認められる。201条の法定刑の低さは、この趣旨によるものと解される。なお、本罪には、未遂を処罰する規定も設けられている〔203条〕。

【3　堕　胎　罪】

堕胎罪は、第一次的には胎児の生命を保護法益とするものだが、副次的には母親の生命・身体も保護している。堕胎とは、胎児を母体内で殺すか、または自然の分娩期に先立って人工的に胎児を母体から分離・排出することをいう（判例・通説）。堕胎罪に関しては、母体保護法に基づいて、一定の要件の下で人工妊娠中絶が認められており、合法化されている。同法では、胎児が「母体外において、生命を保続することのできない時期に、人工的に、胎児及びその附属物を母体外に排出すること」を「人工妊娠中絶」と定義し〔同2条2項〕、指定医師による所定の場合の人工妊娠中絶を許容している〔同14条1項〕。

【4　遺　棄　罪】

「**老年、幼年、身体障害又は疾病にために扶助を必要とする者を遺棄した**」者は、1年以下の懲役〔217条〕。

「**老年者、幼年者、身体障害者又は病者を保護する責任のある者がこれらの者を遺棄し、又はその生存に必要な保護をしなかった**」場合には、3月以上5年以下の懲役〔218条〕。

本罪の罪質について、生命及び身体に対する抽象的危険犯と解する見解(5)が、判例・多数説である。217条の実行行為は「遺棄」であり、218条では「遺棄」と「不保護」が定められている。**遺棄**とは、場所的離隔により要扶助者を保護のない状態に置くことをいう。**不保護**は、場所的離隔を伴わない場合を指し、単なる置き去りも含まれる（最（二小）判昭和34・7・24刑集13巻8号1163頁）。218条は、不真正身分犯であると同時に、真正不作為犯を定めている。217条、218条を犯し、よって人を死傷さ

（5）　山中・各論107～109頁、松宮・各論75頁。生命に限る見解として、西田・各論28頁、山口・各論31頁。

せた場合には、傷害の罪と比較して、重い刑により処断される〔219条〕。

3　身体・身体の安全の保護

生命に次いで、重要な法益が身体である。身体に対して直接の加害を対象にして、故意による場合（傷害罪〔204条〕、その結果的加重犯としての傷害致死罪〔205条〕）、過失による場合（過失致死傷罪〔209条〕、その加重類型としての業務上過失致死傷・重過失致死傷罪〔210条〕）が処罰される。このほか、傷害結果を生じやすい基本行為（基本犯）によって致死傷結果が生じた場合を重く処罰する各種の犯罪類型もある（たとえば、強制わいせつ等致死傷罪〔181条〕、遺棄等致死傷罪〔219条〕、逮捕・監禁致死傷罪〔221条〕、強盗致死傷罪〔240条〕等）。傷害結果を直接惹起した者でなくとも、現場での助勢行為〔206条〕も処罰される。なお、自動車運転による致死傷に関しては、「自動車運転死傷処罰法」の適用対象である（本書　特別刑法「交通犯罪」参照）。

【1　暴　行　罪】

暴行罪の保護法益は、**身体の安全**と解される[6]。**暴行**は、刑法上、さまざまな構成要件で規定されている。そこで、暴行の概念については、一般に次の４つに分類整理されている。

最広義の暴行……人に限らず、物に対する物理力の行使も含む（たとえば、騒乱罪〔106条〕の場合）。

広義の暴行………人に向けられた物理力の行使で足り、間接暴行を含む（たとえば、公務執行妨害罪〔95条〕の場合）。

狭義の暴行………人に対する物理力の行使をいう（たとえば、暴行罪〔208条〕の場合）。

最狭義の暴行……人の意思・反抗を抑圧し、または著しく困難にする程度の物理力の行使をいう（たとえば、強要罪〔223条〕、強盗罪〔236条〕、強制性交等罪〔177条〕の場合）。

以上の暴行概念に共通する要素は、**物理力の行使**という点である。物理力の行使に該当しなければ、暴行としては処罰できない。物理力の行使として典型的な例は、殴る、蹴るといった暴力であるが、このほかにも、音、光、熱、電流等による場合も含まれる[7]。たとえば、大太鼓、鉦（かね）を連打する場合（最（二小）判昭和29・８・20刑集８巻8号1277頁）や、携帯用拡声器で大声を発する行為（大阪地判昭和42・５・13下刑集９巻５号681頁）等である。下級審の裁判例には、お清めとして塩を振りかけた行為につき、「相手をして不快嫌悪の情を催させるに足りる」として暴行を認めたものもある（福岡高判昭和46・10・11刑月３巻10号1311頁）。物理力に至らない場合には、暴行に該当しないから、たとえば、嫌がらせ電話によって被害者をノイローゼにした場合や連日の騒音によって隣家の住人を慢性頭痛症にした場合は、暴行によらない傷害に当たる[8]。

狭義の暴行は、物理力の行使が必ずしも人の身体に接触することを要しない[9]。判例は、脅かすために狭い室内で日本刀を振り回す行為（最（三小）決昭和39・１・28刑集18巻１号31頁〈刑法百選Ⅱ［８版］３事件〉）、驚かす目的で被害者の数歩手前を狙って投石する行為（東京高判昭和25・６・10高刑集

（６）　西田・各論39頁、山中・各論36頁、林・各論59頁。
（７）　西田・各論39頁、山口・各論43頁。
（８）　西田・各論40頁、山口・各論45頁。
（９）　山中・各論37頁。これに対して、西田・各論41頁、山口・各論44頁。

3巻2号222頁)、並走中の自動車に「幅寄せ」する行為（東京高判昭和50・4・15刑月7巻4号480頁、東京高判平成16・12・1判時1920号154頁）等も、暴行と解している。

【2　傷　害　罪】

「**人の身体を傷害した**」者は、15年以下の懲役又は50万円以下の罰金に処せられる〔204条〕。**傷害**の概念をめぐり、学説上、人の生理的機能の障害または健康状態の不良変更と解する見解と、広く人の身体の完全性の侵害と解する見解とが見られる。たとえば、毛髪の切除、眉の剃り落しの場合、前説によれば傷害に該当せず、後説では傷害に当たることになろう。判例は、前説に依っている。したがって、剃刀で頭髪を切断する行為は、傷害罪ではなく暴行罪を構成する（大判明治45・6・20刑録18輯896頁)。他方、病毒の感染（最（二小）判昭和27・6・6刑集6巻6号795頁)、胸部疼痛（最（三小）決昭和32・4・23刑集11巻4号1393頁)、意識障害および筋弛緩作用を伴う急性薬物中毒症状（最（三小）決平成24・1・30刑集66巻1号36頁)、さらに外傷後ストレス障害（PTSD）（最（二小）決平成24・7・24刑集66巻8号709頁）の場合に、傷害に該当する。

暴行罪は、「**暴行を加えた者が人を傷害するに至らなかったとき**」〔208条〕に適用される（法定刑は、2年以下の懲役若しくは30万円以下の罰金又は拘留若しくは科料)。したがって、傷害罪には、暴行罪の結果的加重犯の場合も含まれる。これにより、暴行の結果、傷害を惹起した場合には、「暴行」の故意しかなくとも、傷害罪が成立することになる。これに対して、暴行によらない傷害罪の場合も認められる。既に紹介した、嫌がらせ電話によるノイローゼ（東京地判昭和54・8・10判時943号122頁)、嫌がらせの目的で連日の騒音（長期間にわたってラジオや目覚まし時計のアラーム音を大音量で流す）による慢性頭痛症（最（二小）決平成17・3・29刑集59巻2号54頁）のケースが、これに当たる。性病であることを秘して性交したり、病原菌の入った飲み物を飲ませる行為の場合、発病すれば、傷害罪であることは疑いないが、それらの行為が暴行に当たるか否かについては争いがある。判例は、前者に関するケースにつき、暴行によらない傷害であると解している（最（二小）判昭和27・6・6刑集6巻6号795頁)。暴行によらない場合に、傷害罪の成立を認めるためには、傷害結果の認識、つまり傷害の故意が必要となる。

【3　傷害致死罪】

「**身体を傷害し、よって人を死亡させた**」場合は、3年以上の有期懲役に処せられる〔205条〕。

暴行罪および傷害罪の結果的加重犯である。傷害罪は暴行罪の結果的加重犯を含むから、暴行の意思で暴行し、死亡結果を招来したときにも本罪が成立する。この意味では、本罪は暴行罪の二重の結果的加重犯といえる。

なお、判例は、暴行ないし傷害行為と死亡結果との間に因果関係が存在すれば足り、加重結果（死亡）について過失（予見可能性）を要しないと解している（最（一小）判昭和26・9・20刑集5巻10号1937頁、最（一小）判昭和46・6・17刑集25巻4号567頁〈刑法百選Ⅰ［8版］8事件〉)。これに対して、通説は、責任主義の観点から、少なくとも加重結果に対する過失を要すると主張している[10]。

(10)　西田・各論47頁、山口・各論48頁など。

【4　現場助勢罪】

204条・205条の「**犯罪が行われるに当たり、現場において勢いを助けた者は、自ら人を傷害しなくても**」、１年以下の懲役又は10万円以下の罰金若しくは科料に処せられる〔206条〕。法定刑が、傷害罪の幇助を行った場合の処断刑よりも軽くなっているが、その趣旨について、判例は、単なる助勢行為を処罰するものであって、傷害罪や傷害致死罪の幇助が成立するときは、幇助犯として処罰されると解している（大判昭和２・３・28刑集６巻118頁）。

【5　同時傷害の特例】

207条は、「**二人以上で暴行を加えて人を傷害した場合において、それぞれの暴行による傷害の軽重を知ることができず、又はその傷害を生じさせた者を知ることができないときは、共同して実行した者でなくても、共犯の例による**」と定めている。ＸとＹがＡを傷害する意図でそれぞれが投石し、Ａに石が当たってけがを負った場合、もしＸ・Ｙに意思連絡が存在するのであれば、Ａの受傷がどちらの投石によるものか判明しなくとも、60条の適用によって両名とも共同正犯として傷害罪の罪責を免れない。しかし、意思連絡なく、偶然にも同時にＡを傷害する意思で石を投げたという場合（同時犯）には、個別の因果関係の証明を要する。すなわち、Ａの傷害結果について、Ｘの投石によるものか、Ｙによるものなのか、特定（証明）できなかったとすれば、因果関係の証明を欠くことになるので、両名とも傷害罪は認められず、暴行罪に止まることになる。いずれかの行為によるものであることは疑いなく、かつＡが傷害を負った事実も存在することを考慮して、上記の不都合を避けるために、傷害については特例を定めたものと解される。因果関係が不明であった場合に、本条が適用されるのであるから、被告人の側で自己の暴行による傷害結果ではないことを立証したときには、傷害罪の罪責を負わない。この意味で、本条は、挙証責任を被告人に転換した規定ということができる(11)。

判例は、本条を傷害致死罪の場合にも適用している（最（一小）判昭和26・９・20刑集５巻10号1937頁）。これに対して、学説上は、特例として定められたものであり、傷害の場合に限って適用すべきであるとする見解も少なくない(12)。

【6　凶器準備集合罪】

「**二人以上の者が他人の生命、身体又は財産に対し共同して害を加える目的で集合した場合において、凶器を準備して又はその準備があることを知って集合した**」者は、２年以下の懲役又は30万円以下の罰金〔208条の２第１項〕。

「**前項の場合において、凶器を準備して又はその準備があることを知って人を集合させた**」者は、３年以下の懲役〔208条の２第２項〕。

昭和33年に、暴力団対策として追加された。立法当時、人の生命、身体、財産を侵害する罪に関連する予備罪の一種として設けられたが、判例は、本罪の保護法益につき、公共的な社会生活の平穏も含まれると解し（最（一小）決昭和45・12・３刑集24巻13号1707頁）、抽象的危険犯として捉えている。

---

(11)　西田・各論48頁。このような立法に批判的なものとして、山口・各論50頁、林・各論55頁。
(12)　大谷・各論36頁、西田・各論49頁、山中・各論63頁、松原・各論63〜67頁など。

4　自由の保護

憲法上も、人権として自由の保障は重要である。人の自由は、生命・身体に次ぐ価値を有する法益である。自由とは、そもそも、他者からの干渉・介入なく、自分自身で意思決定を行ったり、自分の意思で活動することをいう。憲法では、自由に関する個別の人権保障規定（たとえば、20条の信教の自由、22条の職業選択の自由等）が定められているばかりでなく、13条が保障する幸福追求の一環として、幅広く自由が尊重される。これに対して、刑法が刑罰をもって保護の対象とする自由は、これよりもやや限定的で断片的である。

刑法典上、自由を保護する規定を整理すると、次の４つに分類することができる。

意思決定の自由　：脅迫罪〔222条〕、強要罪〔223条〕
移動の自由　：逮捕・監禁罪〔220条〕、略取・誘拐・人身売買罪〔224条以下〕
性的自己決定の自由：強制性交等罪〔177条〕、強制わいせつ罪〔176条〕
住居等への立ち入りを認める自由：住居侵入罪〔130条〕

【1　脅迫罪・強要罪】

⑴　脅　迫　罪

「**生命、身体、自由、名誉又は財産に対し害を加える旨を告知して人を脅迫した**」者は、２年以下の懲役又は30万円以下の罰金〔222条１項〕。

脅迫とは、人を畏怖（いふ）させるに足りる害悪の告知をいう。相手が、この告知を認識することは必要だが、現実に畏怖したことを要しない（大判明治43・11・15刑録16輯1937頁）。したがって、危険犯である。脅迫に当たるかどうかの判断は、具体的な事情を考慮して行われる。判例では、たとえば、抗争中のグループが、相手の中心人物の家に、出火見舞いのはがきを郵送する行為も、人を畏怖するに足るものとして、脅迫罪が認められている（最（二小）判昭和35・３・18刑集14巻４号416頁〈刑法百選Ⅱ［８版］11事件〉）。法人に対する脅迫罪の成否について争いがあるが、判例・通説は、自然人に限って脅迫罪を認めている（なお、名誉毀損罪や侮辱罪については、法人も被害者となり得る。）。

⑵　強　要　罪

「**生命、身体、自由、名誉若しくは財産に対し害を加える旨を告知して脅迫し、又は暴行を用いて、人に義務のないことを行わせ、又は権利の行使を妨害した**」者は、３年以下の懲役〔223条１項〕。

脅迫や暴行によって、恐喝罪、強盗罪、強制性交等罪、強制わいせつ罪等が成立する場合には、強要罪は排除される（法条競合の関係）。被害者の親族ではない第三者に脅迫又は暴行を加え、被害者に作為や不作為を強要した場合、強要罪の成立を否定する見解が多い。この見解によれば、暴行は、被強要者に対するものに限られる。

【2　逮捕・監禁罪】

⑴　保護法益

逮捕・監禁罪は、人の場所的移動の自由を保護する。ここにいう自由とは、判例・多数説によれば、移動の可能的自由、すなわち、移動しようと思えば移動できる自由のことをいう⒀。したがって、睡眠中の者に対しても、監禁罪は成立し得る。これに対して、現実に移動しようと思ったときに移動できる自由（現実的自由）であると解する見解[14]も主張されている。

本罪は、継続犯であり、監禁中は監禁行為の継続中である。

(2)　逮捕・監禁罪

「不法に人を逮捕し、又は監禁した」者は、３月以上７年以下の懲役〔220条〕。

逮捕とは、人に直接的な強制作用を加えて、場所的な移動の自由を奪うことである。両腕を縛ったとしても、まだ場所的な移動を自由に行える状態であれば、暴行罪は成立するが、逮捕罪は認められない。**監禁**とは、一定の場所からの脱出を困難にし、移動の自由を奪うことである。

【3　略取・誘拐・人身売買罪】

224条	：未成年者略取・誘拐
225条	：営利目的等略取・誘拐
225条の２	：身代金目的略取・誘拐
226条	：所在国外移送目的略取・誘拐
226条の２	：人身売買
226条の３	：被拐取者所在国外移送
227条	：被拐取者引渡し等

略取・誘拐（拐取）とは、人をその生活環境から離脱させ、自己又は第三者の実力的支配下に移すことをいう[15]。第33章については、平成15年に発効した「国際的な組織犯罪の防止に関する国際連合条約を補足する人、特に女性及び児童の取引を防止し、抑止し及び処罰するための議定書」（人身取引議定書）を締結するために、国内法の整備が必要となり、平成17年に大幅な改正が加えられた。224条の罪、同条の罪を幇助する目的で犯した227条１項の罪そしてこれらの罪の未遂罪は、親告罪となっている〔229条〕。

【4　性的自由に対する罪】

第22章は、「わいせつ、強制性交等及び重婚の罪」と題されている。一つの章下ではあるが、公然わいせつ罪〔174条〕、わいせつ物頒布罪〔175条〕及び重婚罪〔184条〕は、社会的法益に属し、健全な性風俗の保護を目的としている。個人の性的自己決定（自由）を保護するのは、強制わいせつ罪〔176条〕、強制性交等罪〔177条〕、準強制わいせつ及び準強制性交等罪〔178条〕、監護者わいせつ及び監護者性交等罪〔179条〕、淫行勧誘罪〔182条〕である。平成29年の改正によって、強姦罪の規定が、制定以来初めて改められることになった。

(1)　強制わいせつ罪

「13歳以上の者に対し、暴行又は脅迫を用いてわいせつな行為をした」者は、６月以上10年以下の懲役。**13歳未満の者に対し、**わいせつな行為をした者も、同様とする〔176条〕。

わいせつな行為とは、被害者の性的羞恥心（しゅうちしん）を害する行為をいう[16]。公然わいせつ罪におけるわい

---

(13)　大谷・各論83頁、井田・各論145頁。
(14)　西田・各論82～83頁、松原・各論104頁。
(15)　西田・各論85頁、山口・各論89頁。
(16)　西田・各論98～99頁、山口・各論106～107頁、井田・各論116頁。

せつとは、目的・性質を異にしているので、必ずしも共通ではない。したがって、たとえば、公道上で、相手の意思に反して、無理やりキスをした場合、今日、もはや公然わいせつには当たらないが、強制わいせつ罪の成立はあり得る（東京高判昭和32・１・22高刑集10巻１号10頁）。前段にいう**暴行・脅迫**の程度は、相手の反抗を抑圧するものである必要はなく、その反抗を著しく困難にする程度のもので足りる(17)。

満13歳以上の者に対しては、暴行・脅迫を手段とする場合に限られるが、満13歳未満の者に対してはわいせつな行為に及ぶことだけが構成要件的行為となっている。13歳未満の者には、性的な判断能力が十分ではないとの観点から、当人の意思にかかわらず、保護を行う趣旨である。したがって、13歳未満の者が同意を与えていた場合でも、本罪が成立する。13歳未満の者を13歳以上と誤信して、同意に基づいてわいせつな行為に及んだ場合、故意を欠くので、本罪は成立しない(18)。

⑵　強制性交等罪

「**13歳以上の者に対し、暴行又は脅迫を用いて性交、肛門性交又は口腔性交（以下「性交等」という。）をした**」者は、強制性交等の罪とし、５年以上の有期懲役。**13歳未満の者に対し**、性交等をした者も、同様とする〔177条〕。

従来の強姦罪の規定は、「強制性交等罪」に改められた。強姦罪の客体は、女性に限られていたが、本罪の客体は男性、女性両者を含むものとなり、（被害者の）ジェンダー・ニュートラルが実現された。前条と同じ理由から、13歳以上と未満で、構成要件的行為の内容が区別されている。手段としての**暴行・脅迫**は、相手方の反抗を著しく困難にする程度のものであることを要する。

⑶　準強制わいせつ及び準強制性交等

「**人の心神喪失若しくは抗拒（こうきょ）不能に乗じ、又は心神を喪失させ、若しくは抗拒不能にさせて、わいせつな行為をした**」者は、第176条の例による〔178条１項〕。

「**人の心神喪失若しくは抗拒不能に乗じ、又は心神を喪失させ、若しくは抗拒不能にさせて、性交等をした**」者は、前条の例による〔178条２項〕。

抵抗が困難な状態を利用して、性的自由を侵害する場合を、処罰対象とする。ここにいう**心神喪失**とは、責任無能力の規定〔39条１項〕の場合とは異なり、意識喪失、睡眠、泥酔、高度の精神障害等によって、自己に対してわいせつな行為等が行われていることの認識を欠く状態を指す。**抗拒不能**とは、物理的又は心理的に、抵抗することが著しく困難な状態をいう。治療のために必要であると偽って、わいせつな行為を行ったり、性交させた場合も、本罪が成立する。

⑷　監護者わいせつ及び監護者性交等

「**18歳未満の者に対し、その者を現に監護する者であることによる影響力があることに乗じて**」**わいせつな行為をした**場合には強制わいせつ（176条）の、また、**性交等をした**場合には強制性交等（177条）の例による〔179条１・２項〕。

本罪は、平成29年の改正の際に新設された。被監護者は精神的、経済的に監護者に依存している面があり、被監護者のいわば従属的な立場とその年齢的な未熟さとを考慮して、監護者の立場にあることの影響力に乗じて行われるわいせつ行為、性交等を、強制わいせつ、強制性交と同等に位置づけ、

(17)　前田・各論95頁、山口・各論107頁。
(18)　山口・各論108頁。

日常的に接する親等によるそのような行為に対して厳しく対処することにより、被監護者の性的尊厳の保護を図る規定と理解することができる。主体は、18歳未満の者を現に監護している者に限られる（真正身分犯）。18歳未満の被害者の同意が存在したとしても犯罪の成否に影響しない(19)。なお、本罪と児童福祉法が定める児童に淫行させる罪とは、法益が異なると理解されており、観念的競合の関係となると解するのが通説である。

【性刑法の動向】

2011年に、欧州評議会は「女性に対する暴力及びドメスティック・バイオレンスの防止およびこれとの闘いに関する条約」を採択した（通称、イスタンブール条約〔2014年発効〕）。この条約は、女子差別撤廃委員会をはじめとする国連等の活動の成果を踏まえるとともに、欧州人権裁判所において形成されてきた判例法を基礎として制定された（今井雅子「欧州評議会『イスタンブール条約』」国際女性No.29（2015）84頁）。この条約では、同意に基づかない性交の犯罪化が盛り込まれており（同条約36条）、欧州評議会に参加するヨーロッパ諸国を中心に、暴行・脅迫を犯罪成立の要件とせず、不同意性交を処罰する刑事立法が広まっている。たとえば、ドイツでは、2016年の改正により、他人の認識可能な意思に反する性的行為を処罰する規定（ドイツ刑法177条１項）が新設された。日本でも、平成29年の改正の際に、暴行・脅迫要件についても検討されたが、結局、見送られた（その経緯等につき、上野幸彦「性犯罪規定改正の議論に関する覚書」日本法学87巻２号（2021年）25頁以下参照）。しかし、その後の見直しの検討作業の結果、要件を緩和して、暴行・脅迫に限らず、同意しない意思の表明などが困難な状態となった被害者に対する性行為を処罰の対象とし、罪名も「不同意性交等罪」に改められることになった（強制わいせつ罪についても、「不同意わいせつ罪」に変更）。

【5　住居侵入罪】

「正当な理由がないのに、人の住居若しくは人の看守する邸宅、建造物若しくは艦船に侵入し、又は要求を受けたにもかかわらずこれらの場所から退去しなかった」者は、３年以下の懲役又は10万円以下の罰金〔130条〕。

住居侵入罪の保護法益に関しては、住居等の事実上の支配（管理権）、つまり誰に立ち入りを認めるのかという自由と解する見解（住居権説）(20)と、住居等の事実上の平穏と解する見解（平穏説）(21)とが対立している。かつて、大審院は、夫が戦地に赴いている間に、妻が姦通のために男を自宅に引き入れた事案につき、戸主である夫の住居権を侵害することを理由に、住居侵入罪を認めた（大判昭和14・12・22刑集18巻565頁）。これを批判して、学説上、平穏説が主張され、判例にも変化が生じたが、その後、最高裁は、「侵入」の意義を、管理権者の意思に反して立ち入ることと解する判断（最（二小）判昭和58・４・８刑集37巻３号215頁〈刑法百選Ⅱ［８版］16事件〉）を示し、住居権説をリニューア

(19)　前田・各論110頁、高橋・各論146頁。
(20)　西田・各論110頁、山口・各論119頁、高橋・各論154～154頁、松宮・各論131頁。
(21)　井田・各論164頁。

ルしている。判例によれば、本罪は、継続犯である(22)。

「人」の住居とは、居住者以外の者の住居である。**住居**とは、日常生活に使用されている場所をいう。**邸宅**とは、居住用の建造物で、住居以外のものをいい、空き家、集合住宅の共用部分などがこれに当たる。**建造物**とは、住居、邸宅以外の建物である。学校、官公庁の建物、工場、倉庫のほか、判例によれば、駅構内、雑居ビルの駐車場、警察署の塀（最（一小）決平成21・７・13刑集63巻６号590頁）も建造物に該当する。**艦船**とは、軍艦及び船舶をいう。

前述したように、判例によれば、**侵入**とは、住居権者の意思に反して、住居等に立ち入ることである（意思侵害説）。これに対して、平穏説からは、住居の平穏を害する態様での立ち入りということになる（平穏侵害説）。一般に自由な立ち入りが許されている場所に、違法な目的をもって立ち入った場合に、判例は広く住居侵入罪の成立を認めている。たとえば、発煙筒を発煙させる目的で皇居の一般参賀会場に入る場合、共同通信会館にビラを配布する目的で入る場合、議事妨害の目的で虚偽の氏名を記入した傍聴券を提示して参議院に立ち入る場合、銀行預金者のキャッシュカードの暗証番号を盗撮するため、銀行員の常駐しないATM出張所に立ち入る場合等に、本罪を適用している。

後段は、不退去罪を規定したもので、真正不作為犯に当たる。

【6　秘密・プライバシーの保護】

人格権の一つとして、プライバシー権の保護も重要である。憲法13条は、幸福追求権を保障しており、日本の判例も、プライバシー権を憲法上の人権と位置付けている（『宴のあと』事件判決）。プライバシー権は、かつては、他人の干渉を排除して、一人にさせてもらう権利として生成したが、今日、インターネット等のICTの進展によって、プライバシー侵害や個人情報が漏出するリスクも飛躍的に増大する状況となり、憲法の領域においても、プライバシー権を情報コントロール権等として再構成する見解が有力となっている。

刑法上も、断片的に個人の秘密やプライバシーは保護されている。秘密に関しては、現行刑法上、「秘密に対する罪」の章下に、秘密の探知を処罰対象とする信書開封罪〔133条〕、秘密の漏示を対象とする秘密漏示罪〔134条〕が規定されている。プライバシーを包括的に保護する規定は存在しないが、住居侵入罪〔130条〕は、これを保護する規定の一種と位置づけることも可能である。

秘密とは、一般に、一定の主体に関係する事実で、①一般には知られておらず（非公知性）、②秘密の主体がそれを秘匿する意思を有し（秘匿意思）、③それを秘匿するについて利益が認められる（秘匿の利益）ものである(23)。主体により、国家秘密、企業（営業）秘密、個人秘密に区別される。これらの秘密は、①探知、②開示（漏えい）、③利用（盗用）によって侵害される(24)。刑法典における秘密の保護に関する規定として、信書開封罪と秘密漏示罪がある。

⑴　信書開封罪

「正当な理由がないのに、封をしてある信書を開けた」者は、１年以下の懲役又は20万円以下の罰金〔133条〕。

(22)　これに対して、状態犯と解する見解として、山口・各論119頁。
(23)　山口・各論128頁。
(24)　山口・各論128頁。

信書とは、特定人から特定人に宛てた文書をいう。意思の伝達に限らず、事実の記載であっても差し支えない。本罪は、「封をしてある信書」を開封すれば成立し、信書に記載された内容が必ずしも秘密である必要はない。この意味で、秘密の形式を侵害する場合を対象とするものである(25)。**封**とは、信書の内容を見られないために施された装置をいい、封筒をクリップで止めるだけでは足りないと解されている。封を開ければ、本罪が成立する。信書の内容を知り得る状態が作出されれば足り、その内容が了知されたか否かは問わない。

本罪は、親告罪である。判例によれば、被害者である告訴権者〔刑訴230条〕について、発信者のほか、受信後は発信者・受信者の双方であるとしている。

(2)　秘密漏示罪

「**医師、薬剤師、医薬品販売業者、助産師、弁護士、公証人又はこれらの職にあった者が、正当な理由がないのに、その業務上取り扱ったことについて知り得た人の秘密を漏らした**」ときは、６月以下の懲役又は10万円以下の罰金〔134条１項〕。

「**宗教、祈祷若しくは祭祀の職にある者又はこれらの職にあった者が、正当な理由がないのに、その業務上取り扱ったことについて知り得た人の秘密を漏らした**」ときも、前項と同様とする〔134条２項〕。

本罪は、構成要件上、主体が特定されており、かつ犯罪を構成する身分であるから、真正身分犯の規定である。これらの者の補助者も、業務上、人の秘密を知り得る立場にあると考えられるが、本罪が適用されるのは、構成要件に明記された者に限られる。もっとも、特別法で、処罰の対象となっている場合も少なくない。たとえば、保健師、看護師、准看護師については、「保健師助産師看護師法」44条の３（秘密漏示罪と同じ法定刑）で、社会福祉士、介護福祉士については、「社会福祉士及び介護福祉士法」50条（法定刑は、１年以下の懲役又は30万円以下の罰金）により処罰される。また、国家公務員、地方公務員に関しても、職務上知り得た秘密について守秘義務〔国公100条１項、地公34条１項、自衛59条〕が課せられており、これに違反した場合には、１年以下の懲役又は50万円以下の罰金〔国公109条、地公60条〕が科される。

実行行為は、秘密を漏らすことで、その手段・方法は問わない。正当な理由があれば、本罪の成立は認められない。

5　名誉の保護

人格権の一内容としての名誉は、法律上も保護される。**名誉の概念**は、一般に、①自己または他人の評価から独立した、人の真価（内部的名誉）、②人に対する社会の評価、名声（外部的名誉・社会的名誉）、③本人が自己に対して有する名誉感情（主観的名誉）に分類される(26)。このうち、刑法が保護するのは、外部的名誉である（通説・判例）。外部的名誉には、虚名も含まれる。

名誉棄損罪および侮辱罪は、親告罪である〔232条〕。被害者の告訴がなければ、公訴を提起することができない。告訴権者は、被害者であり〔刑訴230条〕、死者に対する名誉毀損の場合には、死者の

(25)　山口・各論129頁。
(26)　山口・各論134頁。

親族または子孫である〔刑訴233条1項〕。

【1　名誉毀損罪】

「**公然と事実を摘示し、人の名誉を毀損した**」者は、**その事実の有無にかかわらず**、3年以下の懲役若しくは禁錮又は50万円以下の罰金〔230条1項〕。

「**死者の名誉を毀損した者は、虚偽の事実を摘示することによってした場合でなければ、罰しない**」〔230条2項〕。

ここにいう**名誉**とは、外部的名誉、すなわち人についての事実上の社会的評価（事実的名誉）をいう(27)。真価とは異なった評価としての虚名も含まれる。名誉の主体としての人は、自然人に限らず、法人などの団体であってもよい。団体の場合にも、社会的な存在としてその評価は保護に値するからである。

事実の摘示は、公然でなければならない。**公然**とは、不特定または多数人が認識し得る状態を指す。ここにいう不特定とは、相手方が特殊な関係によって限定されていないことであり、多数とは、複数人ではなく、ある程度の相当な人びとが予定されている。判例によれば、摘示する相手方が特定少数であっても、それらの人びとを通じて不特定多数人に伝播する場合には、公然性の要件に欠けるところはない。摘示される事実は、人の社会的名誉を低下させるような具体的事実であることを要する。人の社会的評価に関係する事実であれば足りるから、プライバシーに関する事実も対象となる。被害者を明示的に特定していない場合であったとしても、モデル小説のように、他の事情を総合的に判断すれば特定できるのであれば、本罪の適用が認められる。摘示される事実は、公知のものであっても構わないし、法文上明らかなように、真否を問わない。摘示する方法に限定はない。噂、風評の類であってもよい。

本罪は、摘示すれば成立し、実際に社会的名誉を低下させた事実は、本罪の要件ではない。

【2　真実性の証明による免責】

「**前条第1項の行為が公共の利害に関する事実に係り、かつ、その目的が専ら公益を図ることにあったと認める場合には、事実の真否を判断し、真実であることの証明があったときは、これを罰しない**」〔230条の2第1項〕。

「**前項の規定の適用については、公訴が提起されるに至っていない人の犯罪行為に関する事実は、公共の利害に関する事実とみなす**」〔230条の2第2項〕。

「**前条第1項の行為が公務員又は公選による公務員の候補者に関する事実に係る場合には、事実の真否を判断し、真実であることの証明があったときは、これを罰しない**」〔230条の2第3項〕。

名誉毀損罪は、事実の有無にかかわらず成立するのであるが、一方で、表現の自由に基づく言論活動も保障されなければならない。そこで、昭和22年に、本条項が追加された。つまり、個人の名誉の保護と憲法上の表現の自由との調整を図る規定(28)といえる。免責の条件は、①公共の利害に関する事実に係ること（事実の公共性）、②公益を図る目的であること（目的の公益性）、③真実であることの証

(27)　西田・各論121頁、山口・各論135頁。
(28)　前田・各論127頁、山口・各論139頁。

明（真実性の証明）である。

① **事実の公共性**　公共性に関する事実の摘示であることを要するので、個人のプライバシーに関する私生活上の事実については、原則として公共性は否定される。しかし、政治家等のような「パブリック・フィギュア」であれば、その私生活に関しても、社会的活動に対する評価の資料ともなり得、公共性を認めることができる（最（一小）判昭和56・4・16刑集35巻3号84頁〈刑法百選Ⅱ［8版］20事件〉）。

② **目的の公益性**　条文上は、「専ら」とあるが、一般に、主たる目的・動機が公益を図るためであれば足りると解されている。

③ **真実性の証明**　証明の立証責任は、被告人の側に認められる。証明の対象は、摘示された事実に関してである。証明の方法・程度について、厳格な証明を要するが、優越する程度の証拠による証明で足りると解すべきである。

④ **真実性の誤信**　本条が、処罰阻却事由であると解するのであれば、まったく実体法上の効果に影響を及ぼさない。したがって、被告人が真実であると誤信したとしても、犯罪の成否に関係がない。判例も、当初はこのように解していた。しかし、その後、最高裁は、「行為者がその事実を真実であると誤信し、その誤信したことについて、確実な資料、根拠に照らし相当の理由があるときは、犯罪の故意がなく、名誉毀損の罪は成立しない」と解するに至っている（最大判昭和44・6・25刑集23巻7号975頁〈刑法百選Ⅱ［8版］21事件〉）。

【3　侮　辱　罪】

「**事実を摘示しなくても、公然と人を侮辱した**」者は、1年以下の懲役若しくは禁錮若しくは30万円以下の罰金又は拘留若しくは科料〔231条〕。

従来、侮辱罪の法定刑は拘留と科料のみであった。しかし、インターネット上の誹謗中傷が大きな社会問題となり、これに対する厳正な対処の必要に基づき、令和4年に上記のように大幅な法定刑の引上げが図られた。判例・通説によれば、本罪は、名誉毀損罪と同様に、外部的名誉を保護するものである。侮辱とは、人に対する侮辱的価値判断を表示することをいう。

6　信用・業務の保護

【1　信用毀損罪】

「**虚偽の風説を流布し、又は偽計を用いて、人の信用を毀損した**」者は、3年以下の懲役又は50万円以下の罰金〔233条前段〕。

「人の信用」の意義について、従来は支払能力や支払意思に関する信用と解されていたが、最高裁は、近時、本罪の保護法益を経済的な側面における人の社会的な評価であるとし、「販売される商品の品質に対する社会的な信頼も含む」（最（三小）判平成15・3・11刑集57巻3号293頁）と解している。

虚偽の風説の流布とは、客観的真実に反する噂や情報を不特定または多数人に伝播させることである。信用の毀損とは、人の経済的信用を低下させることをいう。毀損の結果を生じたことは必要ではない。したがって、危険犯だと解されている（大判大正2・1・27刑録19輯85頁）。

【2　業務妨害罪】

「虚偽の風説を流布し、又は偽計を用いて」〔233条後段〕あるいは**「威力を用いて」〔234条〕、「人の業務を妨害した」**場合、3年以下の懲役又は50万円以下の罰金に処せられる。

業務とは、職業その他社会生活上の地位に基づき継続して行う事務または事業をいう。公務を含むか否かについて争いがあるが、判例は、強制力を行使する権力的公務以外の公務につき、業務妨害罪の対象となることを認めている（たとえば、最（一小）決昭和62・3・12刑集41巻2号140頁、最（二小）決平成12・2・17刑集54巻2号38頁等）。

偽計とは、人を欺罔し、または人の不知、錯誤を利用することを指す。**威力**とは、人の自由意思を制圧するに足る勢力の使用をいう。判例によれば、妨害結果の発生は必要ではなく、妨害の危険を生ずれば足りる（大判昭和11・5・7刑集15巻573頁）。

【3　電子計算機損壊等業務妨害罪】

「人の業務に使用する電子計算機若しくはその用に供する電磁的記録を損壊し、若しくは人の業務に使用する電子計算機に虚偽の情報若しくは不正な指令を与え、又はその他の方法により、電子計算機に使用目的に沿うべき動作をさせず、又は使用目的に反する動作をさせて、人の業務を妨害した」者は、5年以下の懲役又は100万円以下の罰金〔234条の2第1項〕。

本罪は、昭和62年に、コンピュータ犯罪に対する立法整備として新設された。未遂も罰せられる〔234条の2第2項〕。

7　財産の保護

刑法典上の犯罪の認知件数のうえで、最も多数を占めているのが、財産犯罪である。しかも、窃盗だけで、認知件数の5割に上っている。日常的な盗犯防止対策が、犯罪の発生数を大きく左右するポイントといえよう。

現行刑法は、財産を保護する規定として、235条乃至264条を定めている。故意による場合だけを定め、過失による財産侵害に関しては、処罰規定を置いていない。財産は、生命・身体という法益と比較して、価値の序列としては高くなく、社会秩序の維持の必要という観点から、刑罰手段による強力なコントロールを故意犯の場合に限り、過失の場合については、民事上の損害賠償責任に委ねる趣旨である。

【1　総　　説】

⑴　財産犯罪の整理[29]

刑法典上の財産犯の規定は、第36章「窃盗及び強盗の罪」、第37章「詐欺及び恐喝の罪」、第38章「横領の罪」、第39章「盗品等に関する罪」、第40章「毀棄及び隠匿の罪」に分かれる。

財産犯の保護の対象を基準にすると、財産は、**「財物」**と**「財産上の利益」**とに大別される。財物を対象とする犯罪を**財物罪**、財産上の利益を対象とする犯罪を**利益（利得）罪**という。財物には、動

---

(29)　井田・各論204～217頁参照。

産と不動産とが含まれる。窃盗罪、横領罪、盗品等に関する罪、毀棄罪は、財物罪である。一方、強盗罪、詐欺罪、恐喝罪には、財物のほか、財産上の利益も対象となっている（財産上の利益を対象とする規定が、２項に置かれているところから、２項犯罪と呼ばれることもある。）。

財産犯は、利得の有無により区別することができる。利得目的が予定されている場合を領得罪、そうでない場合が、毀棄・隠匿罪である。

行為態様を基準にすると、占有の移転をともなう場合と、そうでない場合とに分かれる。前者を**奪取罪**（**移転罪**）と呼ぶ。奪取罪は、さらに占有者の意思を基準に、その意思に反する盗取罪と、その意思に基づく交付罪とに分類できる。窃盗罪、強盗罪は盗取罪であり、詐欺罪、恐喝罪は交付罪に当たる。非奪取罪として、横領罪がある。

(2)　「財物」の意義

財物罪に関し、保護される共通の対象は財物である。民法には、「物とは、有体物をいう」〔民85条〕と定められている。**有体物**とは、空間の一部を占めるもので、固体、液体、気体のことを指す。刑法上の財物も、有体物であると解する見解を**有体性説**という。これに対して、有体物に限らず、管理可能な対象であれば足りると解する見解を**管理可能性説**という。かつて、大審院は、旧刑法上の窃盗罪に関し、電気の盗用に窃盗罪を適用した（大判明治36・５・21刑録９輯874頁）。しかし、当時、学説には解釈論として反対説が多かったため、刑法典制定にあたり、電気を財物とみなす旨の規定〔245条〕が盛り込まれることになった。管理可能性説によれば、電気をはじめ、その他のエネルギーや、サービス、権利、情報等も含まれ得る。しかし、そうだとすると、利益窃盗を不可罰としている現行刑法との整合性に問題が生じる。このため、有体性説が通説である。

財物といえるためには、財産的価値が必要である。判例は、金銭的価値、経済的価値にかかわらず、財産権の目的となり得るものであれば足りると解している。

(3)　財産犯の保護法益

財物罪のうち、とくに占有の移転をともなう奪取罪について、その保護法益が問題とされる[30]。窃盗罪は、「他人の財物」と規定している。他人「の」というのは、他人の「所有する」という意味を示すものであろう。そこで、所有権その他の本権を保護するものと見る見解（**本権説**）が主張される。一方、242条は、「自己の財物であっても、他人が占有」する場合に、他人の財物とみなすと定めている。窃盗罪が、奪取罪であり、占有侵害をともなう犯罪である点から、占有そのものを保護法益と解する見解（**占有説**）も主張されている。判例は、かつては、本権を重視する立場を示していたものの、最高裁は、占有に重きを置いた立場を採っている。たとえば、自動車金融業者（債権者）が、債務者との間に買戻し約款付売買契約を締結後、債務者が買戻し権を喪失した後、債務者に無断で密かに自動車を引き揚げた事案で、「自動車は借主の事実上の支配内にあったことが明らかであるから、かりに被告人にその所有権があったとしても、被告人の引揚行為は、刑法二四二条にいう他人の占有に属する物を窃取したものとして窃盗罪を構成するというべきであり、かつ、その行為は、社会通念上借主に受忍を求める限度を超えた違法なものというほかはない」として、窃盗罪を認めている（最（三小）決平成元・７・７刑集43巻７号607頁〈刑法百選Ⅱ［８版］26事件〉）。もっとも、窃盗犯人自身から、被害者が自己の所有物を取り返す場合にも、その被害者に窃盗罪を認める趣旨なのかは不明である。

(30)　西田・各論164～169頁、井田・各論217～218頁参照。

「他人の財物」性が欠け、窃盗罪の構成要件に該当しないが、手段の点で他の犯罪に当たる場合があると考えたり、占有説を徹底し、占有侵害を認めて、窃盗罪の構成要件該当性を肯定したうえで、自救行為として違法性が阻却される余地を残すという帰結等が考えられよう。

(4)　不法領得の意思

領得罪について、主観的要件として、不法領得の意思が必要であると解されている。その理由は、一つには、領得罪と毀棄隠匿罪との区別を行うためであり、もう一つは使用窃盗の不可罰性を根拠づける点にある。判例によれば、**不法領得の意思**とは、権利者を排除して他人の物を自己の所有物としてその経済的用法に従い利用、処分する意思をいう。排除意思の要素が不可罰な使用窃盗と可罰的な窃盗とを区別し、利用意思の要素が毀棄・隠匿罪との区別を行う機能を果たす(31)。判例は、返還意思のある一時使用について、当初窃盗罪を否定していたが、その後、自動車の無断利用につき窃盗罪を肯定するに至っている（最（二小）決昭和55・10・30刑集34巻5号357頁〈刑法百選Ⅱ［8版］32事件〉）。また、裁判例では、秘密資料をコピーするための一時的な持ち出しについても、窃盗罪が適用されている（東京地判昭和59・6・15刑月16巻5＝6号459頁）。このように、経済的価値・効用も考慮して、排除意思が判断されている。

【2　窃　盗　罪】

「**他人の財物を窃取**」するのが、窃盗罪〔235条〕である。領得罪であり、主観的要件として、不法領得の意思が必要である。奪取（移転）罪であるから、客観的には「占有の侵害」を要件とする。刑法上、**占有**とは、財物に対する事実上の支配を指す。所持するバッグをひったくるといった場合が、窃盗罪に当たる。公園のベンチにポシェットを置き忘れた被害者が約30メートル移動した場合であっても、被害者の占有が認められる（最（三小）決平成16・8・25刑集58巻6号515頁〈刑法百選Ⅱ［8版］28事件〉）。被害者の占有下に属しないのであれば、占有離脱物横領罪〔254条〕が適用される（その法定刑は、1年以下の懲役又は10万円以下の罰金若しくは科料と定められており、窃盗罪と比較して非常に軽い。）。窃盗罪の対象は、一般に動産（可動物）と解されている。不動産を対象として、不動産侵奪罪〔235条の2〕が規定されている。

【3　強　盗　罪】

強盗罪〔236条〕の客体は、「他人の財物」〔1項〕および「財産上不法の利益」〔2項〕である。暴行または脅迫を手段とする場合に、強盗罪が成立する。相手方の反抗を抑圧するに足りる程度の暴行・脅迫を必要とする。これに至らない程度であれば、恐喝罪〔249条〕が適用される。

強盗の類型には、このほかに、事後強盗と昏睡強盗がある。事後強盗罪は、窃盗犯人が、財物の取り返しを防ぎ、逮捕を免れ、罪跡を隠滅するために、暴行・脅迫を行った場合に成立し、強盗と同様に扱われる〔238条〕。昏睡強盗罪は、暴行・脅迫によるのではなく、財物盗取の手段として、人を昏睡させる行為を利用する場合に成立する〔239条〕。強盗罪の結果的加重犯および強盗傷害、強盗殺人を含んで、240条が規定されている。死亡させた場合には、死刑・無期懲役が定められている。強盗に際して、強制性交等に及んだ場合には、241条の適用がある。

(31)　西田・各論170頁。

【4　詐欺及び恐喝の罪】

詐欺・恐喝は、窃盗・強盗とともに、奪取（移転）罪に分類されるが、占有者の意思に反する態様ではなく、その意思に基づいて交付させる点で異なる。欺いて交付させる場合が、詐欺罪であり、恐喝により交付させる場合が恐喝罪に当たる。いずれも、一応、被害者の意思に基づいて交付されているが、意思の形成過程に瑕疵（かし）がある。詐欺罪〔246条〕、恐喝罪〔249条〕には、２項で、「財産上不法の利益」も対象となっている。

詐欺罪が成立するためには、欺く行為（欺罔行為）によって、相手方が錯誤に陥り、これに基づいて財産的な処分行為を行うことが必要である。錯誤に陥るのは、人に限られる。券売機等の機械が錯誤に陥ることはない。硬貨に似せた形状・重量をもつものを利用して、真正な釣銭の硬貨を取得する行為は、詐欺ではなく、窃盗罪となる。

【5　電子計算機使用詐欺罪】

前述したように、機械は錯誤を生じることがないので、詐欺罪を適用することはできない。このため、昭和62年の改正の際に、246条の２の規定が追加された。コンピュータ等の「**人の事務処理に使用する電子計算機**」に対して、「**虚偽の情報**」または「**不正な指令**」を与えて、財産上不法の利益を得たり、得させる行為を、処罰の対象とする。金融機関が管理するデータを操作し、預金者の口座から不正に送金処理した場合には、本罪が成立する。なお、この場合には、無権限のアクセスをともなうのが通常であるから、不正アクセス罪も成立する。データを改ざんし、第三者の口座への振り込み入金データが作成された時点で、電子計算機使用詐欺罪は既遂となる。その後、不正送金先の口座から、ATMで預金を引き出したとすれば、この引き出し行為は窃盗罪を構成する。

キャッシュカードなどの磁気ストライプ部分の記録は、一定の事実を証明するための記録であり、財産権の得喪・変更に係る電磁的記録には当たらない(32)。この記録を不正に作出する場合については、支払用カード電磁的記録不正作出罪〔163条の２〕が成立する。

【6　横領罪と背任罪】

「**自己の占有する他人の物**」を横領した場合が、委託物横領罪〔252条〕である。業務として占有している者には、加重規定がある（業務上横領罪〔253条〕）。対象は、物に限られ、非奪取（移転）罪である。委託関係を引き受けている者に主体が限定されるので、真正身分犯に当たる。委託物横領罪の保護法益は、所有権と委託信任関係に求められる。窃盗罪における占有とは異なり、横領罪における占有には、事実的支配のほか、法律的支配も含まれる。

背任罪は、「**他人のためにその事務を処理する者が、自己若しくは第三者の利益を図り又は本人に損害を加える目的で、その任務に背く行為をし、本人に財産上の損害を加えたとき**」〔247条〕に成立する。主体が「他人のためにその事務を処理する者」に限定されており、真正身分犯に該当する。また、背任罪の主観的要件として、図利加害目的が必要である（目的犯）。会社法には、取締役等における背任に関する特別規定（刑罰の加重が図られている）が置かれている〔会社960条、961条〕。背任罪は、図利加害目的での任務違背による財産侵害であり、**全体財産**に対する罪と位置づけられる(33)。

(32)　山口・各論275頁。

委託物横領罪および背任罪は、いずれも背信性を帯びる点で、共通する。したがって、両罪が重なる場面も少なくない。一般的に、委託物の横領は、任務違背の一部分と理解することができ、委託物横領罪が適用されるときは、背任罪は排除されると解すべきである(34)。横領以外の任務違背が、背任罪の適用対象となる。

【7　盗品等に関する罪】

財産犯によって領得された物を、譲り受け、運搬し、保管し、有償で処分をあっせんする行為が、処罰の対象となる〔256条〕。基本的には、被害者による回復請求権を保護するものと解される（追求権説）(35)。

【8　毀棄・隠匿の罪】

公用文書・公用電磁的記録〔258条〕、私用文書・私用電磁的記録〔259条〕、建造物〔260条〕、器物等〔261条〕を対象として、**毀棄**〔258・259条〕ないし**損壊**〔260・261条〕が処罰される。毀棄とは、物理的な損壊に限らず、効用を害する一切の行為を含む。

258条の客体は、「公務所の用に供する」文書・電磁的記録であり、公務所が使用し、使用のために保管中のものを対象とする。作成名義に関わらない。私用文書等に関しても、同様である。

隠匿罪の客体は、「他人の信書」のみである〔信書隠匿罪　262条〕。

(33)　西田・各論272頁。
(34)　西田・各論266頁、山口・各論334頁。
(35)　山口・各論337頁。

第6　社会的法益に対する罪

刑法は、各人の個人としての諸利益を保護するばかりでなく、成員間によって共有されている集合体としての社会を保護する一連の規定を設けている。これらは、個人的法益と区別して、社会的法益に分類される。

【社会的法益の分類】（刑法典上の犯罪の整理）

公共の安全の保護：騒乱の罪、放火及び失火の罪、出水に関する罪、往来を妨害する罪、飲料水に関する罪

公共の信用の保護：通貨偽造の罪、文書偽造の罪、有価証券偽造の罪、支払用カード電磁的記録に関する罪、印章偽造の罪、不正指令電磁的記録に関する罪

公衆の健康の保護：あへん煙に関する罪、飲料水に関する罪

社会的風俗の保護：わいせつ及び重婚の罪、賭博及び富くじに関する罪、礼拝所及び墳墓に関する罪

1　公共の安全の保護

殺人罪や傷害罪は特定人の生命や身体に対する侵害結果を内容としており、それらの未遂罪も特定人に対する生命や身体への具体的危険の惹起を処罰するものである。刑法は、このように個人の法益を保護するばかりでなく、不特定または多数人の生命、身体、財産等を包括的に保護するため、**公共の安全**を法益として位置づけている。個人は共同体の構成員として、常に社会の中で生活を営んでおり、一般の人びとの安全が脅かされないようにすることは、国家の重要な任務の一つであると言ってよい。

公共の安全を脅かす犯罪を、**公共危険犯**（公共危険罪）と総称することができる。不特定または多数人において共有されるべき利益として、公共の安全を保護法益としているので、特定人の現実的な法益侵害結果の発生はもとより、その具体的な危険の惹起も要しない。この意味で、公共危険犯は、個々人の法益を侵害したり具体的な危険を生じたことを処罰根拠としているのではなく、不特定または多数の人の生命、身体、財産等に対する一般的危険の発生を処罰するものである。

公共危険犯に属する犯罪類型として、刑法典上では、第８章「騒乱の罪」、第９章「放火及び失火の罪」、第10章「出水及び水利に関する罪」、第11章「往来を妨害する罪」第15章「飲料水に関する罪」等が規定されている。

【１　騒乱の罪】

騒乱の罪として、騒乱罪〔106条〕とその前段階として多衆不解散罪〔107条〕が規定されている。戦前や昭和20年代の混乱期において適用例が認められるが、その後は、1968（昭和43）年に発生した新宿駅騒乱事件（国際反戦デーの当日に、約1,500人のデモ隊が新宿駅を占拠し、機動隊と衝突した事件）を最後に、適用されたケースは存在しない。

騒乱罪の保護法益について、判例は、公共の静謐（せいひつ）または平穏であると解している（最（一小）判昭和35・12・８刑集14巻13号1818頁）。これに対し、公共の平穏というのは曖昧で、特定少数の者に対する集団的暴行や政府等に対する抗議活動についても適用される可能性があり、憲法が保障する集会の自由〔憲21条〕との関係に照らしても、不特定・多数人の生命、身体、財産を侵害する危険を生じさせた場合に、本罪の成立を認める見解が、学説上の多数説となっている[1]。

⑴　騒　乱　罪

「多衆で集合して暴行又は脅迫をした」者は、騒乱の罪とされる〔106条〕。

役割に応じて法定刑が定められている。首謀者は１年以上10年以下の懲役・禁錮、他人を指揮し、又は他人に率先して勢いを助けた者は６月以上７年以下の懲役・禁錮、付和随行した者は10万円以下の罰金となっている。

本罪の主体は、**多衆**である。判例によれば、一地方における公共の静謐を害するに足る暴行・脅迫をなすに適当な多数人をいう（大判大正２・10・３刑録19輯910頁、前出・最（一小）判昭和35・12・８）。これに至らない集団的暴力行為は、「暴力行為等処罰ニ関スル法律」１条の適用対象となる。集団での暴行・脅迫が必要であり、集団犯（多衆犯）の一種であるが、内乱罪と異なり、組織化されていることを要しない。１号から３号の規定は、関与者の役割に応じて法定刑を個別化したもので、犯罪の構成要件を定めているわけではない。

実行行為は、暴行または脅迫である。**暴行**は、最広義のもので、その対象は人に対すると物に対するとを問わない。集団に参加している者全員が暴行・脅迫を行うことは必要ではないが、暴行・脅迫が集団全体によるものと認められなければならない。

騒乱罪が成立するためには、主観的要件として共同意思を要する（通説・判例）。判例によれば、「多衆の合同力を恃（たの）んで自ら暴行又は脅迫をなす意思ないしは多衆をしてこれをなさしめる意思」と「暴行又は脅迫に同意を表し、その合同力に加わる意思」とに区別され、集団がそれぞれの意思を有する者によって構成されている場合に、多衆の共同意思が存在する（前出・最（一小）判昭和35・12・８）。

暴行罪や脅迫罪は本罪に吸収され、騒乱罪だけが成立する。判例によれば、建造物侵入罪、建造物損壊罪、公務執行妨害罪とは観念的競合となる。付和随行者が暴行・脅迫を行っても、10万円以下の罰金に処せられるに過ぎないが、これは群集心理に基づく点を考慮したものである。

⑵　多衆不解散罪

「暴行又は脅迫をするため多衆が集合した場合において、権限のある公務員から解散の命令を３回以上受けたにもかかわらず、なお解散しなかった」ときは、首謀者は３年以下の懲役または禁錮、その他の者は10万円以下の罰金〔107条〕。

（１）　西田・各論310頁、山口・各論367頁、井田・各論400頁、高橋・各論468頁、松原・各論402頁、今井ほか・各論291頁など。

本罪は、騒乱罪の予備段階を処罰対象とする。「解散しない」という不作為を処罰しており、真正不作為犯の規定に当たる。権限のある公務員による解散命令でなければならないが、警察官職務執行法５条を根拠に、警察官の制止権に基づく場合の命令はこれに該当すると解されている(2)。

【2　放火及び失火の罪】

本章の罪は、火力による公共危険の招来を処罰の対象とする。個人の財産である家屋であっても、それへの放火は、当該個人の法益のみならず、不特定・多数の人の生命・身体、財産に対する脅威となる。放火罪の類型は、その対象（客体）によって３つに区別される。①現に人が住居に使用する建造物等（現住建造物）または現に人がいる建造物等（現在建造物）、②非現住かつ非現在建造物等、③上記以外の物である。また、規定上、「公共の危険」の発生が要求されている場合と、そうでない場合とがある。前者を具体的公共危険犯、後者を抽象的公共危険犯と呼ぶ。108条や109条１項は、抽象的危険犯であり、所定の行為が行われることにより、常に公共の危険が招来されたものと擬制されていると解されている(3)。故意犯ばかりでなく、過失による場合も処罰の対象である。

【放火の対象・所有関係による整理】

①現住建造物等		➡抽象的公共危険犯
②非現住建造物等	［非自己所有の場合］	➡抽象的公共危険犯
	［自己所有の場合］	➡具体的公共危険犯 （延焼の場合には、111条１項の適用）
③建造物等以外	［非自己所有の場合］	➡具体的公共危険犯
	［自己所有の場合］	➡具体的公共危険犯 （延焼の場合には、111条１・２項の適用）

＊［建造物等以外で自己所有に係る場合］公共危険発生なし＋延焼なし　➡犯罪不成立

⑴　放　火　罪

「**放火して、現に人が住居に使用し又は現に人がいる建造物、汽車、電車、艦船又は鉱坑を焼損した**」者は、死刑又は無期若しくは５年以上の懲役〔108条〕。未遂〔112条〕および予備〔113条〕も罰せられる。

「**放火して、現に人が住居に使用せず、かつ、現に人がいない建造物、艦船又は鉱坑を焼損した**」者は、２年以上の有期懲役〔109条１項〕。未遂および予備も罰せられる。

「**前項の物が自己の所有に係るとき**」は、６月以上７年以下の懲役。ただし、公共の危険を生じなかったときは、罰しない〔109条２項〕。

「**放火して、前二条に規定する物以外の物を焼損し、よって公共の危険を生じさせた**」者は、１年以上10年以下の懲役に処する〔110条１項〕。

（２）　前田・各論327頁、注釈⑵170頁〔小林憲太郎〕。

（３）　西田・各論316頁、井田・各論408頁、松宮・各論345頁。これに対し、近時、何らかの公共危険の発生が必要であると解する見解も有力化している（山口・各論327頁、高橋・各論478頁、松原・各論417～418頁など）。

「前項の物が自己の所有に係るとき」は、1年以下の懲役又は10万円以下の罰金〔110条2項〕。

①　対象（客体）

建造物とは、家屋その他これに類する工作物であって、土地に定着し、人の起居出入に適する構造を有する物体をいう（大判大正13・5・31刑集3巻459頁）。ホームレスの建物であっても、地中に打ち込まれた柱を備え、壁や天井もコンパネ張りの造りであるような場合には、建造物に該当する（東京地判平成17・4・6判時1931号166頁）。**汽車**には、ガソリンカーやディーゼルカーが含まれる。**艦船**とは、軍艦および船舶をいう。**鉱坑**とは、炭坑のように地下の鉱物を採取するための設備のことである。

現住建造物とは、現に人の起臥（きが）寝食の場所として日常使用されるものをいう。日常生活に使用されている限り、放火時に人が現在しなくとも、現住建造物に当たる。判例によれば、学校の宿直室（大判大正2・12・24刑録19輯1517頁）や離れ座敷（最（三小）判昭和24・6・28刑集3巻7号1129頁）も、現住建造物に当たる。さらに、社務所や詰所を含む複数の建造物が回廊でつながった社殿（平安神宮）の一部に放火した事件につき、「右社殿は、その一部に放火されることにより全体に危険が及ぶと考えられる一体の構造であり、また、全体が一体として日夜人の起居に利用されていた」として、現住建造物に該当すると判断している（最（三小）決平成元・7・14刑集43巻7号641頁〈刑法百選Ⅱ［8版］83事件〉）。このほか、集合住宅の共用部分であるエレベータへの放火も、108条が成立する（最（二小）決平成元・7・7裁判集刑252号203頁、判時1326号157頁、判タ710号125頁〈刑法百選Ⅱ［8版］82事件〉）。なお、居住者全員を殺害した後に放火した場合は、108条ではなく、109条が適用されると解するのが判例である（大判大正6・4・13刑録23輯312頁）。

②　行為および結果

「放火して」というのは、基本的に目的物に点火することである。媒介物への点火も含まれるし、ガソリンなどの引火性の高い物質を散布することも、これに当たる場合がある。放火して、客体を焼損したときに、既遂に達する。**焼損**とは、判例によれば、火が媒介物を離れて、目的物が独立して燃焼を継続する状態に達することをいう（大判大正7・3・15刑録24輯219頁。**独立燃焼説**という）。

現住・現在建造物等放火罪および他人所有の非現住かつ非現在建造物等放火罪は、抽象的公共危険犯であり、対象物の焼損結果により既遂となる。これに対して、自己所有の非現住かつ非現在建造物等放火罪および建造物等以外放火罪は、具体的な「公共の危険」の発生をもって罰せられる。「公共の危険」につき、かつて判例は、108条や109条が規定する対象への延焼の危険性と解していたが、最近、最高裁は、110条1項に関して、「必ずしも同法108条及び109条1項に規定する建造物等に対する延焼の危険のみに限られるものではなく、不特定又は多数の人の生命、身体又は前記建造物等以外の財産に対する危険も含まれると解するのが相当である」との判断を示した（最（三小）決平成15・4・14刑集57巻4号445頁〈刑法百選Ⅱ［8版］85事件〉）。また、判例は、このような具体的な公共の危険について、行為者が認識していることは必要でないとの立場を採っている（大判昭和6・7・2刑集10巻303頁、最判昭和60・3・28刑集39巻2号75頁〈刑法百選Ⅱ［8版］86事件〉）[4]。これに対して、学説の多数は、認識必要説[5]を支持している。

⑵　延　焼　罪

（4）　これを支持する見解として、前田・各論336頁。
（5）　山口・各論393頁、井田・各論426頁、松宮・各論352頁。

「第109条第２項又は前条の第２項の罪を犯し、よって第108条又は第109条第１項に規定する物に延焼させた」ときは、３月以上10年以下の懲役」〔111条１項〕。

「前条第２項の罪を犯し、よって同条第１項に規定する物に延焼させた」ときは、３年以下の懲役〔111条２項〕。

本条は、延焼の場合の結果的加重犯を規定している。

⑶　消火妨害罪

「火災の際、消火用の物を隠匿し、若しくは損壊し、又はその他の方法により、消火を妨害した」者は、１年以上10年以下の懲役〔114条〕。

本罪は、抽象的危険犯であり、妨害行為が行われれば足り、現実に消火が妨害されたことは必要ではない。なお、消防法38条以下、軽犯罪法１条８号参照。

⑷　失　火　罪

「失火により、第108条に規定する物又は他人の所有に係る第109条に規定する物を焼損した」者は、50万円以下の罰金〔116条１項〕。

「失火により、第109条に規定する物であって自己の所有に係るもの又は第110条に規定する物を焼損し、よって公共の危険を生じさせた」者も、前項と同様〔116条２項〕。

116条の行為につき、業務上必要な注意を怠りまたは重大な過失によるときは、３年以下の禁錮又は150万円以下の罰金に処せられる〔117条の２〕。刑法典上、過失を処罰するのは、人身被害を生じた場合を中心とするが、これ以外に、公共の安全を保護する場合にも、過失が処罰対象となっている。失火のほか、過失激発物破裂や過失による往来危険も処罰対象となっている。

⑸　激発物破裂罪・過失激発物破裂罪

「火薬、ボイラーその他の激発すべき物を破裂させて、第108条に規定する物又は他人の所有に係る第109条に規定する物を損壊した者は、放火の例による。第109条に規定する物であって自己の所有に係るもの又は第110条に規定する物を損壊し、よって公共の危険を生じさせた者も、同様とする」〔117条１項〕。

「前項の行為が過失によるとき」は、失火の例による〔117条２項〕。

激発すべき物とは、急激に膨張・破裂して物を破壊する力を有する物質をいう。高圧ガスや液化ガス等も、これに当たる。「爆発物取締罰則」にいう「爆発物」も、激発物の一種である。同罰則は、本条の特別法と解すべきであり、爆発物の使用については、同罰則の爆発物使用罪が成立する。ただし、判例は、本条と観念的競合と解している（大判大正11・３・31刑集１巻186頁）。

⑹　ガス等漏出罪

「ガス、電気又は蒸気を漏出させ、流出させ、又は遮断し、よって人の生命、身体又は財産に危険を生じさせた」者は、３年以下の懲役又は10万円以下の罰金〔118条１項〕。

「ガス、電気又は蒸気を漏出させ、流出させ、又は遮断し、よって人を死傷させた」者は、傷害の罪と比較して、重い刑により処断する〔118条２項〕。

本罪は、特定人との関係では、具体的危険犯という側面を有するが、およそこのような行為が、不特定・多数人の生命、身体、財産に対する危険を含んでいるので、抽象的公共危険犯の一種と理解すべきであろう。２項は、１項の行為に基づく死傷結果の招来につき、結果的加重犯を定めている。

【3　出水及び水利に関する罪】

出水に関する罪は、出水による場合の公共危険犯を規定したものである。上述した放火及び失火の罪と概ね同じ構成〔119条乃至122条参照〕を採っている。なお、123条の規定につき、後段は出水危険罪を定めたもので、抽象的公共危険犯であるが、前段の水利妨害罪は、財産権としての水利権の侵害を処罰するもので、財産犯である。

【4　往来を妨害する罪】

本章の罪は、交通の設備や交通機関を攻撃し、不特定・多数の利用者等の生命、身体、財産に対する危険を招来した場合を、処罰の対象としており、公共危険犯に位置づけることができる。もっとも、刑法典制定後の交通手段の発達にともない、数多くの特別法が制定されている。たとえば、「鉄道営業法」、「新幹線鉄道における列車運行の安全を妨げる行為の処罰に関する特例法」、「道路法」、「高速自動車国道法」、「道路交通法」、「道路運送車両法」、「航空法」、「航空機の強取等の処罰に関する法律」、「航空の危険を生じさせる行為等の処罰に関する法律」等において罰則が定められている。

⑴　往来妨害罪

「**陸路、水路又は橋を損壊し、又は閉塞して往来の妨害を生じさせた**」者は、２年以下の懲役又は20万円以下の罰金〔124条１項〕。

「**前項の罪を犯し、よって人を死傷させた**」者は、傷害の罪と比較して、重い刑による〔124条２項〕。

本罪は、陸上、水上の交通を妨害する犯罪である。**陸路**とは、道路を指し、**水路**とは、船舶、筏などの航行の用に供される河川、運河、港口などを指す。実行行為には、「損壊」と「閉塞」がある。**損壊**とは、道路や橋などの破壊など物理的な損壊を指し、**閉塞**とは、障害物により道路等を塞ぐことをいう。**往来の妨害**とは、人や車両等の通行が不可能又は著しく困難になったことをいう。２項は、１項の往来妨害による死傷結果につき、結果的加重犯を規定している。

⑵　往来危険罪

「**鉄道若しくはその標識を損壊し、又はその他の方法により、汽車又は電車の往来の危険を生じさせた**」者は、２年以上の有期懲役〔125条１項〕。

「**灯台若しくは浮標を損壊し、又はその他の方法により、艦船の往来の危険を生じさせた**」者も、前項と同様〔125条２項〕。

本罪は、重要な交通機関である汽車・電車および艦船の往来に危険を生じさせる行為を、124条の往来妨害罪よりも重く処罰する規定である。汽車・電車は、軌道上を走行する交通機関であり、それらの中には、モノレールやケーブルカー等も含まれる[6]。**浮標**とは、ブイのことで、暗礁の存在や航路を示すために設置された水上の標識を指す。往来の危険を生じさせる行為としては、線路上に障害物を置く行為、虚偽の信号の表示、無人電車を暴走させる行為（最大判昭和30・６・22刑集９巻８号1189頁〔三鷹事件〕)、正規のダイヤによらない電車の走行（最（二小）判昭和36・12・１刑集15巻11号1807頁）などがある。

本罪が既遂に達するためには、「往来の危険」の発生が必要である。**往来の危険**とは、汽車・電車

（６）　西田・各論340頁、前田・各論351頁註⑸。

の衝突や脱線、転覆、艦船の衝突や沈没などが発生する危険の可能性のある状態をいう。具体的公共危険犯の一種である。したがって、本罪の故意として、具体的危険の発生を認識することが必要であると解される（通説・判例）。

⑶　電車等転覆等罪

「現に人がいる汽車又は電車を転覆させ、又は破壊した」者は、無期又は３年以上の懲役〔126条１項〕。

「現に人がいる艦船を転覆させ、沈没させ、又は破壊した」者も、前項と同様〔126条２項〕。

「前二項の罪を犯し、よって人を死亡させた」者は、死刑又は無期懲役〔126条３項〕。

１・２項で、電車等を利用する不特定・多数の人の生命、身体、財産に対する抽象的危険犯を定め、それによる人の死亡の場合につき、３項で結果的加重犯が規定されている。

人が現在する時期に関し、転覆、破壊時に人が現在することを要求する見解もあるが、抽象的危険犯であることに照らして、行為の開始時から結果発生時のいずれかの段階で、人が現在すれば足りるであろう[(7)]。

行為は、汽車等の「転覆」、「破壊」、艦船の「転覆」、「破壊」、「沈没」である。汽車等の**転覆**とは、横転、転落させることをいうので、一般に脱線は含まれないと解されている。また、**破壊**とは、「汽車または電車の実質を害して、その交通機関としての全部または一部を失わせる程度の損壊をいう（最（一小）判昭和46・４・22刑集25巻３号530頁）。したがって、投石により車両の窓ガラスを割っただけでは、破壊に当たらない[(8)]。

３項は、転覆・破壊等による人の死亡の場合における結果的加重犯の規定である。この場合の被害者が、汽車等の中にいた人に限られるか否かについて、見解は分かれているが、判例は、非限定説を採っている（前出・最大判昭和30・６・22〔三鷹事件〕）。

⑷　往来危険による電車等転覆罪

「第125条の罪を犯し、よって汽車若しくは電車を転覆させ、若しくは破壊し、又は艦船を転覆させ、沈没させ、若しくは破壊した」者も、前条の例による〔127条〕。

往来危険罪の行為によって、転覆等の結果を発生させた場合につき、結果的加重犯を規定したものである。三鷹事件において、往来危険により、無人の電車を暴走させ、車外の人を死亡させた場合に、126条３項の適用が問題となった。最高裁は、これを肯定している（上掲三鷹事件）[(9)]。

⑸　過失往来危険罪

「過失により、汽車、電車若しくは艦船の往来の危険を生じさせ、又は汽車若しくは電車を転覆させ、若しくは破壊し、若しくは艦船を転覆させ、沈没させ、若しくは破壊した」者は、30万円以下の罰金〔129条１項〕。

「その業務に従事する者が前項の罪を犯した」ときは、３年以下の禁錮又は50万円以下の罰金〔129条２項〕。

過失による往来危険、汽車等転覆を処罰の対象としている。人の死傷結果が発生した場合には、過

（７）　西田・各論341頁、高橋・総論505頁。
（８）　西田・各論342頁、山口・各論409頁。
（９）　これに批判的な見解として、西田・各論343頁、高橋・総論508頁、松宮・各論365～366頁、松原・各論436頁。

失致死傷罪ないし業務上過失致死傷罪との観念的競合となる。

【５　飲料水に関する罪】

飲料水を利用する不特定または多数の人の生命、身体の安全を図るために設けられた規定である。抽象的公共危険犯の一種である。これまで、あまり注目されることはなかったが、世界的に頻発するテロを受けて、飲料水の安全確保の重要性について、再認識されるに至っている。

⑴　浄水汚染罪

「**人の飲料に供する浄水を汚染し、よって使用することができないようにした**」者は、６月以下の懲役又は10万円以下の罰金〔142条〕。

本罪の行為には、汚染することにより、物理的にだけでなく、心理的に使用できないようにする場合も含まれる。

⑵　水道汚染罪

「**水道により公衆に供給する飲料の浄水又はその水源を汚染し、よって使用することができないようにした**」者は、６月以上７年以下の懲役〔143条〕。

水道の場合について、被害が広範囲に及ぶことを考慮して、とくに刑罰が加重されている。「水道」とは、飲料用の浄水を供給するための人工的な設備をいう。**水源**とは、水道に入る前の水であり、貯水池、浄水池等を指す。

⑶　浄水毒物混入罪

「**人の飲料に供する浄水に毒物その他人の健康を害すべき物を混入した**」者は、３年以下の懲役〔144条〕。

健康を害すべき物とは、人の健康を害するに足りる有害物である。病原菌、寄生虫をはじめ、摂取して体内に蓄積することによって健康被害をもたらす物質も含まれる。

⑷　浄水汚染等致死傷罪

「**前三条の罪を犯し、よって人を死傷させた**」者は、傷害の罪と比較して、重い刑による〔145条〕。

浄水汚染、水道汚染、毒物混入によって、人の死傷結果が発生した場合に関する結果的加重犯の規定である。死傷結果について、故意がある場合には、浄水汚染罪・水道汚染罪・浄水毒物混入罪と傷害罪・殺人罪との観念的競合となる。

⑸　水道毒物混入罪・同致死罪

「**水道により公衆に供給する飲料の浄水又はその水源に毒物その他人の健康を害すべき物を混入した**」者は、２年以上の有期懲役。「**よって人を死亡させた**」者は、死刑又は無期若しくは５年以上の懲役〔146条〕。

水道汚染につき、毒物混入による場合をとくに重く処罰する趣旨であり、かつ人の死亡結果を招来したときは、殺人罪と同じ法定刑が定められている。

２　取引等の安全の保護

社会生活関係は、相互の信頼によって維持されている。人びとの交渉が円滑に行われるためには、社会システムによって、そのような信頼がきちんと支えられていなければならない。とくに、取引上、証明あるいは決済という機能が重要であり、刑法は、そのような場面での信用確保の必要に基づき、「通貨」、「文書」「有価証券」「印章」を対象に、偽造等を処罰している。そして、コンピュータによるカード決済の普及に対応して、「支払用カード電磁的記録に関する罪」を、さらにデジタル・ネットワークの進展という状況に対応し、「不正指令電磁的記録に関する罪」が追加された。ここでは、文書偽造罪を中心に説明しておこう。

【文書の保護の在り方】

文書に対する信頼には、２つの側面を区別することができる。一つは、そこに表示されている内容に対する信頼である（内容的真実性・実質的真実）。他の一つは、表示主体に対する信頼である（形式的真正・作成名義の真正）。この２つの側面の区別に基づいて、立法態度としても、内容的真実の保護を図る**実質主義**と、形式的真正を保護する**形式主義**とに分かれる。現行刑法は、形式主義を基本としながら、補充的に実質主義を採用している。すなわち、第17章の「文書偽造の罪」の規定を見ると、154条（詔書偽造）、155条（公文書偽造）、159条（私文書偽造）は、作成名義の偽りを処罰の対象としており、形式的真正を保護する規定である。内容そのものの偽りを処罰しているのは、156条の虚偽公文書作成、157条の公正証書原本不実記載、160条の虚偽診断書作成に限られているのである。

【1　文書偽造罪】

「行使の目的」で、印章・署名を使用して、「公務所若しくは公務員の作成すべき文書若しくは図画」（公文書）や「権利、義務若しくは事実証明に関する文書若しくは図画」（私文書）を「偽造」し、または偽造した印章・署名を利用して公文書や私文書を「偽造」した場合〔155条１項・159条１項〕を罰するほか、押印・署名した公文書または私文書を「変造」した場合〔155条２項・159条２項〕、これら以外の公文書または私文書を偽造・変造した場合〔155条３項・159条３項〕も処罰される。

文書偽造罪の保護法益は、一般に文書に対する公共の信用[10]と解されている。**文書**とは、文字または可視的・可読的符号を用いて、人の意思または観念を確定的かつ継続的に表示したものであって、法律関係または社会生活上重要な事実関係に関する証拠となり得るものをいう。バーコードの表示は、可視的であり、文書といえるが、音声テープやビデオテープ等は、視覚を通じて直接認識できるものではないので、文書に当たらない[11]。紙の上に表示されていることは、必ずしも必要ではない。たとえば、黒板にチョークで書かれていた場合（最（三小）判昭和38・12・24刑集第17巻12号2485頁）も、文書たり得る。文書のほかに、「図画」も客体である。文字ではなく、絵や写真などのような象形的表現方法による表示を指している（たとえば、公図画の例として、地方法務局の土地台帳付属の地図、死体検案書の人体図等）。

文書は、意思や観念を表示するものであり、かつ証拠としての機能を担うものであるから、意思・観念の表示主体（作成名義人）が存在しなかったり、不明であるものは、文書とはいえない[12]。名義

(10)　西田・各論375頁、前田・各論383頁。さらに、井田・各論465～468頁参照。
(11)　西田・各論376頁。
(12)　西田・各論377頁。

人は、自然人、法人その他の団体を問わないし、必ずしも実在する必要はない[13]（最（二小）判昭和28・11・13刑集7巻11号2096頁等）。作成すべき名義人により、「公文書」と「私文書」に区別される。**公文書**とは、公務所または公務員が作成すべき文書であり、運転免許証、旅券、納税証明書等である。公文書以外のものは、すべて**私文書**である。偽造罪の対象となる私文書は、「**権利、義務若しくは事実証明に関する**」ものに限られる。（なお、毀棄および隠匿の罪の客体である「公用文書」、「私用文書」の概念との違いに注意。）

偽造とは、作成権限なく他人名義の文書を作成すること、あるいは文書の作成名義人と実質的な作成者との間の人格の同一性に齟齬（そご）を生じさせることをいう（最（二小）判昭和59・3・17刑集38巻3号336頁参照）。このように作成名義を偽ることを、**有形偽造**という。これに対し、作成名義人による内容虚偽の文書の作出の場合は、**無形偽造**と呼ばれる。

有形偽造罪が成立するためには、他人名義で作成された文書が一般人から見て真正に作成されたものであると誤信させるに足りる外観を有することが必要であり、このような外観を具えるに至ったときに既遂に達する[14]。

【デジタル社会と文書の偽造・行使】

文書と並び、電磁的記録の改ざんについても、161条の2の規定が追加され、刑法上の対応が行われた。さまざまな本人確認等の証明のために、現在では、スマートフォンで証明書の画像を撮影し、画像データを送信する方法も広く利用されている。そこで、たとえば、Xが、他人になりすまして金融会社のローン契約を結ぶことを企て、他人の運転免許証の写しから氏名、生年月日等を切り取って自己の運転免許証の該当箇所上に置き、メンディングテープを全体に貼って固定したうえで、金融会社の無人店舗に設置された自動契約受付機のイメージスキャナーに読み取らせ、これを別の場所にいる係員のパソコン画面上に表示させた場合、刑法上、どのような犯罪が成立するのであろうか。

自己の運転免許証に他人の氏名等を切り貼りしたものを作ったとしても、誰が見てもそれ自体が真正な文書であると見間違えることはないので、偽造といえるかどうか問題となる。下級審の裁判例では、「当該文書の客観的形状のみならず，当該文書の種類・性質や社会における機能，そこから想定される文書の行使の形態等をも併せて考慮」すべきであるとして、上記のケースについて有印公文書偽造罪、同行使罪の成立が認められている（大阪地判平成8・7・8判タ960号293頁〈刑法百選Ⅱ［8版］90事件〉。この問題につき、注釈(2)407～411頁〔今井猛嘉〕参照)。

偽造は、無権限に他人名義の文書を新たに作出することであり、**変造**は、他人名義の既存文書の非本質的部分に権限なく改変を加え、証明力に変更を生じさせることをいう。既存文書の本質的部分の改ざんであれば、偽造に当たる。

(13)　西田・各論377頁。
(14)　西田・各論380頁、山口・各論439頁、注釈(2)404～405頁〔今井猛嘉〕。

【2　偽造文書行使罪】

偽造公文書・偽造私文書を行使した場合には、独立して処罰される〔158条・161条〕。未遂も罰せられる〔158条2項・161条2項〕。偽造を行った者が、行使に及んだ場合、偽造罪と行使罪とは、牽連犯〔54条1項後段〕となる。**行使**とは、真正な文書または内容が真正である文書のように見せかけ、呈示、交付または閲覧に供し、事情を知らない他人がその内容を認識し得る状態に置くことをいう。したがって、運転免許証を偽造し、これを所持して運転していただけでは、行使罪とはならない（最大判昭和44・6・18刑集23巻7号950頁〈刑法百選Ⅱ［8版］99事件〉）。

【3　虚偽文書作成罪】

刑法典上、内容の虚偽（無形偽造）を処罰するのは、①「**公務員が、その職務に関し、行使の目的で、虚偽の文書若しくは図画を作成し、又は文書若しくは図画を変造した**」（公務員による虚偽公文書作成罪〔156条〕）場合、および②「**医師が公務所に提出すべき診断書、検案書又は死亡証書に虚偽の記載をした**」（医師の虚偽診断書等作成罪〔160条〕）場合に限られる。

【4　公正証書原本不実記載罪】

「**公務員に対し虚偽の申立てをして、登記簿、戸籍簿その他の権利若しくは義務に関する公正証書の原本**」〔157条1項〕あるいは「**免状、鑑札又は旅券**」〔157条2項〕に不実の記載をさせた場合、処罰される。公正証書の原本として用いられる電磁的記録に不実の記録をさせた場合も同じ。未遂も罰せられる〔157条3項〕。

【5　有価証券偽造罪】

行使の目的で、「**公債証書、官庁の証券、会社の株券その他の有価証券**」の偽造・変造〔162条1項〕および有価証券の虚偽記入〔162条2項〕が処罰される。同行使と行使目的での交付、輸入も罰せられる〔163条1項。未遂処罰・同条2項〕。商法上の有価証券とは、権利の発生、移転、行使のすべてにつき証券を必要とするもの（完全有価証券）を指すが、刑法上は、これよりも広く解されている。判例によれば、財産権を表章した証券であって、その権利の行使又は移転にその証券の占有を必要とするものをいう（大判明治42・3・16刑録15輯261頁、最（一小）判昭和34・12・4刑集11巻7号2037頁）。したがって、刑法上は、約束手形、小切手はもちろんのこと、乗車券、定期券、宝くじ、競馬の勝ち馬投票券等も、有価証券に該当する。これに対して、預貯金通帳は、財産上の権利を化体したものではなく、単に証拠証券に過ぎないので、有価証券には当たらない。また、印紙や切手は金券であって、証券ではない[15]。これらの偽造は、特別法によって処罰される（印紙犯罪処罰1条、郵便84・85条）。

【6　コンピュータ化にともなう法整備】

従来、紙が担ってきた文書の機能は、コンピュータ化やICTの発達にともなって、今日、大幅にデジタル・データに依存するようになった。こうした状況を受けて、1987（昭和62）年の刑法の一部改正により、文書偽造罪に相応する規定として、「電磁的記録不正作出及び供用罪」が161条の2とし

(15)　西田・各論358頁、山口・各論480～481頁。

て新設され、併せて公正証書原本不実記載罪〔157条〕の客体および虚偽公文書行使の虚偽公文書に「電磁的記録」が追加された。そして、7条の2には、「電磁的記録」の定義規定が置かれた。

さらに、2001（平成13）年の改正では、第18章の2として、「支払用カード電磁的記録に関する罪」が追加された。そこには、支払用カード電磁的記録不正作出〔163条の2〕、不正電磁的記録カード所持〔163条の3〕、支払用カード電磁的記録不正作出準備〔163条の4〕、未遂〔163条の5〕が規定されている。

【7　不正指令電磁的記録に関する罪】

「**正当な理由がないのに、人の電子計算機における実行の用に供する目的で、次に掲げる電磁的記録その他の記録を作成し、又は提供した**」者は、3年以下の懲役又は50万円以下の罰金〔168条の2第1項〕。

一　人が電子計算機を使用するに際してその意図に沿うべき動作をさせず、又はその意図するに反する動作をさせるべき不正な指令を与える電磁的記録

二　前号に掲げるもののほか、同号の不正な指令を記述した電磁的記録その他の記録」

「**正当な理由がないのに、前項第1号に掲げる電磁的記録を人の電子計算機における実行の用に供した**」者も、同項と同様〔168条の2第2項〕。

ICTの急速な進展の中、デジタル・ネットワークを保護する必要は、ますます高まっている。多くのシステムがICTに依存しており、ひとたびシステムが機能不全を生じると、社会に大きな影響を及ぼす事態に陥りかねない。このような観点から、平成23年に19章の2として、「不正指令電磁的記録に関する罪」が追加されることとなった。いわゆる、コンピュータ・ウイルス罪である。168条の2で、供用目的でのウイルスの作成・提供〔同条1項〕および供用〔同条2項〕を処罰化し、供用罪の未遂も罰せられる〔同条3項〕。さらに、供用目的でのウイルスの取得、保管についても犯罪化されている〔168条の3〕。

本条1項1号が定めている不正指令電磁的記録の要件は、反意図性（前段）および不正性（後段）である。ある暗号資産のマイニングスクリプト（プログラム）を呼び出すプログラムコードを作成して、自己が運営するウェブサイトに設置し、アクセスしてきた閲覧者のコンピュータで、閲覧者が知らないまま自動的にマイニングの演算を行わせたという事案で、不正指令電磁的記録保管罪として立件起訴された被告人に対し、最高裁は、本件プログラムについて、反意図性は肯定したものの、社会的に許容し得ないものとはいえないとして不正性を否定し、無罪を言い渡している（最（一小）判令和4・1・20刑集76巻1号1頁。これにつき、上野幸彦「コインハイブ事件と不正指令電磁的記録に関する罪」日本法学88巻3号（2022年）参照）。

3　社会的風俗の保護

刑法は、健全な社会的風俗を維持するため、一定の行為を禁止している。これらは、「被害者のない犯罪」とも呼ばれる。道徳・倫理と密接に結びついており、特定の道徳ないし価値観を、刑罰によって強制する側面も認められる(16)ため、非犯罪化すべきであるという主張も見られる(17)。

【1　わいせつ及び重婚の罪】

⑴　公然わいせつ罪・わいせつ物頒布罪・公然陳列罪

「公然とわいせつな行為をした」〔174条〕場合や、**「わいせつな文書、図画」**等を**頒布**したり、**公然と陳列した**場合〔175条1項1文〕が処罰の対象となる。**電気通信の送信によりわいせつな電磁的記録を頒布した**場合〔同条項2文〕も同様である。加えて、有償頒布目的でのわいせつ文書等の所持、電磁的記録の保管も罰せられる〔175条2項〕。

わいせつ罪の保護法益を健全な性的風俗と解する(18)のが伝統的な見解であり、判例も同様だ（最大判昭和32・3・13刑集11巻3号997頁〔チャタレイ事件：刑法百選Ⅰ［8版］47事件〕）。判例によれば、**わいせつ**とは、「徒（いたずら）に性慾を興奮又は刺激せしめ且つ普通人の正常な性的羞恥（しゅうち）心を害し善良な性的道義観念に反する」（最（一小）判昭和26・5・10刑集5巻6号1026頁。チャタレイ事件判決も同旨。）ことをいう。わいせつの判断方法について、その後、芸術性や思想性が争点とされるケースにおいて、全体的な考察が重視されている（たとえば、最大判昭和44・10・15刑集23巻10号1239頁〔悪徳の栄え事件〕、最大判昭和55・11・28刑集34巻6号433頁〔四畳半襖の下張り事件：刑法百選Ⅱ［8版］100事件〕）。わいせつ性は、意味的・評価的な要素をともなう。判例はわいせつ性の認識を不要（前掲・最大判昭和32・3・13刑集11巻3号997頁）としているが、学説はこれを必要と解している(19)。

⑵　淫行勧誘罪

「営利の目的で、淫行の常習のない女子を勧誘して姦淫させた」者は、3年以下の懲役又は30万円以下の罰金〔182条〕。

⑶　重　婚　罪

日本は、一夫一婦制を採用している。民法上、重婚は禁止されており〔民732条〕、それは不適法な婚姻として取消の対象となる〔同744条〕。この制度を維持するために、刑法上も重婚を処罰しているのである。なお、姦通については、日本国憲法の制定に伴う刑法の改正に際し、その処罰規定〔刑183条〕が削除された。

【2　賭博及び富くじに関する罪】

賭博〔185条〕、常習賭博〔186条1項〕、賭博場開帳等図利〔同条2項〕、富くじ発売〔187条1項〕・発売の取次〔同条2項〕・富くじ授受〔同条3項〕について、日本では犯罪化されている。もっとも、特別法によって合法化されている場合もある（たとえば、競馬法、自転車競技法、モーターボート競争法、当選金附証票法、スポーツ振興投票の実施等に関する法律等。最近では、「特定複合観光施設区域の整備の推進に関する法律」（いわゆる「IR推進法」〈2016年〉）の制定により、カジノも合法化されている。）。

判例は、「単なる偶然の事情に因り財物の獲得を僥倖（ぎょうこう）せんと相争うがごときは、国民をして怠惰浪

(16)　法による道徳の強制に関しては、上野幸彦＝古屋仁『国家と社会の基本法［第4版］』（2018年・成文堂）210～211頁参照。

(17)　平野龍一『刑法概説』（1977年、東京大学出版会）271頁。これに対して、前田・各論424頁参照。

(18)　山口・各論504頁。もっとも、価値観が多様化する中で、このような理解によれば、一定の道徳観を押し付けることになりかねない。この点を考慮して、近時、（公衆の）社会生活環境に対する自己決定権の問題として再構成し、性的環境の保護を指摘する見解も主張されている（山中・各論682～683頁。さらに、注釈⑵606～607頁〔和田俊憲〕参照）。

(19)　その認識内容につき、井田・各論533～534頁、松宮・各論422頁参照。

費の弊風を生ぜしめ、健康で文化的な社会の基礎を成す勤労の美風（憲法二七条一項参照）を害する」（最大判昭和25・11・22刑集4巻11号2380頁）点に、本罪の処罰根拠を求めている。

【3　礼拝所及び墳墓に関する罪】

礼拝所に対する公然不敬な行為〔188条1項〕、説教・礼拝・葬式の妨害〔同条2項〕を罰するほか、墳墓発掘〔189条〕、死体等の損壊・遺棄・領得〔190条〕、墳墓発掘による死体損壊等〔191条〕が処罰対象となっている。これらの罪の保護法益は、国民の宗教生活および死者に対する国民一般の敬虔・尊崇の感情[20]に求められている。

なお、192条は、**検視を経ない**変死者の密葬を処罰しているが、これは犯罪捜査目的のための行政的取締規定と解されている[21]。

(20)　西田・各論430頁、山口・各論522頁、井田・各論527・554頁。
(21)　西田・各論433頁、井田・各論558頁。

第7　国家的法益に対する罪

憲法学では、国家とは何かという点について、たとえば、「一定の限定された地域（領土）を基礎として、その地域に定住する人間が、強制力をもつ統治権のもとに法的に組織されるようになった社会」(1)という意義づけが見られる。民主主義や自由主義を標榜し、立憲主義に基づいた国家であるとすれば、国民の自由と安全を守ることが国家の重要な任務であり、公務員は国民のために活動する存在である。日本国憲法15条で、公務員を「全体の奉仕者」と表現しているのも、この趣旨を示したものであろう。このような国家の機構やその活動が機能しなくなると、国民の安全や生活が脅かされることにもなりかねない。このために、刑法は、個人の法益や社会的な法益のほかに、国家的法益も保護の対象としている。

【国家的法益の分類】

国家の存立の保護　：内乱に関する罪、外患に関する罪
国家の作用の保護　：公務の執行を妨害する罪、逃走の罪、犯人蔵匿及び証拠隠滅の罪、偽証の罪、虚偽告訴の罪、汚職の罪
外交上の利益の保護：国交に関する罪

1　国家の存立の保護

【1　内乱に関する罪】

「**国の統治機構を破壊し、又はその領土において国権を排除して権力を行使し、その他憲法の定める統治の基本秩序を壊乱することを目的として暴動をした**」者は、内乱の罪とされる〔77条〕。

役割に応じて、首謀者は死刑又は無期禁錮〔１号〕謀議に参与し、又は群衆を指揮した者は無期又は３年以上の禁錮〔２号前段〕し、その他諸般の職務に従事した者は１年以上10年以下の禁錮〔同号後段〕、付和随行し、その他単に暴動に参加した者は３年以下の禁錮〔３号〕。

３号の場合を除き、未遂〔77条２項〕が処罰され、内乱の予備・陰謀（２人以上の者が内乱罪の実行を具体的に計画し、合意すること）〔78条〕、兵器、資金等による幇助〔79条〕も独立罪として処罰される。但し、予備・陰謀、内乱幇助につき、暴動に至る前に自首した場合には、とくに刑の必要的免除〔80条〕が規定されている。

内乱罪は、「憲法の定める統治の基本秩序を壊乱する」目的をもって行われる暴動を処罰するもので、集団（多衆）犯であり、かつ目的犯でもある。個々の内閣・政府の打倒は、この目的には当たら

（1）　芦部信喜／高橋和之補訂『憲法〔第６版〕』（2015年、有斐閣）３頁。

ない（大判昭和10・10・24刑集14巻1267頁〔5・15事件〕）。**暴動**とは、多数人による集団的な暴行・脅迫（最広義）をいう。暴動が、「一地方の平穏を害する程度」[2]、「国家の基本組織に動揺を与える程度」[3]に達すれば、既遂となる。暴動として行われた殺人や放火等は、本罪に吸収される。組織的に行われることが予定されており、1号以下で、刑の個別化が図られている。自由刑の刑罰は、政治犯であることを考慮して、禁錮に限定されている。

【2　外患に関する罪】

「**外国と通謀して日本国に対し武力を行使させた**」者は、死刑〔81条〕。

「**日本国に対して外国から武力の行使があったときに、これに加担して、その軍務に服し、その他これに軍事上の利益を与えた**」者は、死刑又は無期若しくは2年以上の懲役〔82条〕。

これらの未遂〔87条〕、予備・陰謀〔88条〕も処罰される。

国家の存立を外部から脅かす犯罪といえよう。日本国憲法制定前までは、敵国のために利を図る行為、敵国のためのスパイ行為等〔83条乃至86条〕の処罰規定が設けられていたが、昭和22年の改正により削除された。

2　国家の作用の保護

国家の統治作用を保護するために、「公務の執行を妨害する罪」をはじめ、おもに司法作用の保護を図るものとして、「逃走の罪」、「犯人蔵匿及び証拠隠滅の罪」、「偽証の罪」、「虚偽告訴の罪」が規定されている。これらは、国家の作用を外部から侵害する場合であるのに対し、「汚職の罪」は、内部から侵害する行為を定めている[4]。

【1　公務の執行を妨害する罪】

【公務の執行を妨害する罪の類型】

公務作用の一般的な保護：公務執行妨害罪〔95条1項〕、職務強要罪〔95条2項〕
強制執行の作用の保護　：封印等破棄罪〔96条〕、強制執行妨害目的財産損壊罪〔96条の2〕、強制執行行為妨害罪〔96条の3〕、強制執行関係売却妨害罪〔96条の4〕、加重封印等破棄罪〔96条の5〕
公契約の競売等の保護　：公契約関係競売妨害罪〔96条の6〕

(1)　公務執行妨害罪

「**公務員が職務を執行するに当たり、これに対して暴行又は脅迫を加えた**」者は、3年以下の懲若しくは禁錮又は50万円以下の罰金〔95条1項〕。

（2）　西田・各論436頁、高橋・各論622頁、松宮・各論443頁。
（3）　大谷・各論529頁。
（4）　西田・各論443頁、井田・各論519頁。

本罪は、公務員によって執行される公務を保護している。刑法にいう**公務員**とは、「**国又は地方公共団体の職員その他法令により公務に従事する議員、委員その他の職員**」と定義されている〔7条1項〕。外国の公務員は含まれない。判例によれば、「単純な機械的、肉体的労務に従事する者」は除かれる（最（二小）決昭和30・12・3刑集9巻13号2596頁）。公務員でなくとも、法律により公務員とみなされる場合がある。これを「みなし公務員」と呼ぶ。たとえば、日本銀行の役職員や独立行政法人の役職員などが、これに当たる。

公務執行妨害罪は、公務を保護するものであるから、公務員の職務は適法なものでなければならない(5)（**職務の適法性**）。職務の執行が適法であると認められるためには、一般に、①職務が当該公務員の抽象的職務権限に属し、②当該公務員が当該職務を行う具体的職務権限を有し、③職務行為の有効要件である法律上の重要な条件・方式を履践していることが必要である。警察官が、入場料金の支払いをめぐる示談のあっせんを行うことは、およそその抽象的職務権限には属さないから、適法な職務とはいえない（大判大正4・10・6刑録21輯1441頁）。刑事訴訟法212条が定める具体的な要件を欠く場合の現行犯逮捕（大阪地判昭和31・11・8判時93号25頁）や、警察官職務執行法2条2項の具体的要件を欠くときの派出所への同行を求める行為（静岡地沼津支判昭和35・12・16下刑集2巻11＝12号1562頁）は、いずれも適法とは認められない。これに対し、酒気帯び運転の疑いで職務質問中に発進しようとした車のエンジンを切る行為（最（一小）決昭和53・9・22刑集32巻6号1774頁）、交通整理に当たっている警察官に唾を吐きかけた者に対し、職務質問のため胸元をつかみ歩道上に押し上げる行為（最（二小）決平成元・9・25判時1357号147頁）については、適法と判断されている。収税官吏は税務調査に当たって検査証を携帯すべき旨が定められているが、相手方からその呈示を求められなかった場合に、たまたま携帯していなかったとしても、直ちに権限外の行為となるわけではない（最（二小）判昭和27・3・28刑集6巻3号546頁）。これに対し、警察官が逮捕状によって被疑者を逮捕する際、これを被疑者に提示しなかった場合（大阪高判昭和32・7・22高刑集10巻6号521頁）、警察官が逮捕状の緊急執行を行う際、被疑事実の要旨を告げなかった場合（東京高判昭和34・4・30高刑集12巻5号486頁）につき、その逮捕行為は違法とされている。

暴行・脅迫により、実際に公務が妨害されたことを必要とせず、職務の執行を妨害するに足る程度のものであればよい（最（三小）判昭和33・9・30刑集12巻13号3151頁〈刑法百選Ⅱ［8版］115事件〉）。

(2)　職務強要罪

「**公務員に、ある処分をさせ、若しくはさせないため、又はその職を辞させるために、暴行又は脅迫を加えた**」者も、前項と同様〔95条2項〕。

本罪は、公務員の将来の職務を保護するための規定で、95条1項を補完する機能をもつ。所定の目的をもって公務員に暴行・脅迫が行われることで、本罪が成立し、目的が達せられたことは必要ではない（大判昭和4・2・9刑集8巻59頁）。

(3)　封印等破棄罪

96条は、公務員による封印・差押えの表示によって達成されるべき公務の効力を保護する規定である。加重類型として、96条の5が定められている。

---

(5)　西田・各論448頁。この要件を、「公務の要保護性」と呼ぶことも多い（前田・各論451頁）。

⑷　強制執行作用の保護

かつての強制執行妨害罪〔旧96条の2〕の規定に関し、バブル経済崩壊後、経済情勢の悪化にともなって強制執行が急増する過程で、多くの問題点が浮上した。これを受けて、平成23年に大幅に改正され、現在、①強制執行妨害目的財産損壊罪〔96条の2〕、②強制執行行為妨害罪〔96条の3〕、③強制執行関係売却妨害罪〔96条の4〕、④加重封印等破棄罪〔96条の5〕という構成になっている。強制執行妨害罪の保護法益について、判例は、債権者の債権保護（最（二小）判昭和35・6・24刑集14巻8号1103頁）を指摘している[6]が、第一次的には、国家の作用としての強制執行の機能[7]と解するのが適切である。強制執行とは、民事執行法上の民事執行、民事保全法上の保全執行およびこれらに準ずる手続を指す（最（一小）決平成21・7・14刑集63巻6号613頁）。

⑸　公契約の競売等の保護

平成23年の改正により、従来の競売等妨害罪〔旧96条の3〕の規定中、強制執行に関係する部分については、96条の4に規定された。強制執行関係を除く部分につき、公契約関係競売等妨害罪〔96条の6第1項〕、談合罪〔同条2項〕として定められることとなった。本罪は、公の競売または入札による契約締結の公正を保護法益とする。談合は、本罪だけでなく、独占禁止法上の不当な取引制限罪〔同法3条・89条1項1号〕にも該当し得る。

【2　国家の司法作用に対する罪】

【国家の司法作用に対する罪の類型】

①逃走の罪
　逃走罪〔97条〕、加重逃走罪〔98条〕、被拘禁者奪取罪〔99条〕、逃走援助罪〔100条〕、看守者逃走援助罪〔101条〕
②犯人蔵匿及び証拠隠滅の罪
　犯人蔵匿罪〔103条〕、証拠隠滅罪〔104条〕、証人等威迫罪〔105条の2〕
③偽証の罪
　偽証罪〔169条〕、虚偽鑑定罪〔171条〕
④虚偽告訴の罪
　虚偽告訴罪〔172条〕

①は国家の拘禁作用を、②のうち、犯人蔵匿罪および証拠隠滅罪は犯罪捜査、刑事裁判、刑の執行等、広義における国の刑事司法作用を、③は裁判や懲戒処分という国の審判作用の適正を、それぞれ保護法益とする。証人等威迫罪は、昭和33年の改正により、いわゆる暴力団関係者等による「お礼参り」を処罰するために新設された。この罪の法益は、刑事司法作用および証人等の安全・私生活の平穏に求められる。④については争いがあるが、通説は、第1次的には国家の適正な審判作用である

（6）　同旨、前田・各論460頁註⒅。
（7）　西田・各論458頁、山口・各論553頁など。旧規定は「強制執行を免れる目的」と定めていたが、改正によって「強制執行を妨害する目的」に変更された。これにより、公務としての強制執行の作用を保護する趣旨が、一層明らかになったといえよう（井田・各論546頁、今井ほか・各論411頁〔今井猛嘉〕）。

が、副次的に個人の利益を保護するものと解している[8]。

【3　汚職の罪】

汚職の罪は、職権濫用と賄賂に関する規定で構成されている。これらは、国家の作用を内部から侵害する罪として位置づけることができる。

【汚職の罪の分類】

［職権濫用型］	［賄賂型］
公務員職権濫用罪〔193条〕	収賄・受託収賄・事前収賄罪〔197条〕
特別公務員職権濫用罪〔194条〕	第三者供賄罪〔197条の２〕
特別公務員暴行陵虐罪〔195条〕	加重収賄・事後収賄罪〔197条の３〕
特別公務員職権濫用等致死傷罪〔196条〕	あっせん収賄罪〔197条の４〕
	贈賄罪〔198条〕

⑴　職権濫用

職権濫用に関しては、公務員職権濫用罪〔193条〕、特別公務員職権濫用罪〔194条〕、特別公務員暴行陵虐罪〔195条〕、特別公務員職権濫用等致死傷罪〔196条〕が規定されている。すべて、公務員を主体とする身分犯である。193条では、「**人に義務のないことを行わせ、又は権利の行使を妨害した**」こと、194条では、「**人を逮捕し、又は監禁した**」ことが定められており、権利等の妨害や逮捕・監禁といった個人の不利益も要件となっている。職権濫用に係る犯罪の保護法益は、公務執行の適正とこれに対する国民の信頼および個人の利益[9]と解される。**職権**とは、職権行使の相手方に対し、法律上、事実上の負担ないし不利益を生ぜしめるに足りる特別の職務権限をいう（最（三小）決平成元・3・14刑集43巻３号283頁〈刑法百選Ⅱ［８版］111事件〉[10]）。**濫用**とは、公務員が、その一般的職務権限に属する事項につき、職権の行使に仮託して実質的、具体的に違法、不当な行為をすることをいう（最（二小）決昭和57・１・28刑集36巻１号１頁）。判事補が、刑務所長に裁判官の肩書のある名刺を渡し、職務上の調査・研究と偽って、身分帳簿の閲覧等を求め、これに応じさせた場合、簡裁判事が、私的な交際を意図して、担当する窃盗被告事件の女性被告人を、賠償の件と偽って喫茶店に呼び出した場合（最（三小）決昭和60・７・16刑集39巻５号245頁）等に、職権濫用罪が認められている。

194条は、「**裁判、検察若しくは警察の職務を行う者又はこれらの職務を補助する者**」を主体とする。前段には裁判官、検察官、司法警察員が、後段には裁判所書記官、廷吏、検察事務官、司法巡査などが該当する。単なる事実上の補助者は含まれない。たとえば、警察署長から委嘱された少年補導員は、警察の職務補助者には当たらない（最（三小）決平成６・３・29刑集48巻３号１頁）。本条の行為

（８）　西田・各論501頁、山中・各論820頁、井田・各論574頁、高橋・各論699〜700頁など。

（９）　西田・各論505頁、前田・各論495頁、高橋・各論704頁など。

（10）　なお、本件は、警察官による盗聴につき、告訴・告発されたが、検察官が公訴提起しなかったため、付審判請求が行われ、この特別抗告審として最高裁が判断を行ったものである。最高裁は、本件について、「被疑者らは盗聴行為の全般を通じて終始何人に対しても警察官による行為でないことを装う行動をとつていたというのであるから、そこに、警察官に認められている職権の濫用があつたとみることはできない」と判示している。これに批判的な見解として、西田・各論510頁、注釈⑵700〜702頁〔島田聡一郎〕、高橋・各論706頁注10、松宮・各論486頁。

は、逮捕、監禁であり、通常の逮捕監禁罪と比較して、刑罰が加重されている（不真正身分犯）。

195条１項も、194条と同じ主体による身分犯であり、「**被告人、被疑者その他の者に対して暴行又は陵辱（りょうじょく）若しくは加虐の行為**」をすることが罰せられる。同条２項は、「**法令により拘禁された者を看守し又は護送する者**」が主体であり、その拘禁された者に対する暴行または陵虐の行為を処罰する。196条は、194・195条の罪を犯し、死傷結果を発生させた場合の結果的加重犯を定めた規定である。

なお、193条から196条までの罪については、告訴・告発が行われたものの、検察官が公訴提起しなかった場合に、裁判所に対して、審判に付することを請求できる（付審判請求〔刑訴262条〕）。

⑵　賄　　賂

賄賂の罪は、収賄罪、受託収賄罪、事前収賄罪、第三者供賄罪、加重収賄罪、事後収賄罪、あっせん収賄罪と、それらに対する贈賄罪から成る。双方処罰型の対向犯に当たる。収賄罪は、**公務員**（事前収賄に限り、「公務員になろうとする者」）を主体とする真正身分犯である。保護法益について、公務員の職務がわいろによって左右されないこと（不可買収性説）とか、職務行為の公正（純粋性説）と解する見解等が主張されているが、判例・通説は、公務員の職務の公正とこれに対する社会一般の信頼（信頼保護説）と解している（最大判平成７・２・22刑集49巻２号１頁〔ロッキード事件：刑法百選Ⅱ［８版］107事件〕）[11]。

賄賂とは、公務員の職務行為の対価としての不正な報酬をいう。公務員の職務と対価関係にあることが必要である。そこで、職務関連性が問題となる。判例によれば、公務員が具体的に担当する職務でなくとも、その一般的職務権限に属するものであれば足りる（最（三小）判昭和37・５・29刑集16巻５号528頁）。たとえば、警視庁管内のある警察署に勤務する警部補が、同管内の他の警察署に提出された告発状について、その提出者から便宜を図ってもらいたいとの趣旨で現金供与を受けた場合にも、「警察法64条等の関係法令によれば、同庁警察官の犯罪捜査に関する職務権限は、同庁の管轄区域である東京都全域に及ぶ」（最（一小）決平成17・３・11刑集59巻２号１頁〈刑法百選Ⅱ［８版］105事件〉）として、収賄罪の成立が認められている[12]。さらに、判例は、本来の職務権限に属しない場合にも、その職務権限と密接な関係を有する行為に関しても、収賄罪を認めている（最（一小）決平成22・９・７刑集64巻６号865頁等）[13]。

収賄と対向関係にある贈賄も処罰される〔198条〕。賄賂の「**供与**」、「**その申込み若しくは約束**」を構成要件的行為の内容とする。

---

(11)　西田・各論515頁、前田・各論501頁、高橋・各論711～712頁など。

(12)　この判断を支持するものとして、前田・各論502頁。これに対して、批判的な見解として、西田・各論521頁、高橋・各論717頁。

(13)　これにつき、前田・各論503～506頁以下参照。

第8　特別刑法上の犯罪

刑法典には、社会の人びとがお互いに安全な生活を送るうえで、抑止されるべき普遍性の高いもっとも基本的な犯罪とそれに対する刑罰を定めた規定が盛り込まれている。しかし、刑法典以外の法律等でも、刑罰法規が定められており、これらを総称して、**特別刑法**という。特別刑法の規定は、刑法典上の犯罪規定に関連した特別法規と位置づけられるもの（たとえば、「暴力行為等処罰ニ関スル法律」、「自動車の運転により人を死傷させる行為等の処罰に関する法律」等）や、行政法の領域において、その目的を達する規制の実効性を担保するため、違反に対する効果として刑罰が定められている（これを、行政刑法という）場合（たとえば、「道路交通法」等に規定されている罰則規定）、さらに、新たな社会現象に対処するため、犯罪化を図る目的で制定されたもの（たとえば、「不正アクセスの禁止等に関する法律」等）というような性格を帯びている。ここでは、その中でも、とくに実務上、特別刑法が頻繁に適用される分野でもある、交通犯罪、脱税・経済犯罪、薬物犯罪、サイバー犯罪、組織犯罪を取り上げて、説明する。

1　交通犯罪

交通犯罪と呼ぶことのできる場合には、刑法典上の往来妨害罪〔124条〕や往来危険罪等〔125条〕も含まれるが、日常的にわれわれにとってもっとも関係するのは、道路交通の分野であり、自動車の運転に関する事故のケースである。そこで、ここでは、自動車運転の場合だけを取り上げて説明する。

自動車の運転に関しては、道路交通法でそのルールが細かく規定されており、違反行為に対して、行政処分のほか、罰則が定められている。運転に起因して人身事故が発生した場合、かつては、道路交通法規違反罪および刑法典上の業務上過失致死傷罪が適用されて処理されてきた（両者の併合罪）。しかし、飲酒運転等の悪質な運転による死傷事故が跡を絶たず、悲惨な事故が相次ぐ中、厳罰化の世論が高まった。このような背景の下で、2001（平成13）年に刑法208条２として危険運転致死傷罪が新設された。その後、2013（平成25）年には、新たに「自動車の運転により人を死傷させる行為等の処罰に関する法律」（平成25・法86〔2014年施行〕）が制定され、この規定も移されるとともに、罰則の整備が図られた。

【1　自動車運転死傷行為処罰法】

本法は、自動車運転に起因する事故の抑止による人の生命・身体の保護を図るものである。適用の対象となるのは、自動車および原動機付自転車である〔同法１条１項〕。危険運転致死傷罪〔同２条〕、準危険運転致死傷罪〔同３条〕、過失運転致死傷アルコール等影響発覚免脱罪〔４条〕、過失運転致死傷罪〔５条〕、無免許運転による加重〔６条〕の罪が規定されている。

危険運転致死傷罪は、負傷の場合には15年以下、死亡の場合には有期の法定刑の上限である20年を定め、非常に重い刑罰となっている。このような重罰化は、悪質で危険な運転行為が単なる過失行為にとどまるものではなく、暴行（故意犯）に準じた性質を帯びるものであるという認識に基づく(1)（これによって、傷害罪や傷害致死罪と同等の法定刑を導くことが可能となる）。

２条は、故意による危険な行為によって死傷結果が発生した場合に成立するので、結果的加重犯を定める規定である(2)。基本犯となる行為は道路交通法上の各種の犯罪であり、危険な運転であることの認識（故意）が必要である。危険運転の類型として、①酩酊運転〔1号〕、②高速度運転〔２号〕、③未熟運転〔３号〕、④通行妨害運転〔４～６号〕、⑤信号無視運転〔７号〕、⑥通行禁止道路運転〔８号〕が規定されている。３条は、２条の程度には至らない悪質な危険運転を捕捉する規定である。２条１号の場合には、「正常な運転が困難な状態で自動車を走行させる行為」が実行行為であり、これについての認識を要するが、３条は、「正常な運転に支障が生じるおそれがある状態」での運転の認識があれば足りる(3)。危険運転致死傷罪と過失運転致死傷罪の中間類型という位置を占める。５条は、過失運転行為による死傷の場合を対象とする。刑法上の業務上過失致死傷罪〔刑211条〕の法定刑は５年以下又は100万円以下の罰金であるが、過失運転の場合には、上限が７年以下と定められ、重くなっている。

【2　道路交通法】

道路交通秩序の維持を図るため、「道路交通法」が定められている。同法は、交通の安全と円滑を図り、交通に起因する障害の防止に資する目的〔道交１条〕で制定された法律であって、その行政目的達成に必要なルールについて義務として課している。したがって、同法は行政法の分野に属する。そして、所定の事由に基づく行政処分（公安委員会による免許の取消し・停止〔同103条〕について定めると同時に、義務に違反する各種の行為に対して、違反に対する制裁（効果）として刑罰が規定されている〔罰則につき、同115条乃至123条〕。行政上の義務違反に対して科される刑罰を総称して行政刑罰といい、これを定めている法規を行政刑法と呼ぶ。道路交通法では、たとえば、交通事故の場合に、事故に係る運転者等に負傷者の救護義務〔同72条１項前段〕を課し、当該運転者の運転に起因した事故である場合に、運転者がこれに違反したときは、10年以下の懲役または100万円以下の罰金が定められている。ひき逃げの場合には、この救護義務違反罪が成立し、また傷害結果に関して自動車運転死傷行為処罰法上の犯罪の成立が認められる。両罪は併合罪の関係である。

道路交通法違反事件は、非常に膨大な件数に上る。これを通常の刑事件手続で処理することは困難であるため、道路交通法違反の罪のうち、比較的軽微な形式犯を対象に（「反則行為」〔同125条参照〕という。）、刑事手続に拠らずに処理を図る特例が定められている。すなわち、警視総監・警察本部長の通告処分〔同127条〕に基づき、違反者が反則金を納付することによって、公訴提起を行わない〔同128条２項〕とする制度である（交通反則金制度）。なお、裁判手続に関しても、違反事件の簡易迅速な処理のため、「交通事件即決裁判手続法」が制定されているが、現在、即決裁判の請求は行われてい

（1）　西田・各論53頁、井田・各論74頁。立法上の問題について、松原・各論72～74頁、松宮・57～58頁。
（2）　西田・各論53～54頁、高橋・各論77頁。
（3）　西田・各論60頁、高橋・各論854頁、松原・各論78頁、松宮・各論60～61頁。

ない。

【妨害運転罪の新設】

道路交通法は、頻繁に改正されている。最近では、2017年、東名高速道路で起きたあおり運転等によって４名の死傷者を出した事件等をきっかけとして、こうした悪質で危険な運転に厳正に対処するため、2020（令和２）年６月の改正により、重い罰則を伴う妨害運転罪が新設された。通行を妨害する目的で、交通の危険のおそれのある妨害運転（①通行区分禁止違反、②急ブレーキ禁止違反、③車間距離保持違反、④進路変更禁止違反、⑤追越し方法違反、⑥車両等の灯火（減光）違反、⑦警音器使用制限違反、⑧安全運転義務違反、⑨最低速度違反、⑩駐・停車違反）をした場合には３年以下の懲役又は50万円以下の罰金〔同117条の２の２第11号〕、さらにこれにより著しい危険を生じさせた場合には５年以下の懲役又は100万円以下の罰金〔同117条の２第６号〕が定められ、同時に免許の取消処分の対象に追加された。こうした妨害運転により死傷結果が発生した場合には、危険運転致死傷罪〔自動車運転致死傷２条４号乃至６号〕の適用対象となり得る。

2　租税犯罪

納税は、憲法が定める国民の義務〔憲30条〕の一つであり、国家による各種の活動を遂行する経費を賄うために、徴税の適切な実現は欠かせない。租税犯は、税を直接免れる脱税犯、国家の租税確定権・徴収権の正常な行使を阻害する危険性のある租税危害犯等に分類される。脱税犯を整理すると、①偽りその他不正の行為によって税を免れる逋脱（ほだつ）犯、②租税収入を確保するために一定の行為を禁止する間接逋脱犯（たとえば、関税法上の無許可輸入罪〔関税111条１項〕、酒税法上の種類密造罪〔酒税54条１項〕）、③徴収納付義務者が徴収した租税を納付しない不納付犯〔所得税240条〕、④滞納処分の執行を免れる目的で財産の隠蔽や損壊等を行う滞納処分逋脱犯（滞納処分免脱罪〔国税徴収187条〕）に分類することができる(4)。

脱税犯のもっとも代表的なものが、**逋脱罪**である。これは、「偽りその他不正の行為により租税を免れ又はその還付を受ける」〔所得税238条１項・239条１項、法人税159条１項、相続税68条１項、消費税64条１項、地方税62条１項等〕場合をいう(5)。その典型的な手段として、二重帳簿の作成や帳簿書類への虚偽記入等を挙げることができる。

租税危害犯の例は、単純無申告罪〔所得税240条、法人税160条、消費税66条〕、不徴収罪〔所得税242条３号〕、検査拒否罪〔国税通則127条２・３号〕等がある。

国税（関税及びとん税を除く）に関する税法上の違反行為に対する罪の事件（犯則事件(6)）に関して

（４）　金子宏『租税法［第17版］』（2012年、弘文堂）897頁、山口厚編著『経済刑法』（2012年、商事法務）155頁〔島田聡一郎〕。
（５）　逋脱罪につき、詳しくは、芝原邦爾ほか編著『経済刑法――実務と理論――』（2017年、商事法務）327～339頁〔佐藤剛〕
（６）　これにつき、芝原ほか編著・前掲注(5)316～324頁〔深野友裕〕。

は、収税官吏に調査権限が与えられている〔国税犯則取締１条・２条〕。犯則調査の結果、直接国税に関する事件について犯則事実があると思料されるときは、告発の手続をとらなければならない〔同法12条の２〕。間接国税については、原則として国税局長・税務署長が通告処分によって処理する〔同法14条〕。

申告納税制度の下、申告義務及び徴収義務の違反に対し、過少申告・無申告・不納付の加算税（10～15％〔国税通則65―67条〕）が賦課される。そして課税標準や税額の基礎となるべき事実の隠蔽や仮装をともなう場合には、重大な義務違反として、重加算税（35～40％〔同法68条〕）が課される。重加算税も一種の制裁という性質を帯びており、またその対象行為が逋脱犯と重なる部分もあることから、憲法上の二重処罰の禁止〔憲39条〕に抵触しないのかという問題も提起されている。判例は、逋脱犯に対する刑罰と重加算税とは、その趣旨、目的が異なるとして、合憲とする判断を示している（最（二小）判昭和45・９・11刑集24巻10号1333頁）。

3　経済犯罪

経済犯罪とは何かについて、一義的な定義が存在するわけではない。差し当って、ここでは、広く企業活動や経済取引に関する犯罪と理解しておこう。経済犯罪に係る法規制を保護法益という観点から整理すると、①企業の財産の保護を主目的とするもの、②一定の経済秩序自体の保護を主目的とするもの、③一定の事業や経済取引を規制する経済法規の実効性確保を目的とするものに分類できる(7)。

【1　企業財産の保護】

企業は、法人の一種（営利目的の社団法人）であり、その法人としての活動の中で、法律行為については、代表権を有する者（自然人）等によって行われる。法律上、会社（法人）と（代表）取締役との関係は、委任に当たる。取締役等は、会社のために活動する存在であるから(8)、自己または第三者の利益を図ったり、会社に損害を加える目的で、任務に背く行為をし、会社に財産上の損害を与えた場合には、会社法上の特別背任罪〔会社960条〕が適用され、刑法上の背任罪〔刑247条〕と比較し、より重く処罰される（特別背任罪の法定刑は、10年以下の懲役若しくは1000万円以下の罰金又はそれらの併科）(9)。このほか、たとえば、違法配当や目的外投機取引等を行った場合には、会社財産を危うくする罪(10)〔同法963条５項２・３号〕が成立する。

《判例》**長銀事件**（最（二小）判平成20・７・18刑集62巻７号2101頁）

平成10年の決算期において、日本長期信用銀行の代表取締役頭取等において、バブル経済の崩壊によって、回収の見込みのない不良債権による損失が懸念される中、これに対する適切な引当を行わず、虚偽の有価証券報告書を提出し（有価証券報告書の虚偽記載罪）、本来配当できる状態

（７）　芝原邦爾ほか『ケースブック経済刑法〔第３版〕』（2010年、有斐閣）３頁〔芝原邦爾〕。
（８）　会社法上の罰則について、詳細は山口編著・前掲注(4)１～53頁〔山口厚〕参照。
（９）　芝原ほか編著・前掲注(5)233～248頁〔上嶌一高〕参照。
（10）　芝原ほか編著・前掲注(5)249～279頁〔小出篤〕参照。

でなかったのに、71億円余りの配当を行った（違法配当罪）として、起訴された事件。1、2審は、有罪を認めたのに対し、最高裁は、当時の会計基準が必ずしも明確なものではなく、通達等で示されていた方向性とは適合しなかったとしても、それまでの会計慣行として行われていた基準の範囲で行われた査定であるとすれば、直ちに違法であるとはいえないとして、被告人3名に対して無罪を言い渡した。

不正競争防止法によって、一定の企業価値を保護するためとみられる刑事的規制も図られている[11]。その典型が、営業秘密を保護するための営業秘密侵害罪[12]〔不正競争21条〕（法定刑は、10年以下の懲役若しくは2000万円以下の罰金又はこの併科）である。秘密資料の持ち出しによるコピーについて、従来、不法領得の意思の存否が争われてきたが、裁判例はこれを肯定し、窃盗罪を認めている。しかし、このような態様によらない営業秘密の流出もあり、平成15年の改正によって、営業秘密侵害に刑事罰が定められることになった。このほかにも、誤認混同惹起罪〔同21条2項1号〕、著名表示冒用罪〔同条項2号〕、商品形態模倣罪〔同条項3号〕等の規定が定められている。

なお、会社の「商号」や「商標」は、法律上も一般的に保護されている（商号に関し、商法8条、過料の制裁につき同978条参照。商標について、商標法36条以下参照。）。

【2　経済秩序の保護】

資本主義経済は、市場経済システムに依存している。このため、自由で公正な市場秩序の形成は、経済システムの機能にとって欠くことができない。独占禁止法は、自由競争経済秩序を支える最も中心的な法律である。同法は、①事業者による私的独占・不当な取引制限〔同法3条〕、②不公正な取引方法〔同19条〕を禁止している（これらのほかに、合併等の規制もある〔同第4章〕）。そして、独禁法に違反する行為が行われた場合に、公正取引委員会は、排除措置命令〔同7条〕や課徴金納付命令〔同7条の2〕を行うことができる。加えて、89条以下に罰則に関する規定が定められ、私的独占・不当な取引制限、一定の取引分野における実質的な競争制限〔同89条〕等につき、処罰の対象となっている。89条乃至91条の罪に係る事件については、犯則事件として調査が行われる〔同101条〕。犯則調査の結果に基づき、公正取引委員会が反則の心証を得たときは、検事総長に対して告発を行う〔同74条1項〕（専属告発）。

不当な取引制限とは、「事業者が、契約、協定その他何らかの名義をもってするかを問わず、他の事業者と協働して対価を決定し、維持し、若しくは引き上げ、又は数量、製品、設備若しくは取引の相手方を制限する等相互にその事業活動を拘束し、又は遂行することにより、公共の利益に反して、一定の取引分野における競争を実質的に制限すること」〔独禁2条6項〕をいう。価格カルテル等がその典型例である[13]。

(11)　詳細は、山口編著・前掲注(4)55～95頁〔山口厚〕参照。
(12)　制定経緯等も含め、芝原ほか編著・前掲注(5)369～382頁〔梅林啓〕参照。
(13)　不当な取引制限罪に関する判例につき、芝原ほか・前掲注(7)307～336頁参照。

《判例》**水道メーター事件**（最（二小）決平成12・９・25刑集54巻７号689頁）

東京都が指名競争入札等の方法で発注する水道メーターに受注に関し、水道メーター販売事業者25社が、従前の受注割合と利益を維持する目的で、過去の受注実績を基に算出した比率を基本として、幹事会社が入札ごとに決定して連絡する受注予定会社、受注予定価格のとおりに受注できるように入札等を行うことを合意した事件。

最高裁は、「本件合意は，競争によって受注会社，受注価格を決定するという指名競争入札等の機能を全く失わせるものである」と摘示し、独禁法２条６項が定める「公共の利益に反して」の要件に当たるとした原判決の判断を正当であると認めた。

《判例》**防衛庁燃料入札談合事件**（最（二小）決平成17・11・21刑集59巻９号1597頁）

（旧）防衛庁が発注する航空機のジェット燃料などの入札をめぐり、談合があったとして、石油元売りの法人10社と７社の担当者９人が起訴された事件。こうした談合は、長年の慣行となっており、防衛庁の担当職員もこれを黙認していたとして、不当制限取引罪の成立を否定する弁護人の主張に対し、最高裁は、指名競争入札制度が形がい化していたとしても、防衛庁側が指示したり、主導したものではなく、「被告人会社等は，本件指名競争入札において，前年度実績並みの有利な受注を確保するために，当初入札における全件不調，商議を経て，受注できる価格についての情報を得て再入札手続に入るよう受注調整を実施したものであり，このような受注調整が本件指名競争入札における競争を実質的に制限したものであることは明らかである」と判示し、独禁法違反の罪を認めた原判決を是認している。

金融商品取引法は、有価証券の発行・金融商品等の取引等の公正によって、有価証券の流通の円滑化、市場の機能を通じた金融商品等の公正な価格形成を図り、これによって国民経済の健全な発展および投資者の保護を目的とする〔同法１条〕。実効性を確保するために、金融庁に業務改善命令や業務停止命令等の行政処分の権限が認められているほか、独禁法と同様に、課徴金による制裁制度が採用されている〔同172条乃至175条の２〕。処分や検査・調査について、規定上では内閣総理大臣の権限と定められているが、本法および関係法令により金融庁長官に委任され、さらに、検査・調査権は証券取引等監視委員会（SESC）に委任されている。同委員会は、犯則調査等に関して独自の権限を与えられているほか、課徴金納付命令等の金融庁が行う行政処分に対する勧告権を有する。そして、同法が定めているインサイダー取引の規制および不公正取引の規制に違反した場合、虚偽の有価証券報告書提出等につき、刑事罰の対象となっている(14)。

《判例》**村上ファンド事件**（最（一小）決平成23・６・６刑集65巻４号385頁）

ファンドの実質的経営者が、ライブドアがニッポン放送の総株主の議決権数の百分の五以上

(14)　詳しくは、山口編著・前掲注(4)206～262頁〔橋爪隆〕、斉藤豊治ほか編著『新経済刑法入門〔第３版〕』（2020年、成文堂）197～220頁〔平山幹子〕。さらに、芝原ほか編著・前掲注(5)参照（インサイダー取引につき482～498頁〔木目田裕〕、相場操縦・不正取引等につき499～511頁〔渋谷卓司〕、虚偽報告書に関し512～521頁〔大崎貞和〕）。

の株券等を買い集める旨の公開買付けに準ずる行為の実施を知り、公表前にニッポン放送株券を買い付けた事案で、証券取引等監視委員会の告発に基づき、インサイダー取引の罪で起訴された。最高裁は、公開買付け等を行うことについての決定があったと認め、この事実が被告人に伝達されたとして、同罪の成立を認めた。本件では、原判決（東京高判平成21・2・3刑集65巻4号564頁）において被告人に懲役2年（執行猶予3年）、罰金300万円、追徴金約11億4,900万円が言い渡されており、これが確定した。なお、ファンドの中核会社に対しても、罰金2億円が言い渡されている。

【3　その他】

企業と一般消費者との関係において、企業が詐欺的手段によって販売等の活動を行った場合には、刑法上の詐欺罪が適用される。このほか、消費者を保護するために制定された「特定商取引法」に、罰則も規定されている。特定商取引の類型ごとに禁止行為が規定されており、それらの違反に刑事罰が定められている。たとえば、不実告知、故意による不告知、威迫困惑行為禁止違反、書面の不交付、誇大広告・電子メール広告禁止違反等の場合である。マルチ商法は、「連鎖販売取引」として、本法の規制対象となっている。ねずみ講については、無限連鎖講防止法が適用される。

刑事罰ではないが、平成26年の改正により「不当景品類及び不当表示防止法」に、所管する消費者庁による課徴金の制裁が導入された(15)。同法は、「商品及び役務の取引に関連する不当な景品類及び表示による顧客の誘引を防止するため、一般消費者による自主的かつ合理的な選択を阻害するおそれのある行為の制限及び禁止について定めることにより、一般消費者の利益を保護する」ものである。他の法令でも、当該法令の目的にしたがって、事業者の表示に関する一定の規制が図られている場合があるが（たとえば、健康増進法、食品表示法、特定商取引法、金融商品取引法等）、本法の対象は、事業者が提供するあらゆる商品・役務に及ぶ。禁止される不当表示には、優良誤認表示、有利誤認表示、その他がある。

経済犯罪に関する刑罰法規を総称して、経済刑法ということもある。検察には、「財政経済係」検事がおり、租税関係法令、金融証券関係法令、独占禁止法、知的財産関係法令、その他産業経済関係法令に関する違反事件を担当している(16)。

4　労働犯罪

働き過ぎによるストレスから従業員が自殺するという事件に関連して、2017年、東京簡易裁判所は雇用企業に対して、50万円の罰金刑を言い渡した。勤労は、憲法上の権利〔憲27条1項〕であり、人間らしい労働を確保するために、勤労条件に関する基準は法律によって規制されている〔同条2項〕。これに基づき、労働基準法等が定められている。労働基準法では、所定の規定に違反する場合、罰則として刑罰を定めており〔労基117条以下〕、上記の判決も、違法な長時間労働に対する罰則〔同32条・

(15)　詳しくは、芝原ほか編著・前掲注(5)607〜636頁〔古川昌平〕参照。
(16)　芝原ほか編著・前掲注(5)37〜38頁〔森本宏〕。

119条〕を適用したものである。労働基準法は、監督機関として労働基準監督官を置いているが、労働基準法違反の罪に関しては、司法警察官の職務を行う〔同102条〕。

5　サイバー犯罪

【1　総　　説】

2000年頃からのインターネットの急速な普及によって、われわれは日常的にサイバースペースと関わり、その利便性を享受している。サイバースペースは、オープンで、自由度が高く、しかもグローバルに広がる創造的な空間である。この特徴が、技術の急速な進展や高度化を生み出し、世界のあらゆる人びとに、画期的なサービスの提供を可能にしている。しかし、このデジタル化されたネットワークシステムは、犯罪者にとっても、とても便利であり、魅力的でもある。コンピュータを介して、ソフトを書き換えたり、データを改変するだけで、社会にとても大きなインパクトを与える事件を起こしたり、多額に上る不法な利益を取得することが可能となったのである。しかも、サイバースペースにおける国境の壁はほとんど無く、グローバルに暗躍しやすい環境にある。したがって、サイバースペースの拡大は、人びとにこれまでにない利便をもたらしているが、その陰で犯罪のリスクも大きく高めている。

「サイバー犯罪」とは、法令上の用語ではない。警察庁では、便宜上、不正アクセス禁止法違反、刑法上のコンピュータ、電磁的記録関連犯罪、不正電磁的記録に関する犯罪、インターネットを主たる犯罪手段とする各種の犯罪（ネットワーク利用犯罪）を総称して、サイバー犯罪と呼んでいる。これに、政府機関等のコンピュータ機能停止を企図するサイバーテロおよび政府機関等の機密情報の取得を企図するサイバー・インテリジェンス（サイバー・エスピオナージ）を指すサイバー攻撃を加えて、広義のサイバー犯罪ということもある[17]。

【2　サイバー犯罪条約と国内法の整備】

サイバースペースに関する犯罪につき、国際的に共通のルールが定められたのは、平成13（2001）年、欧州評議会による「サイバー犯罪条約」の採択が最初である。この条約が策定される間、日本もオブザーバーとして参加し、平成16年に国会の承認を受けた後、国内法の整備を経て、平成24年、公布・告示に至り、同年11月に同条約が国内において発効した（外務省WEBサイト参照）。

この条約では、加盟各国が犯罪化すべき事項として、①コンピュータ・データ及びコンピュータ・システムの秘密性、完全性及び利用可能性を保護するため、違法なアクセス、違法な傍受、データの妨害、システムの妨害、装置の濫用を処罰し、②コンピュータに関連する犯罪として、偽造、詐欺について、さらに児童ポルノに関連する処罰、著作権、これに関連する権利侵害の処罰が定められている。こうした要請に基づき、日本でも、2000年前後から、「不正アクセス禁止法」が制定され（1999年）、不正アクセス罪を新設し、「電気通信事業法」による通信の秘密侵害罪等を定め、刑法典においても、電磁的記録不正作出罪等〔161条の2〕、電子計算機損壊等業務妨害罪等〔234条の2〕、不正指令電磁的記録取得罪等〔168条の2〕の規定を盛り込む等のほか、「児童買春、児童ポルノに係る行為

(17)　四方光『サイバー犯罪対策概論』（2014年、立花書房）3頁。

等の規制及び処罰並びに児童の保護等に関する法律」や「著作権法」も改正され、法整備が行われた。

【3　インターネット上の違法情報】

警察は、次の10種類の情報を、とくに「違法情報」と位置づけて、対策を講じている(18)。わいせつ物公然陳列、児童ポルノ公然陳列、売春目的誘引、出会い系サイト上の禁止・誘引〔「インターネット異性紹介事業を利用して児童を誘引する行為の規制等に関する法律」6条〕、薬物犯罪等の実行又は規制薬物の濫用を、公然、あおり、又は唆す行為〔麻薬特例9条〕、規制薬物の広告、預貯金通帳等の譲渡等の勧誘・誘引〔犯罪収益移転防止法27条4項〕、携帯電話等の無断有償譲渡等の勧誘・誘引〔「携帯音声通信事業者による契約者等の本人確認等及び携帯音声通信役務の不正な利用の防止に関する法律」23条〕、識別符号の入力を不正に要求する行為〔不正アクセス7条1号〕、不正アクセス行為を助長する行為〔不正アクセス5条〕。

このほか、悪質な情報を「有害情報」と位置づけて、サイト管理者等に対し、削除の要請などを行っている。有害情報としては、情報自体から、違法行為を直接的かつ明示的に請負、仲介、誘引等をする情報、違法情報に該当する疑いが相当程度認められる情報、人を自殺に誘引、勧誘する情報がある。青少年に対する有害情報については、主として事業者を対象とする「青少年が安全に安心してインターネットを利用できる環境の整備等に関する法律」によって規制が図られている(19)。

違法・有害情報に関する対応として、平成18年に、インターネット・ホットラインセンターが設けられた。これは、一般ユーザーからの通報を受けて、警察への連絡およびサイト管理者等に対する削除の要請等の措置を依頼する業務につき、警察が民間団体に委託しているものである。平成24年において、通報の件数は20万件にのぼり、削除等の要請によって、実際に削除された割合は、90％程度であった。

なお、児童ポルノについては、平成23年より、警察、インターネット・ホットラインセンター、ISP、その団体（一般社団法人インターネットコンテンツセーフティ協会）が協力して、ブロッキングが行われている(20)。管理者等による削除ではなく、ISP事業者によって当該情報の流通自体がブロックされるのである。

ドイツのように、違法情報等の放置につき、事業者に罰則が科される立法例もあるが、日本のプロバイダー責任制限法では、管理者等に、削除請求権に対応する削除義務が課されているわけではない（同法3条1項参照）(21)。

【4　情報セキュリティの保護】

情報セキュリティとは、一般に、秘密にされるべき情報の秘密が守られること（**情報の機密性**）、作成された情報が作成権限のある者の同意なしに変更されないこと（**情報の完全性**）、そして権限ある者が情報を利用したいときに利用することができること（**情報の可用性**）を意味する(22)。

---

(18)　四方・前掲注(17)15頁。
(19)　高橋和之ほか編『インターネットと法［第4版］』（2010年、有斐閣）138～153頁〔鈴木秀美〕、小向太郎『情報法入門［第4版］』（2018年、NTT出版）175～176頁参照。
(20)　四方・前掲注(17)22頁、小向・前掲注(19)176～178頁参照。
(21)　高橋ほか編・前掲注(19)78～81頁〔高橋和之〕、小向・前掲注(19)118頁。

従来、情報について、個別に法律による保護の対象とされてきた。個人情報保護法に基づく個人情報保護のための規制や、不正競争防止法に基づく営業秘密の保護などである。これにとどまらず、情報セキュリティを一般的に保護するため、不正アクセス禁止法が制定されたほか、ウイルス罪なども新設されている。

〔i〕　不正アクセス禁止法

サイバー犯罪の防止とサイバースペースの安全を図り、高度情報通信社会の健全な発展に寄与することを目的に、不正アクセス禁止法が制定された。平成25年中の検挙件数は、980件であるが、かなりの暗数があると予測される。

不正アクセス行為の類型は、①他人のID・パスワードを悪用してログインを行う場合（不正ログイン型）と、②アクセス制御機能の脆弱性を衝いてハッキングを行う場合（セキュリティホール攻撃型）とに大別できる。これに対応して、同法2条4項では、①につき1号で、②につき2・3号が規定されている。

偽サイトや偽メールを用いて、アクセス管理者を装い、ユーザーにID・パスワードを入力させる場合を、フィッシングという。この行為につき、平成24年の改正により、犯罪化されている。また、インターネット上で、他人のID・パスワードが取引されることもあり、これも禁止の対象となっている。無断での提供・取得、保管も処罰される。

〔ii〕　ウイルス罪

ソフトウェアをウイルスに感染させて、正常な動作を阻害し、他の処理を行わせるよう指示を与えることにより、不正な利益を得たり、情報・データを入手するなどの手段となっている。平成23年の刑法改正に際し、こうしたウイルスに対して、「不正指令電磁的記録の罪」が新設された。ウイルスとは、「人が電子計算機を使用するに際してその意図に沿うべき動作をさせず、又はその意図に反する動作をさせるべき不正な指令を与える電磁的記録」をいう〔168条の2第1項1号〕。処罰の対象は、実行のように供する目的での、ウイルスの作成、提供〔168条の2第1項〕、実行の用に供した行為〔同条2項〕である。

【5　電子商取引】

コンピュータに虚偽の情報や不正な指令を入力したり、虚偽の電磁的記録を提供することにより、財産上不法の利益を取得する場合には、電子計算機使用詐欺罪が適用される。インターネットバンキングによる不正送金事案に関していえば、他人のID・パスワードによって他人名義の口座データにアクセスした時点で、不正アクセス罪が成立し、金融機関が管理するデータに、その他人名義の口座から自らと関係する口座への虚偽の送金処理を行うわせる入力を行い、送金先の口座残高データに不正送金の金額が加算されたデータを作出した時点で、電子計算機使用詐欺罪（既遂）が成立する。そして、関係者が、送金先の口座から、ATMで現金を引き出したとすれば、窃盗罪が成立する。

---

(22)　小向・前掲注⒆149頁。なお、2014（平成26）年に、サイバーセキュリティ基本法が制定された。これにつき、鎮目征樹ほか『情報刑法Ⅰ サイバーセキュリティ関連犯罪』（2022年、弘文堂）2～25頁〔蔦大輔〕。

【6　サイバー攻撃】

サイバー攻撃(23)は、ネットワークを利用して、対象のコンピュータシステムの機能を攻撃する場合と、対象の機密情報を入手する場合とに大別することができる。前者が、サイバーテロであり、後者がサイバー・インテリジェンス（サイバー・エスピオナージ）と呼ばれる。

サイバーテロとしては、HPの改ざんや、大量のデータを一時に送り、システムダウンを図るD-DoS攻撃などがある。D-DoS攻撃では、ボットネットと呼ばれる仕組みが利用されるが、予め複数のパソコン等にウイルスを感染させて、ボット指令のサーバから犯行指令を送るという方法が採られている。

サイバー・インテリジェンスの手法としては、標的型メール攻撃がある。取引先や関係者であるかのようなメールを送り、開封するとウイルスに感染し、パソコン内のデータが外部に送信されたり、メインサーバ等へのアクセスルートを探って入り込み、データを取得するというものである。いずれの場合にも、不正アクセス罪のほか、ウイルス罪の適用が認められる。

6　薬物犯罪

刑法典には、あへん煙に関する罪〔刑136—141条〕しか規定されていないが、薬物の規制に関する特別法が複数制定されており、薬物犯罪のほとんどは、これらの特別法の適用対象となっている。薬物犯罪は、「薬物使用者が肉体上、精神上病的状態に陥り、非行、犯罪を犯し社会公共に危害を及ぼすおそれがあ」り(24)、また、その取引がしばしば組織犯罪集団の資金源ともなっていること等から、社会的に抑止する必要性が高いといえよう。

【薬物規制に関する法律】

麻薬・向精神薬	➡	麻薬及び向精神薬取締法
あへん	➡	あへん法
大麻草・その製品	➡	大麻取締法
覚せい剤（原料を含む）	➡	覚せい剤取締法
指定薬物＊	➡	医薬品医療機器法
毒物・劇物	➡	毒物及び劇物取締法

＊幻覚等の作用を有し、使用した場合に健康被害が発生するおそれのある物質で、厚生労働大臣が「指定薬物」として指定したもの。現在、危険ドラッグも規制の対象。

上掲の法律では、法所定の規制に違反する場合に、罰則が定められている。このほか、「国際的な協力の下に規制薬物に係る不正行為を助長する行為等の防止を図るための麻薬及び向精神薬取締法等の特例等に関する法律」（麻薬特例法）にも罰則が規定されている。これらの罪に関しては、毒物・劇物の場合を除き、麻薬取締官（厚生労働省）・麻薬取締員（都道府県）が、司法警察員の職務を行う

(23)　四方・前掲注(17)80～86頁参照。
(24)　前田・各論357頁註(1)。

〔麻薬及び向精神薬取締54条5項〕。

7　組織犯罪

サリン事件等の発生や暴力団対策という、主として国内的な状況への対応を図るために、平成11（1999）年に「組織的な犯罪の処罰及び犯罪収益の規制等に関する法律」（組織犯罪処罰法）が制定された。その前後から、国際的には組織的な犯罪に対する取り組みの強化が大きな課題となっており、平成12（2000）年、国連において国際組織犯罪防止条約が採択された（2003年発効）。その中では、組織的な犯罪集団への参加規制、マネーロンダリング等の犯罪化、犯罪収益の没収、組織犯罪に係る犯罪人の引渡し・捜査共助等について定められている。こうした国際的動向を背景に、条約締結のための国内法整備の一環として、組織犯罪処罰法も、平成29（2017）年に改正されている（なお、これにより、日本は上記条約を締結し、同年8月に日本について効力発生）。

【1　組織的な犯罪】

組織犯罪処罰法によると、組織的な犯罪とは、「団体の活動（団体の意思決定に基づく行為であって、その効果又はこれによる利益が当該団体に帰属するものをいう。）」として、罪に当たる行為を実行するための組織により行われる場合だ〔同3条1項〕。同条項に列挙された罪について、組織的な犯罪に該当するときは、刑の加重が定められている。そして、平成29年改正により、いわゆるテロ等準備罪が追加された。これは、所定の罪に当たる行為で、「テロリズム集団その他の組織的犯罪集団の団体の活動として、当該行為を実行するための組織により行われるものの遂行を二人以上で計画した者は、その計画をした者のいずれかによりその計画に基づき資金又は物品の手配、関係場所の下見その他の計画をした犯罪を実行するための準備行為が行われた」〔同6条の2〕場合を処罰の対象とし、所定の刑を科すものである。テロリズムとは、特定秘密保護法12条2項1号によると、「政治上その他の主義主張に基づき、国家若しくは他人にこれを強要し、又は社会に不安若しくは恐怖を与える目的で人を殺傷し、又は重要な施設その他の物を破壊するための活動」をいう。

【2　マネーロンダリング規制】

国際的な組織犯罪対策の柱の一つは、マネーロンダリングに対する規制[25]の強化である。犯罪による収益の移転防止を図るため、犯罪収益移転防止法が制定されており、特定事業者による顧客等の本人特定事項等の確認〔同4条〕、取引記録等の保存〔同7条〕、疑わしい取引の届出〔同8条〕等の措置を講じることが定められている。これと相まって、組織犯罪処罰法および麻薬特例法において、犯罪収益の没収・追徴が規定されている〔組織犯罪13条以下、麻薬特例11条〕。

(25)　犯罪収益・資金の規制につき、芝原ほか編著・前掲注(5)353〜367頁〔白井智之〕参照。

第　2　編
刑事訴訟法入門

はじめに

刑法が、どのような行為が犯罪であり、それに対してどのような刑罰を科すことができるかを定める「実体法」であるのに対し、**刑事訴訟法は、そのような刑法の規定を適用して犯人を処罰するための捜査や公判の手続などを定める「手続法」だ**。犯罪を摘発して犯人を起訴する警察官や検察官は、捜査や公判の遂行のためには、刑事訴訟法の規定をよく理解し、これを遵守・活用しなければならないし、被疑者・被告人やその弁護人が防御や弁護活動を行うでも、同法を遵守した的確な活用が必要だ。

そのためには、刑事訴訟法の条文や、その解釈などについての判例・学説の正しい理解が必要不可欠だ。ただ、我が国の刑事訴訟法は、その条文を読むだけでは、その理解と解釈が困難な事情がある。我が国の刑事訴訟法は、戦前はいわゆる「旧刑事訴訟法」であり、これは大陸法であるドイツの刑事訴訟法を模範として制定されたものだった。その特色は、「職権審理主義」であり、裁判所が自ら主体的に審理を行い、真実を発見して裁判を行うものであった。しかし、戦後、GHQの指導の下に日本国憲法が制定され、現行刑事訴訟法が制定された。日本国憲法は、明治憲法を全面的に改め、31条以下に、アメリカの連邦憲法の修正条項[1]に倣った、刑事における様々な人権保障規定を盛り込んだ。しかし**刑事訴訟法については、全面的にその構成や内容を改めるまでの余裕がなかったため、戦前の旧刑事訴訟法の職権審理主義の法構造を基本的に残したまま、部分的にアメリカ法の「当事者主義」「訴因制度」「伝聞法則」などを、いわば接ぎ木的に加える程度しか行えなかった**。そのため、現行刑事訴訟法は「第一編」として裁判所主体の真実発見のための様々な証拠の収集や取調べの規定を含み、その中には、「捜索・押収」など、実際には裁判所が行うことは皆無に近く、ほとんどすべてが捜査段階で行われるものについてもそこに残されている。そして、**時系列的には最初にスタートするはずの「捜査」が「第二編、第１審」のところに規定され、第１編で定められている捜索・押収や、被疑者の身柄拘束の「勾留」の規定などが、捜査段階に大幅に準用されるという構造になっている（222条など参照）**。また、当事者主義の定着などに伴って、職権審理主義を前提とした条文の中には現在ではほとんど死文化しているものすらある。これらをまず理解することが、刑事訴訟法の条文をマスターしていく上での大前提だ。以下に、様々な捜査の流れをまず具体例で示し、次に、それらの具体例の中に含まれる様々な捜査手法について、その理論と実務の基本を学んでいく。そして事件が起訴された場合の公判審理における手続きや証拠法の諸原則と実務の基本も学んでいく。読者は、それらの学習の過程で、それらの問題が、刑事訴訟法のどの条文により規定され、どのように解釈されているかを、労をいとわず条文に当たって確認して欲しい。これによって一見縁が遠く、難しそうに見える刑事訴訟法が、身近に実感をもって理解できるようになるだろう。

（1） アメリカの連邦憲法修正条項は、４条（不合理な捜索押収に対する人民の権利等）、５条(二重の危険、自己負罪拒否特権、適正手続の保障等）、第６条（陪審裁判、証人尋問権、弁護人を得る権利等）などが、日本国憲法31条以下の人権保障規定のモデルとなったものであり、ネットなどで一読を勧める。

第1　捜査の流れ

捜査は様々な端緒から始まる。被疑者の現行犯逮捕や職務質問でいきなり捜査が開始される場合、死体が発見されて捜査が開始され、被疑者が特定されて通常逮捕される場合、告訴や告発によって捜査が開始され、被疑者が通常逮捕されるか、逮捕されず在宅事件として捜査が進められる場合、ある事件の捜査が別の事件の捜査に発展する場合、など様々だ。それらの捜査は、「刑事訴訟法第２編第一審第１章捜査」の189条から246条までの規定に基づいて遂行される。また、222条が、「第１編　総則」に定められる、裁判所が行う押収、捜索、検証などに関する多数の様々な規定を捜査段階に準用している。本来は最初にスタートする捜査の規定がこのように逆転して第２編に位置していることは旧刑事訴訟法の名残であり､実際の捜査・公判の流れとは大きく異なっていることは前述のとおりだ。

以下に、これらの規定を活用して遂行されるいくつかの捜査の具体例を示す。読者はこれによって、まず様々なパターンの捜査遂行の流れの頭の中にイメージとして植え付け、その上で、網掛けのゴシック体で示される個々の具体的捜査手法について、後述第１の捜査の各論を勉強することで理解が深まるであろう。

1　現行犯逮捕等の事案の具体例

11月１日午後10時ころ、ベッドタウンの駅近くの通りで、帰宅中の被害者Ｖが三人組の男から激しく殴られている旨の目撃者の110番通報を受けた警察官が現場に急行した。駆け付けると、一人の男（後に山田と判明）が、Ｖの胸倉をつかんで怒号していたので、警察官は直ちに山田を**現行犯逮捕**（133頁）した。Ｖは鼻血を出して服が血だらけになっており、「もう一人の男が僕の財布を奪い、赤いスポーツ車に乗って逃げました。黄色いジャージでスキンヘッドの男です。もう一人は、自転車に乗って逃げました。赤いママチャリで、小柄で茶髪の男でした」と言った。警察官は直ちにこれを本部に無線通報し、本部は多数のパトカーに指示して、犯人検挙に当たらせた。現場から１キロほど離れた県道に交通検問所が設置され、現場方向から走行してくる車の**自動車検問**（129頁）が開始された。事件から約30分を経過したころ、赤いスポーツ車が走行してきたので、警察官が赤色灯を回して停止を求めたところ、その車は停止せず猛スピードで検問所を通過して逃走したので、直ちにパトカーで追尾し、追いついて前方に回り込んだところ、ようやく停止した。警察官が運転席の男を見ると、黄色いジャージでスキンヘッドであり、またジャージの胸のあたりが真っ赤な血で汚れていた。男（後に川井と判明）は黙秘していたが、警察官は犯人に間違いないと確信し、**準現行犯逮捕**（134頁）した。警察官はその直後、男の衣服のポケットなどを捜索したところ、財布が見つかり、中を開けるとＶの名刺が入っていたので、直ちにこれを**逮捕に伴う無令状捜索・差押え**（150頁）として、差し押さえた。警察は、引き続き翌朝まで現場付近でもう一人逃げた男を探した。逮捕された山田の供述で、その男は海野といって、駅から３キロほど離れた酒屋の息子だと判明したので、刑事は急行し、翌朝８

時ころ、自宅にいた海野に問い質すと「すみません、僕も山田たちと一緒に被害者を殴りました」と自白したので、刑事は直ちに海野を**緊急逮捕**（136頁）した。

2　職務質問から捜査が開始される場合の具体例

覚せい剤密売所がある裏通りで、警察官甲がパトロールをしていた。男（後に田中と判明）が、密売所の方向から歩いてきて、甲の姿を見るなり後ろを向いて小走りで立ち去ろうとした。甲は怪しみ、**職務質問**（128頁）を行うため、追いかけて「君、ちょっと止まりなさい」といいながら、田中の肩を軽くつかみ、停止させた。田中は、冬なのに汗をかき、目をぎらつかせており、覚せい剤常習者特有の顔つきだった。甲は「君、覚せい剤をやっているんじゃないか。あそこに密売所もあるだろう。ポケットの中を見せなさい」と求めたが、田中は口ごもるだけで見せようとはしなかった。甲は**所持品検査**（129頁）をしようと考え、田中のジャンパーの胸ポケット付近を外から軽く叩いてみると、細長く固い物の感触があった。甲は「君これは注射器じゃないのか、見せなさい」といったが田中は体をよじるようにして応じなかった。それで甲は田中のジャンパーの内ポケットに軽く指を差し入れると封筒が指に触れたのでそれを抜き出し、中を覗くと、注射器と白い粉の入ったビニール袋だった。甲は「これは覚せい剤だな、予試験するからね」と言ってビニール袋の端を少し破って一つまみの白い粉を予試験すると覚せい剤だと確認された。甲は田中を覚せい剤所持の現行犯として逮捕し、覚せい剤と注射器を差し押さえた。

田中は黙秘を続け、尿も提出しなかった。甲らは、田中の覚せい剤使用の捜査のため、強制採尿令状を裁判官から取得し、田中を病院に連行して**強制採尿**（140頁）を実施した。尿中から覚せい剤が検出されたため、警察は、田中を、逮捕事実である覚せい剤所持に加え、自己使用の事実も合わせて**検察官送致**（175頁）した。検察官乙は、田中について裁判官に**勾留請求**（136頁）を行い、これが認められた。その後、田中はズボンのポケットの奥に小さな隙間を作ってそこにもう一つの覚せい剤入りのビニール袋を隠しているのが同房者からの話で分かり、警察官がそれを調べようとすると、田中は素早くこれを飲み込んでしまった。警察官は押収の必要がある上、万一体内で破れたら極めて危険なため、**嚥下物の強制取得**（141頁）のための令状を裁判官に請求し、これに基づいて病院に連行し、排泄させた汚物の中からこれを発見・押収した。

〔現行犯逮捕できなかった場合のバリエーション〕

所持品検査でも覚せい剤は発見されなかったので、警察官甲は、田中を警察署に任意同行して尿検査をしようと考えた。連絡で間もなくパトカーが来たので、甲は後部座席のドアを開け、田中に「採尿は直ぐに終わるから警察に来なさい」と乗車するよう求めた。しかし田中は腰を引くようにして乗車を渋った。甲は、田中の背中を軽く押しながら「とにかく乗りなさい」と乗車を促すと。田中はしぶしぶ座席に乗り込んだ。

署についてから、甲らは田中に採尿容器に排尿するよう求めたが、田中は「今は出ない」などとなかなか尿を出さなかった。40分ほど説得したが排尿しないため、甲らは、強制採尿するしかないと判断し、令状請求の手続きを開始した。田中は、「仕事がある、もう帰してくれ」と求めたが、甲らは「令状は直ぐに出るから」と説得した。約2時間後、令状が発付されたので、甲らは田中を病院に連行し、強制採尿を行った。甲らは、いったん田中を帰宅させたが、まもなく、覚せい剤の陽性反応の結果が出たので、覚せい剤使用の罪で逮捕状を請求して発付され、翌日、田中の自宅に赴いて逮捕した。

3　内偵捜査から通常逮捕等に至る事案の具体例

【1　殺人事件】

12月1日午後10時ころ、繁華街の路上で、近くの住人村上からの通報で、V男の死体が発見された。男は近くに事務所がある暴力団錦組の組員であった。警察は直ちに路上現場の**実況見分**（143頁）を行い、**死体の検視**（229条）が終了後、死体を大学の法医学教室に搬入し、裁判官から**鑑定処分許可状**（154頁）を取得して、法医学の教授による**司法解剖**（139頁）が行われた。死因は全身打撲に基づく腹部の大量出血と判明した。死体発見現場では、死体の傍に携帯電話が落ちていたので警察はこれを**領置**（152頁）した。消去されずに残っていたメールに、畑野という発信者から、事件の前日に「明日午後事務所に来い。逃げるなよ」というものがあった。畑野とは錦組の若頭畑野一郎のことだと思われた。また、匿名の電話で「Vは錦組の組員で、最近組の薬物の密売の利益を横領したために、事務所内で若頭の畑野と組員の藪本と杉野の３人からリンチを受けて殺されたのだ」という情報が提供された。警察は、錦組の事務所を捜索場所とする**捜索差押許可状**（139頁）、事務所の**検証許可状**（143頁）と、畑野ら３名の逮捕状を裁判官に請求し、それらの発付を得て、12月７日、錦組事務所の捜索を行うとともに、畑野ら３名を逮捕した。捜索により発見された犯行の動機である薬物密売に関する証拠や暴行の凶器と思われる金属製バットなどが差し押さえられた。また、事務所内を詳細に検証し、床の上に付着した血痕を確認した。畑野ら３名は、その後勾留され、刑事や検事の**取調べ**（124頁、130頁）が行われた。畑野は黙秘して一切供述せず、藪本は「V男が金を使い込んだので追及して叱責していたが、暴力は振るっていない。事務所から出た後で交通事故に遭ったのではないか」などと弁解した。杉野は、全面的に自白し、「畑野や藪本と３人がかりでV男を袋叩きにし、畑野が金属製バットでV男の腹や腰を何度も殴りつけたらV男が気を失ってしまったので、運び出して路上に放置した」などと供述した。藪本と杉野については、刑事も検事もそれぞれ**被疑者の供述録取書**（183頁）を作成した。警察は、通報者であった近くの住人村上を呼び警察署に呼び出して取り調べ、「コンビニに行こうと思って家を出たら、道路に車が止まっており、男が３人がかりで車からぐったりした男を道路に放り出しているのが見えたのですぐ110番した」と供述したので刑事と検事はそれぞれ**参考人の供述録取書**（132頁）を作成した。

【2　詐欺事件】

甲社を経営するVは、商店街で家電製品の販売業を営んでいた。中山は、同じ商店街で小さな電気工事会社を営んでいた。中山は受注が落ち込み、多額の負債を抱えて暴力団から取り立ての追い込みをかけられるようになった。中山は、甲社から商品購入名下に家電製品を騙し取り、すぐに転売して夜逃げをしようと企てた。そこで、中山はVに対し「建売住宅を20等販売する会社から、全戸にエアコン設置の注文が来た。代金は商品納入後すぐに支払う」と嘘をついた。また、Vを信じ込ませるため、遊び仲間の小池に頼み込み、不動産会社の社員「下野」という男であるふりをさせて甲社に連れていき、Vに「私の会社で建売住宅を販売するのでエアコン20台の納入と取り付けを中山さんに頼みました」と嘘をつかせた。Ｖは小池の服装や態度がどこか不自然だったので、念のためにICレコーダーにそのやりとりをこっそり録音しておいた。Ｖは、やや不安はあったものの中山らの言葉を信じてエアコン20台を仕入れ、中山がトラックで引き取りに来たので納品した。しかし中山はその翌日商品とともに行方をくらましてしまった。Ｖは詐欺の被害にあったと知り、すぐに弁護士に相談して警察に**告訴**（230条）した。警察はこれを受理して捜査を開始した。中山の行方は知れなかったが、Ｖの供述に基づく内偵捜査で、「下野」という男が小池である疑いが濃くなったが、Ｖも短時間面談しただけなので、断定まではできなかった。そこで、警察は、ICレコーダーに録音された音声と小池の音声の一致の**声紋鑑定**（157頁）を行うこととし、私服の刑事が小池を尾行した。刑事は、道を尋ねるふりをして小池に話し掛け、そのやりとりを**秘密録音**（157頁）した。Ｖのレコーダーに録音された音声との一致について科学捜査研究所に**鑑定嘱託**（223条）したところ、「同一人の音声と判断される」との鑑定結果が出た。警察は、小池を中山との詐欺の共同正犯として通常逮捕した。小池は中山との共謀により詐欺を行い、中山がエアコンを転売して得た金から20万円を分け前としてもらった旨全面自供した。逃亡に疲れた中山も、その後警察に出頭したため逮捕された。

4　ある事件の捜査が別の事件捜査に発展する事案の具体例

【*1*　覚せい剤の組織的密売事件】

前記２の覚せい剤の所持と使用の罪で起訴された田中は、刑事からその入手経路を追及された。田中は「逮捕された路上近くにある喫茶レインボーが覚せい剤の密売所で、ここから買ったものだ。ここにはずっと前から時々買いに行っている。自分は小口だが、注文すればキロ単位でも売るらしい。自分の友達の大野は元暴力団員で、以前はそこから大量に買っていたらしい」と供述した。警察は大野を割り出したところ、以前は暴力団員だったが、その後足を洗って今は居酒屋を営んでいることが判明した。刑事が大野に接触して協力を求めたところ、大野は「あの密売所は系列の大和組が営んでいて、大阪から毎月宅急便でキロ単位で覚せい剤を仕入れている。中心は組の舎弟の菊井だ。しかし、菊井らは自分が足を洗っているのにしつこく覚せい剤を売り込んでくるし、みかじめ料も要求してくる。あいつらを摘発するためになら協力してもよい」と供述した。警察は、密売所近くの宅配便業者に聞き込むと、毎月、大阪からこの喫茶レインボーに宅配便が届くので配達していることが判明した。警察は、業者に、大阪から宅配便が届いたら数時間配達を遅らせて借り出すことを依頼した。数日後、業者からの連絡で、警察は届いた宅配便を借り受け、空港の税関の設備を使って**Ｘ線検査**（142頁）をすると、中に大きな塊が三つ入っており、重さは約３キログラムであった。警察はすぐにそれを業者に返還するとともに、それらの報告書を資料として、喫茶レインボーを捜索場所として覚せい剤を差し押さえるための捜索差押許可状の発付を得た。刑事たちは喫茶レインボーに赴き、捜索を開始したが、警察の動きが察知されていたのか、届いたはずの宅配便荷物は見当たらず覚せい剤の発見押収には至らなかった。

捜査が難航したため、警察は、大野に協力を求めて**おとり捜査**（154頁）により大和組の組織的密売を摘発することとした。大野には、居酒屋の経営が傾いたため、覚せい剤の密売で一発大儲けしたいと装わせ、大野から大和組の菊井に電話して覚せい剤１キログラムの購入を申し込ませた。菊井は大野に「この前は店にガサ入れをされて間一髪だった。早く売りさばかんといかんから、今晩お前の店が閉店してから届けに行く」といった。その報告を受けた警察は、その夜大野の居酒屋の周辺や店内に潜み、現れた菊井が覚せい剤を大野に手渡す直前、覚せい剤の営利目的所持の罪で現行犯逮捕した。

【2　別件逮捕・勾留（137頁）による殺人事件捜査】

建設会社社長のVが、5月10日、妻の外出中、自宅応接間で胸を刺されて死亡しているのが発見された。警察は直ちに捜査を開始したところ、Vの妻が「夫は『先月首にした梅田という男が俺を恨んで会社に脅しの電話をかけてくるので困っている』とこぼしていました」と供述した。内偵すると、梅田は解雇された後、別の建設会社に住み込みで働いていたが、5月11日、仕事仲間に「ちょっとやばいことがあったのでここにはおれん」と言って所在をくらましたことが判明した。また、その際、会社の寮の自室にあったテレビを持ち出して逃げたことも判った。警察は梅田についてまだ殺人で逮捕できるだけの証拠は足りなかったため、テレビの窃盗の罪で逮捕し、殺人罪をいずれ追及して解明する計画を立てた。5月20日、梅田の所在が発見されたので警察は窃盗罪で通常逮捕し、梅田は勾留された。テレビの窃盗については梅田は自供し、処分先の質屋も判ったので、警察はその裏付け捜査を行い、窃盗罪については10日間の勾留期間中にほぼ捜査は終了した。しかし、警察は「犯行の動機や質入れで得た金銭の使途を解明するため」という理由で、検事に頼んで**勾留延長**を請求してもらい、10日間の延長請求に対し、1週間の延長が認められた。刑事は、勾留延長後、使途の解明などのためにはごく短時間取り調べるだけで、午後から夜にかけては連日Vの殺害を厳しく追及した。勾留延長後5日目に至り、梅田は観念して、解雇された怨みでVの自宅に押し掛けて刺身包丁で刺し殺したことを自白した。警察は、検事が窃盗罪で起訴した直後、殺人罪での逮捕状を得て、殺人罪で再逮捕した。

第2　刑事司法制度を担う人と組織、刑事手続のアウトライン

刑事司法制度の様々な分野は、様々な人と組織によって担われている。大別すると、①様々な犯罪の捜査や犯則調査、②検察による起訴や不起訴等の処分、③裁判所による審理と判決等の裁判、④確定した裁判の執行、⑤犯罪者の更生と再犯防止、などだ。

1　第一次捜査機関等による犯罪の捜査や調査等

ア　犯罪捜査と送致

犯罪捜査を行う最も大きな組織は警察だ。全国各都道府県に警察があり、約28万人の職員がいる。都道府県警を指揮監督する中央官庁として警察庁がある。警察の民主的・中立的な運営を管理する国家機関として国家公安員会と各都道府県の公安委員会がある。国家公安員会委員長は国務大臣だ。都道府県警の大多数の職員は各都道府県警で採用された地方公務員だが、国家公務員総合職試験に合格して警察庁に採用される者は国家公務員で、その多くが警察組織の最高幹部となる。警察職員のうち、刑事訴訟法に基づいて犯罪捜査に従事する職員を司法警察職員という。警察官の階級は、巡査、巡査部長、警部補、警部、警視、警視正、警視長、警視監、警視総監だ。このうち警部以上の者が司法警察員として逮捕状の請求等の重要な権限を有する。大多数の犯罪については警察が第一次捜査機関として事件を捜査する。警察以外にも行政の専門分野において刑事訴訟法に基づいて犯罪捜査に従事する職員がいる。麻薬取締官、労働基準監督官、海上保安官、自衛隊警務官などだ。これらを特別司法警察職員といい、警察官の場合は一般司法警察職員という。**これらの司法警察職員が犯罪の捜査を遂げた場合には原則的に検察官に事件を送致する（法246条）**[(1)]。

イ　犯則調査と告発

公正取引委員会は、独占禁止法違反事件（私的独占やカルテル・談合などの不当な取引制限）について審査専門官や審査管理官が調査や審決を行う。証券取引等監視委員会の検査官、調査官、審査官等の職員は、金融商品取引法違反事件（株価操縦、インサイダー取引など）について調査や審判を行う。これらの調査等により、多くの場合には、排除措置命令や課徴金納付命令などの行政処分がなされる。国税局や税務署の収税官吏は、法人税、所得税、消費税、相続税等の国税についての脱税案件の調査を行う。税関は、関税法違反事件について調査を行う。それらの中で特に悪質な事件の犯則調査

（1）　この「全件送致主義」の例外として、警察限りで事件を終結する微罪処分、入管法65条に基づく入国警備官への引き渡しがある。微罪処分とは、検察官が一般的に指定する軽微な犯罪について、送致を不要とするものだ。少年については、少年法41条が罰金以下の刑に当たる罪の嫌疑がある少年の家裁への直接送致を定める。

のために、独占禁止法、金融証券取引法、国税犯則取締法、関税法が、それぞれ臨検、捜索、差押えなど、刑訴法に準じる強制的な調査権限を付与している。通常の脱税案件は、税務署職員の税務調査により、本来納付すべきであった税金に加え加算税や重加算税の課税処分で終了する。しかし、偽りその他不正の行為による悪質で規模の大きな脱税事件については、国税Ｇメンと呼ばれる国税査察官が強力な犯則調査を遂行する。**これらの犯則調査がなされ、刑事処分が必要と判断された場合には、公正取引委員会は検事総長に、証券取引等監視委員会や国税局長、税関職員は検察官に、それぞれ事件を告発する。**

2　検察による捜査と事件処理等

第一次捜査機関等による捜査や犯則調査がなされた事件は検察官に送致や告発がされるのが通常だ。しかし、検察官が警察等の第一次捜査機関の関与を受けずに自ら事件の端緒を把握して捜査を遂行する場合もある。これをいわゆる独自捜査といい、これを専門的に行っているのが、東京、大阪、名古屋の各地検の特捜部だ。特捜部が置かれていない中小地検においても独自捜査を行うことが稀にはある[(2)]。警察等から送致や告発を受けた場合、事案簡明・軽微な事件以外では検察官も自ら被疑者等の取調べを行うなど捜査を遂行する。捜査が終了すると起訴や不起訴、家庭裁判所送致などの事件処理を行う（175頁以下）。

具体的事件の捜査や公判に従事する検察官には、検事、副検事があり、検察事務官も検察官の捜査等を補助するほか、自らも取調べなど一定の捜査権限を付与されている。検察事務官は一般職の国家公務員試験の合格者から全国の各地検で採用される。検事は基本的に司法試験を合格した法律家であるが、副検事は、法務省内部で実施される副検事試験に合格した者で、原則として簡易裁判所の管轄事件について捜査公判の権限を有する。副検事の多くは検察事務官の一定以上の経験を経た者だが、警察官、自衛官、刑務官、裁判所書記官等他の公務員にも受験資格が認められている。副検事として経験を積んだ者は、更に法務省で行われる検察官特別考試に合格すれば、いわゆる特任検事として検事と同じ権限を与えられ、５年以上の在職経験があれば退官後に弁護士への道も開かれている。

検察庁は、最高検察庁、高等検察庁（８か所、支部６か所）、地方検察庁（各都道府県に原則１か所、北海道のみ4か所。支部が203か所）、区検察庁(438か所)が、後述の最高裁以下の各裁判所に対応して置かれている。**検察庁は法務省に置かれる特別の機関であり、基本的には行政組織だが、刑事司法手続を担うため、その組織等については国家行政組織法や国家公務員法の特別法として検察庁法がある。**最大の特色は検察官が「独任制官庁」であることだ。一般行政庁においては、権限の行使は基本的に大臣の権限に基づき、それが事務分掌されて行われるが、犯罪捜査や公訴の提起など検察権の行使は、あくまで個々の「検察官」が行う。これは犯罪捜査や起訴などの処分が政治的な圧力や影響を受けずに不偏不党で行われることを保障するためだ。

（２）　太田・応用刑訴166頁以下の具体例参照。なお、以下の注書きで太田・応用刑訴と太田・実践刑事証拠をしばしば引用するが、本書で学習して更に勉強を深めたい人はこの両書を参考とされたい。本書の注書きには記載しなかった様々な判例学説、参考文献等も両書には記載している。

3 裁　　判

検察官によって起訴された事件は裁判所で裁判や審判が行われる。裁判所は、最高裁判所、高等裁判所、地方裁判所・家庭裁判所、簡易裁判所がある。各裁判所が審理できる事件には事物管轄と土地管轄がある。**事物管轄は裁判所法が定めており、最高裁判所は上告事件（憲法違反や判例違反など）、高等裁判所は控訴事件、地方裁判所は通常の第一審事件、簡易裁判所は少額の民事事件や原則的に罰金以下の刑に当たる事件の第一審の管轄を持つのが基本だ。家庭裁判所は少年事件や家事事件の審判を行う。刑事事件の土地管轄は刑訴法が定めており、原則として犯罪地又は被告人の住所・現在地だ。**

裁判官の大多数は司法試験に合格した法律家だが[3]、簡易裁判所判事は、書記官経験者などにも道が開かれている。裁判所職員は特別職の国家公務員であり、裁判官以外の職員の多くは裁判所事務官試験の合格者から採用される。裁判所事務官の一定の経験を経た者は内部の登用により裁判所書記官となり、いわゆるコートマネージャーとして、裁判官を支えて裁判の運営を担う。

4 刑の執行・犯罪者の更生と再犯防止

確定した裁判の刑は検察官の指揮により執行する。懲役刑や禁錮刑については、刑務所に服役する。罰金は検察庁に納付する。死刑は法務大臣の指揮によって執行する。家庭裁判所の審判で少年院送致の決定を受けた少年は、少年院で矯正教育を受ける。犯罪者の更生と再犯防止は官民の組織の協力連携によって推進されるが、その中心を担うのは保護観察所（50か所）であり、公務員である保護観察官と民間のボランテイアである非常勤の公務員の保護司が中心だ（212～213頁参照）。

（3）　最高裁の判事だけは、地裁や高裁と違って、元裁判官でない弁護士、検事、学者、外交官、行政官経験者が多く任命されている。

5　手続のアウトライン

これらを踏まえ、刑事手続のアウトラインをまずしっかり理解した上で具体的に学んでいくこととする。

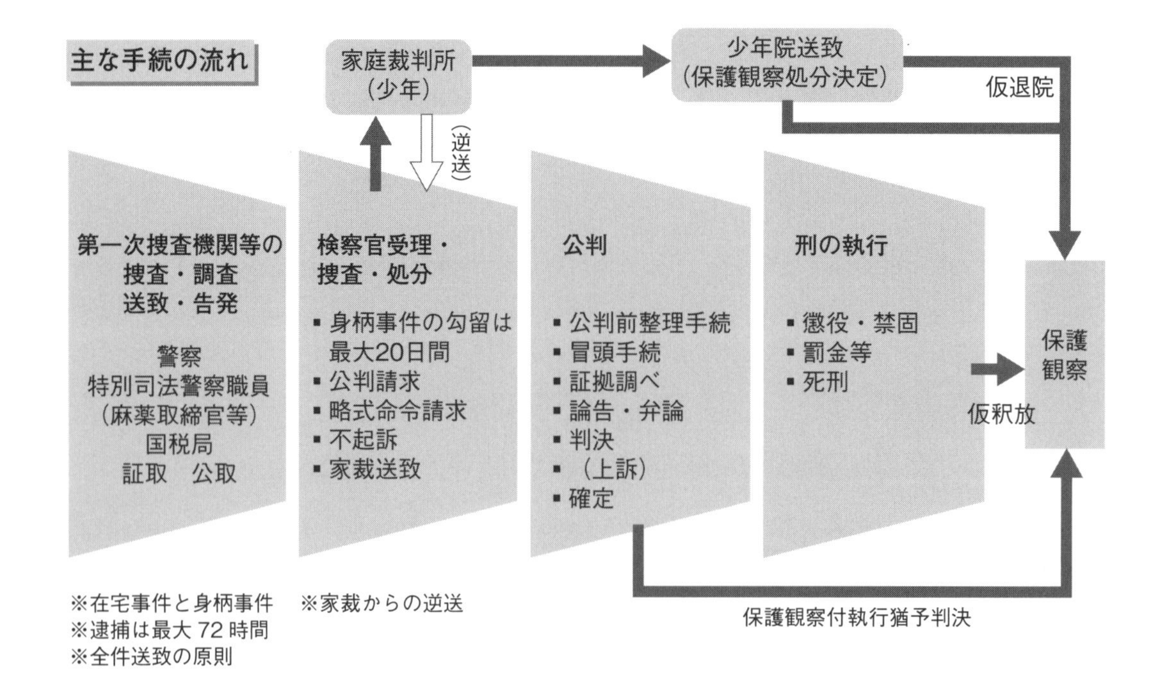

第3 捜査法各論

1 強制捜査と任意捜査

捜査のやり方には大別して**強制捜査**と**任意捜査**がある。「強制処分」を用いるのが強制捜査、「任意処分」を用いるのが任意捜査だ。一つの事件捜査では、強制捜査と任意捜査を共に行うもの、任意捜査だけを行うものなど様々だ。

【1 強制処分法定主義と令状主義】

刑事訴訟法（以下法律名を書かないときは同法のことを指す。）197条1項は、

「捜査については、その目的を達するため必要な取調べ(1)をすることができる。但し、**強制の処分は、この法律に特別の定めのある場合で場合でなければ、これをすることができない。**」

と定める。これは**「強制処分法定主義」**と呼ばれ、刑事訴訟法の大原則の一つだ。つまり強制処分として行えることができる捜査は、刑事訴訟法をはじめとする法律で具体的に定められなければならない。被疑者の逮捕・勾留や捜索・差押えなどがその典型だ。またそれらについては、**原則的に裁判官が発付する令状を必要とする（令状主義）**。例外的に、現行犯逮捕（133頁）や、逮捕の現場における捜索・差押え（144頁）など令状を必要としない場合もあるが、その場合でも法の定める要件を満たしていなければならない。

【2 任意捜査の原則】

捜査は原則的に、また、可能な限り任意捜査によるべきだ。強制捜査は被疑者など関係者の権利利益を大きく侵害するおそれがあるので、強制捜査によらなくても事案の摘発や解明が可能であればそれによるのが望ましく、また妥当だからだ。

任意処分には様々なものがある。主なものとして、223条1項は、

「検察官、検察事務官または司法警察職員は犯罪の捜査をするについて必要があるときは、被疑者以外の者の出頭を求め、これを取り調べ、又はこれに鑑定、通訳若しくは翻訳を嘱託することができる。」

と定め、また221条は、

（1）「取調べ」には広狭二つの意味がある。狭い意味の取調べは、捜査官が被疑者や参考人から事情を聴取することをいう。198条の被疑者の取調べや、223条の参考人の取調べなどだ。これに対して、広い意味の取調べは、197条1項がいう捜査による証拠収集を広く意味したり、302条や306条に基づき公判において裁判所が行う証拠の取調べを含む。

「検察官、検察事務官又は司法警察職員は、被疑者その他の者が遺留した物又は所有者、所持者若しくは保管者が任意に提出した物は、これを領置することができる。」

と定めている（その他197条2項の公務所等への照会など）。

【3　強制処分と任意処分】

強制処分は法律の定めによらなければならず、また原則的に令状が必要であるため、それが必要でない任意処分との区別が問題となる。これは**刑事訴訟法の捜査法上の最も基本的かつ重要な問題**だ。古い時代には、直接強制（逮捕など）を行うものや間接強制（応じなければ罰金などのペナルティをかけることで相手方に応じさせるもの）のみを強制処分とする考え方が支配的だった。しかし、科学技術が発達し、相手方が知らないところで直接強制も間接強制も加えることなく秘密裡に行う様々な捜査手法が生まれてきた。例えば、高性能の望遠レンズで遠くから被疑者の室内のプライバシー空間を撮影するなどだ。しかし、このような捜査手法は伝統的な強制処分の概念に当たらない。だからといって任意捜査としてこれらが無制限に行われると被疑者等の権利利益が侵害される恐れがある。そこで、相手方の権利利益をいささかでも侵害制約するものはすべて強制処分だと広く考える説も生まれた。しかし、強制処分法定主義の下で、次々と生まれる新たな捜査手法についてすべて迅速に新たな立法を行うことは極めて困難だ。そこで、法律の定めが必要な強制処分の定義としてはある程度の絞りをかけるとともに、任意処分であっても、野放しに許されるのではなく、適切な規制を行うのが妥当だとの考え方が生まれ、次の重要かつ指導的な判例がでた。

【最（三小）決昭和51・3・16刑集30巻2号187頁、判時809号29頁、判タ335号330頁［刑訴百選［10版］1事件］】

これは、青年が車の物損事故を起こし、飲酒していた疑いがあったので警察官が警察に任意同行し、呼気検査に応じるよう説得していたところ、青年はなかなかこれに応じず、小走りで取調室を出ていこうとしたので、警察官が「風船（呼気検査の俗称）をやってからでいいではないか」と言いながら青年の手首をつかんで引き止めようとしたことの適法性が最高裁まで争われた事案であり、最高裁は次のように判示した。

「**強制手段とは、有形力の行使を伴う手段を意味するものではなく、個人の意思を制圧し、身体、住居、財産等に制約を加えて強制的に捜査目的を実現する行為など、特別の根拠規定がなければ許容することが相当でない手段を意味するもの**であって、右の程度に至らない有形力の行使は、任意捜査においても許容される場合があるといわなければならない。ただ、**強制手段にあたらない有形力の行使であっても、何らかの法益を侵害し又は侵害するおそれがあるのであるから、状況のいかんを問わず常に許容されるものと解するのは相当でなく、必要性、緊急性なども考慮したうえ、具体的状況のもとで相当と認められる限度において許容されるものと解すべきである。**」

これを踏まえて、本件の警察官の制止行為は強制手段にはあたらず、その程度もさほど強いものでないとして適法とした。つまり、手首をつかむ行為は有形力の行使であり、相手方の権利利益に対して一定の制約を与えることは当然であるが、「意思を制圧」するほどのものではなく、有形力の行使であっても強制処分には当たらない場合があるとしたのだ。

【重要利益侵害説が多数説となる】

上記最決は、目の前の相手方に有形力を行使した事案だが、捜査の中には秘密撮影とか秘密録音など、相手方に知られずに行うものも少なくない。そのような場合「意思の制圧」はないので、上記最決の判旨に照らせば任意処分として許されるようにも読める。しかしこのような捜査はプライバシーを大きく侵害する場合も少なくない。そこで学説では、上記最決の強制処分の定義を、より普遍的なものとするため、

> 「**強制処分とは、相手の明示又は黙示の意思に反して、重要な権利・利益を実質的に侵害・制約する処分である**」

ととらえる説が生まれ、多くの支持を得ている。

また、学説の中には、相手方と直接対峙して有形力を行使するような処分については意思制圧説で考え、相手の知らないところで秘密裡に行う捜査については重要利益侵害説で考えるという説（２類型説）もある。

【任意処分に対する規制】

上記最決が、任意処分について

> 「**必要性、緊急性なども考慮したうえ、具体的状況のもとで相当と認められる限度において許容される**」

としたことは、強制処分の定義と並んで極めて重要な判示だ。具体的事件捜査の適法性について「違法な強制処分であるかどうか」「強制処分ではないとしても任意処分として必要性、緊急性、相当性を満たしているか」と争われることは極めて多い。警察官や検察官が正しい捜査を遂行するためには、これについての十分な理解が必要不可欠だ。

この任意処分の許容性の判断基準は「警察比例の原則」の表れだ。警察比例の原則とは、警察活動全般に通じる基本原則だ。警察官職務執行法は、第１条２項で

> 「この法律に規定する手段は、前項の目的のため必要な最小の限度において用いるべきものであつて、いやしくもその濫用にわたるようなことがあつてはならない。」

と定めており、これは警察比例の原則の顕れだ。

つまり、**捜査活動等の警察作用は、その必要性や緊急性に見合って、許される程度が相当でなければならない、**ということだ。「雀を打つのに大砲を使ってはならない」というような譬えでも表現される。これは「利益衡量」の考え方だ。必要性や緊急性が大きければ大きいほど許される捜査の強さの程度は大きくなる。しかし、**必要性や緊急性は小さいのに、権利侵害の程度が大きい捜査を行えば相当性を満たさないため違法**になってしまう。

必要性や緊急性の判断要素は、**事件の性質や重大性、嫌疑の強さの程度、相手方の対応ぶり**（素直に応じようとしたか、逃げようとしたかなど）、**他に適法に行える捜査の手段の有無**（補充性という。）などだ。**相当性**とは、**その捜査手段が相手方に与える権利利益や捜査の適正さに対する社会の信頼に対する侵害制約の程度が、必要性や緊急性に見合ったものになっているか否かという利益衡量**により判断される。例えば、職務質問において相手方を停止させるため有形力を用いることも少なくないが

「職務質問においては相手方の肩をつかむ程度の有形力の行使は許される」という単純な考え方は妥当でない。場合によるのだ。例えば、殺人事件が発生し、通報を受けて駆け付けた警察官が、現場方向から血相を変えて走ってくる男を発見し、警察官を見るなり向きを変えて逃げ出そうとしたので、事件の犯人かもしれないと考えて、停止させるために、腰のベルトをつかんで強く引き止めることは必要性、緊急性、相当性を満たすだろう。他方、覚せい剤の密売所があると噂されている地域ではあるが、警察官の姿を見ても路上を平然と歩いてくる男に対し、具体的な不審事由もないのに肩をつかんで引き止めれば、必要性緊急性がほとんどないので、そのような有形力行使は相当性を欠いて違法となろう。もし怒った相手が警察官を殴っても、その公務は違法なので公務執行妨害罪は成立しないことになる。

【4　強制処分の該当性と任意処分の適法性判断の違い】

強制処分に該当するか否かは、意思制圧ないし重要な権利利益の実質的侵害制約に当たれば、それだけで強制処分に該当する。これは利益衡量を容れる余地のない客観的な判断だ。どんなに嫌疑が濃く、重要な事件であっても、現行犯逮捕の要件までは満たしていないのに現行犯逮捕してしまえば直ちに違法となる。これに対して、**任意処分が許容されるかどうかは必要性、緊急性と相当性の利益較量による判断**だ。ただ、留意すべきは、いかに必要性、緊急性が高いとしても、行った捜査手法の程度が強すぎ、意思制圧ないし重要な権利利益の実質的侵害制約にまで至ってしまえば、もはやそれは任意処分の域を超えてしまい、強制処分になってしまうのだから法が定める要件を満たさない限り許されないことは当然だ。

これらの強制処分と任意処分について、その基本を徹底的に理解することが、刑事訴訟法をマスターする最大の前提だ(2)。

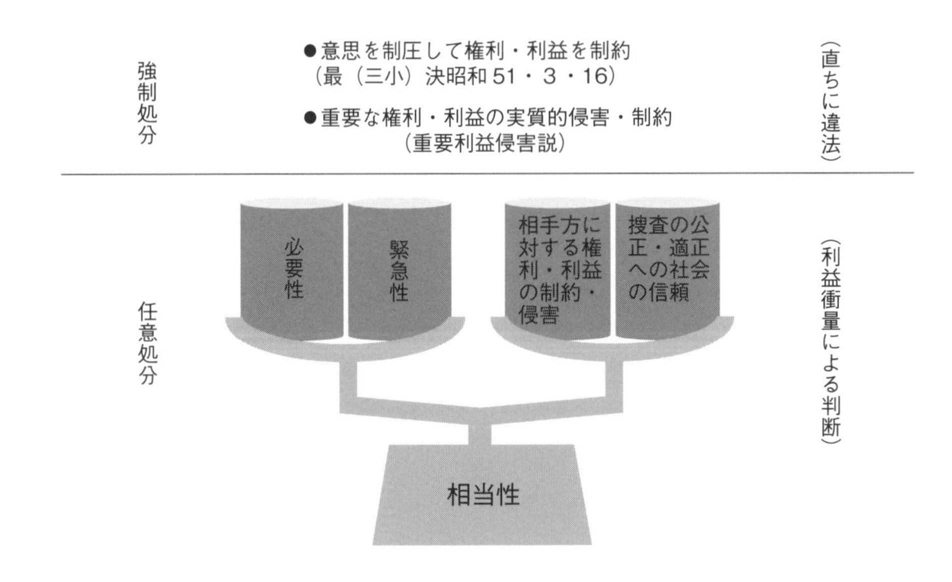

（2）　井上正仁「強制捜査と任意捜査の区別」新刑訴争点54頁以下、太田・応用刑訴36頁以下参照。

2　人に対する捜査（取調べ、逮捕・勾留、体液の採取等）

捜査の手法には大別して人に対するものと物に対するものがある。まず主に人に対する捜査を勉強しよう。

1　職務質問・任意同行・所持品検査・自動車検問など

【1　職務質問】

警察官職務執行法（警職法）２条１項は、

「異常な挙動その他周囲の事情から合理的に判断して何らかの犯罪を犯し、若しくは犯そうと疑うに足りる相当な理由のある者又は既に行われた犯罪について、若しくは犯罪が行われようとしていることについて知っていると認められる者を停止させて質問することができる」

と定める。これが職務質問だ。警察は、具体的事件の捜査に限らず、交通の取締りとか犯罪の予防・警備など様々な行政活動を広く担っている。警職法は刑訴法のような犯罪捜査のための司法警察作用の根拠法規ではなく行政警察作用の根拠法規であり、職務質問は本来的には犯罪捜査ではない。しかし、**挙動不審者に対する職務質問は、その進行により具体的な犯罪の嫌疑が浮かび上がって直ちに任意捜査に移行したり、あるいは当初から犯罪捜査の目的も併有して行われる場合があるなど両者の関係は流動的ないし密接に関連する場合が少なくない。**職務質問において、停止を求めても素直に応じない相手方に対し、肩に手をかけて引き止めるなどの有形力の行使が行われ、その適法性が争われることが多い。**その判断には前述の最（三小）決昭和51・３・16が示した必要性、緊急性、相当性の判断基準がそのまま妥当する。なぜなら、この判断基準は警察比例の原則の顕れであり、警察比例の原則は、司法警察作用にも行政警察作用にも共に妥当する大原則である上、上記のように職務質問と犯罪捜査との境界は流動的あるいは重なりあうものだからだ。**判例では、次のような事案についてその具体的状況に照らして有形力の行使を適法としている(3)。

① **東京高判昭和49・９・30刑月６巻９号960頁（東麻布職質事件）**
　名乗る名前と背広のネームが違うなど窃盗の疑いの強かった被告人の右手首をつかんで停止させる行為

② **最（一小）決昭和53・９・22刑集32巻６号1774頁（鯖江エンジンスイッチ切り事件）**
　赤信号無視で酒臭がした被告人に飲酒検知を告知すると車を発進させようとしたため窓から手を入れてエンジンキーを回して切る行為

③ **最（二小）決昭和59・２・13刑集38巻３号295頁（在日韓国大使館抗議事件）**
　警官に暴行して傷害を負わせた犯人がデモ隊の中に逃げ込んだので、犯人を探し出すべく順次確認するためデモ隊を６～７分停止させた行為

④ **最（三小）決平成６・９・16刑集48巻６号420頁（会津若松エンジンキー引き抜き事件）**
　異状な挙動から覚せい剤使用の嫌疑が強く、積雪で滑りやすい状態であったのに被告人が自動車を発進させようとしたため、窓から腕を入れてキーを引き抜いて取り上げた行為（なおそ

（3）　太田・応用刑訴35頁以下参照。

の後6時間以上にわたって現場に留め置いた行為については違法とされた)。

【2　任意同行・留め置き】

任意同行とは、被疑者などを、その同意を得て警察署などに連れて行くことだ。路上などで職務質問を開始したが、更に詳しく事情を聴くなどの必要が生じたため、相手方を警察署に連れて行くのがその典型だ。また、すでに逮捕状を得ているかその請求の意図がある場合でも、被疑者方に赴いていきなりその場で逮捕することはせず、まずは被疑者を任意同行して取調べを開始し、適当なタイミングで逮捕状を執行することも多い。贈収賄とか殺人事件などの重要事件ではしばしば行われる。

任意同行はあくまで任意捜査なので強制力を用いることは許されない。しかし、相手方が素直に同行に応じない場合、強制に至らない程度のある程度の有形力を用いて同行を促すこともしばしば行われる。119頁の「バリエーション」の事例がそれだ。この事例は、相手方は同行に素直に応じなかったため、軽く背中を押してパトカーに乗車させた。しかし、もし、絶対に乗車しようとしない相手方を警察官が二人がかりで体を抱え込んで車に押し込んだとしたら、それは任意捜査を超え、実質的に逮捕に至っているので、違法となってしまう。有形力が許される限界は、職務質問のために停止させる場合と同様、必要性、緊急性などを考慮し、具体的状況の下で相当と認められる限度内であるか否かで判断する。この事例では、相手方が覚せい剤を使用している疑いが濃厚であり、採尿のために警察署に任意同行させる必要性と緊急性は高く、行使した有形力も背中を軽く押す程度であり、しぶしぶとは言え、田中は座席に乗り込んだのであるから、この任意同行は適法だといえよう。

任意同行により警察に連れてきた後で、尿を出させるために説得を続ける間、相手方を警察に留まらせることが「留置き」の問題だ。相手方の退去意志が強固で即時退去を強く求める場合、強い有形力を用いて長時間留め置くことは許されない。これが許される限度も必要性、緊急性、相当性の基準により判断される。

事例のように、採尿を促すために説得を続ける間、留め置くことは実務でしばしばある。しかし、相手が尿の提出を断固拒否する場合、延々と数時間にわたり留め置くことは問題であり、違法となる可能性が高い。近年の判例では、説得のためにある程度留め置く段階と、説得では相手方が尿提出に応じないと判断し、強制採尿手続きに速やかに移行して令状を請求し、それが発付されるまでの間の二つの段階に分け、後者の段階では、より強い留置きが許されるとい2段階で適法性を判断するものが多くなっている[(4)]。事例では、当初の説得を40分程度行った後、令状請求手続きに移行し、令状が出るまで2時間程度留め置いたというのであるから、適法だったと考えるのが妥当だろう。

留置きの問題は、覚せい剤事件に限らず、様々な事件で問題となることが多い。

---

(4)　東京高判平成21・7・1東高刑時報60巻149頁は、「本件留置きが，純粋に任意捜査として行われている段階と，強制採尿令状の執行に向けて行われた段階とからなっていることに留意する必要があり，両者を一括して判断するのは相当でない……強制採尿令状の請求が検討されるほどに嫌疑が濃い対象者については，強制採尿令状発付後，速やかに同令状が執行されなければ、捜査上著しい支障が生じることも予想され得ることといえるから，対象者の所在確保の必要性は高」いと判示した。東京高判平成22・11・8高刑集63巻3号4頁も、「強制採尿令状の請求に取りかかったということは，……～犯罪の嫌疑が濃くなったことを物語るものであり……いずれ同令状が発付されることになるのであって，いわばその時点を分水嶺として，強制手続への移行段階に至ったと見るべきものである。……令状執行の対象である被疑者の所在確保の必要性には非常に高いものがあるから，……純粋な任意捜査の場合に比し，相当程度強くその場に止まるよう被疑者に求めることも許されると解される。」とした。

富山任意同行事件（富山地決昭和54.・７・26判時946号137頁）は、午前７時15分ころ、出勤しようとしていた被疑者を警察車両で任意同行し、食事時の休憩をはさむのみで翌日午前零時過ぎまで取調べを行い、午後10時40分逮捕状を得て、午前零時20分頃執行したという事案だ。決定では、

「仮に被疑者から帰宅ないし退室についての明示の申し出がなされなかったとしても、任意の取調であるとする特段の事情の認められない限り、任意の取調とは認められないものというべきである。従って、本件においては、少なくとも夕食時である午後７時以降の取調は実質的には逮捕状によらない違法な逮捕であったというほかない」

とされた（なお、東京高判昭和54・８・14判時973号130頁（飯山買い物袋置引き事件)参照。

【3　所持品検査】

警職法には所持品検査についての規定はない。しかし、挙動不審者に対する職務質問では相手方が法禁物などを持っているかどうかを確認しなければならない必要性は大きく、職務質問に伴う所持品検査はよく行われている。学説では、明文の規定がないために違法だとの説も過去にはあったが、**最（三小）判昭和53・６・20刑集32巻４号670頁、判時896号14頁、判タ366号152頁（米子銀行強盗事件）がこの論争に決着をつけた。**この事案では米子市内の銀行で凶器を所持した４人の若者が現金600万円余を強奪して逃走。警察は緊急配備検問を実施し、事件から約10時間余り後に手配人相に似た若者二人が乗車した車を停止させ、強く促して警察署に同行を求めて職務質問を実施。ボウリングバッグとアタッシュケースの開披を求めたが、黙秘して拒絶。警官がバッグのチャックを開けると大量の紙幣を発見。さらにアタッシュケースをドライバーでこじあけると被害銀行の帯封のある札束をも発見。両名を緊急逮捕すると共にこれらを押収した、というものだ。判決は

「**所持品の検査は、口頭による質問と密接に関連し、かつ、職務質問の効果をあげるうえで必要性、有効性の認められる行為であるから、同条項（２条１項）による職務質問に付随してこれを行うことができる場合があると解するのが、相当である**……職務質問ないし所持品検査は、犯罪の予防、鎮圧等を目的とする行政警察上の作用であって、流動する各般の警察事象に対応して迅速適正にこれを処理すべき警察の責務にかんがみるときは、**所持人の承諾のない限り所持品検査は一切許容されないと解するのは相当でなく、捜索に至らない程度の行為は、強制にわたらない限り、所持品検査にいても許容される場合があると解すべきである。**……状況のいかんを問わず常にかかる行為が許容されるものと解すべきでないことはもちろんであって、かかる行為は、**限定的な場合において、所持品検査の必要性、緊急性、これによって害される個人の法益と保護されるべき公共の利益との権衡などを考慮し、具体的状況のもとで相当と認められる限度においてのみ、許容されるものと解すべきである。**」

などとした上、本件の具体的状況に照らし、ボウリングバッグの開披行為については適法とし、アタッシュケースのこじ開けについても、すでに緊急逮捕の要件が整っており、極めて接着した時間に緊急逮捕に先行して行われた捜索手続と同一視し得るものとして適法とした[5]。

（５）　太田・応用刑訴40頁以下参照。

【4　自動車検問】

公道上に検問所を設置し、走行してくる自動車を無差別に停止させて運転者等に質問をすることはしばしば行われる。交通違反の予防・検挙のための交通検問、不特定の一般犯罪予防・検挙のための警戒検問、特定の犯罪が発生した際における犯人の捕捉及び捜査情報収集のための緊急配備検問（米子銀行強盗事件がその例）などだ。法律の明文の規定がないためその根拠が争われてきたが、判例は肯定し、実務には定着している(6)。**大阪高判昭和38・9・6高刑集167巻7号526頁（天王寺警戒検問事件）**では、

> 「自動車を利用する者に対しても同条1項（※警職法）は警察官に対し職務質問の権限を与えているものと解すべきであり、徐行しているオープンカーの如き場合を除き職務質問の要件の存否を確認するため自動車利用者に停車を求める権限をも合せて与えたものといわなければならない。さらに**運転者や乗客に職務質問の前提要件の存否を確かめるため二、三の質問をすることも相手方の任意の応答を期待できる限度において許容されている**ものと解するのが妥当である」

として、その根拠を警職法に求めた。

しかし、その後、**最（三小）決昭和55・9・22刑集34巻5号272頁、判時977号40頁、判タ422号75頁（宮崎交通検問事件（刑訴百選［10版］A1事件））**では、

> 「警察法2条1項が「交通の取締」を警察の責務として定めていることに照らすと、交通の安全及び交通秩序の維持などに必要な警察の諸活動は、強制力を伴わない任意手段による限り、一般的に許容されるべきものであるが、それが国民の権利・自由の干渉にわたるおそれのある事項にかかわる場合には、任意手段によるからといって無制限に許されるべきものでないことも同条2項及び警察官職務執行法1条などの趣旨にかんがみ明らかである。しかしながら、自動車の運転者は、公道において自動車を利用することを許されていることに伴う当然の負担として、合理的に必要な限度で行われる交通の取締に協力すべきものであること、その他現時における交通違反、交通事故の状況なども考慮すると、**警察官が、交通取締の一環として交通違反の多発する地域等の適当な場所において、交通違反の予防、検挙のための自動車検問を実施し、同所を通過する自動車に対して走行の外観上の不審な点の有無にかかわりなく短時間の停止を求めて、運転者などに対し必要な事項について質問などをすることは、それが相手方の任意の協力を求める形で行われ、自動車の利用者の自由を不当に制限することにならない方法、態様で行われる限り適法なものと解すべきである。**」

として、根拠を警察法に求めた。警察法とは警察の責務やそれを果たすための組織構成などを定める「組織法」だ。これに対し、権力機関が国民に対して何らかの権利利益を制約する働きかけの根拠を与える法律は「作用法」と呼ばれ、刑訴法や警職法は作用法だ。

注意すべきは、自動車検問が、外見上不審事由がない不特定の自動車に対してなされる場合には、純粋に任意でしか行えないことだ。ごく短時間、任意で停車を求めて2、3の質問を行う程度しか許されない。警察法は作用法ではないので、警察法を根拠とするのであればこの限度でなければ許されないのだ。

（6）　太田・応用刑訴63頁以下参照。

他方、発生した犯罪の犯人が運転していると疑われる状況があれば、職務質問や任意捜査として、任意処分の許容性の判断基準に従い、より強い停止措置や質問を行うことができる。また、整備不良車両であったり飲酒や過労運転の疑いが強い場合などには、道路交通法に基づく停止措置が可能である（同法62条、67条）。

2　取調べ

被疑者や参考人（被害者や目撃者など）から警察官や検察官などの捜査官が事情を聴取するのが取調べだ。取調べを行うと、多くの場合、調書（供述録取書）が作成される（その証拠能力については、証拠法のところで勉強する）。

【1　被疑者の取調べの基本原則】

198条は、捜査官が、被疑者の出頭を求めて取り調べることができること、その場合、自己の意思に反して供述をする必要がない旨を告げるべきこと（黙秘権の告知）、その供述を調書に録取することができること、その調書は被疑者に閲覧又は読み聞かせて誤りがないかどうかを問い、増減変更の申し立てをさせてそれを調書に記載すべきこと、誤りがないことを被疑者が申し立てた時には署名・押印を求めることができることなどを定める。

被疑者が逮捕・勾留されていないときは、その取調べは任意でしか行えないので、被疑者は呼び出しを受けても出頭する義務はない。しかし、同条１項但書は「被疑者は、逮捕又は勾留されている場合を除いては、出頭を拒み、又は出頭後、何時でも退去することができる。」と定めている。これは、**逮捕・勾留されている被疑者については、取調室へ出頭し、取調べがなされる間はそこに滞留すべき義務があることを意味する。これを「取調べ受忍義務」という。**学説の中には、このような取調べ受忍義務を否定するものが多かった。それは、捜査官の長時間の厳しい取調べが虚偽の自白を生むおそれがあることに対する批判によるものだ。しかし、**判例や実務は、この条文の素直な解釈により、取調べ受忍義務を認めている。**その背景には、事件の真実を最もよく知るのは被疑者であること、日本にはアメリカのような、取調べに頼らなくても事案を解明して証拠を収集できる様々な強力な捜査手段が乏しいことなどがある(7)。

ただ、逮捕・勾留されている被疑者についてこの義務を認めるとしても、その範囲について学説判例は分かれている。**逮捕・勾留されている事実についてのみ認める限定説、逮捕・勾留されている以上、その事実に限らずどんな事実についてもこれを認める非限定説、逮捕・勾留されている事実に加え、それと密接に関連する事実についてまでは認める中間説の３説だ。**223条２項は、被疑者以外の者について、198条１項但書を準用して取調べ受忍義務を認めている。例えば、自分の覚せい剤事件で勾留されている男が、他の被疑者の殺人事件の目撃者であるような場合だ。他人の事件についてさえ自分が身柄を拘束されている限り取調べ受忍義務を法は認めているのだから、ましてや被疑者自身が逮捕・勾留事実以外の他の事実について取調べ受忍義務を課されるのは当然だと解するのが自然であり、現行刑事訴訟法制定時には、そのように考えられていたのであろう。古い判例もそれを肯定している。しかし、**近年、判例の傾向は次第に、中間説が主流となっている**(8)。これは、非限定説では

(7)　太田・応用刑訴292頁以下参照。

逮捕勾留についての事件単位の原則（後述）が骨抜きになることなどによる。被疑者が犯す複数の事件が密接に関連し、一つの事件の捜査について関連する他の事件も並行して捜査しなければ事案の全体像が解明できないことは少なくない。限定説はそれを認めないので捜査の実情にはあまりにそぐわない。どのような場合が密接に関連するかというと、例えば、住居に侵入した者が引き続き強盗を犯した場合、死体遺棄罪で逮捕された者にその殺人の嫌疑がある場合、脱税事件の被疑者が脱税をした金で公務員に賄賂を供与した嫌疑がある場合、談合罪で逮捕された被疑者が、談合のために市長から予定価格を聞き出しその見返りに賄賂を供与した嫌疑がある場合、同一手口による複数の窃盗事件で、逮捕事実である窃盗を解明するには他の窃盗についても並行して捜査をする必要がある場合、などだ。

古い時代の捜査では、刑事などが予断や偏見に基づいて被疑者に自白を迫り、時には暴行脅迫まで用いて連日追及するなどにより、被疑者が虚偽の自白をし、不幸な冤罪事件を招いたものが少なくなかった。今日でも絶無とはいえない。捜査官は被疑者の取調べに当たっては、被疑者が犯人であるとの嫌疑を抱いていたとしても、それを決め付けてはならない。①まずは被疑者から徹底的に弁解を聴くこと、②その弁解と他の客観的証拠との整合性や矛盾の有無を詳細に吟味し、弁解が不合理でないと思われれば被疑者が無実である可能性についても捜査を尽くすこと、③被疑者が犯人だと確信できれば、被疑者の人格を尊重しつつ情理を尽くした取調べで自白を求めること、が大切だ。

なお、**受忍義務を課した取調べができるのは、逮捕・勾留された被疑者だけであり、被疑者がいったん起訴されて被告人となれば、そのような取調べは許されない。被告人となると公判で対等の当事者となるからだ。**起訴後に被告人を取り調べることもしばしばあるが、それは余罪についての取調べなどだ。余罪について再逮捕・勾留がなされていない限り、その取調べは、任意でしか行えないことは基本中の基本だ。

【2　宿泊を伴う取調べ】

被疑者を逮捕・勾留していない場合でも、被疑者を適当な施設に宿泊させて連日の取調べを行う場合もある。殺人などの重大事件で、被疑者の嫌疑は濃厚であるが、逮捕できるほどには証拠が固まっていないため長時間の取調べが必要である上、単なる呼び出しでは被疑者がこれに応じず所在不明となるおそれが高いなどの場合に行われる。しかし、これが行き過ぎると実質的な逮捕・勾留になってしまう。どの程度までなら許されるかは、必要性、緊急性、相当性の任意捜査の判断基準の応用となる。事案が軽微であるとか、自白がなくとも客観証拠で立証可能な場合であれば、そもそも必要性・緊急性が乏しい。また、宿泊の形態が自由制約の程度が高く、日数が長くなりすぎれば相当性を欠くこととなる。以下が指導的判例だ。

ア　高輪グリーンマンション殺人事件（最（二小）決昭和59・2・29刑集38巻3号479頁、判時1112号31頁）

殺人の嫌疑が高い被疑者を、警察署近くの民間宿泊施設に、捜査員４～５名とともに宿泊させ、１名は被告人の隣室に泊まって挙動を監視するなどして、４泊にわたり同所に宿泊させ、その間、警察で取調べを継続したものだ。決定は、次のように判示して違法とはしなかった。

（8）　太田・実践刑事証拠159頁以下参照。

「任意捜査の一環としての被疑者に対する取調べは～～事案の性質、被疑者に対する容疑の程度、被疑者の態度等諸般の事情を勘案して社会通念上相当と認められる方法ないし態様及び限度において、許容されるものと解すべきである」

「4夜にわたり捜査官の手配した宿泊施設に宿泊させた上、前後5日間にわたって被疑者としての取調べを続行した点については、～任意取調べの方法として必ずしも妥当なものであったとは言い難い」

「他面、被告人は、右初日の宿泊につき前記答申書を差出しており、また、記録上、右の間に被告人が取調べや宿泊を拒否し、調べ室、あるいは宿泊施設から退去し帰宅することを申し出たり、そのような行動に出た証跡はなく、捜査官らが、取調べを強行し、被告人の退去・帰宅を拒絶したり制止したというような事実も窺われないのであって、これらの諸事情を総合すると、右取調べにせよ宿泊にせよ、結局、被告人がその意思によりこれを容認し応じていたものと認められる」

「（本件取調べは）、宿泊の点など任意捜査の方法として必ずしも妥当とは言い難いところがあるものの、被告人が任意に応じていたものと認められるばかりでなく、事案の性質上、速やかに被告人から詳細な事情及び弁解を聴取する必要性があったものと認められることなどの本件における具体的事情を総合すると、結局、社会通念上やむを得なかったものというべく、任意捜査として許容される限界を越えた違法なものであったとまでは断じ難い」（なお、違法とする2裁判官の意見がある。）

イ　松戸市殺人事件又はロザール事件（東京高判平成14・9・4判時1808号144頁）

フイリピン人女性である被告人に対し、警察官が、連続10日間にわたり、ビジネスホテル等に宿泊させて、連日長時間の取調べを行った事案について、任意捜査として許容される限界を越えた違法なものであるとして自白調書の証拠能力を否定した事案だ。

11月10日の朝、被告人が、松戸市内で同棲中の自宅ベッドで被害者が血を流して死亡しているのを発見、娘が入院中の病院を介して救護を求めて事件が発覚した。被告人は自分ではなく夫Bの犯行だと供述し、Bも併行して取調べられた。それから連日9泊10日間の取調べが継続された。この間、最初の2日間は、娘の病院で宿泊して病室出入口付近に警察官が待機し、以後の7泊は、警察官宿舎の婦警用の空き室に2泊、ビジネスホテルに5泊し、婦警用空き室では、仕切り戸の外された隣室に婦警が同宿し、ホテルでは、室外のエレベータ附近のロビーに婦警が待機した。この間連日午前9時か10時ころから夜8時ないし11時過ぎまで取調べが続きいた。最後の日の午後、被告人は自白し、通常逮捕された。

本判決は、一度も解放されることなのない9泊もの宿泊、この間、警察官から厳重に監視され、ほぼ外界と隔絶された等事実上の身柄拘束状態にあったこと、そのための被告人の多大な心神の苦痛、上申書を書いた理由は精神的に参り、朝から夜まで調べが続いて追及されたためであること、宿泊できる可能性のある友人もいた上、3日目以降は自ら望んだものではないこと、警察は宿泊可能場所についての真摯な検討を怠って宿泊先を用意したこと、などを指摘した上、事案の重大性、必要性、緊急性を考慮しても、

「本件の捜査方法は社会通念に照らしてあまりにも行き過ぎであり、任意捜査の方法としてやむを得なかったものとはいえず、任意捜査として許容される限界を超えた違法なものであるというべきである～事実上の身柄拘束にも近い9泊の宿泊を伴った連続10日間の取調べは明らかに行き過ぎであって、違法は重大であり、違法捜査抑制の見地からしても証拠能力を付与するのは相当ではない」

として、被告人の自白調書の証拠能力を否定した。

ウ　向島こんにゃく商殺人事件（東京地決昭和55・8・13判時972号136頁）

2泊3日の宿泊を伴う取調べが違法であったとして勾留すら認められなかった事案だ。8月7日午前中の約2時間の調べで、被告人は犯行の一部を認めたが、細部についての供述は変遷を重ねた。被告人は借金の取立てに追われて公園等を寝泊りしている状況にあったため、捜査官が宿泊中のホテルへの同宿を勧め、「どこでもよいから泊まる場所をお願いする」旨のお願い書を提出させ、それから2泊させた。深夜に捜査官6名が同行し、二間続きの部屋の奥六畳間に被告人と捜査官2名、入口側に4名が宿泊し、朝から警察本部に行って午後10時ころまで取り調べるなどし、その夜も同様に宿泊させ、3日目の午前中からの取調べで、午後に自白に至り、午後9時ころ通常逮捕したというものです。送迎はすべて警察車両でした。勾留請求却下に対する検察官の準抗告に対し、本決定は、問題は宿泊の「態様」にあるとし、二間の部屋への雑魚寝状況、取調べ室への警察車両での往復、食事の提供、外出の機会なく終日の取調べ等からして「実質的に逮捕と同視すべき状況下にあったものと言ってよ……い」として準抗告を棄却した。

4泊5日の宿泊のアの事件では違法とされず、9泊10日のイの事件では違法とされた。ウの事件では2泊3日に過ぎなかったのに違法とされた。このように宿泊を伴う取調べの適法性の判断において、その日数は大きな要素であるが、それのみではなく、宿泊させた方法や形態、実質的な拘束性の強弱などが具体的に検討されていることが判るだろう。

なお、施設などへの宿泊は伴わないが、深夜における長時間の取調べが問題となったものとして、平塚ウエイトレス殺害事件（最（三小）決平成元・7・4刑集43巻7号581頁、判時1323号153頁）がある。これは嫌疑の高い被疑者を午後11時過ぎころ警察に任意同行し、以後約22時間にわたって徹夜で取調べを行い、自白を得た事案だ。決定は、

> 「このような長時間にわたる被疑者に対する取調べは、たとえ任意捜査としてなされるものであっても、被疑者の心身に多大の苦痛、疲労を与えるものであるから、特段の事情がない限り、容易にこれを是認できるものではな〔い〕」

としつつも、①参考人として事情聴取が開始されたこと、②被告人から進んで取調べを願う承諾があったこと、③捜査官には逮捕の時間制限を潜脱する意図がなかったこと、④被告人の自白に客観的状況と合致せず虚偽があって真相追求の必要があったこと、⑤被告人が拒否・帰宅、休息などの意思表示をした形跡がないこと、⑥虚偽を含む自白があることから真相を強盗殺人とする容疑が浮かび上がったこと、⑦殺人と窃盗に及んだ旨の自白に対し、強盗殺人の疑いが濃厚となったことを、本件の特殊事情として認定し、

> 「社会通念上任意捜査として許容される限度を逸脱したものとまでは断ずることができず、その際になされた被告人の自白の任意性に疑いを生じさせるようなものであったとも認められない」

とした。しかし、2名の裁判官は反対意見で自白の証拠能力は否定すべきとしており、適法違法のボーダーラインの事案だった(9)。

---

(9)　これらの問題については、太田・応用刑訴104頁以下に詳しい。

【3　参考人の取調べ】

事件の被害者や目撃者などは223条に基づき、参考人として取り調べられる。供述録取書を作成する場合、読み聞け、署名・押印などが必要なのは被疑者の場合と同様だ。参考人としての取調べは任意でしかできないので、捜査官はその呼び出しに苦労する場合も少なくない。被疑者が起訴されて公判段階になれば証人として出頭・証言を強制できるが、捜査段階ではこれができない。唯一の例外的手段として、226条は、「犯罪の捜査に欠くことのできない知識を有すると明らかに認められる者が第223条第１項の規定による取調に対して、出頭又は供述を拒んだ場合には、第一回の公判期日前に限り、検察官は裁判官にその者の証人尋問を請求することができる。」と定めている。実務でこれが用いられる場合はあまり多くないが、時々利用されている。

3　逮捕・勾留

事案がそれほど重大でなく、被疑者が証拠を隠滅したり逃亡するおそれが少ない場合には、被疑者在宅のまま任意捜査を行って必要な証拠を収集し、起訴や不起訴などの事件処理が行われる。被疑者や参考人は呼び出しを受ければ出頭して供述し、また証拠物なども任意で提出される場合が多い。しかし、任意捜査では事案が解明できない場合には、被疑者を逮捕し、更には勾留して捜査を遂げなければならなくなる。

【1　逮　　捕】

逮捕には、通常逮捕、現行犯逮捕、準現行犯逮捕、緊急逮捕の４種類がある。199条から213条にその要件や手続が定められている。逮捕や次項の勾留は被疑者の権利利益に対する最大の侵害制約であるため、その要件については厳格かつ正確に理解されなければならない。

憲法33条は、「何人も、現行犯として逮捕される場合を除いては、権限を有する司法官憲が発し、且つ理由となっている犯罪を明示する令状によらなければ、逮捕されない。」と定める。戦前は憲兵隊や特高警察による無令状の身柄拘束などの人権蹂躙が行われていたことの反省に立ち、GHQの指導の下で、アメリカの連邦憲法の規定を参考として日本国憲法に取り入れられた人権保障規定の一つだ[10]。

【通常逮捕】

逮捕状という令状による逮捕だ。**「被疑者が罪を犯したことを疑うに足りる相当な理由がある場合」に裁判官が発する逮捕状により逮捕される（199条）。**逮捕状の請求は、検察官や公安委員会が指定する警部以上の司法警察員[11]に限られるが、実際の逮捕状の執行は検察事務官や巡査など司法警察職員でも行える。

30万円以下の罰金、拘留又は科料[12]に当たる罪については、住居不定や正当な理由のない不出頭の

(10)　憲法31条から40条までの刑事に関する人権保障規定は、アメリカの連邦憲法修正条項４条、５条、６条などを参考として設けられた。日本の憲法や刑事訴訟法の理解に役立つので、ネットなどで読むのを勧める。

(11)　123頁参照。

(12)　拘留や科料は、刑法16条、17条が定める刑罰の一種である。勾留や過料（行政上のペナルテイ）とは異なることに注意。

場合にしか逮捕できない。また逮捕の理由は認められても、明らかに逮捕の必要がないと認められる場合には、裁判官は逮捕状を発しない（199条2項）。例えば、家庭の主婦が1,000円相当の万引きをし、店員に見つかって商品を返還したような軽微な事案であれば、逮捕は考えられない。

【現行犯逮捕】

「現に罪を行い、又は現に罪を行い終わった者」が現行犯であり、無令状で逮捕できる（212条1項）。また、現行犯については、捜査官でない私人であっても逮捕できる（213条）。ただ、私人が現行犯逮捕したときは、直ちに検察官か司法警察職員に犯人を引き渡さなければならない（214条）。被疑者が被害者を殴っている真っ最中であれば「現に罪を行い」に該当するが、「現に罪を行い終わった」現行犯の場合には、次の準現行犯逮捕の場合との境界線にあってその区別が微妙な場合もある。殴り終わった直後に警察官がその場に駆け付けた場合にはこれに当たることに問題はないが、判例は、もう少し広げ、次のような事案でも現に罪を行い終わった現行犯として認めている。

《判例①》最（一小）決昭和31・10・25刑集10巻10号1439頁

甲飲食店玄関で従業婦の胸を強打し、ガラスを破損したので、店主が直ちに通報し、巡査が現場に急行して被害者から被害状況を聞き、今、20メートル離れた乙特殊飲食店にいると告げられたので、破損個所を確認した上、直ちに乙店に行くと、被疑者が手を怪我して大声で叫びながら足を洗っていたので逮捕。犯行後3～40分経過していた。

《判例②》最（一小）判昭和50・4・3刑集29巻4号132頁（あわび密漁事件）

あわびの密漁犯人を現行犯逮捕するため約30分間密漁船を追跡した者の依頼により約3時間にわたり同船の追跡を継続した行為を適法な現行犯逮捕と認めた。

現行犯人が無令状で逮捕できるのは、犯罪と犯人が明白であり、誤認逮捕のおそれが乏しいことにある。そのためには、犯行と逮捕との間の場所的・時間的接着性が必要だ。法文では「行い終わった」と時間的接着性のみを明示しているが、時間的接着性と場所的接着性は大きく関係し、表裏一体の面もあるので、場所的接着性も当然考慮に含まれる。これらが隔たるほど、犯人と被疑者の一致に疑問が生じるからだ。《判例②》の事例は、逮捕まで3時間もかかっているが、広い海の上で間断なく追跡を継続していたという特殊事情があったため認められたものだ。

しかし、時間的場所的接着性が薄らぎ、「現に罪を行い終わった」とまではいえない状態になったときは、本来の現行犯逮捕はできず、次の準現行犯逮捕が許されるかという問題となる。

【準現行犯逮捕】

212条2項は、「左の各号の一に当たる者が、罪を行い終わってから間がないと明らかに認められるときは、これを現行犯人とみなす」として

一　犯人として追呼されているとき。

二　贓物又は明らかに犯罪の用に供したと思われる兇器その他の物を所持しているとき。

三　身体又は被服に犯罪の顕著な証跡があるとき。

四　誰何されて逃走しようとするとき

の四つの号を定めている。

「現に罪を行い終わった」と「罪を行い終わってから間がないと明らかに認められるとき」が、本来の現行犯と準現行犯逮捕の違いだ。つまり、犯罪と犯人の明白性の判断要素で最も基本となる時間的接着性が、準現行犯の場合には少し緩和されるのだ。しかし、これが緩和されることによって犯罪と犯人の明白性の判断に危うさが生じることを防ぐため、準現行犯の場合は、上記の４つの号の少なくとも一つに該当することを要件とすることによって、判断の客観性を担保するのだ。１号や２号、３号の場合には比較的問題が少ない。２号の「贓物」とは被害者から奪った物のことだ。３号の典型は、犯人が被害者から返り血を浴びて服に血のりがついている場合などだ。ただ、４号については、人が呼び止められて逃げる理由にはいろいろなもの（例えば、殺人の準現行犯の疑いはあったが。逃げた理由は覚せい剤を隠し持っていたためであったなど）があるので、他の号よりは少し弱い要件だ。これらの号の一つだけでなく、複数の号に該当すればそれだけ判断は強いものとなる。これらの一つに該当することは必要条件だが、それを踏まえた上で、様々な具体的事情から、犯罪と犯人の明白性が認められなければならない。

これらの要件を満たせば、準現行犯も「現行犯とみなす」ので、手続的には、両者に区別はない。次項の緊急逮捕が、逮捕後直ちに逮捕状請求の手続を取らなければならないのとは異なる。また、私人による準現行犯逮捕も可能だ。

（現行犯、準現行犯逮捕における犯罪と犯人の明白性の判断資料）

現行犯逮捕では、犯罪と犯人の明白性判断の資料となる事情については、原則的に逮捕者自身が自ら見聞きして覚知したものでなければならない。他人からの伝聞情報などのあやふやな資料によって無令状逮捕を許すべきでないからだ。次が重要判例だ。

《判例》京都地決昭和44・11・５判時629号103頁（西ノ京恐喝未遂事件〈刑訴百選［10版］11事件〉）

恐喝未遂を受けた被害者が110番通報し、駆けつけたパトカー警察官に被害状況と犯人の服装人相等を説明。警察官は約20分後、被害者方から約20メートルの路上で、説明とよく似た人相風体の男を発見。職務質問したが犯行を否認したので、被害者を対面させたところ、犯人に間違いないとの供述を得たので現行犯逮捕した。勾留請求が却下されたので検察官が準抗告。

（判旨）

「**被疑者が現に特定の犯罪を行い又は現にそれを行い終わった者であることが、逮捕の現場における客観的外部的状況から、逮捕者自身においても直接明白に覚知し得る場合であることが必要……逮捕者である司法巡査とすれば犯行現場に居合わせて被疑者の本件犯行を目撃していたわけではなく、……被害者の供述に基づいてはじめて被疑者を本件被疑事実を犯した犯人と認めえたというのにすぎないのである**……被疑者について緊急逮捕をなしうる実体的要件は具備されていたとは認められるけれども、現行犯逮捕……をなしうるまでの実体的要件が具備されていたとは認められないといわなければならない」とし、逮捕手続に重大な違法があるとして準抗告を棄却した。

恐喝は言葉のみで実行されるため、犯行後に駆け付けた警察官は犯罪が行われたことを自ら客観的に判断できる資料がない。

前記の**最（一小）決昭和31・10・25**の場合は、逮捕した警察官が、自らガラスの破損個所を確認し、被疑者が手を怪我して大声で叫びながら足を洗っていたのを現認したこととの違いが判るだろう。

ただ、**犯罪と犯人の明白性の判断のすべてを逮捕者自身が直接覚知していることまでは必ずしも要求されない。客観的な資料の相当部分を自ら覚知している場合であれば、例えば、被疑者自身がその場で犯行を認めたり、被害者から名指しされたことも補助的な資料することは許される。また、複数の者が共同して、あるいはリレー的に交代して逮捕を行う場合には、それらの者の間の連絡により、犯罪と犯人の明白性の判断資料が共有されていれば足りる。**例えば、電車内で痴漢にあった女子高校生が、すぐに父親に被害を連絡し、駆けつけた父親が犯人を捜し、娘から聞いた服装の男が不審な行動をとっていたので犯人だと確信して逮捕した事案について、娘と父親との共同逮捕であるとして適法とした判例がある（東京高判平成17・11・16東高刑時報56巻１―12号85頁）。

また、**秘密裡に行われる犯罪では、警察が事前から内偵捜査を進めた上で犯人の現行犯逮捕に至る場合があるが、逮捕時点で犯罪と犯人の明白性について警察官（チームでもよい）が相当程度覚知できているのであれば、事前の内偵捜査などで得た情報もその判断資料に加えることは許される。**競馬の呑み行為事案について、内偵を続けた警察が、被疑者自宅で呑み行為が行われている確度の高い情報をつかみ、警察のチームが被疑者自宅を見張っていたところ、そこから出てきた男を職務質問してたった今呑み行為の申し込みをしてきたことを自白したので現行犯逮捕するとともに被疑者自宅に踏み込んで被疑者を現行犯逮捕したことを適法とした判例がある（東京高判昭和41・６・28判タ195号125頁）。

準現行犯逮捕の場合、前記の212条２項の四つの号のいずれかに該当することについては、逮捕者自身が自ら覚知していなければならない。しかし、これが満たされていれば、「罪を行い終わってから間がないと明らかに認められる」という判断については伝聞の情報によることも許される。著名な判例は、和光大内ゲバ事件の**最（三小）決平成８・１・29刑集50巻１号１頁、判時1557号145頁、判タ901号145頁（刑訴百選［10版］12事件）**だ。過激派学生の相互の殺傷事件（内ゲバ）が大学構内などで頻発していたころ、和光大学で中核と革マルとの内ゲバ事件が発生した。現場から約４キロ離れた派出所で勤務していた警察官が、事件発生等の無線情報を受けて逃走犯人を警戒中、**事件後約１時間を経過したところ、被告人Ｘが小雨の中を傘もささず、着衣を濡らし、靴も泥で汚れている様子を見て職質停止を求めたところ、逃げ出したので約300メートル追跡して追い付き、その際Ｘが籠手を装着していたことなどから準現行犯逮捕。**また被告人Ｙ、Ｚについては、**犯行後１時間40分経過後、現場から約４キロ離れた路上で、着衣等が汚れた被告人らを発見し質問しようとしたところ、小走りで逃げ出したので数十メートル追跡し、追い付いた際、被告人らの髪がべっとり濡れて靴は泥まみれであり、Ｚには顔面に新しい傷跡があり、血の混じった唾を吐いているなどの事情があったことから両名を準現行犯逮捕。**これらについて各逮捕を適法としたという事案だ。

３名はいずれも逃げ出したので４号に該当し、Ｘについては、籠手を装着していることなどから２号、Ｙ、Ｚについては、顔面の傷跡などから「身体又は被服に犯罪の顕著な証跡」がある３号に該当し、これらは逮捕警察官が自ら覚知したものであることは理解できるだろう。しかし、逮捕警察官は事件の発生は自ら現認しておらず、無線情報で知ったものであり、これも準現行犯逮捕では許されるのだ。

【緊急逮捕】

犯行と逮捕との時間的場所的接着性が失われれば、現行犯逮捕も準現行犯逮捕もできず、通常逮捕によるのが原則だ。その唯一の例外が緊急逮捕だ。緊急逮捕の場合には、事前に逮捕状を得ていなくとも許されるが、これ憲法の令状主義の極めて例外的なものであるのでその要件は厳格だ（210条）。まず、**死刑又は無期若しくは長期３年以上の懲役・禁錮に当たる重い罪に限られる**（法定刑が懲役２年以下の懲役である暴行罪などは含まれない）。また、通常逮捕の場合は「相当な理由」で足りるが、緊急逮捕の場合は、より嫌疑が強い「**罪を犯したことを疑うに足りる充分な理由**」が必要だ。相当な理由と、現行犯逮捕の場合の犯罪と犯人の明白性との中間と考えてもよい。更に、**緊急逮捕した場合には、直ちに裁判官に逮捕状の請求をしてその発付を受けなければならない。**ただ、直ちにとはいっても、逮捕後の引致や弁解録取、逮捕状請求準備などにある程度の時間はかかる。判例ではおおむね６時間程度が違法適法のボーダーラインとなっている[13]。

【2　勾　　留】

司法巡査が逮捕した場合には司法警察員に、検察事務官が逮捕した場合には検察官に、被疑者は引致され（202条）、司法警察員や検察官が弁解録取手続を行う。司法警察員は、留置の必要があると思料すれば逮捕から48時間以内に検察官に身柄と書類、証拠物を送致する（203条）。検察官は弁解録取手続を行った上、更に留置の必要があると思料すれば、24時間以内に裁判官に勾留を請求する。検察官や検察事務官が自ら逮捕した場合には、検察官は48時間以内に勾留請求を行う（204条）。逮捕による身柄拘束期間は最大で72時間だ。

【逮捕前置主義と事件単位の原則】

捜査段階の勾留については、逮捕前置主義が採られる。被疑者の身柄拘束による権利利益の侵害をできる限り少なくするためには、**まず短期間の逮捕を先行させ、その間では捜査が完結しない場合に、より長い期間の勾留を行うことが妥当なためだ。被疑者・被告人の身柄拘束には事件単位の原則が働く。被疑者が複数の犯罪を犯していても、逮捕・勾留の要件や必要性は事件ごとに異なるためだ。**したがって、殺人罪で勾留しようとするならば、殺人罪による逮捕が先行しなければならない。ただ、例えば、殺人罪で逮捕したが、逮捕した被疑者が提出した尿から覚せい剤が検出された場合、殺人の罪に覚せい剤使用の罪を加えて勾留請求するなどは許される。事件単位の原則を厳格に守ると覚せい剤使用の事実でも再逮捕・勾留しなければならなくなり、かえって被疑者の身柄拘束が長くなりかねないためだ。**逮捕手続に重大な違法があれば勾留が認められないこともある**[14]。

---

(13)　現行犯逮捕、準現行犯逮捕、緊急逮捕については、太田・応用刑訴92頁以下参照。

注意すべきは、逮捕前置主義は、捜査段階にのみ妥当することだ。公判段階の勾留については逮捕を前置する必要はない。在宅で起訴された被告人に逃亡のおそれが生じたり、罪証隠滅の動きが発覚するなど、公判段階で勾留の必要性が生じることもある。その場合には、被告人を召喚（法57条）したり勾引（法58条）してから、勾留することになる。

【勾留の手続と要件】

逮捕された被疑者について勾留の請求を受けた裁判官は、勾留の要否を判断する。207条はその裁判官に裁判所と同様の権限を与えているので、裁判所による勾留の要件規定である60条に従い、被疑者に住居不定、罪証隠滅のおそれ、逃亡のおそれのいずれかが認められれば被疑者の勾留状を発する。ただ、60条による裁判所の勾留の期間は起訴後２か月間（更新可能）であるのに対し、捜査段階の勾留期間は10日間であり、最大10日間の延長が認められるにすぎないことに大きな違いがある（208条）。なお、勾留の理由が認められる場合でも、極めて軽微な事件であるなど、勾留の必要性がなければ勾留はできない。捜査は迅速に行い、身柄拘束による被疑者の権利利益の侵害をできる限り少なくする必要があるからだ。最初の勾留は10日間だが、延長は３日とか５日とかに限ることもある。また、勾留期間が残っていても、捜査がすでに完了していれば、期限前に事件処理をすべきだ。

勾留は、被疑者の取調自体を目的として許されるものでないことには留意すべきだ。前述したように逮捕・勾留されている被疑者には取調べ受忍義務が課されるが、これは勾留の直接の効果ではなく、いわば反射的な効果だ。したがって、勾留の延長を裁判官に請求するとき、「被疑者を更に追及して自白を得るため」などの理由では認められない。

【3　別件逮捕・勾留】

別件逮捕・勾留とは、いまだ逮捕状を得るだけの資料がない本件（重大事件）を専ら又は主として取り調べる目的で、軽微な別件で逮捕勾留することをいう。戦後に再審無罪を招いた重大事件の捜査ではしばしばこのような違法不当な捜査がなされ、虚偽の自白を招いた不幸な事案が少なくなかった。そのような反省に立ち、違法不当な別件逮捕勾留であったとしてその間の取調べで得られた自白を排除する次のような多くの判例が生まれた(15)。

①　**福岡地判平成12・６・29判タ1085号308頁（太宰府市殺人事件）**

殺人事件追及の目的で、覚せい剤自己使用事件で逮捕勾留し、その捜査は既に終了して起訴できる状態になっていたにもかかわらず、勾留延長後の期間を利用して殺人事件を連日追及して得た自白を排除した。

②　**浦和地判平成２・10・12判時1376号24頁（三郷パキスタン人放火事件）**

放火事件追及の目的で、不法残留罪で逮捕勾留し、その捜査は３日程度で終了したにもかかわらず、その後はもっぱら放火事件を追及して自白を得たことが違法とされた。

③　**東京地判平成12・11・13判タ1067号283頁（千駄木強盗致傷）事件**

強盗致傷事件追及の目的で、軽微な旅券法違反で逮捕勾留し、勾留延長後の取調べで強盗致

(14)　太田・応用刑訴114頁以下参照。
(15)　太田・応用刑訴119頁以下。

傷の自白を得たことが違法とされた。

④　**最（三小）判昭和58・7・12刑集37巻6号791頁（神戸ホステス宅放火事件）**

放火事件追及の目的で、軽微な住居侵入罪で逮捕し、その当日から放火を追及して自白を得たことが違法とされた。

別件自体に逮捕・勾留の実質的な必要性があり、それが継続しているのであれば、本件追及の目的があったとしても直ちに違法となるわけではない。その間の本件の取調べは余罪についての取調べの可否の問題となる（中間説に従って判断）。しかし、もともと別件自体が極めて軽微で逮捕・勾留の実質的必要性がないにもかかわらず別件で逮捕することは違法であるし（④の事案など）、当初は別件について逮捕・勾留の必要性があっても、捜査が終了して起訴できるにもかかわらず残された期間を利用して専ら本件を追及することは、本件について逮捕・勾留せずに追及するのだから令状主義を潜脱することになり、あるいは別件の勾留がもはやその実体を喪失してしまっているので許されない（①②③の事案など）。

【4　再逮捕・勾留】

同一事実についての逮捕・勾留は原則として1回に限る。これを「一罪一逮捕一勾留の原則」という。逮捕・勾留を繰り返すことを許せば逮捕・勾留の期間が厳格に定められていることは無意味になるからだ。ただ、次のような場合には例外的に許容されている(16)。

①　**事情変更による場合**

証拠が十分でないためにいったん釈放した後、新証拠が発見され（共犯者が逮捕されて自白するなど）、起訴の見込みが生じたなど

②　**違法逮捕による釈放後の再逮捕**

当初の逮捕の違法が重大だとして勾留されなかったため釈放し、その後改めて緊急逮捕や通常逮捕をするなど（前掲西ノ京恐喝未遂事件の例）

③　**常習一罪の一部についての再逮捕・勾留**

常習一罪（常習窃盗や常習賭博など）は実体法上一罪であるが、多数の事実があるため、当初の逮捕・勾留期間中にはそれらの全てについて捜査処理を尽くすことが不可能ないし極めて困難である場合など

4　体液の採取等

捜査において、被疑者から尿、血液、毛髪を採取したり、被疑者が飲み込んだり（嚥下物）や体腔内（肛門など）に隠匿した証拠物を取得する必要が生じることは多い。被疑者が任意にこれらの提出や取得に応じれば問題はないが、被疑者がそれを頑強に拒むことも少なくない。その場合には、令状による強制的な取得が必要となる。強制処分法定主義に照らせば、強制採尿令状、強制採血令状、嚥下物取得令状などを個々の法律で定め、その要件や手続を、明確に定めるのが望ましい。しかし、我が国の刑事手続に関する立法は容易でなく、新しい捜査手法を法律で定めるのには何年もかかり、あるいは強い反対によって実現が困難であるのが実情だ。そこで、**我が国の判例・実務は、直接的に定**

(16)　太田・応用刑訴128頁以下。

める個々の法律規定がない場合でも、捜索差押許可状、身体検査令状、鑑定処分許可状など、既存の令状について、条件を付したり、複数の令状を併用することによって、その目的を果たしてきた。

各種の体液等の採取について、どの令状を用いてそれにどんな条件を付すべきか、どの令状を併用するのが妥当かの判断のためには、まずこれら既存の令状の目的や性質を理解する必要がある。その検討のポイントは、**①採取しようとする対象物が体内の「異物」か、身体生理機能の一部を構成するものか、②採取の主目的が、対象物の占有を確保することにあるのか、対象物の鑑定を行うことにあるのか、③採取行為が相手方の名誉・プライバシーに与える影響の程度とそれを保護する必要性の高さ、④採取行為が相手方の身体の健康等に与える影響、⑤警察官が通常人としての能力で対応できるか、医者などの専門家によるべきか、⑥相手方が応じない場合に直接強制が可能か、など**だ。これらに照らし、各令状の性質等を考えてみよう。なお、これらの捜査は人の身体などに対するものであるため人に対する捜査の面もあるが、対象物の押収などの面では物に対する捜査の性質も有する。

【捜索差押許可状】

222条が、第1編第9章「押収及び捜索」の中の多数の規定を捜査段階での捜索・差押えに準用している。本来の目的は物体としての対象物の占有を確保することにあり、専門家でない警察官の直接強制が可能だが、相手方の名誉・プライバシーの保護については十分ではない。

【身体検査令状】

222条が、第1編第10章「検証」の中の身体検査についての多数の規定を捜査段階での身体検査に準用している。女子の身体検査の場合には医師又は成年の女子の立ち合いを必要とするなど（131条）、相手方の名誉・プライバシーの保護には手厚い。警察官によって実施でき、また直接強制も可能だが（139条を準用）、対象物の占有確保とは無関係だ。

【鑑定処分許可状】

225条が、第1編第12章「鑑定」の中の168条の「鑑定に必要な処分」を捜査段階での鑑定に準用している。鑑定に必要な処分とは、住居などへの立ち入り、身体検査、死体の解剖、物の破壊など鑑定を行うために必要な様々な処分のことだ。**鑑定は、身体検査とは違って医師等の専門家のみによってなされる**。裁判所が命じた鑑定人が行おうとする身体検査を相手方が拒んだ場合には、172条に基づいて鑑定人は裁判所に身体の検査を請求することにより強制的に行うことができる。しかし、225条は、この172条については捜査段階に準用していないため、相手方が応じなければ強制的に身体検査を行うことはできない。また対象物の占有確保に関しては、鑑定の対象物等を一時的に手元に置く必要はあるが、その占有の継続維持が目的ではない。

つまりそれぞれ一長一短がある。これを踏まえて、各種の体液等の採取について必要かつ適切な令状は何かを考えよう[17]。

---

(17)　恩田剛『令状審査の視点から見たブロック式刑事事件令状請求マニュアル』(2015年、立花書房)、伊丹俊彦編著「Q&A実例捜索・差押えの実際［第2版］』(2013年、立花書房）参照、太田・応用刑訴78頁以下参照。

【1 強制採尿】

以前は、身体検査令状と鑑定処分許可状の併用によるのが実務だった。目的は採取した尿の鑑定にあるので鑑定処分許可状になじむが、これだけであれば相手方が拒めば直接強制ができない。強制採尿のためには被疑者の衣服を脱がすなど名誉プライバシーの侵害が大きいため身体検査令状によるのが適切な上、身体検査令状は上記のように直接強制が可能だからだ。ところが、**最（一小）決昭和55・10・23刑集34巻5号300頁、判時980号7頁、判タ424号52頁（刑訴百選［10版］27事件）**は、従来の実務を覆し、次の判示をして、強制採尿は、条件を付した捜索差押許可状によるべきだとの画期的な判断をした。

> 「**右の適切な法律上の手続について考えるのに、体内に存在する尿を犯罪の証拠物として強制的に採取する行為は捜索・差押の性質を有するものとみるべきであるから、捜査機関がこれを実施するには捜索差押令状を必要とすると解すべきである。**ただし、右行為は、人権の侵害にわたるおそれがある点では、一般の捜索・差押と異なり、検証の方法としての身体検査と共通の性質を有しているので、**身体検査令状に関する刑訴法218条5項（※現在は6項）が右捜索差押令状に準用されるべきであって、令状の記載要件として、強制採尿は医師をして医学的に相当と認められる方法により行わせなければならない旨の条件の記載が不可欠であると解さなければならない。**」

これは、尿はいったん膀胱に溜まれば体内に戻ることはなく数時間で排泄されるものであるため、排泄に先んじて液体である物を差し押さえるという考え方だ。しかし、身体の内部から尿を抜き取る行為が本来の捜索・差押えになじむのか、という素朴な疑問もあり、 この決定に対しては、判例によって新たな強制処分を生み出したようなもので、強制処分法定主義に反するのではないか、との根強い批判もある（上記判例百選解説参照）。しかし、正直に尿を提出する者のみが処罰され、これを拒む者が罪を免れるような不公平は許されず、覚せい剤事犯撲滅のためには、末端の自己使用者から検挙して密売組織の摘発を行う必要性が高いことから、この最決に基づく強制採尿は実務には完全に定着している。

なお、同最決は

> 「……被疑事件の重大性、嫌疑の存在、当該証拠の重要性とその取得の必要性、適当な代替手段の不存在等の事情に照らし、犯罪の捜査上真にやむをえないと認められる場合に、最終的手段として、適切な法律上の手続を経てこれを行うことも許されてしかるべきであり、ただ、その実施にあたっては、被疑者の身体の安全とその人格の保護のため十分な配慮がされるべきものと解するのが相当である。」

とも判示している。強制採尿は濫用されてはならず、覚せい剤使用の嫌疑が高い事案について、まずは尿の提出の説得に努め、それでも被疑者が応じないため真にやむを得ない場合に行うことが必要だ。

【2 強制採血】

身体検査令状と鑑定処分許可状の併用によるのが実務だ。**目的は血液の鑑定にあること、採血のためには衣服の一部を脱がすなど身体検査に類する面もあり、身体検査令状では直接強制が可能であるためだ。**前記の昭和55年の最決が、強制採尿については条件付きの捜索差押許可状によるとした後も、実務は従来どおりこの方法によっている。強制採尿は、暴行内の尿をカテーテルで吸い出すが、身体には何らの損傷も与えない。しかし血液は尿と違って、採取されない限り体外に排出されることはなく、また採取のためにはわずかとはいえ注射器による皮膚や血管の損傷を伴う。したがって、捜索差押許可状にはなじまないこととは明らかだ。

【3　毛髪の強制採取】

毛髪採取の目的にはいくつかある。**主なものは毛髪の成分を分析して鑑定することであり、例えば毛髪内に蓄積した薬物を検出するためだ。**覚せい剤使用事件で、被疑者の尿から覚せい剤が検出されるのは使用後約1週間の間だが、毛髪は1か月に約1センチ伸びるので、薬物成分が毛髪のどの部位に残存しているかによって、長期間の薬物の使用歴が判明する。腕の注射痕などから覚せい剤使用が強く疑われるのに尿からは検出されない場合、毛髪鑑定を行うことはときどきある。ただ、尿の鑑定は数時間で可能なのに対し、毛髪鑑定は日数がかかり作業も複雑なので、必要性が特に高い場合に行われている。また、毛髪によるDNA型鑑定も行われる。**毛髪鑑定のもう一つの目的は、形態学的鑑定だ。事件現場に遺留された毛髪と被疑者の毛髪の一致の鑑定は、成分鑑定のみならず、ねじれや太さなどの形態学的鑑定も行われる。毛髪を強制的に採取する令状は、実務では血液と同様、身体検査令状と鑑定処分許可状の併用によっている。**毛髪は身体の一部を構成し、切断されない限り自然に身体から離れることはない点では血液に類似するからだ。ただ、毛髪は長く伸びてしまえばいずれは切断されること、血液のように生命身体の維持の機能はないことや切断によって身体の損傷は伴わないことなどから、捜索差押許可状に条件（「容貌に変化を生じさせない部位について30本程度を採取すること」など）を付するという考え方もあろう。また、毛髪鑑定は成分分析のために費消してしまうとは限らず、形態学的鑑定や更には公判での審理で証拠物として用いるために占有を継続することも目的の一つであることに照らせば、捜索・差押え令状になじむ面もある。毛髪採取は、いわば強制採尿と強制採血の中間領域だといえる。なお、DNA型鑑定などのために口腔内の粘膜の採取、唾液や爪の採取が必要となる場合もあるが、これらについても、毛髪採取と同様に考えていいだろう。

【4　嚥下物の強制取得】

所持品検査で発見された薬物が入っていると思われる小さなビニール袋や小型の容器などを、被疑者が差押えを免れようとして、すばやく呑み込んでしまうことがある。証拠物として回収して差し押さえる必要性はもちろん、もし体内で薬物が漏れ出せば身体に極めて危険なため、早急に排出させなければならない。そのためには、被疑者を病院に連行し、X線検査で体内のどの辺にあるかを確認したり、下剤を投与して排泄させ、その中から探し出して差し押さえることになる。**そのための令状としては、捜索差押許可状と鑑定処分許可状を併用するのが妥当だ。もともとの目的は証拠物である薬物を差し押さえるのが目的だから捜索差押許可状に最もなじむし、これに強制力があるのは当然だ。また、X線検査や下剤の投与は専門家である医師のみが可能であり、鑑定処分許可状になじむ。**強制採尿の場合は「医師により相当と認められる方法によること」という条件を付すだけで足りるが、採尿の場合はカテーテルの尿道への挿入は身体になんらの損傷や影響を与えないのに対し、X線検査や下剤の投与は身体への影響も少なくないので、条件を付するだけでは足りないと考えるべきだ。

【5　体腔内に隠匿された物の強制取得】

例えば中南米から入国する者が、コカインをウインナーのようなビニール袋に詰め込み、肛門などの体腔内に押し込んだり、釣り糸につなげて食道内に飲み込み、ホックで歯に留めるなどして隠匿し、税関の検査を潜り抜けようとする密輸入事犯がある。これらを強制的に取得するには、**捜索差押許可状と身体検査令状の併用が適切だ。本来身体の異物である物体としての薬物を探し出して押収することが目的なのだから捜索差押許可状に最もよくなじむ。**しかし、衣服を脱がせて体腔内から取り出すことなどは名誉プライバシーを大きく侵害するので身体検査令状を併用するのが妥当だ。嚥下物を下剤などを投与して排泄させるのとは異なり、体腔内からの取り出しは捜査官の手作業で可能なので鑑定処分許可状は必要でない。

【ま　と　め】

以上をまとめると次のとおりだ。

体液等の強制採取に必要な令状

	尿	血液	毛髪	嚥下物	体腔内隠匿物
捜索差押許可状	○（条件付）		※注1	○	○※注2
身体検査令状		○	○		○
鑑定処分許可状		○	○	○	

注1　条件付の捜索差押許可状による説もある。
注2　条件付の捜索差押許可状で可能との説もある。

3　物に対する捜査（検証・実況見分、捜索・差押え、任意提出・領置、鑑定等）

物に対する捜査には標記のように様々なものがある。人を取り調べるなどして供述を得ることは真実発見に大きく役立つが、その反面、人の供述にはその信用性などに危うさも含んでいる。物に対する捜査は、いわゆる客観的証拠の収集のために行われるものであり、その重要性は極めて大きい。

【1　検証・実況見分】

検証とは、五感（視覚、触覚、聴覚など）によって、対象物の存在・形状・状況などを覚知する作用だ。後で学ぶ鑑定と異なり、科学的な専門家でない警察官等の捜査官によって行われる。最も頻繁に行われるのは、殺人事件や交通事故事件などの現場検証だ。法第1編第10章「検証」は128条から142条まで検証について詳しい規定を置いている。これらは裁判所が公判審理において自ら検証を行うための規定であり、裁判所が検証を行うこともときどきある。ただ、**222条がこれらの検証の規定を多数準用しており、実際には捜査段階で行われる検証の方が圧倒的に多い。**「実況見分」という概念は、刑事訴訟法にはない(18)。しかし、**検証と実況見分は行うことは同じだ。検証は検証許可状に基づき、強制処分として行うもので、実況見分は令状によらず任意処分として行うこととの違いがあるに過ぎない。捜査の実際では検証よりも実況見分の方がはるかに多いのが実情だ。**交通事故が発生すれば交通担当の警察官が現場に急行し、衝突・転倒した車両や破損したガードレールの位置、形状等やブレーキによるスリップ痕を写真撮影し、また、立会人である事故当事者に、最初に相手車両を発見した地点、ブレーキをかけた地点、接触した地点などをそれぞれ指示させ、それらの地点相互の距離を正確に計測する。殺人事件の現場では、建物の表の情況、侵入経路と思われる箇所、遺体の位置と状況、血痕の飛沫や付着状況、家具の乱れた状況などを克明に撮影し、位置関係の距離などを計測する。道路は公共の場所なので、令状は不要であり、殺人事件などにおいても、その場所の管理者である被害者の家族などの了承があれば令状なしに実況見分が可能だ。しかし、例えば暴力団事務所で発生した事件などの場合、相手方の協力は期待できないため、検証許可状を得て行うことになる。

身体検査も検証の一種だ。例えば被疑者の腕の薬物の注射痕を確認して写真撮影することも性質的には検証だ。しかし、身体に対する検証は、衣服を脱がせる場合もあるなど、名誉・プライバシー侵害のおそれが大きいため、131条以下にその実施に関する注意点や相手方が任意に応じない場合にこれを強制する手続などについて詳細な規定が設けられ、捜査段階にも準用されている。また、218条1項は、捜査段階で強制処分として行う身体検査について、「身体検査令状」によるべきことと、その請求や発付の要件を定めている。

検証や実況見分の結果は「検証調書」「実況見分調書」に記載される。前記の「相手車両を発見した地点」などと当事者が指示する部分は「現場指示」と呼ばれ、これらは調書と一体のものとなる。しかし、単なる現場指示を超えて当事者らの「供述」を記載することもないではない。例えば、実況見分調書の相手方車両発見地点の指示の部分に「その時相手方車両はクラクションを鳴らしてヘッドライトを点滅させました」などと書けば、それは現場指示を超えた「供述録取」になってしまう。こ

(18)　犯罪捜査規範（国家公安員会規則）には第4章「任意捜査」に実況見分に関する規定がある（104～106条）。

れは本来の検証や実況見分の目的を超えるのでできる限り避け、そのような供述録取は後の取調べで行うのが望ましい。しかし、そのような供述が記載された場合には、その部分は「供述録取書」となってしまうので、後日公判でその部分に証拠能力が認められるためには、供述録取書として必要な読み聞けや署名・押印などの要件を満たしていなければならない（犯罪捜査規範105条）。

【2　捜索・差押え】

強制的に証拠物を探し出して押収することが捜索・差押えだ。法第1編第9章「押収及び捜索」に99条から127条までの規定が設けられ、その多くが222条で捜査段階に準用されている。また、検証と同様、218条が、捜査段階における捜索・差押えについては、捜索差押許可状によるべきこととその請求・発付の要件を定めている。検証の場合には、裁判所が行う場合も少なからずあるが、捜索・差押えについては、裁判所が行うのは極めて稀であり、ほとんどすべてに近いほど捜査段階で行われているのが実情だ。

捜索・差押えによって得られた証拠物は、有罪無罪の帰趨に関わる重要なものが多いため、その手続の適法性が裁判で厳しく争われることが多い。**捜索差押許可状の場所と対象物の特定の問題、令状を執行する場合にドアを破壊するなどの「必要な処分」や令状呈示時期の問題、多数の証拠物の「関連性」を個別に確認することなしに行う包括的差押えの可否の問題、場所に対する令状で、対象物である物をその場にいる人が隠匿していると疑われる場合に人の身体まで捜索することの許否の問題、逮捕の現場において無令状で行う捜索・差押えが許容される範囲の問題、職務質問・所持品検査の適法性とそれによって発見された証拠物の差押えの問題など多岐にわたり、これらに関する判例は多い。**また、証拠収集手続に重大な違法がある場合の違法収集証拠排除の問題は、捜索・差押えがその最大の場面となる。

ア　捜索差押許可状の特定性の問題

憲法第35条は、被疑者を逮捕する場合を除いて、捜索・差押えについては「正当な理由に基づいて発せられ、且つ捜索する場所及び押収する物を明示する令状」がなければならいことを定める。これはアメリカの連邦憲法修正第4条に由来するものだ。アメリカでも古い時代には、捜索場所も対象物も特定せず捜査官が必要と思えばあらゆる物を捜索・押収する「一般令状」がまかりとおり、市民の人権を侵害していた反省に立ち、捜索・差押えについてはその場所と対象物を令状で特定すべきだとする「particularity requirement」が連邦憲法修正条項に盛り込まれた。我が国でも日本国憲法にこれが盛り込まれ、それを受けて**219条が、令状には「被疑者若しくは被告人の氏名、罪名、差し押さえるべき物、捜索すべき場所、身体若しくは物」などを記載すべきことを定めた。**

【場所の特定等】

同条が「場所、身体若しくは物」と規定するとおり、住居などの建物の場所と、身体、物（例えば自動車など）**とは区別され、原則的に、それらの捜索が必要ならそれぞれについて個別の令状が必要だ。**ある被疑者について、その自宅、所有・管理している自動車、身体について、くまなく捜索が必要な場合には、それぞれについて各別の令状を取得しておくことが望ましい。被疑者所有・管理の自動車が自宅のガレージ内に駐車している場合には、自宅に対する捜索令状でその車内の捜索も許される。自宅のガレージは自宅に「包摂」されるからだ。しかし、その自動車が自宅のガレージでなく、表の公道上に駐車している場合には、自宅に対する令状はその自動車には及ばない。自動車に対する令状を取得していれば、どこに駐車していても捜索が可能となる。また、**身体は住居という場所には当然には包摂されない（例外的に可能となる場合については後述）**。身体に対する令状を取得していれば被疑者が自宅にいる場合はもちろん、表の路上に出ても捜索が可能となる。住居や建物などの場所の内部に存在する家具や金庫、ロッカーその他の備品は、その場所に「包摂」されるため、その場所に対する令状で原則的に捜索できる。しかし、**ある場所の中の区分された部分について、直接的に使用する者の第一次的な管理権と、建物全体に対する所有者等の第二次的な管理権が競合する場合には問題となる。**例えば、ある銀行の店舗に対する令状で、その中にある貸金庫の捜索は許されない。貸金庫を借りている者の当該部分の第一次的管理権は排他的なものだからだ。駅の建物の中にある有料のコインロッカーは、貸金庫ほど管理権の排他性は強くないとしても、それを捜索することは当然にはできない。会社事務所に対する令状でその中にある従業員用の個人ロッカーを捜索できるかについては、従業員が無償で勤務のためにのみ使用することを許されており、社長がマスタキーを保管しているのが通常なので、従業員の当該ロッカーに対する管理権は排他的とはいえないため、状況によっては許容され得る。

ある被疑者が、東京の自宅と伊豆の別荘を所有管理している場合には、それぞれについて令状が必要だ。管理者は同一であっても管理権は建物ごとに複数あるからだ。１軒の住居ならその住居の番地等を明示した一通の令状でその敷地建物や付属設備（ガレージや庭の倉庫など）について捜索ができる。しかし、それが広大な邸宅で、使用人などが起居する別棟や倉庫があることが判っている場合には、令状は１通でよいが「～番地所在の被疑者自宅及び敷地内の付属建物・設備等」と記載しておくのが望ましい。

マンションやテナントビルなどの共同所有・管理の建物についても問題がある。あるマンションのA号室を捜索場所とする令状の効力が当然に及ぶのはその部屋のみだ。１階フロアにある郵便受けまではこれに含まれるだろう。また、被疑者が使用を許されている被疑者個人の駐車スペースや倉庫部分については、この令状に読み込むことも可能ではあるが、疑義を招かないように、「A号室及び被疑者使用の駐車場等付属設備部分」などと記載しておくのがよいだろう。しかし、廊下とかマンションロビーなどの共用部分については、含まれない。被疑者以外の他人の管理権をも侵害するからだ。その場合、別の令状を取得する必要まではないが、「A号室、被疑者使用の付属設備等、及び廊下・エレベーター・ロビーフロアなど共用部分」と明示しておけばよいだろう。

【物の特定等】

捜索の場所が特定されれば、次はその中に存在し、差し押さえるべき物の特定が問題となる。捜索・差押えは、ある具体的な被疑事実の証拠物を確保することが目的であり、事件に関係のない物まで差し押さえることは許されないため、対象物を具体的に特定することが必要だ。例えば、自動車１台の窃盗事件で、被害者の自宅から盗まれた自動車１台を差し押さえる場合には、その登録番号などで特定できるので問題は生じない。しかし、**事件によっては、その事件について、その場所にどのような証拠物が存在するかどうか、事前には明確でない場合も少なくない。特に複雑大規模事件ではなおさらだ。対象物をすべて詳細に漏れなく特定することが困難な場合には、主な対象物を具体的に列**

挙した上で、その末尾に「その他本件に関係すると思われる書類・物品」などといわゆるバスケットクローズを付加することも許される。最大決昭和33・7・29刑集12巻12号2776頁（都教組事件〈刑訴百選［10版］A5事件〉）は、

「本件許可状に記載された『本件に関係ありと思料せられる一切の文書及び物件』とは『会議議事録、闘争日誌、指令、通達類、連絡文書、報告書、メモ』と記載された具体的な例示に付加されたものであって、同許可状に記載された地方公務員法違反被疑事件に関係があり、且つ右例示の物件に準じられるような闘争関係の文書、物件を指すことが明らかであるから、同許可状が物の明示に欠くるところがあるということもできない。」

とした。

また、**個々の対象物をどの程度具体的に特定すべきかは事案によっても異なる。**例えば、殺人事件で、目撃者の供述で犯人が金属バットで被害者の頭を殴ったことがはっきりしていれば、対象物は「本件犯行に使用された金属製バット」と特定する。しかし、目撃者もおらず、司法解剖の結果によっても兇器はなんらかの鈍器によるものとしか判明していない場合には、対象物は「本件犯行に使用された鈍器類」としか特定できず、その場所にあったバット、レンガ、ハンマーなど凶器となり得るもののいずれもが差押えできることになる。

イ　必要な処分と令状提示の時期

111条1項は、「差押状又は捜索状の執行については、錠をはずし、封を開き、その他必要な処分をすることができる」と定め、222条1項がこれを捜査段階の捜索に準用している。捜査官が令状を持って捜索現場に赴いたが、相手方が捜索・差押えを免れるために玄関ドアをロックして開けさせず、その間に覚せい剤をトイレに流してしまおうとすることなどは少なくない。このような罪証隠滅行為を防ぐためには、ドアに押し破ったりチェーンロックをクリッパーで切断するなどして室内に入り、直ちに覚せい剤を発見押収しなければならない。このようなドアなどの破損は捜索・差押えそのものとは異なる相手方への権利利益の侵害をもたらすが、それを合理的でやむを得ない範囲で行うことを許すのが「必要な処分」だ。同条は例示的規定であり、必要な処分には具体的状況に応じて様々なものがある。ホテルの居室内に入るため、捜査官がホテル従業員を装ってシーツの交換に来たと嘘を言ってドアを開けさせること、窓ガラスを叩き割って内側に手をいれて鍵を開けること、住居内で発見された金庫が施錠されて開かないので鍵職人を呼んで開扉させることなど多様だ。ただ注意すべきは、それが真にやむを得ない場合に限られることだ。必要なものならなんでも許されるということではない。「**捜索押収という強制処分の内容ないし本来的な目的を達成・実現するために合理的に必要と考えられる最小限度の付随的な実力行使、強制力の発動が許されるという、法定された強制処分の性質そのものから論理的・合理的に導かれる事柄を確認的に明示した規定**」だと考えられている。例えば、覚せい剤や拳銃の発見押収を目的とする捜索なら、直ちに覚せい剤が隠滅されたり、あるいは相手方が拳銃で捜査官に発砲するおそれもあるので、ドアを叩き破って侵入することは許される。しかし、経済事犯などで会社事務所から経理帳簿などの書類を押収することが目的の捜索の場合、会社事務所に捜査官が赴いたとき、会社事務所の管理者がまだ出勤していないからといって、会社のドアを叩き壊して立ち入ることは必要な処分とはいえない。管理者を呼び出して鍵を開けさせるまで捜査官が表で待機すればよく、その間に内部の証拠物が隠滅される恐れはないからだ。また、覚せい剤事案であったとしても、差押えの対象物に覚せい剤が含まれていなければ、緊急性が乏しいため必要な処分としてドアの損壊などが認められない場合もありうる(19)。

これに関連して令状の提示時期の問題がある。222条1項が準用する110条は、「差押状又は捜索状は、処分を受ける者にこれを示さなければならない」と規定する。捜索を受ける者にその理由とどのような物が捜索・差押えの対象になっているかを告知することが相手方のその後の不服申立てを可能とするし、これによって令状記載の対象物以外の物を捜索・差押えしようとするような濫用が防がれるからだ。したがって、令状は捜索を開始する前に相手方に示すのが原則だ。**しかし、前記のような覚せい剤や拳銃についての捜索・差押えの場合、まず迅速に立ち入って罪証隠滅行為などを防ぐ必要が高いので、令状を提示する暇がなく、先に立ち入りと対象物の発見を行い、その後で令状を提示せざるをえない場合もあり、判例はこれを認めている**(20)。

なお、111条2項は、必要な処分は「押収物についても、これをすることができる」と定めている。押収する段階では対象物の破損などの変更は加えないが、いったん押収した後でこれが必要となる場合がある。典型的な例は、押収したフイルムの現像や、押収した機械の分解が必要になる場合だ。

ウ　包括的差押え

捜索の現場では、令状に記載されている対象物について、事件との関連性を個別に確認した上で差し押さえるのが基本だ。対象物に形式的に該当しても、事件とは無関係のものを差し押さえることはできない。しかし、大規模複雑事件で大量の証拠物を捜索・差押えする場合、現実にはこれが極めて困難な場合が少なくない。捜索は、相手方の個人の生活や営業などに多大の支障を生じさせるため、よほどのことがなければ、一日、それも半日程度で終了するのが通常だ。しかし、時には段ボール数百箱、大型トラック1台分もの大量の証拠物を数十人の捜査官が捜索して差し押さえる場合も珍しくない。贈収賄事件などでは過去数年分の厖大な経理帳簿や伝票類を押収するのが常であるが、その中の何年の帳簿のどの部分やどの伝票に賄賂と関係のある支払いが記載されているかなど、捜索の現場で判断することは不可能であり、それは押収後の長期間にわたるいわゆる「物読み」といわれる押収証拠物の検討や関係者の取調べによってはじめて可能となる。**したがって、捜索の現場では、多数の捜査官は、令状に記載された種類の証拠物に該当し、それが事件の証拠となり得る蓋然性が認められるのであれば、個々の証拠の内容をその場で検討することはせずに差し押さえるのが通常であり、当**

---

(19)　東京高判平成15・8・28（大コンメ刑訴法［2版］(2)399頁）
覚せい剤譲渡の被疑事件について、被告人方に対する捜索差押許可状を執行する際、玄関ドアが施錠されていたので、ベランダの掃出し窓のガラスを割り、クレセント錠を外して入室した事案について、覚せい剤自体は対象物に含まれていなかったことを踏まえ、緊急性に乏しい状況にあったとして、許容されないとした。

(20)　最（一小）決平成14・10・4刑集56巻8号507頁、判時1802号158頁、判タ1107号203頁（刑訴百選［10版］A6事件：京都五条警察署捜索事件）
被告人が宿泊している客室等に対する捜索差押許可状に基づき、警察官が、当初、ホテル従業員を装って「シーツ交換に来ました」と言って入ろうとしたが、被告人が応じなかったので、支配人からマスターキーを借りて施錠を開けて入室したことについて「捜索差押許可状の呈示は、手続の公正を担保するとともに、処分を受ける者の人権に配慮する趣旨に出たものであるから、令状の執行に着手する前の呈示を原則とすべきであるが、前記事情の下においては、警察官らが令状の執行に着手して入室した上その直後に呈示を行うことは、法意にもとるものではなく、捜索・差押えの実効性を確保するためにやむを得ないところであって適法というべきである。」として適法とした。

然だ。

この問題については著名な判例がある。**最（二小）決平成10・５・１刑集52巻４号275頁、判時1643号192頁、判タ976号146頁（刑訴百選［10版］22事件）**だ。これは、地下鉄サリン事件を始めとするオウム真理教の悪質犯罪摘発の過程で、オウム真理教信者らによる虚偽の自動車登録の電磁的公正証書原本不実記録事件の捜査として、オウム真理教の越谷アジトで大規模な捜索押収が行われた事案だ。捜査官は、発見されたフロッピーディスク合計108枚について、本件の組織的背景及び組織的関与を裏付ける情報が記録されている蓋然性が高い上、パソコン、フロッピーディスク等については、信者らが記録された情報を瞬時に消去するコンピューターソフトを開発しているとの情報もあったため、個々にその記録されたデータの内容を確認することなく、包括的に差し押さえたことの適法性が争われた。判旨は、

「**令状により差し押さえようとするパソコン、フロッピーディスク等の中に被疑事実に関する情報が記録されている蓋然性が認められる場合において、そのような情報が実際に記録されているかをその場で確認していたのでは記録された情報を損壊される危険があるときは、内容を確認することなしに右パソコン、フロッピーディスク等を差し押さえることが許されるものと解される。**」

としてこれを適法とした。また、**大阪高判平成３・11・６判タ796号264頁**も、類似の事件で、中核派のアジトでの捜索で、フロッピー271枚を包括的に差し押さえたことが適法とされた。この両事件は、いずれも、フロッピーという可視性がなく、瞬時にデータが消去される恐れがあり、また相手方がそのような隠滅行為に出るおそれが高い事案であった。

他方、**最（二小）判平成９・３・28裁判集民182号855頁、判タ946号119頁**は、このような可視性のないデータではなく、銀行の帳簿書類や預貯金通帳等の可視性のある対象物について、法人税法違反事件の犯則調査のため、国税査察官が臨場して捜索・差押えを開始した際、相手方が激しい抗議や物理的な妨害行為を行ったため、内容を確認することなく包括的に差し押さえたことが適法とされた事案だ。

これらの判例に関し、学説の中には、このような包括的差押えが許されるのは、データの隠滅行為や相手方の物理的抵抗・妨害などの特殊事情がある場合に限られるとの考え方が根強い。しかし、**そのような特殊事情は不可欠とまでは考えるべきでなく、大規模複雑事案で、限られた時間内に膨大な証拠物を差し押さえることが必要な場合、事件と関連する蓋然性が認められる限り、包括的差押えは許容されると考えるべきだ。**ちなみに、アメリカでは大規模事件における膨大な包括的差押えは判例法理の蓄積によって我が国よりもはるかに広く許容されている(21)。

エ　コンピュータに保存されている情報の取得の問題点

もともと、刑訴法が定める捜索・差押えの規定は、物や書類などの有体物を対象としていた。しか

(21)　拙稿「いわゆる包括的差押えをめぐる諸問題について」曽根・田口古稀（下）435頁、石山宏樹「捜査段階における差押えの関連性について」東京大学法科大学院ローレビュー９巻（2014年）120頁、拙稿「捜索・差押えの特定性の要求に関するアメリカ合衆国連邦裁判所判例の諸法理とその実情――『詐欺性充満の法理』を中心として――(1)～(4)」比較法学49巻第１～３号（2015年）、50巻１号（2016年）登載。

し、情報社会の今日、捜査に必要な証拠は、有体物ではなくデータとしてコンピュータに保存されている場合が極めて多くなった。捜査に必要なデータがパソコンなどに保存されている場合、パソコンの機器そのものよりもそれらのデータを取得する必要性が高い。そのため、平成23年の刑事訴訟法改正により、新たに218条2項として、

> 「差し押さえるべき物が電子計算機であるときは、当該電子計算機に電気通信回線で接続している記録媒体であつて、当該電子計算機で作成若しくは変更をした電磁的記録又は当該電子計算機で変更若しくは消去をすることができることとされている電磁的記録を保管するために使用されていると認めるに足りる状況にあるものから、その電磁的記録を当該電子計算機又は他の記録媒体に複写した上、当該電子計算機又は当該他の記録媒体を差し押さえることができる」

との規定が設けられた（裁判所が差し押さえる場合には、99条2項）。

これらの規定は、差押えを実施する時点で、現場において、パソコンなどの中からデータを選別できることが前提となっている。しかし、実際には、パスワードが分からない場合など、捜索の現場ではそのようなデータの選別・抽出作業ができない場合が多い。そのため、いったん、パソコンなどを差押えた上で、後日解析を行い、それに保存されたデータを確保することが必要となる。しかし、パソコンなどには、捜査に関係し、必要なデータのみならず、事件とは無関係で他者のプライバシーをも含む厖大なデータが保存されている場合が多い。しかも、当該パソコン単体にのみ保存されているデータのみならず、海外も含めてインターネットを通じたメールサーバにアクセスして得られるものも多い。クラウドコンピューテイングが普及した今日、その必要性は一層増加している。これらのデータ取得作業を、「必要な処分」として無令状で行うことには問題や限界があり、新たに検証許可状を取得して行うことが必要となる。しかし検証許可状によるとしても、それが海外の、メールサーバーに保存されているデータの取得を当然に許すかなどについては、困難な問題がある。これらについては、立法も含めた深く総合的な研究検討が求められている(22)。

オ　場所に対する令状でその場にいる人の身体等を捜索することの許否の問題

前述のように、本来、住居などの「場所」と人の身体や携行品とは別なので、場所に対する令状のほかに人の身体や携行品に対する令状を得ておけば問題は生じない。なお、「場所」には広狭の意味がある。狭い意味では住居などの建物をいい、身体や車などの物とは異なる。広い意味では、住居等の建物、人の身体や携行品、自動車などを含む。憲法第35条1項が「捜索する場所及び押収すべき物を明示する令状」としている「場所」とは広い意味だ。**102条2項は「被告人の身体、物又は住居その他の場所」としている。**

ここで問題としているのは狭い意味の場所のことであり、被疑者の住居などの建物を捜索場所とする令状で、その場にいる人の身体や携行品まで捜索することの可否の問題だ。

(22)　東京高判平成28・12・7高刑集69巻2号5頁は、検証許可状によっても、海外のメールサーバに保存されているデータについてインターネットでのアクセスは当然に認められるのではなく、そのためには国際捜査共助などの捜査手法によるべきだとした。この判決に対しては検察実務家の批判がある（山内由光「判批」研修832号（2017年）13頁以下）。なお、星周一郎「リモートアクセスによる捜索・差押え・検証と『必要な処分』」研修877号（2021年）3頁以下参照。

被疑者の住居を捜索場所とする令状で捜索を開始したが、その場にいる被疑者やその家人などが、差押えを免れるため、とっさにその場所にあった差押えの対象物を拾い上げて衣服やバックの中に隠してしまう場合がある。その隠匿行為がなされなければ差押えができたはずだから、このような場合には例外的にその者の身体や携行品を捜索してその物を差押えできると考えるのが合理的だ。

最（一小）決平成６・９・８刑集48巻６号263頁、判時1516号62頁、判タ868号158頁（刑訴百選［10版］19事件：大阪天王寺ボストンバッグ捜索事件）は、警察官らが、被告人の内妻に対する覚せい剤取締法違反被疑事件につき、被告人及び内妻が居住するマンション居室を捜索場所とする捜索差押許可状により捜索を実施した際、居合わせた被告人が右手にボストンバッグを持ったままであったことから、再三、任意提出を求めたが、被告人がこれを拒否してバッグを抱え込んでしまったので、警察官がやむをえず、抵抗する被告人の身体を制圧し、強制的にバッグを取り上げてその中を捜索したところ、覚せい剤が発見された、という事案であり、

> 「（警察官らが）被告人の内妻であったＡに対する覚せい剤取締法違反被疑事件につき、同女及び被告人が居住するマンションの居室を捜索場所とする捜索差押許可状……～に基づき右居室の捜索を実施した……際、同室に居た被告人が携帯するボストンバッグの中を捜索したという……事実関係の下においては、**前記捜索差押許可状に基づき、被告人が携帯する右ボストンバッグについても捜索できるものと解するのが相当である**」

としてこれを適法とした。

また、**東京高判平成６・５・11高刑集47巻２号237頁、判タ861号299頁（立川警察署（ポケット内）捜索事件）**は、覚せい剤取締法違反事件につき、Ａ方居室が捜索場所である捜索差押許可状を執行する際、その居室内にいた被告人Ｘの身体を捜索したものだ。被告人がトレーナーのズボンポケットに両手を突っ込んだまま「俺は関係ない」と言って出て行こうとしたため、出すよう求めたが応じなかったので、両肩を押さえ付けて床に座らせ、激しく抵抗するところを数人掛かりで制圧し、両手をポケットから抜き出し、飛び出した茶色小物入れの中を確認し、握りしめた両拳の指を一本ずつこじ開けるなどするうち、股間にピンク色小物入れが落ちていたので中を確認して覚せい剤３袋を発見し、被告人を現行犯逮捕してこれを差し押さえたという事案だ。この判決は、

> 「**場所に対する捜索差押許可状の効力は、当該捜索すべき場所に現在する者が当該差し押さえるべき物をその着衣・身体に隠匿所持していると疑うに足りる相当な理由があり、許可状の目的とする差押を有効に実現するためにはその者の着衣・身体を捜索する必要が認められる具体的な状況の下においては、その者の着衣・身体にも及ぶものと解するのが相当である。**」

としてこれを適法とした。

しかし、捜索場所に現在するからといって、常にその人や状況を問わず身体や携行品の捜索・差押えが許されるわけではない。上記大阪の事案では、令状の事実の被疑者である内妻と被告人とは同居する内縁関係にあり、被疑者を捜索から免れさせるために被告人が対象物を隠匿しようとする動機が十分に認められた上、現実に被告人が隠匿しようとしていることを強く疑わせる不審な挙動をとっていた。また、上記立川の事案は、住居主であった暴力団幹部Ａらによる覚せい剤の組織的密売事件の一端であり、身体の捜索をされた被告人Ｘは、Ａの輩下の者で継続的にそこに同居しており、証拠隠

匿が強く疑われる不審な挙動をしていた。

他方で、たまたまその家に、内妻らの友人が訪ねてきており、警察官はその男に覚せい剤の前科があることを知っていたが、その男は捜索の場でなんら不審な挙動はせず、平然と立っていた、というのであれば、対象物を隠匿していると疑う合理的な理由はない。警察官が、この男が自分の覚せい剤を持っているかもしれないので、ついでに見つけてやろうと思って身体の捜索をしてしまえばそれは違法となってしまう。

適法か違法かの判断要素は、その人がその場所にある証拠物を隠匿してやろうとする動機があるような場所の管理者との人間関係の濃さ、隠匿を疑わせる具体的な不審な挙動の有無や状況だ。

カ　逮捕の現場における無令状捜索・差押えの諸問題

220条は、検察官や警察官等が被疑者を逮捕する場合には、令状なしに「人の住居又は人の看守する邸宅、建造物若しくは船舶内に入り被疑者の捜索をすること（1項1号）」と「逮捕の現場で差押、捜索又は検証をすること（1項2号）」を認めている。これらは、第1編の裁判所が行う真実発見の手続とは関係がなく、準用すべき規定がないため、捜査段階の独自の強制処分としてここに規定されている。

被疑者を逮捕しようとして追尾したが、他人の家に逃げ込んでしまえば逮捕できなくなるのは不合理なので例外的に無令状でも立ち入ることを許すのが1号だ。**2号の逮捕の現場での無令状捜索・差押えは、実務的にも極めて頻繁に行われており、判例や学説でも争われることが多い重要な強制処分だ。**

本来は人に対する強制処分である逮捕と物に対する強制処分である捜索・差押えは異なるのだから、人を逮捕できるとしても物を差し押さえるためには別に捜索・差押え許可状が必要と思われるのだが、同条が無令状でこれを認める理由については次のようなことが挙げられる。

① 逮捕の現場には、被疑事実に関連する証拠物が存在する蓋然性が高いこと
② 被疑者を適法に逮捕できる状況にあれば、捜索差押令状発付の要件もほとんど充足されており、令状を請求すれば必ず発付されるのだから、捜査官に捜索差押許可状請求の手続を採らせるのは無用の負担を強いること
③ 捜索・差押えは逮捕という重大な法益侵害に付随して行われるため、新たな法益侵害はさほど生じないこと
④ 証拠の散逸や破壊を防ぐための緊急性があること
⑤ 被疑者らが凶器を所持しているおそれがあることから逮捕者の身体等の安全を確保する必要があること

逮捕の現場での無令状捜索が許容される範囲程度については、「相当説（合理説）」と「緊急処分説」の対立がある。判例や通説は相当説だが、学説では緊急処分説も有力だ。いずれの説も、①の証拠物存在の蓋然性、④の緊急性や⑤の危険防止についてはこれを前提としている。しかし、相当説は、②や③をも根拠としてこれを重視するのに対し、緊急処分説はこれらを根拠とせず、もっぱら④や⑤を根拠としている。

そのため、**無令状捜索・差押えが許容される範囲程度についてはその時間的・場所的限界について両説には差が生じる。相当説では、令状を請求すれば発付されるであろう範囲程度では無令状捜索・**

差押えが可能となる。令状は被疑者の管理権が及ぶ範囲内について捜索を認めるので、逮捕の現場でも被疑者の管理権が及ぶ範囲なら捜索を許すことになる。また、時間的限界についても、逮捕がなされた後であっても、引き続きその場で合理的な時間内なら捜索・差押えを許容することになる。例えば、被疑者をその自宅で逮捕した場合なら被疑者の管理権が及ぶその住居全体について、被疑者に手錠をかけてしまった後でも捜索は許される。これに対し、緊急処分説は、被疑者による証拠の隠滅を防ぐことに主眼があるので、被疑者を逮捕して手錠をかけてしまえば、被疑者はもはや証拠の隠滅はできないため、それ以降の無令状捜索・差押えは許されないことになる。また、手錠をかける前であっても、被疑者が証拠を隠滅するのは物理的に手が届く範囲に限られるので、それを超えての捜索は許されないことになる。

重要判例を見てみよう。

《判例①》西成ヘロイン事件（最大判昭和36・6・7刑集15巻6号915頁〈刑訴百選［10版］A7事件〉）

これは、麻薬取締官が路上でヘロインを所持していた男を現行犯逮捕し、入手先を追及したところ、ある家の男（被告人）から譲り受けたことを自供したので、直ちに被告人を緊急逮捕すべくその家に赴いたが、被告人は外出中だったため、帰宅前に捜索を行ってヘロインを発見押収し、その後に被告人が帰宅したので緊急逮捕したという事案であり、

> **「同35条が右の如く捜索、押収につき令状主義の例外を認めているのは、この場合には、令状によることなくその逮捕に関連して必要な捜索・押収等の強制処分を行うことを認めても、人権の保障上格別の弊害もなく、且つ、捜査上の便益にも適うことが考慮されたものによると解される」**

として適法とされた。しかし、大法廷は9対6に分かれ、6人の裁判官はこれを違法としたという限界事例だ（原審の大阪高裁は重大な違法ありとして無罪とした）。緊急処分説に立てば帰宅すらしていない被告人が証拠を隠滅することなどありえないのでこのような無令状捜索・差押えは許されないのは当然であるが、この判旨から最高裁は相当説に立っていることが明らかだ。

《判例②》ベトナム帰休兵大麻所持事件（東京高判昭和44・6・20高刑集22巻3号352頁、判時57号85頁、判タ243号262頁〈刑訴百選［10版］23事件〉）

これは、ベトナム戦争当時、休暇で日本に立ち寄った米兵二人が横浜のホテルに宿泊した際、その一人についてホテル5階の待合所で職務質問により大麻タバコ1本の所持で現行犯逮捕し、引き続き被疑者を案内させて7階の部屋に赴き、捜索の上、洗面所内にあった大麻タバコ7本を発見押収したという事案であり、

> **「（220条1項2号の趣旨は）逮捕の場所には被疑事実と関連する証拠物が存在する蓋然性が極めて強く、その捜索差押が適法な逮捕に随伴するものである限り、捜索押収令状が発付される要件を殆ど充足しているばかりでなく、逮捕者らの身体の安全を図り、証拠の散逸や破壊を防ぐ急速の必要があるからである。」**

として適法とされた。緊急処分説なら、すでに被疑者を逮捕済みである上、逮捕の現場と発見場所は

異なるフロアにあるため、このような無令状捜索・差押えは許されないはずだが、事案や判旨から、裁判所が相当説に立っていることが明らかだ。

しかし、相当説に立つからといって、逮捕の現場の範囲や前後の時間があまりに広がりすぎ、本来令状を請求する時間的余裕もあるにもかかわらず、無令状捜索・差押えを許すのは妥当でない。例えば、被疑者を路上で覚せい剤所持の現行犯逮捕をしたが、被疑者の自動車が100メートルも離れた駐車場に駐車している場合、その車の中まで無令状で捜索できるか、被疑者を路上で現行犯逮捕したが、被疑者が逮捕直前に出てきた住居等に被疑者を連れて行って住居内の捜索ができるか、など限界事例については十分な検討が必要だ(23)。

【3　任意提出・領置】

221条は「検察官、検察事務官又は司法警察職員は、被疑者その他の者が遺留した物又は所有者、所持者若しくは保管者が任意に提出した物は、これを領置することができる。」と定める。これは実務上頻繁に行われる極めて重要な証拠確保の手段だ。本来強制処分はできる限り避けて任意処分によって捜査が遂行されるのが望ましいのであり、実務では捜索・差押えよりも領置によって証拠物が押収される場合の方がずっと多いのが実情だ。被疑者が事実を認めて争わず在宅で捜査がなされる場合には素直に証拠物を任意提出することが多いし、参考人も捜査に協力して任意提出に応じることが多い。

しかし、**同じ領置であっても、その対象には「遺留した物」と「任意に提出した物」があり、この両者は性質が大きく異なるにもかかわらず、この条文はそれらをまとめて規定している。**

任意に提出された物については問題が少ない。ただ、留意すべきは、いったん任意に提出されて領置された以上、その後本人が気が変わって返還を求めたとしても、その物が捜査のために必要であるかぎり、捜査官はこれに応じる必要はない。それは領置も押収の一種であるため、押収の効果として証拠物の継続的保管ができるからだ。しかし、だからといって任意提出・領置が強制処分であるわけではない。強制処分であるかどうかは証拠物を任意提出した時点での判断であるからだ。

これに対し、**「遺留物」の領置については問題が少なくない。遺留物にも二通りある。一つは「落とした物（遺失物）」であり、もう一つは「捨てた物」である。**落とした物が発見者によって警察に届けられた場合、所有者等が警察に遺失物届を出せば、遺失物法に基づいてその物は返還される。しかし、時には、その物が違法薬物などの法禁物あるいは刑事事件の重要な証拠物であることもあり、その場合、警察はこれを領置することになる。領置されれば、その後所有者等が遺失物法に基づいて返還を求めたとしても、刑事訴訟法の規定が優先し、警察は返還に応じる必要がなくなる。これに対し、「捨てた物」については、本人が所有権を放棄し、回収の意思はないのだから、これを領置することに一見問題がないようにも見える。しかし、問題となるのは投棄されたゴミを回収して領置することだ。警察が、被疑者がゴミ集積場などに捨てたゴミ袋を回収し、その中を探して事件の証拠物を発見して領置することはときどき行われる。著名な判例は、**最（二小）決平成20・4・15刑集62巻5号1398頁、判時2006号159頁、判タ1268号135頁：京都カード強盗殺人事件〈刑訴百選［10版］8事件〉**）だ。これは、強盗殺人でキャッシュカードを奪った犯人がATMで現金を引き出した時に

(23)　福岡高判平成5・3・8判タ834号275頁〈刑訴百選［10版］24事件〉）参照。

防犯カメラに映った画像と被疑者との一致を確認するため、無令状で公道上やパチンコ店内にいる被疑者をビデオ撮影したことの適法性が争われた事件だが、この最決は併せて投棄されたゴミの領置の適法性についても判断した。警察は、犯人の特定のため、被疑者が投棄したゴミ袋を回収し、その中から犯人の特定に役立つダウンベストを発見して領置した。決定は

> 「ダウンベスト等の領置手続についてみると，被告人及びその妻は，これらを入れたごみ袋を不要物として公道上のごみ集積所に排出し，その占有を放棄していたものであって，**排出されたごみについては，通常，そのまま収集されて他人にその内容が見られることはないという期待があるとしても，捜査の必要がある場合には，刑訴法221条により，これを遺留物として領置することができるというべきである。**

としてこれを適法とした。人は誰でも自分の捨てたゴミの中を覗かれ、漁られることは嫌であり、集積所に捨てるのは、そのまま誰にも見られずに焼却されると信じているからだ。その中には、服用していることを誰にも知られたくない薬の袋や、古い日記や手紙なども含まれる。この決定は、それを見られたくないという期待はプライバシーの利益として保護されるべきことを踏まえつつ、任意処分として許される場合があることを判示した。

しかし、**任意処分である以上、無制限に許されるべきではなく、「必要性、緊急性などを考慮し、具体的状況の下で相当と認められる限度」内でなければならない。この事件は、強盗殺人事件という重大悪質事件について犯人の特定という必要性緊急性が極めて高かったことと、長期間継続して回収したのでなく、限定的な回収にとどまっていた事案だった。**しかし、仮に、警察官が、ある女性が最近覚せい剤を使用しているらしい、とのうわさ程度を根拠に、長期間、数十回も女性が捨てるゴミ袋を回収し、たまたま注射器や覚せい剤の空き袋を発見して領置したとすればこれは重大な違法だ。嫌疑も弱い覚せい剤自己使用事案についてゴミ袋回収の必要性緊急性はほとんどない一方、プライバシーの侵害は重大になるからだ(24)。

【4　鑑　　　定】

鑑定には、責任能力の鑑定など人に対する捜査もあるが、物に対する鑑定の方が多く実施されているので、ここで学ぶこととする。鑑定については、第１編第12章「鑑定」に165条から174条まで規定されている。裁判所が鑑定を実施することも少なくないが、捜査段階で行われる場合の方がずっと多い。**裁判所が実施する鑑定と捜査段階で行われる鑑定とには重要な点で違いがある。**裁判所は、学識経験のある者に鑑定を「命ずる」（165条）のであり、これを命ぜられた者は「鑑定人」として宣誓を行う義務があり（166条）、また宣誓した鑑定人が虚偽の鑑定をした場合には虚偽鑑定罪として重い刑が科せられる（刑法171条）。つまり、裁判所が命じた鑑定人はいわば極めて格が高いのだ。他方、捜査段階での鑑定は、223条に基づき、捜査官が専門家に対して鑑定を「嘱託」することによって行われる。その専門家は「鑑定受託者」と呼ばれ、鑑定人とは異なって宣誓の義務はなく虚偽鑑定罪の主体ともならない。ただ、後に証拠法のところで学ぶが、鑑定受託者が作成した鑑定書も、伝聞証拠としての証拠能力については鑑定人が作成した鑑定書と同様に取り扱われる。

鑑定と検証との大きな違いは、鑑定は科学技術や医学等の専門家のみによって実施が可能であるの

(24)　川出敏裕・法学教室383号（2012年）171頁。

に対し、検証の場合には、捜査官が一般人の能力に基づいて実施できることだ。

鑑定には血液鑑定、DNA型鑑定、毛髪鑑定、尿の鑑定、筆跡鑑定、足跡鑑定、声紋鑑定など様々なものがある。被疑者等に心神喪失の疑いがある場合などに行われる責任能力の鑑定のためには、長期間（2か月程度）精神科の病院に入院させて行う必要があるため、167条は「鑑定留置」という制度を設けており、その期間は勾留期間から除外される。これは224条が捜査段階に準用している。実務では最大20日間の起訴前の勾留中にその必要が生じた場合、例えば勾留15日目から鑑定留置を開始し、2か月の期間が終了すれば、残る勾留期間は5日間であるため、検察官はその間に鑑定結果を踏まえて起訴不起訴の処分を行うことになる。

鑑定を実施する場合には、対象物に原状回復ができない処分を行う必要が生じることが少なくない。

168条第1項は、「鑑定人は、鑑定について必要がある場合には、裁判所の許可を受けて、人の住居……に入り、身体を検査し、死体を解剖し、墳墓を発掘し、又は物を破壊することができる」と定め、223条が、捜査段階の鑑定受託者も、「裁判官の許可を受けて168条第1項に規定する処分をすることができる」と定めている。この令状を「鑑定処分許可状」といい、鑑定処分は実務ではしばしば用いられる重要な制度だ。

4　その他の捜査手法（司法取引及び刑事免責制度、おとり捜査、各種の科学的捜査等）

【1　司法取引及び刑事免責制度】

司法取引とは、捜査側が、被疑者等に対して、不起訴の約束、軽い刑の求刑などの恩典を与えることの見返りに、罪を認めるなどして捜査に協力させることを協議・合意することをいう。アメリカでは日常的な捜査手段として極めて頻繁に活用されている[25]。

しかし、日本人は潔癖な国民性を有するため、このような「取引」に対して拒否感が根強く、長い間、導入はされてこなかった。しかし、悪質複雑化する犯罪情勢の下で、取調べによる真実の追及がますます困難になっていることから、取調べの録音録画制度の導入とあいまって、我が国でも適切な内容限度においてこれを導入すべきだという議論も高まり、平成28年の刑事訴訟法改正により実現に至った。

〔刑事免責〕

証人尋問によって得られた供述及び派生証拠は原則として証人に対して不利に用いることはできないとする代わりに、証人尋問において自己負罪拒否特権をもって証言を拒絶できないという条件の下で尋問を行うことである（改正法157条の2）。

〔司法取引〕

改正刑訴法に「第四章　証拠収集等への協力及び訴追に関する合意」として、350条の2以下同15まで詳細に定められた。被疑者・被告人が、「他人の刑事事件」に関する検察官の捜査・訴追に協力

(25)　太田・応用刑訴292頁以下。なお、平尾覚『日本版司法取引と企業対応――平成28年改正刑訴法で何がどう変わるのか――』（2016年、清文社）参照。

するのと引き換えに、検察官が被疑事件・被告事件について不起訴処分や求刑の軽減等を約束する制度である。アメリカとは違って、あらゆる犯罪に適用されるものでなく、「特定犯罪」と呼ばれる一定の犯罪に限定される。妨害や贈収賄、マネーロンダリングなどの知能犯のほか、薬物・武器関係犯罪などが中心である。

協力の具体的内容で主なものは、恩典の見返りとして、捜査官の取調べ、証人尋問で真実の供述をすることや証拠物を提供することである。例えば、これまで企業犯罪などでは、
組織の幹部らの指示によって行われた犯罪に関与した部下が、その真実を供述することはその後組織内で受ける不利益をおそれるため容易ではなかった。しかし、この取引によって部下から真実の供述が得られ、捜査や公判での立証が格段に容易になることとなる。

しかし、この取引は、場合によっては、当該関係者が自分が助かろうとして捜査官に迎合し、真実を歪めた供述を行うおそれも内包している。そのため、取引によって得られる供述の信用性の吟味には慎重な姿勢と判断が求められる[26]。

〔リーニエンシー〕

独占禁止法上の課徴金減免制度のことで、実務では「リーニエンシー」と呼ばれている。競争関係にある事業者が相互に価格を調整したり、入札に際して談合により受注者を決定する行為は、同法3条の「不当な取引制限」に該当する行為（「カルテル」と呼ばれる）として禁止される。これらの違法行為は、独禁法が定める課徴金や排除措置命令の対象となるのみでなく、公正取引委員会が検察官に対して刑事告発をすれば、犯罪として捜査・訴追の対象となる。

リーニエンシーとは、これらの行為を行った事業者が、自らその違反内容を公正取引委員会に自主的に報告した場合、課徴金が減免される制度だ。報告した順序に従い、最大5社までが減免の対象となる。一部の事業者が報告して減免を受けたとしても他の事業者が告発され、検察官の捜査が行われた場合、課徴金減免を受けた事業者の犯罪も併せて解明されることになるので、報告を行うことが必然的に不捜査・不起訴を導くものではない。しかし、運用において、検察官は、報告して減免を受けた事情を考慮し、実際上は、その事業者を起訴することはないといわれている。したがってリーニエンシーの制度も広い意味で日本型の司法取引の一環だと考えてよいだろう。

【2　おとり捜査】

おとり捜査とは、警察官や麻薬取締官等の捜査官が、自ら、あるいはその依頼を受けた協力者が相手方に働きかけ、その結果相手方が犯行を行ったところを現行犯逮捕するなどして摘発する捜査手法だ。刑事訴訟法に明文の規定はないが、我が国では、古い時期から主に薬物事件の捜査にときどき行われてきた。捜査官あるいはその協力者が、薬物密売者に対し、薬物を買いたいと申し込み、相手がそれに応じて薬物を持ってきたところを現行犯逮捕するのが典型だ。古い時期には、このようなおとり捜査は、薬物密売の犯意を有していない者に対して捜査官等が強く働きかけて相手方にその気を起

(26)　司法取引の実施例は、外国公務員への贈賄事件等で、すでに数件の実績がある。著名なのは日産の元社長カルロス・ゴーンに係る役員報酬隠匿事件において、共犯者であった元代表取締役グレッグ・ケリー被告人の裁判で、日産の執行役員2名がこの取引により供述した。弁護側は無関係な第三者を陥れる「引き込み」の典型例だと訴えていたが、2022年3月の1審判決（東京地判令和4・3・3裁判所ウェブサイト）では、それらの供述の信用性を否定し、大部分の訴因を無罪とした。

させる「犯意誘発型」の場合は違法だが、相手方がもともと薬物密売をする気を有しているところに買い入れを申し込んでそのきっかけを与えるに過ぎない「機会提供型」の場合は適法だとする判例が蓄積していた。このような考え方を「二分説」あるいは「主観説」という。しかし、**最（一小）決平成16・7・12刑集58巻5号333頁、判時1869号133頁、判タ1162号37頁（刑訴百選［10版］10事件）**は、**「直接の被害者がいない薬物犯罪等の捜査において、通常の捜査方法のみでは当該犯罪の摘発が困難である場合に、機会があれば犯罪を行う意思があると疑われる者を対象におとり捜査を行うことは、刑訴法197条1項に基づく任意捜査として許容される」と重要な判示をした。**この事案は、麻薬取締官が協力者に依頼して密売人であった被告人に大麻樹脂2キロの買い手を紹介してやると働きかけさせ、麻薬取締官が買い手になりすまし、被告人がこれに応じて大麻をホテルに持参したところを現行犯逮捕したというものだ。

おとり捜査が任意捜査であるのなら、最（三小）決昭和51・3・16が「必要性、緊急性などを考慮し、具体的状況の下で相当と認められる限度」内であるかという任意捜査の許容性の判断基準はおとり捜査にもあてはまる。かつての犯意誘発型か、機会提供型か、という判断基準もこの任意捜査の許容性判断の重要な要素として含まれるのであり、かつての二分説が無意味になったのではない。例えば、もともと密売の犯意を有していない者であれば、放っておけば密売はしないのだから、おとり捜査で摘発する必要性や緊急性はない。他方密売の犯意を有しているものであれば、それを放置できないので、その必要性や緊急性は高いといえる。また、犯意誘発型の場合は、捜査官が強く働きかけることになるので捜査の公正や適正さに対する信頼が損なわれるおそれも大きく、相手方の人格的利益に対する侵害の程度も大きいのに対し、機会提供型なら、ごく軽い働きかけを行うに過ぎないのでそれらのおそれは少ない。つまり、これらは「相当性」の判断要素となる。任意捜査における相当性の判断は、その捜査が相手方や社会にもたらす被侵害利益が、必要性や緊急性に見合ったものとなっているか、という利益衡量の判断だ。**おとり捜査における被侵害利益とは、①おとり捜査によって引き起こされる犯罪がもたらす法益侵害やその危険、②捜査の適正、公正に対する社会の信頼、③おとり捜査が相手方を犯罪に引き込むことによる人格的利益の侵害、だとするのが大方の考え方だ。**我が国でこれまで行われてきたおとり捜査はほとんどが薬物の密売事犯で、稀には銃器犯罪もある。これらの犯罪は闇から闇に犯されるので容易には摘発できず、おとり捜査を行う必要性、緊急性が高いのだ。また、事件の重大性も必要性、緊急性の中心的判断要素だ。薬物密売では大規模事案が中心であり、末端の自己使用事件などでは行われていない。上記の**最（一小）決平成16・7・12**も大麻2キロの譲渡しという重大事件だった。

アメリカなどでは、おとり捜査は広く様々な犯罪摘発のため日常的に行われている。おとり捜査にやや類似するものとして、FBIの捜査官等が、マフィアの組織内に身分を隠して入り込む「覆面捜査」も行われる。アメリカのおとり捜査のやり方の多様さ、大胆さは驚くほどだ(27)。

【3　秘密撮影など】

ア　秘密撮影

被疑者が公道上を歩いているところなどを、無令状で写真やビデオに撮影・録画する捜査はしばし

(27)　太田・実践刑事証拠13頁以下、太田・応用刑訴74頁以下。

ば行われる。被疑者が道路上で犯罪を行っている場面を撮影するとか、被疑者の人相や風体が犯人と一致するかどうかの確認などのためになされることが多い。これらの撮影・録画は、対象の存在や状況などを視覚によって覚知する作用をカメラなどの器具を用いて行うものなので、その性質は検証に当たる。したがって、裁判官から検証令状の発付を受けてこれを行うのなら問題は生じない。しかし、そのような撮影が必要となるかどうかは事前に判らないことも多いため、予め令状を得ておくことが困難な場合も多い。また、撮影などの方法や内容によっては相手方のプライバシー侵害の程度が低く、強制処分とまではいえないものもある。相手方が、自分の住居内にいる姿を遠くから望遠レンズで覗いて撮影するようなことは、プライバシーの重要な権利利益を大きく侵害するので、強制処分に当たり、令状なしではこのような撮影は到底許されない。しかし、公道上を歩いている姿であれば、それは誰の目にも明らかな光景であるので、プライバシー侵害の程度は低い。**撮影や録画が重要な権利利益の侵害に至らない程度のものであれば、必要性、緊急性などを考慮し、具体的状況の下で相当と認められる限度内のものであるかという、任意捜査の許容性の判断基準に従って検討することになる。**

古い判例では、**最大判昭和44・12・24刑集23巻12号1625頁（京都府学連事件）**が、公道上での人の容貌等の写真撮影について

> 「憲法13条は、……そして個人の私生活上の自由の一つとして、何人も、その承諾なしにみだりにその容ぼう、姿態……を撮影されない自由を有するものというべきである。……少なくとも、警察官が、正当な理由もないのに、個人の容ぼう等を撮影することは、憲法一三条の趣旨に反し、許されないものといわなければならない。」
> 「**現に犯罪が行われもしくは行われたのち間がないと認められる場合であって、証拠保全の必要性及び緊急性があり、かつその撮影が一般的に許容される限度をこえない相当な方法をもって行われるときには、同意のない容ぼうの撮影も適法である**」

と判示していた。

この事案は、違法なデモ行進が現に行われていたときの撮影であったため、この判旨にいう「現行犯的状況」は、無令状の写真撮影において常に必要とされるとする説（限定説）と、当該事案がそのようなものであったためこのような判示がなされたに過ぎず、無令状での写真撮影について常に現行犯的状況が必要とされるわけではないとする説（非限定説）が対立していた。しかし、判例は、その後、**東京高判昭和63・4・1判時1278号152頁、判タ681号228頁（山谷争議団事件）**が、山谷地区の派出所において、争議団と暴力団との衝突事件の発生を契機に、犯罪の予防、鎮圧、証拠保全のため、派出所前の電柱に設置したテレビカメラで撮影し、ビデオ録画していたところ、デモの際、派出所前に駐車中の警察車両のサイドミラーを損壊した行為がビデオ録画された事案について

> 「**右最高裁判例（44年判例）は、その具体的事案に即して警察官の写真撮影が許容されるための要件を判示したものにすぎず、この要件を具備しないかぎり、いかなる場合においても、犯罪捜査のための写真撮影が許容されないとする趣旨まで包含するものではないと解するのが相当であって、当該現場において犯罪が発生する高度の蓋然性が認められる場合であり、あらかじめ証拠保全の手段、方法をとっておく必要性及び緊急性があり、かつ、その撮影、録画が社会通念に照らして相当と認められる方法でも**

って行われるときには、現に犯罪が行われる時点以前から犯罪の発生が予測される場所を継続的、自動的に撮影、録画することも許されると解すべき」

と、非限定説をとることを明らかにしてこれを適法とした。

そして、**最（二小）決平成20・４・15刑集62巻５号1308頁、判時2006号159頁、判タ1268号135頁（京都カード強盗殺人事件〈刑訴百選［10版］８事件〉）**が、被害者を殺害してキャッシュカード等を強取した事件の被疑者が、カードを使用して現金を引き出そうとした際に撮影された防犯ビデオに写っていた像と被疑者との同一性を確認するべく、被疑者宅近辺の公道上を歩いている被疑者を、捜査車両や付近に借りたマンション部屋からビデオ撮影し、さらに、防犯ビデオに写っている人物がはめていた腕時計と被疑者の腕時計との同一性を確認するため、パチンコ店の店長に依頼して、店内の防犯カメラにより、あるいは警察官が小型カメラにより、遊戯中の被疑者の姿をビデオ撮影したという事案について、

「捜査機関において被告人が犯人である疑いを持つ合理的理由が存在していたものと認められ，かつ，前記各ビデオ撮影は強盗殺人等事件の捜査に関し，防犯ビデオに写っていた人物の容ぼう，体型等と被告人の容ぼう，体型等との同一性の有無という犯人特定のための重要な判断に必要な証拠資料を入手するため，これに必要な限度において，公道上を歩いている被告人の容ぼう等を撮影し，あるいは不特定多数が集まるパチンコ店内において被告人の容ぼうを撮影したものであり，**いずれも，通常，人が他人から容ぼうを観察されること自体は受忍せざるを得ない場所におけるものである。以上からすれば，これらのビデオ撮影は，捜査目的を達成するため，必要な範囲において，かつ，相当な方法によって行われたものといえ，捜査活動として適法なものというべきである**」

とした。これらのように、今日、判例は非限定説に立ち、無令状撮影・録画の適法性は、最（三小）決昭和51・３・16が示した任意捜査における必要性、緊急性、相当性の基準に従って判断していることが理解されるだろう。

イ　宅配便のX線撮影

宅配便で規制薬物などが被疑者宅に送られてくる情報を掴んだ捜査官が、宅配業者の協力を得てその荷物を一時借り出し、X線検査を行うことが時々行われる。科学的機器を利用するが、対象物の存在・形状等を覚知するためであるので、法的な性質は検証である。これが検証許可状を必要とするのか、任意捜査として可能なのかが問題となる。

最（三小）決平成21・９・28刑集63巻７号868頁、判時2099号160頁、判タ1336号72頁）は、大阪の会社事務所に東京の暴力団関係者から、宅配便により覚せい剤が送られてきている疑いを掴んだ警察官らが、宅配便業者の協力を得て、５回にわたり、配達予定の宅配便荷物を借り受け、大阪税関においてエックス線検査を実施したところ、２回目以降の荷物の内容が覚せい剤と思われる袋の射影であると判断されたため、５回目の射影写真等に基づいて捜索差押許可状を取得し、返還されて配達された荷物を差し押さえて開披したところ覚せい剤が発見されたので、受領した被告人らを現行犯逮捕したという事案だ。

地裁の一審判決は、エックス線検査が、プライバシー侵害にあたることは否定できないとしつつも、その射影により内容物の形状や材質を窺い知ることができるだけで、内容物が具体的にどのよう

なものであるかを特定することは到底不可能であって、そのプライバシー侵害の程度は極めて軽微なものにとどまるとして、強制処分に当たらないとした上、①嫌疑が相当深まっていたこと、②代替手段の不存在、③実施方法の相当性、等から、任意捜査として許されると判示し、控訴審も概ねこれと同様の判断をした。

しかし、最高裁は、上告を棄却したが、理由中で

> 「承諾を得ることなく，これに外部からエックス線を照射して内容物の射影を観察したものであるが，その射影によって荷物の内容物の形状や材質をうかがい知ることができる上，内容物によってはその品目等を相当程度具体的に特定することも可能であって，荷送人や荷受人の内容物に対するプライバシー等を大きく侵害するものであるから，検証としての性質を有する強制処分に当たるものと解される。そして，本件エックス線検査については検証許可状の発付を受けることが可能だったのであって，検証許可状によることなくこれを行ったエックス線検査は，違法であるといわざるを得ない。」

と判示した。しかし、その違法性は重大とまではいえないとして、発見された覚せい剤を違法収集証拠として排除はしなかった。

【4　秘密録音】

秘密録音もしばしば行われる捜査手法の一つだ。捜査官が、被疑者などと会話するとき、こっそりICレコーダーなどにその会話を録音する場合が多いが、ときには一般私人が事件の関係者との会話をこっそり録音する場合もある。その目的は、会話内容が被疑事件の証拠として意味を有する会話を録音するための場合もあれば、会話内容ではなく被疑者等の音声を、事件の犯人との一致を確認するための声紋鑑定の資料とする場合もある。このような録音は、人の音声を聴覚の作用によって覚知するために録音機器を用いて行うのであるから検証に当たるので、検証許可状が発付でき、その請求が可能な事案であれば令状によるべきはもちろんだ。かつて、「盗聴」と批判された電話による会話の秘密傍受については、争いはあったが、**最（三小）決平成11・12・16刑集53巻9号1327頁、判時1701号163頁、判タ1023号138頁（旭川覚せい剤事件）**では、非対面方式の覚せい剤密売事件の捜査において、検証許可状によって電話の通信傍受をしたことを適法とした。また、平成11年に通信傍受法が制定されたため、通信傍受は同法に基づき令状によって行うべきことはいうまでもない。電話での会話は、当事者が誰にも聞かれないという前提で行われるのだから、それを秘密に録音することがプライバシーの重要な権利利益を大きく侵害することは当然だ。また、ホテルの客室などで被疑者らが話している音声を高性能録音機を用いて室外から傍受、録音することは、電話による会話の傍受以上にプライバシーの重大な侵害に当たるので、これは検証許可状によっても許されない。アメリカなどでは認められ、日常的に捜査に活用されているが、我が国でこれを行うのなら新たな立法が必要だ。

しかし、**秘密録音であってもプライバシーの重要な権利利益の侵害までには至らない程度や方法で行うのであれば任意捜査として許容される場合がある。その主な例が「一方当事者の同意のある会話録音」だ。**例えば、幼児誘拐事件で犯人からかかってくる身代金要求の電話を、父親と警察官が相談の上、父親が犯人と会話する内容を傍にいる警察官が録音する場合などだ。一方当事者の同意があるのであれば、通常、人との会話は、相手方から他にそれが伝えられて漏れることは甘受すべきなのだ

から、それを録音することが重要な権利利益の実質的侵害にまでは至らない場合が多い。

これに関する著名な判例が、**千葉地判平成３・３・29判時1384号141頁（刑訴百選［10版］９事件）**だ。これは、中核派構成員の被告人が、県収用委員会委員である被害者に電話をかけ、脅迫して辞任を迫った強要の事案について、**その脅迫電話の録音と、警察官が捜索差押の際に小型マイクを装着して被告人の同意を得ずに立会人である被告人の声を密かに録音したものとについての、音声が同一であるとの声紋鑑定書の証拠能力が争われた事案だ。**判決は

> **「捜査機関が対話の相手方の知らないうちにその会話を録音することは、原則として違法であり、ただ、録音の経緯、内容、目的、必要性、侵害される個人の法益と保護されるべき公共の利益との権衡などを考慮し、具体的状況のもとで相当と認められる限度においてのみ、許容されるべきものと解すべきである」**

とした上

① 令状により適法に差押する際に、本件犯人が中核派の構成員で容疑が濃厚であり、在所していたことからその音声を録音する必要があったこと
② 被告人は相手が警察官であること等を了知した上で会話に応じていること
③ 会話は捜索の立会に関連することのみでプライバシー等に係るような内容ではないこと
④ 警察官らは、被告人に発言されるために強制・偽計等は何らしていないこと

などから、被告人の法益を侵害する程度が低いのに比し、電話による脅迫という事案の特質から秘密録音によらなければ有力証拠の収集が困難であるという公益上の必要性が高度であることにかんがみると、例外的に相当と認めて許容すべきであると判示した。判決が、任意処分の許容性の判断基準を当てはめて具体的に論じていることが判るだろう。電話による脅迫という悪質事件で犯人と被疑者との音声の一致を確認する必要性と緊急性は極めて高かった。また、警察官であることを承知の上でのやりとりであり、プライバシーに関わる内容の会話では全くないことから、被侵害利益は極めて軽微で相当性もある。ただ、任意処分の適法性は必要性、緊急性と被侵害利益等との利益衡量で判断するのだから、最初から原則的に違法とした判示部分には疑問が残る。

他方、一方当事者の同意があるからといって、秘密録音は常に任意処分として許容されるわけではない。上記判決が指摘したポイントを裏返して考えてみれば、**秘密録音を行う必要性が薄いのに、警察官がその身分を偽り、延々とプライバシーに関することを聞き出して録音したのという事案であれば、プライバシーの重要な侵害として強制処分になってしまう可能性もある上、任意処分としての許容性は到底認められないだろう。**アメリカではこのような捜査も行われているが、我が国では許容されない。

なお、秘密録音は私人によって行われる場合もあり、その著名な事案が、**最（三小）決昭和56・11・20刑集35巻８号797頁、判時1024号128頁、判タ459号53頁（いわゆる検事総長にせ電話事件）**だ。戦後最大の疑獄事件であったロッキード事件に関連し、現職裁判官が検事総長に成りすまして当時の三木総理大臣に偽電話をかけてその会話を録音し、それを新聞で報道させるために、新聞記者に聞かせたところ、新聞記者もまた裁判官との会話を秘密録音したという「蛇の道は蛇」という前代未聞の事件だった。最決は、対話者の一方がこのような事情のもとに会話やその場の状況を録音することは、たとえそれが相手方の同意を得ないで行われたものであっても違法ではないと解すべきとした。一般に、私人による証拠の収集については、私人は警察官などの捜査官と異なり、権力は保有し

ていない上、刑訴法などにも習熟していないので、適法性の判断は、ある程度緩やかになされるといってよい[28]。

【5　GPS捜査】

GPS 捜査とは、被疑者などが運転する自動車を追跡するため、隙を見て車体の下部に取り外し可能なGPSの端末を付着させ、警察車両が追尾し、見失ったときに携帯電話を用いて相手方車両の位置を発見して追跡を継続するものだ。近年、被疑者らが信号無視や高速運転で悪質に追尾を免れることが増加したため、警察が編み出した捜査手法だった。アメリカでは長期間にわたるきわめて広範なGPS捜査が行われている。この捜査では車体への損傷もなく、基本的に公道上を走る車両の位置探索に過ぎず、プライバシーへの侵害等の程度が低いため、警察は任意捜査としてこれを実施していた。しかし、弁護人側は、違法なプライバシーの侵害だとして適法性を争い、下級審では違法説と適法説の判例が分かれていた。しかし、最高裁は平成29年３月15日の大法廷判決（最大判平成29・３・15刑集71巻３号13頁）でこの捜査を違法な強制処分だとした。この判決に対しては、伝統的な強制処分の概念に合致するかなど、少なからぬ疑問も呈されているが、最高裁がこのように判示した以上、立法措置がされない限りこの捜査は不可能となってしまった。

【6　各種の科学的捜査】

科学技術の発達に伴い、様々な科学的手法を用いた捜査手段も発達してきた。血液型鑑定や毛髪鑑定のように古い時代から活用されてきたものもあるが、DNA型鑑定のように近年急速に発達したものもある。科学的証拠の種類は多様であり、それぞれの証明力の強さや程度は一様でないため、どのような科学的証拠を、どのような証明のために、どの程度用いることができるかが問題だ。

科学的証拠が裁判で用いられるためにはまず「証拠能力」が認められることが大前提だ。**証拠能力とは、その証拠が裁判での審理に用いられ、裁判官や裁判員が見たり聞いたりしてその内容を知ることが許されるための能力であり、いわば、裁判審理へのエントリー資格のようなものだ。しかし、審理にエントリーできるからといってその「証明力」は別問題だ。高校野球を例に取れば、その野球試合への出場資格が証拠能力に相当し、出場できた選手がどれぐらい活躍できるかの能力が証明力に相当する。**

一般に、さまざまな証拠の証拠能力が認められる要件は次の三つを満たす必要がある。

①　自然的関連性（その証拠が最低限の証明力を有すること）

②　法律的関連性（法律が定める伝聞証拠の禁止に当たらないことなど）

③　証拠禁止に当たらないこと（違法収集証拠として排除されないことなど）

科学的証拠の許容性は、主に①の問題だ。自然的関連性は、その証拠が、証明しようとする事実に対して最低限の証明力を有することであり、証明力の問題ではあるが、証拠能力が認められるための最低限の要件となる。例えば、ある占い師が街でよく占いが当たるとの評判を得ていたとしても、その占いの結果には科学的な裏付けがなく、裁判においては最低限の証明力すら認められないので自然的関連性が否定されて証拠能力は認められない。科学的証拠が許容されるための自然的関連性の一般

(28)　太田・応用刑訴172頁「通信傍受により摘発した非対面方式の覚せい剤密売事件」参照。

的な基準としては、血液型鑑定を例にとると、

ア　専門の知識・検査技術・経験を有する資格者によって

イ　真正で鑑定に適した資料（血痕等）につき

ウ　性能・作動の面で誤りのない装置・器械を用いて

エ　適正な手法・手続に沿って実施され

オ　その経過と結果が正確に書面に記載されていること

であり、これは他の多くの科学的証拠についても妥当する。なお、科学的証拠は、通常「鑑定書」として提供され、その伝聞証拠としての許容性は後で勉強する（ただ、書類の名称は「ポリグラフ検査結果回答書」）など様々）。

ア　血液型鑑定[29]

ABO方式やRH式などがあり、殺傷事件などでの伝統的な捜査手法だ。被疑者の衣服に付いた血痕と被害者の血痕の血液型が一致すれば、被疑者が犯人であることについて相当程度の推定は働く。しかし、「血液型」しか特定できず、**同一血液型の人間は極めて多いので犯人性の立証の決定的な証拠とまではいえない。対照すべき血液型が一致する場合でも、実際の事件では、血液型鑑定そのものよりも、それに伴う様々な疑念を裁判で主張されることが少なくない。例えば、①被告人の着衣等から、付着するのが自然なはずの血液が付着していない、②鑑定資料としての遺留物である付着血痕は、犯行時に被告人が遺留したものではなく別の機会に付着したものである、③鑑定資料の量は、鑑定実施の上で十分でない、④鑑定方法や鑑定人の技術に問題がある、などだ。**①のような例としては、**最（一小）判昭和57・1・28刑集36巻1号67頁（鹿児島夫婦殺害事件）**がある。この事案では、判決は、「被告人の身辺から人血の付着した着衣等が一切発見されていないという点も問題であろう。被告人の自白によると、被告人は、BがAを馬鍬の刃で殴打して床上に昏倒させた後、タオルでその頸部を絞めて同人を殺害し、ついで右犯行の発覚を防止する目的で、同じく馬鍬の刃によりBを殴打して昏倒させ、前同様タオルで頸部を絞めて同女を殺害したとされているのであつて、右自白が真実であるとすれば、このような一連の行動を通じ、その身辺・着衣等に多量の流血の認められる被害者の血液が被告人の身体・着衣に全く付着しないというようなことは常識上ありえないのではないかと思われるのに、警察の綿密な捜査によっても、被告人の身辺からは、犯行に関係があることを示す人血の付着した着衣等が、一切発見されていない……」

などと不合理性を指摘している。

イ　指紋照合鑑定

指紋は、胎児のころから既に現れ、①万人不同、②終生不変、の特徴をもつ。指紋のタイプには、弓状紋、蹄状紋、渦状紋、変体紋などがある。特徴点の位置関係が12個以上合致していれば、二つの指紋の同一性が認められているそうだ。1911年（明治44年）警視庁に初めて導入し、1982年には指紋自動識別システムが導入された。採取方法は、粉末法とニンヒドリン法（液体法）だ。窓ガラスなどを指で触ると、指の皮膚の脂分が指紋に沿ってガラスに付着する。その上に微細なアルミ粉末をかけ

(29)　ここで挙げる主な科学的捜査のほか、声紋鑑定については、太田・実践刑事証拠220頁以下参照。

ると粉末が脂分に付着して指紋の形状が浮かび上がる。それを採取紙に転写することによって指紋が採取される。**指紋は、血液型などよりも犯人特定のための証明力はずっと高い。**犯行現場や兇器などに指紋が付着しており、それが被疑者の指紋と一致すれば犯人性についての強い推定が働く。

指紋照合による人の同一性判断の精度は高いため、**裁判では、指紋照合そのものの正確性よりも、むしろ指紋の採取や保管の手続・方法などの適切性や、更には指紋の有無そのものの自然性・合理性をめぐって争われることが少なくない。**例えば、被告人の指紋と一致する指紋が事件現場から採取されたと検察官が主張しても、被告人が、「その指紋は事件現場とは別の所で採取されたものだ」「警察での指紋の保管手続に問題があり、他人の指紋と取り違えられた」などと争われることもある。また、被告人が犯人であるのなら、事件現場に被告人の指紋が遺留されているはずであるが、それがまったくないのは不自然、不合理性だと争われることもある。

前記アの鹿児島夫婦殺害事件では、現場から45個の指紋が採取され、25個は関係者指紋なのに被告人の指紋は発見されなかったことの不合理さが問題となった。また、著名な死刑の再審無罪事件の一つである免田事件の**福岡高決昭和54・9・27高刑集32巻2号186頁、熊本地八代支判昭和58・7・15判時1090号21頁**では、被告人は犯行時に、手袋等をしていなかったというのに、侵入経路、タンス、凶器の包丁等から被告人の指紋が検出されなかったことの不合理さが問題となった。また、指紋の採取場所、採取方法、保管形態等が問題となった例として**豊島簡判平成元・7・14判時1336号156頁**がある。これは、窃盗現場の病院の金庫の扉裏側から採取したとされた被疑者の指紋について、それは現場ではなく被告人の以前居住していたマンションの小窓から採取されたものとの疑いが生じ、無罪となったものだ。

これらを踏まえれば、**捜査官や指紋照合鑑定を担当する鑑識官は、現場で採取された指紋の保管等に万全を期することが大切だ。また、警察官や検察官は、犯行現場で採取された指紋が被告人のものであるか否かのみに着目するのではなく、その「有無」についてまでも、広い視点で検討すべきことが理解できよう。**

ウ　毛髪鑑定

毛髪鑑定も実施されることの多い捜査の一つだ（2002年警察庁統計によれば全国で約72000件の鑑定件数）。**毛髪鑑定には大別して、毛髪の異同識別と、毛髪に含まれる成分の分析とがある。毛髪鑑定の目的にも大別して二つある。一つは事件現場などに遺留された毛髪と被疑者の毛髪との一致を確認するためで、もう一つは薬物事件などで被疑者が過去に違法薬物を摂取していたか否かを確認するためだ。**

毛髪鑑定の方法には、形態学的検査と、血清学的（血液型）検査、分析化学的（元素分析）検査などの成分分析がある。形態学的検査とは、異同識別のために行うもので、現場に遺留された毛髪と被疑者の毛髪とを、その長さ、太さ、ねじれなどを観察して行う。成分分析は、異同識別にも薬物摂取の確認のためにも行われる。

違法薬物の使用事件では、覚せい剤を身体に注射するなどして使用した場合、通常、使用後約1週間経過すれば覚せい剤の成分は尿によって排出される。大半の事件では被疑者から採取した尿の鑑定を行うがこれは数時間で可能だ。しかし、明らかに使用が疑われ、腕に多数の注射痕があるのに尿からは覚せい剤の反応がでない場合も稀にはある。そのような場合、被疑者の毛髪を採取してその科学的な成分分析を行うこともあるが、これにはかなりの日数を要している。毛髪は、一か月で約１センチ伸び、その間に摂取した薬物の成分がその中に残存しているため、かなりの長期間にわたる薬物の使用歴が判明する。大手出版社の社長がコカインを密輸入・使用していた著名なＫコカイン事件では、被告人の毛髪鑑定によりコカインの使用が立証された。

毛髪についても、指紋や血液などと同様、検査結果の正確性の問題のみならず、毛髪の採取、保管などの不手際による対象毛髪の同一性などが激しく争われた事案が少なくない。前記の鹿児島夫婦殺害事件の差し戻し前の控訴審である**福岡高宮崎支判昭和55・３・４刑集36巻１号159頁**では、被害者の死体の陰部から採取された陰毛一本が被告人に由来するとの科警研鑑定結果が積極評価されたのに対し、前掲の上告審判決では、毛髪の保管状況に疑問を呈し、資料とされた毛髪が被告人のものと同一であるとは断定できないとし原判決を破棄差し戻した。

エ　足跡鑑定

足跡の採取と鑑定が行われる事件は多い（全国での足跡採取事件数は約18万件）。事件現場に犯人のものと疑われる足跡が遺留されていれば、それと被疑者が履いている靴の種類や大きさ、靴底の文様との一致を確認することが有力な証拠となることはいうまでもない。足跡の採取方法は、伝統的には、石こう法といって、足跡の上に石こうを流し、石こうが足跡どおりに固まったものを採取する方法だ。しかし、近年では、これ以外にも赤外線や紫外線を照射する写真撮影法、ゼラチンによる転写法、足跡表面に付着した成分を採取鑑定する方法など、様々な方法が用いられている。

事件現場から採取された足跡と、被疑者から押収された靴との一致を鑑定することとなる。しかし、**同じ足の大きさで底が同じ文様の靴は多数販売されているので、犯人性の証明のためには決定的とはいえず、情況証拠の一つとして意味を持つこととなる。**

足跡鑑定についても、血液型や指紋と同様、足跡の一致ではなく、採取方法、存在の有無や場所が問題となり、激しく争われた事案が少なくない。

著名な再審無罪である徳島ラジオ商殺し事件では、電気商の家で夫が殺害された事件で、その内縁の妻が起訴され、有罪が確定して服役したが、その死後も遺族により再審請求がなされ、**徳島地判昭和60・７・９判時1157号３頁**の再審無罪判決により無実が明らかとなった。この事件では、内縁の夫婦間の犯行とされたにもかかわらず、犯行現場の４畳半の間に履き物跡らしい痕跡があり、外部侵入者が遺留した靴跡である蓋然性が極めて大きいとされた。

大阪高判昭和61・１・30判時1189号134頁、大阪地堺支判平成元・３・２判時1340号146頁（貝塚ビニールハウス殺人事件）は、５人共犯による強姦・殺人事件であったが、ビニールハウス周辺の畑などから20個の足跡痕が発見されたにもかかわらず、被告人らの足跡痕が全く発見されていないことが、被告人らの犯人性について消極に解すべき事情とされた。また、「足跡裁判」とも言われた**東京地判昭和38・２・26判時535号17頁、東京高判昭和43・２・15判時535号５頁（細川邸強盗殺人事件）**でも、被告人が犯人なら当然その足跡が残されるはずなのに残っていないことなどの不合理性が問題とされた。

オ　ポリグラフ検査

いわゆる「うそ発見器」による検査であり、訓練と経験豊富な検査官によって実施されるので典型

的な鑑定の一種だ。検査官の質問に対する被検査者の応答に伴って生じる呼吸波、心脈波（血圧・脈拍）、皮膚電気反射等の生理的変化を科学的器械によって記録し、これを観察分析して、被疑事実に関する被検査者の返答の真偽ないし被疑事実に関する認識の有無を判断する。人間は良心にやましいうそをつくと、動悸が高まり、呼吸が荒くなり、手に汗をかく。汗をかくことで皮膚の電流が流れやすくなる。平然を装い、外見ではわからなくても、これらのわずかな反応を検査器は感知することができる。指先など身体の数か所に端末を付着させ、電線を器具につなげ、各端末から伝えられるこれらの身体反応の変化が、器具の針に伝えられて針が触れることになり、心理的動揺が大きいと針は大きく振れることになる。呼吸波、心脈波、皮膚電気反射の複数の反応が針の動きでグラフに表示されるので、ポリ（多重）グラフ検査と呼ばれる。1950年代半ばから実務に使用され、年間約5,000件ほど実施されている。ただ、この検査は、被疑者の承諾による任意捜査としてのみ行われる。血液など体液の採取は強制的にも実施できるが、口頭によって任意で応答を求めるこの検査は強制的には実施できないからだ。

質問の方法と内容は、検査官の経験能力に基づく工夫が必要だ。**質問の方法には大別して、裁決質問法（緊張最高点質問法）と、対照質問法がある。**

例えば、寝室のタンスの中から宝石が盗まれた事件で、タンスから盗んだことは被害者と犯人しか知らない場合を想定しよう。裁決質問法では、まず、

問　貴方はどこから盗んだのですか？

と質問するが、被検査者にはすべての質問について「いいえ」と答えるよう指示する。そして、続いて、①台所の引出しの中、②リビングのテーブルの上、③寝室のタンスの中……、④ガレージの車の中、とゆっくりと尋ねていく。被検査者は、いずれも「いいえ」と答えるのだが、もし犯人であれば、タンスの中から盗んだことを知っているので、③の発問に対する「いいえ」の答えの部分で針が大きく揺れることとなる。もし犯人でなければどの選択肢にも反応しない。

対照質問法の例として、公園で被害者をバットで殴った事件を想定しよう。この質問では、関係質問、対照質問、無関係質問の３種で構成し、すべて「いいえ」と答えさせる。例えば

問　①あなたはXか（無関係質問）、②あなたは神戸に住んでいるか（無関係質問）、③公園で被害者をバットで殴ったのは貴方か（関係質問）、④駅で被害者をナイフで脅したのは貴方か（対照質問）

などと順次質問する。①②では事件と無関係なので犯人であっても反応はしない。④は犯罪についての質問だが、架空のものなので反応は薄いはずだ。③が事件そのものについての質問であり、犯人であれば針が大きく振れることとなる。④の対象質問との反応の大きさの違いが犯人性を強く疑わせることとなる。

このような質問を的確に構成するためには、検査官は、事件記録を読み込み、どのような事実が犯人のみが知っている事実かを慎重に選別しなければならない。例えば、犯行に用いた兇器について、新聞報道などで広く知れ渡っている場合には、犯人以外の者でも知っているので質問の意味が薄い。また、報道などはなされていなくても、検査実施までに取調官が被疑者を追及する過程で、誘導的な取調べをしていれば、その中で事件の内容や方法を無実の被疑者であっても知り得ることになる[30]。

(30)　太田・応用刑訴174頁「轢逃げ交通事故の兄弟誤認逮捕事件」参照。

また、被検査者には、いわゆるふてぶてしさから、検査に反応がほとんどない場合もある。筆者が捜査を経験した連続保険金殺人事件の主犯についてポリグラフ検査を行ったがまったく反応が得られなかったことがある。他方、気が弱く動揺しやすい者の場合、犯人でなくとも心理的動揺が激しく、反応が出てしまう場合もある。

ポリグラフ検査が、有罪認定の決定的ないし唯一の証拠とされた事例はなく、有罪認定の補助的な働きをもつにとどまる。したがって、ポリグラフ検査は、その使用の要否や妥当性、また的確な実施方法や内容について慎重に検討するとともに、その検査結果を過大に評価することがないよう留意すべきだ。

カ　警察犬による臭気選別

犬の臭気選別の能力が極めて高いということは広く知られている。その能力を用い、訓練された警察犬による臭気選別は重要事件の捜査でしばしば行われる。例えば事件現場に犯人が遺留したものと思われる手袋やタオルに付着した臭気と被疑者のそれとの同一性を確認するのが典型だ。臭気選別は、実績も積まれているが、問題点もある。①臭いの実態や犬の臭覚のメカニズムが未解明であること、②犬の能力・習性、指導手への従順・迎合性の問題、③指導手の知識経験、原臭等の保管、選別実施の条件の問題などだ。

それらを克服するためには、**①実験例の積み重ねによる経験則的な実証、②警察犬の過去の実績等のデータの蓄積、③実施方法の配慮（選別台での並び替えについて指導手や犬の目に触れさせないこと、④臭気の保管の適切さの確保、各臭気の強弱の平等な条件、ゼロ解答訓練、予備実験の実施）などが重要だ。**③は、警察犬がしばしば指導手に対して迎合的な反応をすることを防ぐためだ。臭気選別のためには、例えば現場に遺留された手袋の場合、その１個のみと被疑者の臭気を付着させた布などとの対比のみをさせるのでなく、外観上はまったく同一であるが現場遺留物ではない他の手袋数個を用意し、これらを台の上に並べ、犬にその中から被疑者の臭気が付着した手袋を選別させる必要がある。現場で発見された物に付着した臭気を「原臭」といい、被疑者から採取した臭気を「対象臭」という。外観は同じであるが原臭を付着させていないものを「誘惑臭」という。ゼロ回答訓練というのは、訓練の際、並べた５個程度の選別対象の中に、原臭が付着した物を一個も入れずにおき、その場合、犬がどの物にも反応しないということを確認する訓練だ。そうでないと、犬が必ず１個は対象物があるはずだと思い込んで、どれか適当な物を選別してしまうからだ。

臭気選別に関する著名な判例として**最（一小）決昭和62・３・３刑集41巻２号60頁（いわゆるカール号事件〈刑訴百選［10版］65事件〉）**がある。これは、山間の市道上での強姦未遂事件で、現場の足跡痕や付近の山道上で発見された犯人のものと思われる靴下などから採取した原臭と、被疑者が勾留中に使用したふとんカバーなどに付着した対象臭について警察犬による臭気選別が行われたものだ。最高裁は、**①「選別につき専門的な知識と経験を有する指導手により」②「臭気選別能力が優れ、選別時において体調等も良好でその能力がよく保持されている警察犬を使用して」実施されており③「臭気の採取、保管の過程や臭気選別の方法に不適切な点のないこと」を指摘し、本件各臭気選別の結果を有罪認定の用に供し得るもので、臭気選別の結果によって被告人が犯人である蓋然性は相当高いとした原判決を是認して被告人の上告を棄却とした。**他方、諸条件の不備を理由に証拠能力を否定した判例もある（**京都地判平成10・10・22判時1685号126頁**）。このように、臭気選別は適切に行えば被告人の犯人性の立証に相当程度役に立つが、この選別結果を唯一の根拠として犯人性を認定することまではできず、情況証拠の一つとして用いられている。

キ　筆跡鑑定

筆跡鑑定も捜査ではしばしば行われる。犯人が被害者に送った脅迫状の筆跡と被疑者の筆跡の同一ないし類似を確認して犯人性の立証に用いる場合が典型だ。しかし、筆跡は、きちんと書く場合、慌てて書く場合、意図的に自己の筆跡と悟られないために平素と違う筆致をする場合など様々であり、その証明力はそれほど高いとはいえない。あくまで犯人性を推認する一つの情況証拠にすぎない。

筆跡鑑定が問題となった主な事件として、次のようなものがある。

最（二小）決昭和41・２・21裁判集刑158号321頁、判時450号60頁（刑訴百選［10版］64事件）は、犯人が札幌市内で警備課長及び検事に対して５通の脅迫状のはがきを送付した事件だ。脅迫状の筆跡と被告人の筆跡の同一性が問題となって筆跡鑑定の信用性が激しく争われ、検察官と弁護人のそれぞれが請求した５人の鑑定人による鑑定の信用性が問題となった。最高裁は

> **「いわゆる伝統的筆跡鑑定方法は、多分に鑑定人の経験と感に頼るところがあり、ことの性質上、その証明力には自ずから限界があるとしても、そのことから直ちに、この鑑定方法が非科学的で、不合理であるということはできないのであって、筆跡鑑定におけるこれまでの経験の集積と、その経験によって裏付けられた判断は、鑑定人の単なる主観にすぎないもの、とはいえないことはもちろんである。したがって、事実審裁判所の自由心証によって、これを罪証に供すると否とは、その専権に属することがらであるといわなければならない」**

とした上、５人のうち、筆跡鑑定の経験がそれまでなかった一人を除き、その経験が豊富な４人の鑑定人の鑑定結果を、その他の証拠と総合して犯罪事実を認定に用いた原判決を維持し、上告を棄却した。

他方、筆跡鑑定の問題性を指摘した判例も少なくない。著名な狭山事件の**最（二小）決昭和52・８・９刑集31巻５号821頁（上告審決定）、最（一小）決平成17・３・16裁判集刑287号221頁、判時1887号15頁（第二次再審請求特別抗告審決定）**では、犯人が送った脅迫状と被告人の筆跡の同一性が激しく争われた。**東京地判昭和58・５・９判時1098号211頁（日石土田邸事件）**では、本来は無限定的鑑定によるべきところを限定的鑑定によっていることなどが批判された。限定的鑑定とは、犯人の筆跡と被疑者の筆跡のみを１対1で比較するものであり、暗示性の問題があるのに対し、無限定的鑑定とは、被疑者の筆跡を含む他の複数の筆跡とを対象させるものだ。また、いわゆる自民党本部放火事件の**東京地判平成３・６・27判時1430号３頁（控訴審　東京高判平成６・12・２判タ865号107頁）**も、筆跡鑑定の信用性を批判している。

ク　DNA型鑑定

遺伝子の本体として生物の核内に存在する物質であるデオキシリボ核酸（DNA）の部位を検査することで個人を識別するために行う鑑定だ。犯行現場や兇器などに付着した血液、皮膚片などと、尿、唾液、口腔粘膜、など人の様々な細胞組織から採取したものとの一致を鑑定する。 繊維片と繊維片の鑑定も可能だ。DNA型鑑定の捜査は1980年代半ばから我が国でも行われるようになり、今日まで

鑑定方法や技術には様々な進展がある。警察庁のDNAデータベースでは登録数は、2013年1月時点で34万件を超えた。**鑑定の方法や制度も格段に向上し、2009年現在、同じ型の別人が現れる確立は4兆7000億人に1人とされているなど、人の同一性確認の精度では他の鑑定と雲泥の差がある。それだけに、鑑定技術の向上はもとより、採取、保管、他の検体との混同の排除など最新の留意がなさなければ重大な冤罪も招きかねない危険性も併有している。いわば両刃の剣だ。**DNA型鑑定の技術・制度に問題があったため、不幸な冤罪を招いたのが、**最（二小）決平成12・7・17刑集54巻6号550頁、判時1726号177頁、判タ1044号79頁の足利事件（Sさん事件〈刑訴百選［10版］63事件〉）**だ。この事件は、平成2年に幼女が誘拐されて死体で発見され、Sさんが犯人だと疑われ、Sさんが捨てたゴミ袋の中から発見領置された精液付着のテイッシュペーパーと幼女の下着に付着していた精液のDNA型鑑定を行ったところ、1000人に数人の頻度で出現するとの鑑定結果が得られた。警察はこれを根拠にSさんを任意同行して厳しく追及し、絶望的になったSさんは虚偽の自白をするに至り、起訴され、この鑑定結果が有力な証拠となって有罪となった。その最高裁決定では、

> 「いわゆるMCT118DNA型鑑定は、その科学的原理が理論的正確性を有し、具体的な実施の方法も、その技術を習得した者により、科学的に信頼される方法で行われたと認められる。したがって、右鑑定の証拠価値については、その後の科学技術の発展により新たに解明された事項等も加味して慎重に検討されるべきであるがなお、これを証拠として用いることが許されるとした原判断は相当である。」

としてDNA型鑑定結果の証拠能力を認め、有罪判決は確定し、Sさんは服役した。しかし、その後、弁護人が再審請求において、当時のDNA型鑑定に問題があったと争い、再審請求抗告審において東京高裁が命じた鑑定人は、STR型検査を行い、「SさんのDNA型と女児の下着に付着した体液の型が一致しない」との結論を得た。この鑑定は、MCT118部位に比べ対象部位の塩基反復配列長が短く、より古い資料からでも鑑定が可能な検査方法であり、警察庁では平成8年から導入され、その後さらに個人識別精度が向上している。その結果、Sさんは無実であることが明らかとなり、再審無罪判決を得て獄中から帰還した。**このようにDNA型鑑定は他の鑑定より精度が極めて高い反面、その鑑定方法にいささかでも問題があればこのような不幸な事態を招く恐れがある。また、極めて微量でも鑑定が可能であるだけに、血痕や毛髪などの場合よりも更に一層、その採取場所、採取方法、検体の保管管理などに細心の注意と配慮を行う必要性が高い（飯塚事件）**(31)。

ケ　責任能力鑑定

犯人が犯行時に責任能力がなければ起訴できないし、起訴されても無罪となる。責任能力とは、「事物の是非・善悪を弁別し、かつそれに従って行動する能力」をいう。つまり、自分がやろうとしていることが、良いことか、悪いことか、を判断し、悪いことであればそのような行為をしないよう、自分を押さえられる能力だ。しかし、精神に疾患がある場合など、このような判断自体ができない人もいるし、頭の中では悪いことだと判っていても自分の衝動をまったくコントロールできない人もいる。**その能力がまったく失われている場合が「心神喪失」であり、著しく減退している場合を**

(31)　1992年に福岡県飯塚市で小学生の女児2名が誘拐されて殺害された飯塚事件でも、当初行われていたDNA鑑定はMCT118型鑑定だった。裁判ではその信用性が争われ否定されたが、他の証拠から被告人の有罪判決が確定し、被告人は死刑が執行された。現在2度めの再審請求がなされている。

「心神耗弱」という。心神喪失であれば無罪となるが、心神耗弱の場合は刑が減軽される。これらの原因は、統合失調症などの重度の精神病の場合もあるし、薬物中毒が極めて進行して、幻覚妄想に支配されてしまう状態など様々だ。「宇宙から電波が飛んできてあいつを殺せと命じている」などの幻覚妄想に憑りつかれる場合もある。飲酒の場合、ただ飲酒して酔っ払ったというだけでは心神喪失や耗弱は認められない。しかし、「病的酩酊」といわれる特異な体質では、一定程度飲酒すると人格が変容して急に異常な行動をとり、翌日目が覚めるとその時記憶が完全に失われているということがあり、心神喪失と判断される場合もまれにある。

心神喪失等が疑われる場合、精神科の医師による精神鑑定を行う。被疑者や被告人が勾留されている場合には、法167条の「鑑定留置（法224条が捜査段階に準用）」を行い、刑事施設ではなく病院などに収容する。様々な心理学的、医学的検査などを行うため長期間を要し、通常２か月程度の鑑定留置がなされる場合が多い。その期間は勾留期間には含まれない。しかし、鑑定で行うのは、本人がどのような精神病に罹患し、どのような精神状態にあるかという精神医学的判断である。心神喪失や心神耗弱とは、法律上の概念であり、その該当性は法律判断であるので、検察官や裁判官は精神鑑定結果を踏まえて、その判断を行うことになる。

5　刑事訴訟法以外の法律による犯罪捜査

刑事訴訟法以外にも犯罪捜査の特別な手続を定めた法律はいくつかある。主なものは麻薬特例法（国際的な協力の下に規制薬物に係る不正行為を助長する行為等の防止を図るための麻薬及び向精神薬取締法等の特例等に関する法律）、組織犯罪処罰法（組織的な犯罪の処罰及び犯罪収益の規制等に関する法律）、通信傍受法（犯罪捜査のための通信傍受に関する法律）などだ。少年の刑事事件の捜査については少年法にも定められているがこれは後述する。

【1　麻薬特例法】

麻薬などの違法薬物の蔓延は世界的な問題だ。国連では、麻薬撲滅のために各国が取組みを強化するとともに、国際協力を推進するため、「麻薬及び向精神薬の不正取引の防止に関する国際連合条約」が締結され、我が国でもこれに沿った国内法を整備するために平成３年に制定された法律だ。１条は、

> 「この法律は、薬物犯罪による薬物犯罪収益等をはく奪すること等により、規制薬物に係る不正行為が行われる主要な要因を国際的な協力の下に除去することの重要性にかんがみ、並びに規制薬物に係る不正行為を助長する行為等の防止を図り、及びこれに関する国際約束の適確な実施を確保するため、麻薬及び向精神薬取締法、大麻取締法、あへん法及び覚せい剤取締法に定めるもののほか、これらの法律その他の関係法律の特例その他必要な事項を定めるものとする。」

と規定する。この法律はその目的のために、薬物犯罪取締まりを強化するための新たな実体法規定と手続規定を整備した。

ア　実体法的規定の新設

従来の薬物取締の各法には定められていなかった罰則として、５条は、違法薬物の輸出入や製造、譲受を「業として」行った場合の重い処罰や、６条と７条で、新たに薬物犯罪収益の隠匿や収受の罪を定めた。従来は、薬物犯罪で収益を得た場合、刑法による付加刑としての没収や追徴のみしか行えず、収益を隠匿されてしまっては手の出しようがなかった。しかし、薬物犯罪収益を隠匿・収受すること自体を新たな犯罪として処罰できるようにしたのだ。

また、**８条は「薬物犯罪を犯す意思をもって、規制薬物として交付を受け、又は取得した薬物その他の物品」を輸出入することや譲渡・譲受・所持する行為を懲役２年以下又は罰金に処するものとした。この８条は、分かりやすく言えば、仮に中身が規制薬物ではなく氷砂糖であったとしても、当事者がそれを覚せい剤などの規制薬物だとして取引や所持をすればそれ自体が犯罪になることにしたのだ。この立法の主な目的は、コントロールド・デリバリー（controlled delivery）を可能にすることにあった**(32)**。**つまり、コントロールド・デリバリー捜査では、税関などで輸入荷物の中に規制薬物が隠されていることが発見された場合、規制薬物を抜き取って代わりに同じ重さや形の規制薬物に見せかけた物を荷物に戻し入れてそのまま配送ルートに乗せ、配送先に到達して家屋内などに持ち込まれ、開扉されたころを見計らって捜索差押許可状によって踏み込み、荷物の受領者を規制薬物所持の現行犯人として逮捕することが行われる。本来、持ち込まれた物は規制薬物でないので逮捕できないはずなのだが、この８条によって逮捕が可能となるのだ。しかし、この規定はコントロールド・デリバリーの場合に限らず、規制薬物として取引や所持がなされたことは情況証拠から疑いがないが、当該物について鑑定による規制薬物であることの立証が困難である場合にも活用されている。従来、例えば覚せい剤の譲渡や所持事犯の場合、それが覚せい剤であることの証明のためには、薬の一部が残存しているか、それを使用した者の尿の鑑定による「規制薬物性の証明」が不可欠であった。そのため情況証拠から規制薬物であることは歴然としていても起訴ができない、という極めて大きなジレンマがあった。８条はこれを可能としたものであり、薬物犯罪捜査の現場でそれが果たす効果は大きい。ただ、法定刑自体は２年以下と低く、これだけを単独で起訴するのではなく、これを突破口として大掛かりな密売の摘発などに活用されているのが実情だ。

イ　手続規定の新設

また、いくつかの重要で効果的な手続規定も新設された。**11条〜13条は、無体物である薬物犯罪収益等の没収を可能とするなど刑法による没収・追徴の範囲を大幅に拡大し、また14条は薬物犯罪収益であることの推定規定も定めた。また、没収・追徴すべき財産が隠匿されてしまうことを防ぐため、19条と20条は保全手続として没収・追徴保全命令の制度を新設した。**コントロールド・デリバリーについては前述したが、これは、物のみならず人についても、３条で上陸の手続の特例が設けられた。これは、水際で逮捕して入国を阻止することが可能であっても、あえて逮捕せず入国させ、国

(32)　コントロールドデリバリーには、「ライブ」と「クリーン」の二つの方法がある。ライブとは、規制薬物が隠匿されている貨物が発見された場合、それを抜き取らずそのまま配達させて追跡するものだ。しかし、この方法では、追跡が失敗した場合、規制薬物が市中に拡散する恐れが大きい。そのため、規制薬物を抜き取り、別の無害品と取り換え配達させるのが「クリーンコントロールドデリバリー」だ。しかしこの方法では、配達先で受領した人物を、規制薬物の所持の現行犯で逮捕できないこととなる。そのために設けられたのが８条である。

内で泳がせた上で最も効果的なタイミングで逮捕できるようにするのだ。なお、コントロールド・デリバリーは4条が規定しており、輸出入貨物の中に規制薬物が隠匿されていることが判明した場合に税関官吏の没収義務を解除して輸出入を許可し、その後の追跡捜査（泳がせ捜査と呼ばれる）を可能ならしめるものだ。

筆者は、平成8年から9年にかけて東京地検刑事部の薬物犯罪担当の副部長を務めたが、部下検察官らが麻薬特例法を駆使して従来は摘発困難であった多数の悪質密売事件を起訴することができ、その効果の大きさを実感したものだ。

【2　組織犯罪処罰法】

暴力団による薬物・銃器犯罪や、地下鉄サリン事件など、組織的犯罪の規模拡大・国際化が大きな治安悪化要因となっていることから、これに対処するため平成11年に制定された。第1条は

> 「この法律は、組織的な犯罪が平穏かつ健全な社会生活を著しく害し、及び犯罪による収益がこの種の犯罪を助長するとともに、これを用いた事業活動への干渉が健全な経済活動に重大な悪影響を与えることにかんがみ、組織的に行われた殺人等の行為に対する処罰を強化し、犯罪による収益の隠匿及び収受並びにこれを用いた法人等の事業経営の支配を目的とする行為を処罰するとともに、犯罪による収益に係る没収及び追徴の特例等について定めることを目的とする。」

と定める。

主な内容は、組織犯罪の処罰の強化と、いわゆるマネーロンダリングを始めとする犯罪収益の隠匿や不正な使用の厳しい取締まりを可能とするものだ。

ア　組織犯罪の処罰の強化（3条）

2条で

> 「この法律に「団体」とは、共同の目的を有する多数人の継続的結合体であって、その目的又は意思を実現する行為の全部又は一部が組織（指揮命令に基づき、あらかじめ定められた任務の分担に従って構成員が一体として行動する人の結合体をいう。以下同じ。）により反復して行われるものをいう。」

と規定した上で、刑法の常習賭博、殺人、逮捕及び監禁、強要、身代金目的略取、業務妨害、詐欺、恐喝等の11の罪について、それらが「団体の活動」として行われた場合の法定刑を引き上げた。例えば、殺人罪では、刑法では懲役刑の下限が5年であるが6年とし、恐喝罪では10年以下の懲役刑を1年以上の有期懲役に引き上げた。

イ　犯罪収益等隠匿罪（10条）・収受罪（11条）の新設

「犯罪収益等の取得若しくは処分につき事実を仮装し、又は犯罪収益等を隠匿した者」について5年以下の懲役若しくは300万円以下の罰金に処し、又はこれを併科することとされた。これはいわゆるマネーロンダリング（資金洗浄）の防止・処罰対策だ。例えば犯罪収益を仮名預金にしただけでこの「事実の仮装」に該当して犯罪となる。筆者が長野地方検察庁勤務時代に捜査に関与した事件で

は、関西にアジトを持つグループが、アダルトサイトを開設し、無料と称するアダルトサイトをクリックして閲覧した客に対し、有料であったとして法外な金を要求し、全国の多数の客から合計10億円近くの金を詐取ないし喝取していた事件を、この罪を適用してグループ全員を摘発、起訴することができた。従来の刑法上の詐欺や恐喝では、被害者が被害申告をして捜査や公判に協力しなければ摘発できないが、被害者が全国に散らばっている上、また社会的体面が傷つくのを恐れて被害届すら出そうとしない。この事件では、長野地検管内でわずか１名の被害者のみが捜査に協力したに過ぎなかっが、被害者から振り込まれた10億円近くの金が、アジトから押収した100通を超える預金通帳に入金されており、これらはすべて仮名の通帳だったため、全国の被害者を取り調べることなく、「犯罪収益等の取得につき事実を仮装した」と認定できたのだ(33)。

ウ　不法収益等による法人等の事業経営の支配を目的とする行為の処罰（9条）

犯罪収益等を用いて会社の株主となったり債権者となった者が、その会社を事業経営を支配する目的で役員を選任したり解任させる行為について、５年以下の懲役若しくは1,000万円以下の罰金（併科可能）を科すものだ。犯罪組織が犯罪で得た厖大な金で会社を乗っ取ることを処罰するのだ。

エ　没収・追徴財産の範囲の大幅な拡大

刑法19条及び19条の２では、犯罪組成物件、犯罪供用物件、犯罪行為の報酬として得た物、これらの対価として得たものの没収・追徴しか認められていない。しかし、没収・追徴の対象を次のように大幅に拡大した。

① **犯罪収益のみならず、犯罪収益に由来する財産**（犯罪収益の果実、その他犯罪収益の保有又は処分に基づき得た財産など）、覚せい剤取締法事件において提供された資金などに拡大（２条）

② **不動産や動産のみならず「金銭債権」も加えた**（13条）

オ　没収・追徴の保全手続の創設・整備（第4章、22条～49条）

判決で没収・追徴がなされる前に犯人らがそれらの財産を隠匿・処分してしまうのを防止するため、裁判所又は裁判官が没収・追徴保全命令を出し、その財産の処分を禁止できることとしてその詳細な手続を定めた。

なお、組織的犯罪処罰法は、平成29年６月25日、改正法が可決・成立し、同年８月までに施行された。内容は、①テロ等準備罪の新設、②証人買収罪の新設、③「犯罪収益」の前提罪の拡大、④国外犯処罰規定の整備、などである。

【3　通信傍受法】

薬物や銃器の密売などは犯罪組織によって秘密裡に行われることが多いため、関係者の電話やメールなどを傍受しなければ犯罪が摘発できないことが多い。諸外国では古くから日常的な捜査手段として活用されているが、我が国では「盗聴法」と批判する声が強く、なかなかその導入に至らなかっ

(33)　太田・応用刑訴170頁以下「山奥の警察署が摘発した全国に10億円の被害を与えたアダルトサイト架空請求事件」参照。

た。しかし、「非対面方式」といって、薬物の密売組織が摘発を免れるため、客との間の譲受の申し込みなどはすべて電話で行い、薬物の受渡しも組織以外の売り子に電話で指示して行わせる方法で密売することにより、末端の客や売り子が検挙されても絶対に組織には捜査の手が延びないという悪質巧妙な密売手口が広まり、伝統的な「突き上げ捜査」が不可能になった。客や末端の売り子は、組織の密売人と顔を合わせないので、追及されても誰から買ったのか分からないからだ。これを摘発するためには通信傍受が唯一の捜査手段だ。そのため、検証許可状によって通信傍受を行う試みが始まり、山梨県警、北海道警、高知県警でそれが実施された(34)。電話の会話を傍受するということは、会話の音声を五感の作用で覚知することなので性質的には検証と言えるからだ。北海道警が旭川市で行った通信傍受の適法性については最高裁まで争われた。**最（三小）決平成11・12・16刑集53巻９号1328頁、判時1701号163頁、判タ1023号138頁**はこれを適法としたが、検証許可状で行うことにはいくつかの問題もあったため、激しい論議の末、平成11年にようやく通信傍受法が成立するに至った。

しかし、激しい反対論があったことから、当初の法律では、対象となる犯罪は薬物・銃器関連犯罪、集団密航罪、組織的殺人の罪に限定され、期間や手続が極めて厳格であるなど、諸外国の通信傍受制度と比較すれば、いわばがんじがらめの内容であり、法律はできたものの年間の実施件数は十数件程度に過ぎない状態が続いていた。

平成28年に大幅に改正された同法が施行され、対象犯罪に、現住建造物等放火、殺人、傷害致死、傷害、逮捕監禁、未成年者・営利目的略取誘拐、窃盗、強盗、詐欺、恐喝、児童買春・ポルノ等について、「あらかじめ定められた役割の分担に従って行動する人の結合体により行われたものに限る」との限定の上で加えられ、これにより、いわゆる振り込め詐欺事案での傍受も可能となった。

令状は警視以上の警察官等が、地方裁判所の裁判官に対して請求する。傍受は原則10日間だが最大30日間まで延長可能だ。通信手段の管理者、地方公共団体の職員による立会いが必要だ。傍受すべき通信に該当しない通信については原則的に傍受できない。傍受した通信は記録媒体に記録し、裁判官に提出。裁判官が保管する（５年間）。通信の当事者に対する原則30日以内の書面による通知と不服申立制度がある。また、毎年の国会への報告義務（通信手段の種類、実施期間、回数、逮捕者の人員等）もある。

令和４年２月の国会報告によれば、同３年１月１日から12月31日までの通信傍受の実施件数は、合計20件で、大麻・覚せい剤の薬物事犯が12件、けん銃の発射・所持事犯が３件、組織的殺人未遂、殺人未遂、傷害、窃盗、電子計算機使用詐欺、恐喝未遂各１件で、すべてが携帯電話の傍受である。アメリカに比べればまだ遥かに少ないとはいえ、少しずつ様々な犯罪について傍受が実施されていることが分かる。

諸外国の通信傍受制度よりはまだ大幅に制約が厳しいが、更に効果的な活用が期待される。

6　被疑者・被告人、弁護人の諸権利

戦前の旧刑事訴訟法では、これらの権利の保護が十分でなかった上、戦時下にあって、憲兵隊や特高警察が、軍部を批判する人々らに対して司法手続によらずに身柄を拘束して拷問を加えるなどのす

(34)　太田・応用刑訴172頁以下「通信傍受により摘発した非対面方式の覚せい剤密売事件」参照。

さまじい人権蹂躙や弾圧も行っていた。敗戦により、GHQの指導の下で制定（形式的には旧憲法の改正手続による）された日本国憲法では、31条から40条まで、刑事に関する様々な人権保障規定が定められた。31条の適正手続の保障、32条の裁判を受ける権利、33条の令状逮捕の原則、34条の抑留・拘禁の要件や弁護人を依頼する権利、35条の令状による捜索・差押えの原則、36条の拷問及び残虐な刑罰の禁止、37条の被告人が公平な裁判所の公開裁判を受ける権利や証人への尋問権、弁護人の依頼権、38条の黙秘権の保障や自白法則、39条の遡及処罰の禁止や一事不再理、40条の無罪とされた者の刑事補償だ。これらはアメリカ合衆国連邦憲法の修正４条から８条までの人権保障規定の影響を大きく受けている(35)。日本国憲法を踏まえて制定された現行刑事訴訟法では、これらの被告人や弁護人の権利を更に具体化して詳細に規定している。また、その制定時には、これらの諸権利は必ずしも十分に整備はされていたとはいえず、戦後においても捜査官の行き過ぎや過剰な権限行使による人権侵害も少なからず発生していた。そのため弁護人や研究者などによるこれらに対する厳しい批判や制度改善への要求や運動が高まり、被疑者・被告人の権利を更に充実させるため様々な刑訴法の改正が行われてきた。主なものを挙げる。

【1　接見交通権の保障の拡大と充実】

被告人が不当な起訴から免れ、また起訴された場合に公判で十分に防御活動を行うためには弁護人の援助が不可欠だ。被疑者が逮捕・勾留されていなければ弁護人との相談や打ち合わせには支障がないが、逮捕・勾留されている場合にはそれが自由にはできない。そのため、39条は、身体の拘束を受けている被告人・被疑者が立会人なしで弁護人と接見し、書類や物の授受ができることを定めている。これは警察や拘置所などに設置され、会話を絶対に外から聞かれない接見室で行われる。他方、捜査段階においては、最大23日間という限られた時間で捜査を遂げなければならないので、弁護人を自由に長時間接見させていたのでは、肝心の取調べの時間が足りなくなり、捜査に支障をきたす場合がある。そのため、39条３項は、捜査官は、捜査のために必要があるときは、接見交通について日時、場所及び時間を指定できると定めている。筆者の若いころはこの指定は厳しく、例えば10日間の勾留中に１～２回、１回30分程度ということが通常であった。しかし、弁護人はこれではとうてい被疑者との十分な打ち合わせができないとして検察官の接見指定の違法・不当を争う国家賠償訴訟が提起され、いくつもの重要な判例が生まれた。次の判例の事件名についている名前は、国家賠償で争った弁護人の名前だ。

杉山事件（最（一小）判昭和53・７・10民集32巻５号820頁）と浅井事件（最（三小）判平成３・５・10民集45巻５号919頁）により、検察官等が接見を指定できる要件が確立した。以前は、検察官等は、捜査全体の遂行状況により、弁護人を被疑者に会わせれば捜査に支障が生じるのなら接見指定が可能だと広く考えていたが、この考え方は否定され、

「現に被疑者を取調べ中であるとか、実況見分、検証等に立ち会わせているような場合のほか、間近いときに右取調べ等をする確実な予定があって、弁護人等の必要とする接見等を認めたのでは、右取調べ等が予定どおり開始できなくなるおそれがある場合」

---

(35)「はじめに」の注を参照。

に限られることとなった。

福岡高判平成５・11・16判時1480号82頁、判タ875号117頁（刑訴百選［10版］A12事件）は、任意同行中の弁護人との面会に関する重要判例だ。本来、任意同行は逮捕勾留とは異なるので法的には身柄拘束を受けていないので接見指定は許されない。しかし、事実上は、任意同行された被疑者に対して捜査官が取調べを継続しているとき、弁護人は会いたくても会わせてもらえないということも見られた。この判例は、

> **「取調べに当たる捜査機関としては、弁護人等から右被疑者に対する面会の申出があった場合には、弁護人等との面会時間の調整が整うなど特段の事情がない限り、取調べを中断して、その旨を被疑者に伝え、被疑者が面会を希望するときは、その実現のための措置を執るべきである。」**

とした。

内田事件（最（三小）判平成12・６・13民集54巻５号1635頁、判時1721号60頁、判タ1040号133頁）は初回接見についての極めて重要な判例だ。被疑者が逮捕された場合、捜査官は弁解録取や留置の手続を終えれば直ちに被疑者の取調べを開始するのが通常だ。他方、弁護人や弁護人になろうとする者は、一刻も早く被疑者と接見を希望することが多い。逮捕された被疑者は動揺していることが多いので弁護人として適切な助言をして被疑者の不安を軽減させなければならないし、被疑者としても家族や勤務先への連絡を頼まなければならない場合も多い。また弁護人がまだ選任されておらず、これからなろうとする弁護士であれば、被疑者に弁護人選任届を作成させなければならない。

杉山・浅井事件の判旨による限り、捜査官が被疑者を現に取調中であれば、「調べが一段落した夕方にしてくれ」「明日朝にしてくれ」などと接見指定ができるはずだ。しかし、それでは被疑者の初回接見の重要性が損なわれることになってしまう。最高裁は

> **「逮捕直後の初回の接見は、身体を拘束された被疑者にとっては、弁護人の選任を目的とし、かつ、今後捜査機関の取調べを受けるに当たっての助言を得るための最初の機会であって、直ちに弁護人を依頼する権利を与えられなければ抑留又は拘禁されないとする憲法上の保障をの出発点を成すものであるから、これを速やかに行うことが被疑者の防御のため特に重要である。」**
>
> 「したがって、右のような接見の申出を受けた捜査機関としては、**前記の接見指定の要件（※杉山判決）が具備された場合でも、その指定に当たっては、弁護人となろうとする者と協議して、即時又は近接した時点での接見を認めても接見の時間を指定すれば捜査に顕著な支障が生じるのを避けることが可能かどうかを検討し、これが可能なときは、拘置施設の管理運営上支障があるなど特段の事情のない限り、犯罪事実の要旨の告知等被疑者の引致後直ちに行うべきものとされている手続及びそれに引き続く指紋採取、写真撮影等所要の手続を終えた段階で、たとい比較的短時間であっても、時間を指定した上で即時又は近接した時点での接見を認めるようにすべきであり、**このような場合に、被疑者の取調べを理由として右時点での接見を拒否するような指定をし、被疑者と弁護人となろうとする者との初回の接見の機会を遅らせることは、被疑者が防御の準備をする権利を不当に制限するものといわなければならない。」

と判示して、初回接見については、捜査官は通常の接見よりも柔軟かつ適切に対応すべきこととした。

これらの接見の保障が十分でなく、違法な接見指定をしたような場合、国家賠償訴訟を提起された

り、接見を違法に拒んだ間に作成された自白調書の証拠能力が否定される場合もあるので、捜査官は心しなければならない。

なお、最（三小）判平成17・４・19民集第59巻３号563頁は、いわゆる「面会接見」について次のように判示した。

> 「検察官が検察庁の庁舎内に接見の場所が存在しないことを理由として同庁舎内に居る被疑者との接見の申出を拒否したにもかかわらず，弁護人がなお同庁舎内における即時の接見を求め，即時に接見をする必要性が認められる場合には，検察官には，捜査に顕著な支障が生ずる場合でない限り，秘密交通権が十分に保障されないような態様の短時間の「接見」（面会接見）であってもよいかどうかという点につき，弁護人の意向を確かめ，弁護人がそのような面会接見であっても差し支えないとの意向を示したときは，面会接見ができるように特別の配慮をすべき義務がある。」

本来の接見は、他から会話を聞かれない設備のある接見室で行われるべきであるが、検察庁にその設備がなく、また、警察に戻って接見室で接見を行うよりも、弁護人が、捜査側の立会者がいても構わないのでとにかく早く被疑者と話をしたい、と希望する場合には、それを認めるべきだというものだ。

【２　被疑者段階の国選弁護制度の導入】

憲法37条は、刑事被告人の弁護人依頼権と、被告人が自らこれを依頼することができないときは国で付することを定めている。272条は、これを受けて、公訴の提起があった場合の被告人に対する弁護人選任請求権と貧困等の事由により被告人が自ら弁護人を選任できない場合の国選弁護人の請求権を告知すべきことを定めている。また、289条は、死刑又は無期若しくは長期3年を超える懲役若しくは禁錮に当たる事件については弁護人がなければ開廷できないとする必要的弁護の規定だ。これらは被疑者が起訴されて被告人になってからの権利であり、刑訴法制定当時には、被疑者段階では国選弁護人の制度はなかった。

弁護人を自ら選任できる資力がある被疑者であれば、身柄事件と在宅事件を問わず、捜査段階から私選弁護人を選任でき、実務ではその例も多い。しかし、資力のない者はそれができないため、捜査段階で被疑者が弁護人の力を得て捜査に対して防御できるか否かが被疑者の資力によって異なってしまう。そのため、**日本弁護士連合会を中心に、「被疑者段階の国選弁護」の制度を創設すべきだとの主張や運動が重ねられ、平成16年の刑訴法改正により、37条の２が追加され、初めてこの制度が創設されるに至った。**当初、平成18年までは、死刑又は無期若しくは短期１年以上の懲役若しくは禁錮に当たる事件（殺人、現住建造物放火、傷害致死、強盗など）に限られていたが、平成21年５月からは、死刑又は無期若しくは長期３年を超える懲役若しくは禁錮に当たる事件に拡大され、窃盗、傷害、詐欺、恐喝等の事件にも被疑者国選弁護が可能となった。逮捕された被疑者について司法警察員や検察官が弁解録取手続を行うときには、被疑者にこの権利を告知すべきことも定められている（203条３項、204条２項）。**更に、2018年６月１日施行の刑訴法改正により、「被疑者に対して勾留状が発せられている場合」とされ、法定刑による限定がなくなり、すべての勾留事件が対象となった。**

【3　取調べの録音・録画制度の導入】

我が国では、アメリカのような取調べに頼らなくても困難な事件を摘発、起訴できる強力な捜査の武器が乏しいため、被疑者や参考人の取調べが事件の摘発や解明のための大きな柱となっている。しかし、これは時として、捜査官が、無実の被疑者を真犯人だと思い込み、弁解を真摯に聞こうとせずに自白を迫った結果、被疑者が虚偽の自白をし、不幸な冤罪事件を招いたこともあった。また、公判において被告人が捜査段階での自白は、取調官から自白を強要された結果であるとしてその任意性や信用性を争う場合、多くは捜査官側との水掛け論となってしまい、裁判所がその判断を的確に行うことに大きな困難もあった。

弁護士会や研究者らが、密室の取調べがそのような事態を招くとして「取調べの可視化」と言われる取調べの録音・録画制度の導入を強く主張し、運動を展開してきた。法務検察や警察はそれらの主張を受け、裁判員裁判対象事件、知的障害によりコミュニケーション能力や責任能力に問題がある被疑者等に係る事件、検察の独自捜査事件において、身柄拘束中の被疑者の取調べの録音・録画の試行を進めてきた。2016年の刑事訴訟法等の一部改正により、裁判員裁判対象事件・検察官独自捜査事件について、身体拘束下の被疑者取調べの全過程の録画が義務付けられ、2019年６月に施行された（301条の２）。実務の運用では、取調べの録音録画はそれらに限定されず、公判請求が見込まれる身柄事件で被疑者の供述が立証上重要なものや、被害者・参考人の供述が立証の中核となることが見込まれるものなどについても、広く実施されるようになっている。

録音・録画の証拠としての利用については、改正された刑事訴訟法では、「自白の任意性立証の補助証拠」として用いることとされている。つまり、被疑者の自白が「任意になされたものだ」ということを立証するためである。しかし、それを超えて、録音録画された被疑者の自白を、被疑者がその自白のとおり犯行を行ったことを立証するための「実質証拠」として用いることが許されるかについては、肯定・否定の議論がある。

弁護士などを中心に、録音・録画された自白が裁判所の心証形成に与える強い影響を懸念し、これを否定する主張も根強く、裁判所も、一般的には慎重な傾向にある。東京高判平成28・８・10判時2329号98頁では、検察官が録音・録画の記録媒体を実質証拠として取調べ請求したのに対し、その必要性なしとして請求を却下した原審の判断を肯定した。

また、いわゆる今市事件の控訴審で東京高判平成30・８・３判時2389号３頁は、原判決が自白供述の信用性の補助証拠として採用した取調べの録音・録画記録媒体によって直接的に被告人の犯人性に関する事実を認定したことを違法だとした。

しかし、録音・録画の記録媒体の実質証拠としての利用は理論的に認められ、これらの判例もそれを一般的に否定しているのではなく個別の事例判断だと解するのが大勢である。問題はそれが真に必要なものであるか否かという個別事案における判断に委ねられているといえよう。

第4　事件の処理（公判請求、略式命令、家裁送致等）

検察官は、事件の捜査を終えると事件を処理する。一般司法警察職員である警察の司法警察員や特別司法警察職員（麻薬取締官や労働基準監督官など）が捜査した事件は全件送致主義により検察官に送致されるので、その処理は検察官が行う[(1)]。また、国税局や公正取引委員会、証券取引等監視委員会が検察官に告発した事件も同じだ。

検察官による事件の処理は、成人については大別して起訴と不起訴だ。被疑者が少年である場合にはどんなに重大で悪質な事件であっても、まず家庭裁判所に送致しなければならない。家庭裁判所の審判により検察官への送致決定（いわゆる逆送決定）がなされれば事件は再び検察官の下に戻ってくるので、その場合は原則として起訴することとなる。

1 起　　訴

ア　公判請求（256条）

最も重い処分だ。**事件の事物管轄と土地管轄[(2)]に応じ、検察官が所属する検察庁に対応する地方裁判所か簡易裁判所に対して起訴状を提出することによって行う**（256条）。簡易裁判所は原則的に罰金以下の刑に当たる事件について事物管轄を有するが、懲役・禁錮に当たる罪でも住居侵入、窃盗や横領など比較的簡易な事件について事物管轄を有している。公判請求された事件は、公開の法廷で審理されることとなる。

起訴状には、**①被告人の氏名その他被告人を特定するに足りる事項、②公訴事実、③罪名、が記載される（256条２項）。重要なことは、「起訴状には裁判官に事件につき予断を生ぜしめる虞のある書類その他の物を添付し、又はその内容を引用してはならない」とされていることだ（256条６項）。これは「起訴状一本主義」という。**戦前の旧刑事訴訟法では起訴状と共に事件記録が裁判所に提出されていた。旧刑訴法の母国ドイツでは今でもそうだ。裁判所は公判が始める前に記録を呼んで事件の内容を頭に入れた上で公判に臨んでいた。これは職権審理主義を前提とする。しかし、このような制度は裁判所が公判開始前に事件について予断を抱いてしまう問題があるため、現行刑事訴訟法は、これをやめて起訴状一本主義を採用したのだ。例外的に、起訴状と共に、逮捕状や勾留状、すでに弁護人がある場合の選任届だけは提出が許される。

（1）　全件送致主義の例外として、微罪処分や、少年事件について罰金以下の刑に当たる場合の司法警察員による家庭裁判所への直接送致がある。

（2）　最高裁判所以下各級の裁判所の事物管轄は裁判所法に規定されている。土地管轄は刑事訴訟法２条以下に規定され、犯罪地又は被告人の住居や現在地が原則である。

イ　略式命令請求（461条～470条）

事案が比較的軽微で、被疑者も自白しており、罰金刑を科せば足りると思われる事件についてなされる処分だ。簡易裁判所が100万円以下の罰金または科料の刑を科すことができる。検察官は起訴状と共に「略式命令請求書」を簡易裁判所に提出する。被疑者が略式命令によることに異議がないことが要件であり、「略式請書」という書面に被疑者に署名させている。この請求を受けた簡易裁判所は通常は請求どおりの略式命令を出すことが多い。稀にではあるが、事案が複雑で正式裁判を行うのが妥当だと判断すれば、「略式不相当」として略式命令を出さず、事件は正式の公判で審理されることとなる。**略式手続の最大の特徴は、検察官は起訴と共に事件記録を簡易裁判所に提出し、裁判官は記録を読むだけで略式命令を発することだ。公判審理での伝聞法則（後で勉強する）は適用されない。**

略式命令は極めて多く活用されている。身柄事件でも、例えば加療２週間程度の傷害事件で被疑者が罪を認めて反省し、一般人で前科もないといった事件の場合には、逮捕又は勾留中に起訴して略式命令を請求し、被疑者を釈放して検察庁内に待たせておき、通常数時間内には発せられる略式命令に応じて家人に金を持参させるなどし、罰金を仮納付すれば事件は決着する。略式命令に対して不服があれば２週間以内に正式裁判を申し立てることもできるが、極めて稀だ。在宅事件でも、風営法違反とか廃棄物処理法違反など罰金刑が相当な事件ではその多くが略式手続によって処理されている。

2　不起訴など

不起訴処分にはいろいろある。極めて稀ではあるが、誤認逮捕や身代り犯人であったことが発覚する場合もあり、「嫌疑なし」という不起訴の裁定を行う。身柄事件で、捜査官の落ち度が明らかであった場合には被疑者補償という制度もある。嫌疑は相当程度あるが、有罪判決を得るには証拠が不十分な場合にも起訴はできないので「嫌疑不十分」の不起訴とする。そのほか、時効完成とか、被疑者が犯行時に心神喪失状態であったことが明らかとなった場合にもそれを理由として不起訴とする。

検察官の不起訴処分には確定裁判のような一事不再理効がないので、検察官はいったん不起訴としても、時効が完成しない限り事件を「再起」して捜査を行って起訴することも可能だ。また、逮捕・勾留した被疑者を起訴せずに「処分保留」として釈放する場合もある。殺人などの重要事件で、被疑者が頑強に否認するなどのため、いったん不起訴とし、あるいは処分保留で釈放したが、その後共犯者が逮捕されて被疑者との共謀を自白するなど重要な新証拠が得られた場合、被疑者を再逮捕・勾留して起訴するようなことも稀にはある。

これらに対し、**犯罪の嫌疑は十分であり、起訴すれば有罪にはなるが、あえて起訴をしないのが「起訴猶予」だ。**248条は「犯人の性格、年齢及び境遇、犯罪の軽重及び情状並びに犯罪後の情況により訴追を必要としないときは、公訴を提起しないことができる」としている。これを「起訴便宜主義」という。例えば、家庭の主婦が生活苦で子供に美味しい物を食べさせてやりたいあまりに食品を万引きしたような場合だ。検察官は二度と過ちを犯さないように訓戒して起訴猶予とする。我が国の刑訴法はもともとドイツに倣ったものであるが、ドイツでは起訴便宜主義でなく一定の要件があれば必ず起訴しなければならない「起訴法定主義」だ。日本はこれについてはドイツに倣わず起訴便宜主義を採用したのであり、犯罪者の更生や再犯防止のために役に立っている良い制度だ。

第5　公判手続の流れと証拠調べの方法

1　公判手続の流れ

手続の流れは次のとおりだ。

ア 冒頭手続

① **人定質問**（規則196条。出頭した者が起訴状記載の被告人であることの確認）

② **検察官の起訴状朗読**（291条1項）

③ **黙秘権の告知**（291条3項）

③ **起訴状記載の公訴事実に対する被告人、弁護人の認否**（291条3項）

「事実は間違いありません」「無実です。現場に行ったことすらありません」

「相手がバットで殴ってきたのでやむを得ず棒で防いだだけで正当防衛です」など

④ **検察官の冒頭陳述**（296条）

簡単な事件では「公訴事実及び情状について立証します」程度の場合も多い。重要複雑事件では、被告人と被害者との関係、犯行に至る動機や経緯、犯行の具体的状況（起訴状の公訴事実よりも更に具体的に）、犯行後の状況（逃走経緯など）など詳細に述べる場合もある。

⑤ **証拠調べの請求と証拠決定**（297条、298条）

公判前整理手続が行われた事件では、既に事件の争点が整理され、証拠請求や証拠採否の決定がなされ、取調べの順序や方法などが決まっているので公判ではこれは不要で、直ちに証拠調べ手続に入ることになる。この手続は、316条の2から32までに詳細に規定されている。裁判員裁判対象事件では必要的であり、その他の事件でも、事案が複雑で被告人が争っている場合などには、当事者の意見を聴き、裁判所の決定でこの手続を行うことがある。

イ　証拠調べ手続（301条～307条）

ウ　論告・弁論（293条）、結審

論告は簡単な自白事件では「公訴事実は取調べ済み関係証拠により証明十分である」として量刑についての意見を述べた上「よって被告人については懲役2年に処するのを相当と思料する」などと結ぶことが多い。被告人が否認するなどして争点の多い複雑事件では、数十頁に及ぶ長時間の論告を行うことも少なくない。弁論も、簡単な事件では情状のみを述べて「寛大な判決を賜りたい」などと述べるが、否認している事件では詳細な弁論を行うことが多い。論告弁論が終わった後、裁判長は被告人に「最後に何か述べることはありませんか」と尋ね、被告人が「反省しています。寛大にお願いします」とか「私は無実です。信じて頂きたい」などと述べることも多い。

エ　判決言渡し

ごく簡明な事件では、第１回公判で即日結審、即日判決言渡しの場合も稀にはあるが、自白事件でも判決は次回期日というのが多いようだ。争われた複雑事件では、２か月後など長期間の後に判決言渡し期日を定めることも少なくない。

2　証拠調べの順序・方法など

ア　証拠調べの順序等

検察官が有罪を立証するための証拠を取り調べ、その後で弁護人が請求した証拠を取り調べるのが通常だ（規則199条）。争いのない自白事件では、弁護人は情状証人として、雇用主とか親などを請求する場合が多い。しかし否認している場合には、例えばアリバイ証人なども請求される。

証拠調べの順序で重要なことは、被告人の捜査段階の自白調書の取調べは、自白以外の証拠が取り調べられた後でなければ取調べの請求ができないことだ（301条）。これは自白偏重の防止と予断排除のためだ。そのため、検察官が請求する証拠は予め「甲号証」という自白以外の証拠（覚せい剤などの証拠物、実況見分調書、鑑定書、被害者や目撃者の供述調書など）と、「乙号証」（自白調書のみでなく、否認であっても被告人の供述調書を含む。また身上調書や前科調書も含む）とに分けて請求することとしている。

イ　証拠調べの方法

（証拠物や書証）

証拠物（覚せい剤や兇器など）は請求した者がこれを提示する（306条）。書証（被疑者や参考人の供述録取書、実況見分調書、鑑定書、弁護人が請求した関係者の上申書など）は、請求した者がこれを朗読するのが原則だが、朗読に代えて要旨の告知で足りる場合もある（305条）。なお、**書証については供述代用書面であり伝聞証拠であるので、相手方が取調べに同意するか、又は321条以下の伝聞例外として証拠能力が認められたものでなければならない（後に勉強する）**。

（証人尋問）

被告人以外の者については証人尋問が行われる。

証人尋問については、第１編第11章に「証人尋問」という詳細な規定があり、第２編第３章「公判」の中にもいくつか証人尋問に関する規定がある（299条の２の証人等の身体等への加害行為防止のための配慮規定など）。証人には出頭・証言義務があり、応じない場合の過料や罰金の間接強制、直接強制の手続がある（150条～153条の２）。また証人には宣誓義務があり（154条）、宣誓した証人が虚偽の証言をした場合には偽証の罪に問われる（刑法169条）。しかし、公務上の秘密や業務上の秘密については一定の要件の下に証言を拒むことができ、また配偶者等の近親者が刑事責任を問われる虞のある場合には証言を拒むことが許される（144～149条）。

304条は、証人については、まず裁判長又は陪席の裁判官が尋問し、検察官、被告人又は弁護人は、その後で裁判長に告げてから尋問することができるとなっている。しかし、この条文は死文化しているといっても過言ではない。これはドイツに倣った職権審理主義の証拠調べ手続を定めた旧刑事訴訟法の規定がそのまま残っているためだ（ドイツは今日でもこのような証人尋問が行われている）。しかし、当事者主義が確立した今日、裁判長が先に尋問するなどは皆無とさえいってもよく、**その証人を請求**

した当事者がまず主尋問を行い、次に相手方が反対尋問を行い、さらに再主尋問、再反対尋問と「交互尋問」を行うことが確立している。裁判長や裁判官は、それらの一連の尋問の最後に、補充的に少し聞くという程度が多いのが実情だ。規則199条の２から203条は、証人尋問の具体的順序や方法などを詳細に定めているが、これらはおおむね交互尋問を前提とした規定ぶりになっている。

主尋問は、立証すべき事項及びこれに関連する事項について行い（規則199条の３)。検察官請求の犯行の目撃証人なら犯行の目撃状況について主尋問を行う。反対尋問は、主尋問に現れた事項並びに証人の供述の証明力を争うために必要な事項について行う（規則199条の４)。例えば、目撃証人に対する反対尋問では、証人の視力の正確さや現場の明るさや目撃距離などを問い質して目撃の正確さを争うなどだ。

主尋問では誘導尋問は原則的に許されず（規則199条の３、２項)、誤導尋問も許されない。例えば目撃証人に、いきなり「あなたは事件現場で被告人を目撃しましたね」と聞くのが誘導尋問だ。誤導尋問とは、例えば、まだ証人が事件現場にいて被告人を目撃したことを証言していないのに「あなたが事件現場で被告人を目撃したとき、街灯はついていましたか」などと聞くことだ。証人がまだ証言していない事実をあたかも事実であるかのような前提で尋問をするのが誤導になるからだ。ただ、**誘導尋問が許される例外もある。**当事者に争いのない事実については誘導尋問は許される。その方が尋問が合理的にスムースに進むからだ。また、証人がなかなか聞かれたことを思い出せないので記憶を喚起するためとか、証人が主尋問者に対して敵意や反感を示す場合なども誘導尋問は許される（規則199条の３、３項)。反対尋問を行う場合にはこれが緩やかで、必要があるときは誘導尋問も許される（199条の４)。

（被告人質問）

被告人については証人ではないので「被告人質問」がなされる。311条は、被告人は終始沈黙することも、個々の質問に対して供述することもできるが、被告人が任意に供述をする場合には、裁判長は何時でも質問ができ、また陪席裁判官や検察官、弁護人等も質問が許されると定めている。通常、被告人質問は、他の証拠調べがすべて終わった後の最後の段階でなされており、まず弁護人が質問し、その後検察官が質問し、最後に裁判長らが補充的に質問するという運用が多い。裁判官が冒頭手続で被告人に黙秘権を告知する際、被告人が陳述すればそれが自己に不利益にも利益にも証拠となることも併せて告知することとされている（規則197条)。

第6　証拠法の基本と諸問題

証拠法とは、特定の法律の名称ではなく、どのような証拠であれば裁判での審理に用いることが許されるかということについて、刑事訴訟法の中の320条以下の伝聞証拠に関する一連の規定や判例・学説によって形成された法理の総称だ。

犯行の目撃者の供述であっても、それが「上申書」とか「供述録取書」などの「紙」に書かれたものであれば原則として裁判での証拠に用いることは許されない。目撃者の供述が正確に書かれているかどうかわからないし、犯行を目撃したという内容であっても、目撃者の視力や明るさから本当に犯行を正確に見ることができたのかは分からず、それは目撃者を証人として法廷に呼び、反対尋問によって目撃供述の正確性や信用性が確かめられなければならないからだ。**しかし、目撃者が死んでしまったなど、場合によってはそれらの書面を裁判に用いる必要性が高い場合もある。どのような場合であれば、これらの書面を裁判で用いることができるか、などについてのルールが伝聞法則だ。**また、職務質問での所持品検査で被疑者が覚せい剤を所持しているのを発見した場合でも、**警察官が相手の胸倉をつかみ、強引にポケットに手を突っ込んで覚せい剤を取り出したのであれば、違法収集証拠として排除されてしまう。**覚せい剤という動かぬ証拠であっても裁判では用いることができず被告人は無罪となってしまうのだ。**証拠法の問題は裁判での審理が主な舞台となるが、警察官などの捜査官も証拠法の基本をしっかり理解していなければ、せっかく収集した良い証拠であっても有罪の立証に用いることができない。**以下で証拠法の基本を勉強しよう。

1　証拠能力と証明力

証拠能力とは、その証拠が裁判での審理に用いられるための能力だ。いわば、その証拠が裁判審理に参加するためのエントリー資格のようなものだ。証拠能力が認められる要件には三つある。①自然的関連性、②法律的関連性、③証拠禁止にあたらないこと、だ。自然的関連性とは、その証拠が、それによって証明しようとする事実について最低限の証明力があることだ。例えば、ある金を受領したことを証明するために領収書を証拠請求したが、それが偽造されたものであったことが判明すれば、それは金銭の受領についての証明力は皆無なので、自然的関連性はなく、証拠能力は認められない（ただ、私文書偽造罪の証拠としてなら証拠能力が認められる）。法律的関連性とは、伝聞証拠の禁止には当たらず、法律が定める伝聞例外として認められることや、自白について任意性が認められることなどだ（後で勉強する）。証拠禁止に当たらないこととは、違法収集証拠として排除されないことなどだ。

これらの3要件をクリアし、証拠能力が認められる証拠は裁判での審理に用いられることが許される。しかし、証拠能力が認められた証拠であっても、その「証明力」は様々だ。高校野球の試合に参加する選手であっても、強豪チームの名選手と弱小チームの一年生とでは競技能力に格段の差があることと同じだ。なお、高校野球なのに大学生を高校生だと偽って参加させれば、それはさしずめ違法収集証拠だ。事件現場で被告人を目撃したという証言であっても、証人が被告人の知人で、直接顔を合わせて話をした、という場合から、被告人をそれまで知らなかった証人が30メートルも離れたところから短時間目撃したに過ぎない場合とでは、いずれも公判での証言なので証拠能力は認められるが、その「証明力」は大きく異なる。

2　証拠構造と情況証拠による立証

被告人が被害者を殴打したという単純な暴行事件では、被告人が犯行を否認していても被害者が公判で被害状況を証言し、それが信用できればそれだけで有罪となる。しかし、**複雑な事件で被告人が犯行を否認しており、犯行を直接的に立証できるような証拠がない場合には、様々な多数の証拠によって立証せざるを得ない場合が少なくない。それを「情況証拠による立証」という。情況証拠による立証は「証拠構造」を的確に組み立てることによって可能となる。**「証拠構造」とは、法律上の用語ではないが実務ではよく用いられる。犯罪や犯人性の証明になんらかの程度で役立つ証拠がたくさんあっても、それらを脈絡もなく次々と公判に提出するだけでは、裁判官も裁判員もそれが立証上どんな意味を持つのか分からない。プラモデルの部品を、組み立てもせずどっさり相手の目の前に投げ出しても何の模型かも分からないのと同じだ。たくさんの部品を設計図に沿って的確に組み合わせて初めてその形が顕れる。証拠構造とは、たくさんの証拠を、それぞれが持つ意味に従い、的確に組み立てて事件の犯行と犯人性を立証するための設計図や青写真のようなものだ。９人の野球チームも同じようなものだ。９人の選手がグランドにばらばらに集まっていても守備態勢はできない。一塁を守る能力に適した選手を一塁に、ピッチング能力の優れた選手を投手にするなど９人がそれぞれ能力に適したポジションに配置されることによって強力な守備態勢ができるのとも似ている。

【比較的単純な証拠構造の例～窃盗の「近接所持」事案】

ある家で婦人用自転車が盗まれ、その直後に帰宅した夫人Ａがすぐに110番し、駆けつけた警察官が付近をパトカーで探し回ったところ、20分くらい経過後、家から２キロほど離れたところで、男が被害自転車と外見がそっくりな婦人用自転車に乗って走っているところを発見した。警察官が呼び止めると男は慌ててスピードを上げて逃げ出したので、警察官は追いかけて停止させ、職務質問すると、男は「盗んでいない。５分ほど前、名前を知らない男からただで貰ったものだ」と弁解した。夫人Ａは、この自転車が盗まれた物だと確認した。この事案で男は否認のままで起訴された場合、検察官は次のような証拠構造で立証することになるだろう。

１　○月○日○時ころ、○○～所在のＡ方において、婦人用自転車１台が盗まれたこと

２　その犯人は被告人であること

ア　盗難の約20分後、Ａ方から約２キロ離れた路上を被告人がその自転車で走行していたこと

イ　被告人は警察官から呼び止められ、逃げ出そうとしたこと

ウ　被告人は「５分ほど前、名前を知らない男からただで貰った」と弁解しているが、それは信用できないこと

１を「罪体」、２を「犯人性」といい、証拠構造の骨格は罪体と犯人性だ。これは比較的単純だが、証拠構造の組み立ての基本例だ。

【殺人事件の証拠構造の例】

ある会社で懲戒解雇されたXが、社長Vを怨み、社長自宅に押し掛け、応接間において、刺身包丁でVを滅多突きにして逃走した。帰宅した夫人Aが血まみれのVの遺体を発見し、直ちに警察に通報して捜査が開始された。Xは逮捕されたが、社長宅には行ったことすらないと犯行を全面否認し、否認のまま起訴された。その証拠構造の例は次のようなものだ(1)。

1　事件の発生

ア　3月7日午後7時ころから9時ころまでの間に、○○所在のV方自宅応接間でVが殺害されたこと

イ　死因は鋭利な刃物による胸部大動脈切断に基づく失血死であること

2　その犯人は被告人Xであること

ア　被告人は、事件前日の9日、甲野金物店で刺身包丁を購入したこと

イ　Xが購入した包丁と同型の包丁がVの身体の刺創と一致すること

ウ　Xの自宅から押収されたジャンパーにVと同型の血痕が付着していること

エ　事件の少し前ころ、XはV方を訪れていること

①　当日午後7時30分ころ、付近住民AがV方近くの駐車場でXを目撃したこと

(ア)　Aの視力は裸眼で1.2であること

(イ)　駐車場には街灯があり、十分視認できる明るさがあったこと

②　事件前日午後8時ころ、Vが妻W女に「Xからさっき電話があって、明日押し掛けてくると言った」と話したこと

③　Vの携帯電話に、その日の午後7時にXからの電話の着信歴があること

オ　XはVから解雇されたことを恨み、会社幹部に再三抗議するなど犯行の動機があること

これらの事実のうち、1の事件の発生と2の犯人性を「主要事実」という(2)。妻Wが目の前で夫が殺害されるのを目撃していれば、その主要事実について妻の目撃証言という直接証拠があるので犯人性の立証は容易だ。しかし、この事件では妻が外出中で事件を目撃しておらず、被害者は死亡しているため、情況証拠による立証が必要となる。**主要事実を直接立証する証拠がない場合、様々な「間接事実」の組み合わせで立証する。2のア、イ、ウ、エがそれらの間接事実だ。**しかし、エのXがV方を訪れたという間接事実については直接証拠がない。そのため、更に①②③の第二次間接事実でエの間接事実を立証することになる。①の(ア)(イ)は、Aの目撃証言の信用性を高める事実であり、これらを「補助事実」という。もし、7時30分すぎに、V方の玄関の防犯カメラにXの姿が映っているとか、呼び鈴のボタンにXの指紋が残っていれば、それはより直接的な証拠となる。

証拠構造は、これらのように主要事実、第一次間接事実、第二次間接事実、補助事実の様々な組み合わせによるツリー構造となる。

そして、各事実を立証するための証拠は、例えば、1のア、イについては、実況見分調書や死体解剖結果報告書、妻WのPS(3)だ。2のアは店長の供述調書、イやウは科学捜査研究所による鑑定結果

---

(1)　証拠構造による立証の詳細は、太田・実践刑事証拠22頁以下、太田・応用刑訴193頁以下参照。

(2)　主要事実には、罪体と犯人性以外にも、責任能力があることや違法性阻却事由がないことなど刑罰権を基礎づける事実も含むというのが通説だ。太田・実践刑事証拠35頁以下参照。

(3)　PSとは検察官による供述録取書の実務での略称。警察官による供述録取書はKSと呼ばれる。

報告書などだ。

3　供述証拠と非供述証拠

証拠には大別して供述証拠と非供述証拠がある。**供述証拠とは人の供述を内容とする証拠でその供述内容の真実性の証明のために用いるものをいう**[4]。供述証拠には、公判での証言のほか、供述書や供述録取書がある。供述書とは、供述者本人が作成した、上申書、手紙、日記などだが、ICレコーダーに自ら録音した供述も含む。本人の供述であることが明らかであれば署名・押印は要らない。供述録取書とは、捜査官などが供述者から聴き取った供述内容を記録した書面だ。検察官調書（PS）や警察官調書（KS）などが主なものだ（「PS」や「KS」は実務での用語だ。）。供述録取書の場合には、録取した供述が正確に記録されているかどうかを担保するために供述者の署名・押印が必要だ。書面を作成する代わりに捜査官などが相手の供述を録音したものも供述録取書だが、録音では供述が正確に記録されているので、供述者が誰であるか明確であれば署名・押印は要らない。

非供述証拠の典型は証拠物だ。薬物事件の違法薬物や犯行に用いられた兇器など様々だ。

しかし、人の供述が含まれている証拠であっても非供述証拠となる場合がある。例えば、暴行脅迫が現に行われている場面をICレコーダーやビデオに録音・録画したもので、これらを「現場録音・録画」という。これらに、「お前ぶっ殺してやるぞ」という脅迫文言が含まれている場合、それは犯人の「供述」ではあるが、「供述証拠」ではない。なぜなら、そのような脅迫文言は、それ自体が犯罪を構成するものであり、その供述によって犯人が被害者を殺害しようとの意思を有していたことを立証するものではないからだ。しかし、同じICレコーダーに、被害者が暴行脅迫を受けた後で一人になった時に「さっき、袋叩きにあって脅迫された。犯人は、暴力団員のXと、もう一人名前は知らないが、茶髪の30歳くらいの大男だった」などと録音した場合、それは被害者の「供述書」として「供述証拠」となる。なぜなら、その供述は、被害者が自分の知覚と記憶に基づいて過去におきた被害や犯人という事実を証明するためのものだからだ。

4　伝聞証拠と伝聞法則

【1　伝聞証拠・伝聞法則とは何か】

伝聞証拠には、人の供述が書面に記載されたもの（供述代用書面）と、他人から聞いた供述内容を供述するいわゆる「又聞き」とがある。人の供述とは、物事を見聞きして「知覚」し、それを「記憶」し、それを「叙述」するものだ。しかし、覚せい剤などの証拠物とは異なり、人の供述は、正確に知覚できたのか、それをしっかりと記憶して、正確に叙述ができているのか、など証拠の信用性について不安が残ることが少なくない。例えば、事件の目撃者Aを証人として法廷で尋問する場合には、検察官が主尋問でAが事件を目撃した状況を詳細に証言させる。これに対して弁護人が反対尋問で「あなたの視力はどのくらいか」「夜だったので暗くてよく見えなかったのではないか」「あなたは被告人を犯人だと最初から思い込んでいて他人と見間違えたのではないか」「１年も前のことをどう

（4）　供述証拠の定義には、広く捉える説と狭く捉える説がある。太田・実践刑事証拠54頁以下参照。

してそんなによく覚えているのか」などと問い質していく。これらの反対尋問でも証言の信用性がぐらつかなければ、裁判所は目撃が真実だと心証を得ることになる。これが、本来の供述証拠であり、伝聞証拠ではない。ところがそのような目撃供述を、法廷でのＡの証言ではなく、捜査官による供述録取書に記載されたものや、Ａから目撃状況を聞いたＢの「又聞き」証言によって立証せざるを得ない場合も生じる。供述録取書という「紙」に対しては反対尋問ができない。また、Ｂが証言しても、前記のようなＡの目撃状況や内容の信用性についての反対尋問ができないことは明らかだ。これらを「伝聞証拠」という。伝聞証拠に含まれるＡの供述を「原供述」という。

本来は原供述による立証ができるのが望ましいことはいうまでもないが、様々な事情によりそれが不可能ないし困難な場合がある。今の例で、公判の段階でＡが死んでしまっている場合などがその典型だ。**伝聞証拠による立証に頼らざるを得ない必要性の大きさと、伝聞証拠がもつ問題の程度などを考慮して、例外的に伝聞証拠による立証を許してもよい場合がある。その具体的ルールを定めるのが伝聞法則だ。**戦前の旧刑事訴訟法では伝聞法則はなかった。これは戦後の現行刑事訴訟法の制定の際に、GHQの指導によりアメリカに倣って導入された制度であり、320条から328条までがその規定だ(5)。

320条は「第321条乃至328条に規定する場合を除いては、公判期日における供述に代えて書面を証拠とし、又は公判期日外における他の者の供述を内容とする供述を証拠とすることはできない。」と定める。前者が供述代用書面、後者が又聞き供述だ。ただ、「伝聞証拠」の意義について今日の確立した解釈では、同条の形式的文言に更に「原供述内容をなす事実の真実性の証明に用いられるもの」との要件を加えている。供述代用書面や又聞き供述であっても、原供述内容の真実性を証明するためでなければ伝聞の弊害はないからだ。例えばＡが「私はＢから『俺はＸがＶを殺すのを目撃した』と聞いた」と供述したとする。この供述でＸのＶに対する殺人の事実を立証しようとするのであれば典型的な伝聞証拠となる。Ｂに対する反対尋問で目撃状況の信用性を吟味しなければならないからだ。しかし、このＡの供述を、ＢのＸに対する名誉棄損の罪の立証に用いようとするのであればＡの供述は原供述であって伝聞証拠ではなくなる。名誉棄損罪ではＸが実際にＶを殺したのかどうかは問題ではなく、Ｘが殺人者だとＢが言いふらしただけで犯罪となり得るからだ。

【2 伝聞例外が認められるのはどのような場合か】

321条以下に具体的に規定されている。しかし、これらの伝聞法則は、それまで伝聞法則やその運用の経験がなかった我が国に戦後急に導入されたものであるため、これらの条文はできたものの、実際の裁判で運用を始めてみると実情にそぐわない面も少なからず生じるようになった。そのため、**現在では、これらの各伝聞例外規定について、形式的には伝聞証拠に当たるが実質的に伝聞の弊害がないか乏しいため、伝聞例外要件を緩やかに解釈するものと、反対に伝聞例外規定には当たるように見えるが、他の弊害があるため厳格に解釈して例外を認めないものという二つの流れが判例や学説によって形成されていることに留意すべきだ**(6)。

これらの伝聞例外規定は、伝聞証拠の「形式」に着目して並べられている。321条は、被告人以外の者の供述が記載された様々な書面であり、322条は被告人の供述が記載された書面などだ。323条

(5) 太田・実践刑事証拠68~74頁、294~299頁、太田・応用刑訴204~206頁参照。
(6) 太田・実践刑事証拠50頁以下、太田・応用刑訴196頁以下に詳しい。

は、信用性にまったく疑いがないので無条件で伝聞例外が認められる類型的な書面だ。324条は、被告人や被告人以外の者の原供述の又聞き供述だ。326条と327条は、がらりと変わって、伝聞証拠であっても当事者の同意や合意があれば証拠にできるものだ。328条はいわゆる弾劾証拠の規定だ。

しかし、伝聞例外が認められるのはその必要性の高さと伝聞の弊害の有無程度との相関関係によるのだが、そのような実質的観点からは、これらの各伝聞例外規定の並べ方はバラバラだ。そこで、このような実質的観点から伝聞例外規定を整理し直して勉強しよう。

伝聞例外として最も強いもの、いわば伝聞例外の「横綱」は321条２項と323条だ。一切の要件なく無条件で証拠能力が認められる。前者は、被告人以外の者の公判期日等における供述や検証の結果を記載した書面（公判調書など）だが、双方当事者の立会いが許される裁判所ないし裁判官の前での供述なので伝聞の弊害が皆無だからだ。後者は、例えば戸籍謄本とか住民票、登記簿謄本など（１号)、経理帳簿など（２号)、その他これらに匹敵する高度の信用性のある書面（３号）のことだ。市長さんが何万人もの住民登録内容など知りもしないし覚えてもいるはずもない。経理帳簿は担当者が日々正確に記載しておかないと会社の経理状態が正確に把握できない。これらは正確性を最大の旨として作成され、類型的に極めて高度の信用性がある書面であり、それらの記載内容は担当者の記憶に頼った供述によるよりもこれらの書面による方がよほど正確だからだ。

次に強いのは、321条１項1号の裁判官面前調書だ。いわば伝聞例外の「大関」だ。例えば、他の事件の裁判でなされた証言の公判調書とか、326条の、捜査段階で検察官が裁判官に請求してなされた証人尋問調書などだ。供述者の死亡や国外にいることなどにより公判での証言ができない場合のほか、当該証人が、公判に呼ばれて証言した内容と、それらの裁判官面前調書の記載内容に少しでも相反する点があれば、これに証拠能力が認められる。裁判官の前での証言は圧迫されることなく、任意になされることに疑いはないので、緩やかな要件で証拠能力が認められるのだ。

その次に強いのが、321条３項の捜査官による検証の結果を記載した書面や、４項の鑑定の結果を記載した書面であり、いわば伝聞例外の「関脇」だ。検証や鑑定を行ってそれらの書面を作成した者が、公判において書面の作成名義が真実であり、検証や鑑定の結果を正確に記載したことを証言すれば、これらの書面の証拠能力が認められる。訓練された捜査官や科学的専門的な知識・経験・技術を有する鑑定者による書面である上、そのような詳細な検証や鑑定の結果は、記憶に頼るよりも書面による方が裁判所に理解しやすいからだ。

その次が321条１項２号の検察官面前調書（PS）だ。死亡などの供述不能の場合には必要性が高いため、裁判官面前調書と同様に証拠能力が認められるが、公判での証言が可能な場合には伝聞例外の要件は厳しくなる。「公判準備若しくは公判期日において前の供述と相反するか若しくは実質的に異なった供述をしたとき。但し、公判準備又は公判期日における供述よりも前の供述を信用すべき特別の情況の存するときに限る。」とされる。いわば伝聞例外の「小結」だ。１号の裁判官面前調書の場合には単に「前の供述と異なった供述をしたとき」であれば足りるが、PSの場合は、供述の相反の程度が大きくなければならず、「実質的相反性」と呼ばれる。供述の相反によって事実認定に影響が生じる程度のものを指す。「前の供述」というのが、公判よりも前に捜査段階で作成されたPSのことだ。その典型は暴力団犯罪などで、被害者が捜査段階で検察官に被告人から脅迫を受けた状況や内容を詳細に供述してPSが作成されていたが、その被害者が公判で証言しなければならなくなったとき、被告人や傍聴席を埋めた暴力団員の前では、報復を恐れるあまりに脅迫を受けた状況の真実を証言できなくなる場合がある。その場合、前の供述であるPSの方が、公判供述よりも信用できると判断されればPSがこの伝聞例外要件に該当し、証拠能力が認められることになる。検察官は、法律家ではあるが、裁判官のような中立的立場ではなく関係者を追及して取り調べることが多いことから、PSの信用性の高さは裁判官面前調書よりも一般的には低いため、伝聞例外要件は厳しくなるのだ。

そして、最も伝聞例外の要件が厳しいのは、321条1項3号書面だ。警察官が作成する供述録取書（KS）のほか、捜査報告書とか、参考人の上申書とか、小結以上の伝聞例外に該当しないもろもろの書面だ。警察官は法律家でなく、検察官以上に厳しく関係者を取り調べることも少なくないので、その調書の伝聞例外要件は極めて厳しく、いわば伝聞例外の「平幕」だ。その要件は、**①供述不能**（これだけでは認められない）、かつ**②その供述が犯罪事実の存否の証明に欠くことができないこと**（不可欠性）、かつ**③その供述が特に信用すべき情況の下に作成されたものであるとき**（PSと違って、公判で供述できればそもそも①の要件を欠き、前の供述との比較ということはあり得ないため「絶対的特信性」と呼ばれる。）、**の3要件であり、これらをすべて満たさなければならない。3段階の高いハードルだ。**

322条は被告人作成の供述書やその供述録取書だ。要件は比較的緩やかで、その供述が被告人に不利益な事実の承認を内容とすることと、それが任意になされたものであれば証拠能力を認められる。いわば伝聞例外の「関脇」だ。人が自分にあえて不利益な供述をするのは一般的に信用性が高いからだ。不利益な事実の承認とはそれが犯行の自白である場合のみならず、自白ではないが不利な事実、例えば犯行を否認はしているが、犯行現場にいたこと自体は認める供述とか、相手を殴ったことは認めるが正当防衛であったと供述する場合などだ。これらについては、公判ではその任意性が争われる場合が少なくない。被告人が、自白調書は捜査官の脅迫や偽計によるものとして任意性を争う場合、かつては取調官の証人尋問をすることが多かった。しかし、近年では、取調べの録音・録画が広くなされるようになったので、第一次的には録音・録画の記録媒体によって任意性を立証する運用が広まっている。なお、2項は、被告人の公判期日等における供述を録取した公判調書などのことを指すが、「任意にされたものであると認めるとき」という要件については、公判での供述が不任意になされることは実際上あり得ないので、無条件に近く、「隠れ横綱」といったところだ。

324条は「又聞き」供述の伝聞例外だ。1項は、被告人以外の者の供述で被告人の供述を内容とするもの、例えば証人Aが「私は事件の後、被告人と会った時、被告人から『実は俺は昨日Vを殺してしまった』と聞いた」と証言したような場合だ。322条が準用されるため、そのような被告人のAに対する供述が不利益な事実の承認であり、任意になされたものであればよい。この例では殺人の自白であり、親しい友人に打ち明けることが任意の供述であることは明らかなので、被告人の殺人の犯行の証明のための証拠能力が認められる。**2項は、被告人以外の者の供述で被告人以外の者の原供述を内容とするものだ。例えば、証人Aが、公判で「私は、Bから『俺は昨日XがVを殺すところを見てしまった』と聞きました」と証言するような場合だ。**本来ならB自身が公判で直接証言して反対尋問を受けるべきなのだから、このような又聞きの伝聞例外要件は極めて厳しく、321条1項3号が準用され、原供述者Bについて、供述不能（Bが死亡するなど）、不可欠性、絶対的特信性の3要件が満たされなければならない。

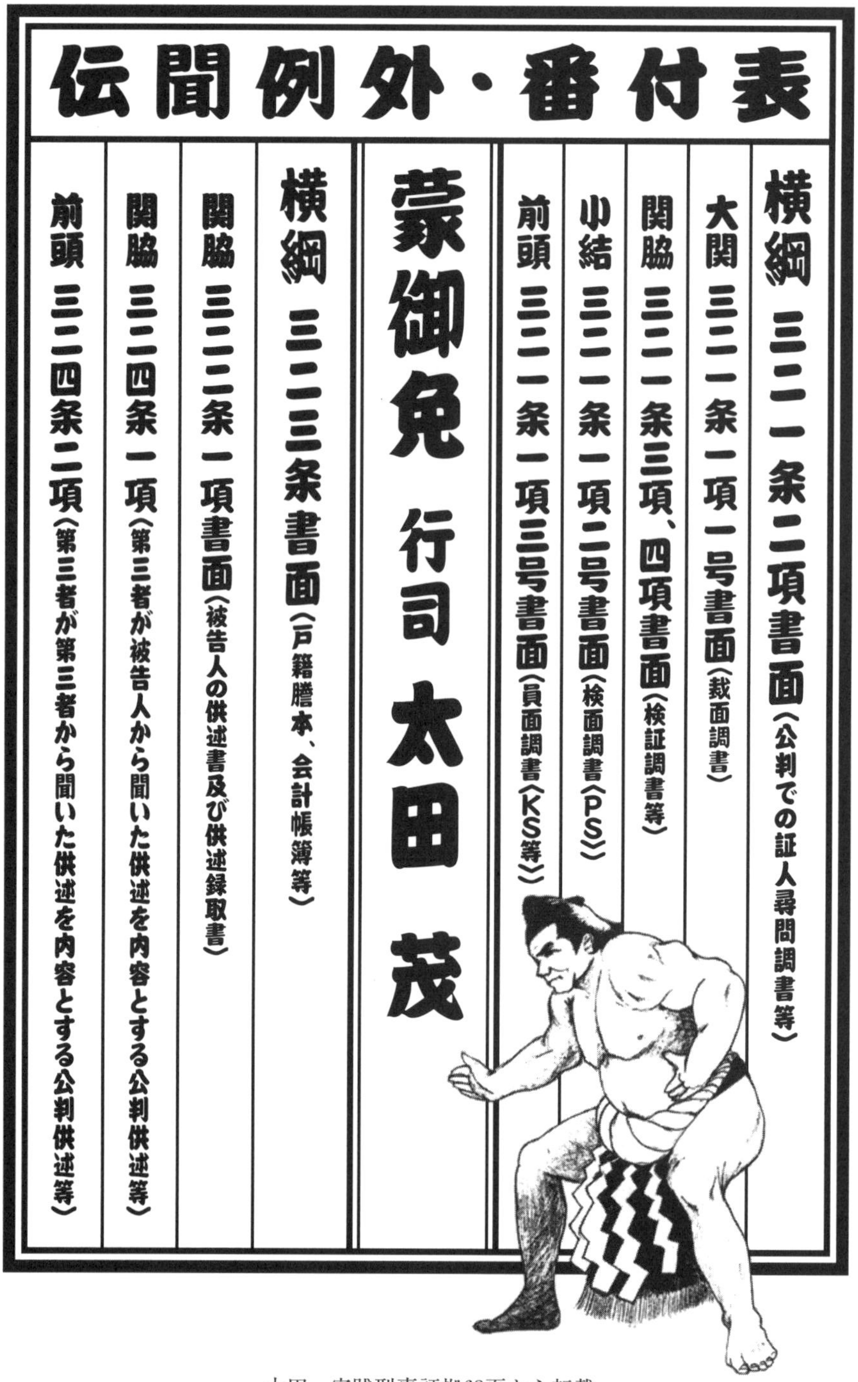

伝聞例外・番付表

横綱　三二一条二項書面（公判での証人尋問調書等）
大関　三二一条一項一号書面（裁面調書）
関脇　三二一条三項、四項書面（検証調書等）
小結　三二一条一項二号書面（検面調書〈PS〉）
前頭　三二一条一項三号書面（員面調書〈KS等〉）

蒙御免　行司　太田　茂

横綱　三二三条書面（戸籍謄本、会計帳簿等）
関脇　三二二条一項書面（被告人の供述書及び供述録取書）
関脇　三二四条一項（第三者が被告人から聞いた供述を内容とする公判供述等）
前頭　三二四条二項（第三者が第三者から聞いた供述を内容とする公判供述等）

太田・実践刑事証拠68頁から転載

326条はいわゆる「同意書面」だ。同意とは、伝聞証拠に当事者の訴訟行為によって証拠能力を付与するものだ。伝聞例外要件を満たさない伝聞証拠であっても、相手方当事者が同意してそれを裁判所が取り調べても構わないというのであれば証拠能力を認めて差し支えない。実務では公判でも自白する事件が多いので、そのような場合、参考人調書でも被告人の自白調書でも同意されて取り調べられる場合は多い。否認している場合でも、争点とは関係のない、例えば事件現場の客観的状況を立証するための実況見分調書や、死因に争いがない場合の法医学の鑑定書なども同意されるのが普通だ。ただ、**同意さえあればよい、というのではなく、同条は、その書面が作成されたときの情況などを考慮して「相当と認めるときに限り」としている。**例えば、偽造された調書などでは到底相当とはいえず、同意されても証拠能力は認められない。327条はいわゆる合意書面であるが、合意内容を詰めた書面を作成することにはかなり時間や労力を要するので、実務では同意書面ほどには活用されていない。

328条は、弾劾証拠についての規定だ。弾劾証拠とは、その証拠自体で具体的事実を証明しようとするのではなく、他の証拠の信用性を弾劾する、つまり信用性をぐらつかせるための証拠だ。その典型が「自己矛盾供述」だ。例えば、目撃証人Aが犯行の目撃状況を公判で証言したが、捜査段階で作成された調書には「その夜私は現場に行ったことがなく、事件は目撃していなかった」と記載されていたとする。目撃したのか、しなかったのか、供述がころころ変遷するということはその信用性に大きな疑いが生じる。このような場合、捜査段階のこの調書は検察官が証拠請求していなくとも弁護人の方から、328条の弾劾証拠として請求し、採用されることになろう。かつて、古い時期には、その供述者本人の自己矛盾供述に限らず、ある公判証言と内容が矛盾するものであれば、その他の者の供述調書など、無制限に弾劾証拠として認める考え方が強く判例もあり、弾劾証拠については自己矛盾供述に限るとする「限定説」と、その判例のような「非限定説」の争いがあった。**しかし、最（三小）判平成18・11・7刑集60巻9号561頁（刑訴百選［10版］87事件）は、弾劾証拠は自己矛盾供述に限るとの画期的な判断をし、この論争に決着がついた。**ただ、自己矛盾供述の証拠であっても、それが供述録取書であれば供述者の署名・押印が必要であるなど、刑訴法上の要件を満たしたものでなければならないこともこの最判は明確にした。

【3　再伝聞、再々伝聞】

通常、伝聞の過程は原供述が書面に記載された場合も、又聞きの場合もそれぞれ１回だ。321条以下の伝聞例外規定はいずれも１回の伝聞過程について規定したものだ。しかし、実務ではこの伝聞過程が２回も、時には３回も含まれる場合がある。これを再伝聞や再々伝聞という。

再々伝聞の例を見てみよう。

例１

Aが「私は事件現場でXがVを殺すのを目撃した」と供述　（原供述）

→Bが「俺はAから『俺は事件現場でXがVを殺すのを目撃した』と聞いた」と供述　（第一次伝聞）

→BがCに「俺はAから『俺は事件現場でXがVを殺すのを目撃した』と聞いた」と書いて送ったメール　（再伝聞）

→警察官Dが、Bの携帯に残っていた上記メールを読み取ってその内容を記載した報告書　（再々伝聞）

例2

Ａが「私は事件現場でＸがＶを殺すのを目撃した」と供述　　　（原供述）
→Ｂが「俺はＡから『俺は事件現場でＸがＶを殺すのを目撃した』と聞いた」と供述
（第一次伝聞）
→Ｃが「俺はＢから～～と聞いた」と供述
（再伝聞）
→Ｄが「俺はＣから～～と聞いた」と供述
（再々伝聞）

いずれも、伝聞過程が３回ある再々伝聞の例だ。**伝聞過程は、供述が書面となる場合でも、、又聞きの場合でもそれぞれ１回だ。これが２回重なると再伝聞、３回重なると再々伝聞となる。**再伝聞等を認める明文の規定はないが、320条が321条以下の伝聞例外規定に当たる場合には「公判期日における供述に代えて」としていることから、実務では肯定されている。同じ再々伝聞でも例１と例２はずいぶん異なる。例２は又聞きのそのまた又聞き、であり、伝言ゲームのようなもので、最後に聴き取った人の供述は供述者の供述とまるで変ってしまうこともあろう。理論的にはともかく、実務ではこのような又聞きのみの再々伝聞が認められるようなことは想定しがたい。しかし、例１は、あやふやな記憶ではなく、伝聞過程はメールの判読結果やメールという客観的な資料に残っている。

伝聞過程は、第一次伝聞→再伝聞→再々伝聞、というように時系列的に累積していく。しかし、公判にその最後の再々伝聞の証拠が請求された場合、原供述内容の真実性の証明にそれを用いるためには、時系列とは逆に、目の前にある証拠から始めて、遡及的に伝聞過程を解消していくことになる。

例１の場合、まず目の前にある警察官の報告書の伝聞過程を解消する。これは警察官が五感の作用でメールを判読したものなので検証の性質を有するため、321条３項によりその警察官がこの報告書の作成名義と記載の真実性を証言すれば、この報告書の伝聞過程が解消される。すると、それに記載されたメール内容が浮かび上がるが、これはメールを書いたＢの「供述書」だ。これは「平幕」の321条１項３号書面なので、供述不能、不可欠性、絶対的特信性、の３要件が満たされなければならない。Ｂが死亡などすれば、供述は不能で、目撃供述は立証に不可欠であり、また友人に嘘をつく動機がないだろうから、３要件は満たされ、このメールがＢの「供述」に代わるものとなる。しかし、最後にＢがＡから聞いた第一次伝聞過程が残っている。被告人以外の者であるＢの供述で被告人以外の者であるＡの供述を内容とするものなので324条２項の問題であり、321条１項３号が準用されるので、Ａについて、供述不能、不可欠性、絶対的特信性が認められることにより、Ｂの供述がＡの公判供述に代わるものとなる。こうして各伝聞過程がすべて解消されれば、Ａが公判で供述するのと同じ状態がもたらされ、ＸのＶ殺害の立証に用いられることとなる(7)。

【精神状態の供述など】

例えば、①Ａが、Ｘから「Ｖは許せん。明日ぶっ殺してやる。後戻りできん」と真剣な顔で打ち明けられたとする。現実にＶが殺害される事件が発生し、Ｘは逮捕したが犯行を否認している。その場合、Ａが公判で証人としてこのＸから聞いた供述を証言したとする。また、②暴力団の抗争での対

（７）　太田・実践刑事証拠50～52頁参照。

立する組への襲撃事件が発生し、組事務所を捜索したところ、「明日決行。車の手配はA、拳銃はBが用意。Cが連絡係。集合は夜10時に○○公園で」などと書いたメモが発見押収されたとする。これらの場合、①については又聞き証言であり、②は供述代用書面だが、**これらについて、XがV殺害の決意を有していたことや、ABCらが襲撃の犯行計画をしていたことの立証に用いることが許されるか。これが精神状態の供述の問題だ。②はそのうちでいわゆる「犯行メモ」の証拠能力の問題だとされる。**

通常の供述証拠は、過去に生じた事実について、それを供述者が「知覚し」更に「記憶し」た内容を証言するものだ。供述証拠の問題点は、原供述者が本当に正確に知覚できたのか、そしてその記憶を時が経過してもしっかりと保持できているか、ということにある。だから伝聞の場合には原供述者に対する反対尋問によってそれらを質すことができないため、伝聞例外規定に当たらない限りは証拠能力が認められないのだ。しかし、**精神状態の供述については、供述者自身がリアルタイムで認識している自分自身の精神状態を供述するものなので、知覚や記憶の正確性の問題は生じない。自分の精神状態は本人が一番よく知っているからだ。そのため、判例も学説も、精神状態に関する供述については、伝聞例外要件該当性を検討することなく、伝聞法則が適用されないことを認めている**(8)。したがって、①の場合、Aの供述によって、Xが殺人を決意していたことの証明に用いることができる。②の場合、その犯行メモによって、ABCらが、それに記載された犯行の計画を有していたことの証明に用いることができる。ただ、そのためにはそれらが「真摯性」のあるものでなければならない。「あいつぶっ殺してやる」と叫んだとしても、居酒屋で大勢の前で笑いながら言ったのなら、誰も本気とは思わないだろう。また、犯行計画を立ててメモを作成したとしても、犯行は計画倒れに終わり、襲撃事件は別の暴力団によって実行されたのであれば、犯行メモの証拠としての意味はなくなる。

精神状態の供述のほかにも判例学説が書面や又聞きについて伝聞法則が適用されないことを認めているものがいくつかある。

「とっさになされた供述」というのは、例えばAが「私はVが隣の部屋で『あっ、痛い』と叫ぶのを聞きました」というようなものだ。Vが何らかの原因で急に痛みを感じたことの立証に用いることができる。とっさになされた供述には虚偽が混じることが少なく、記憶の保持の問題もないからだ。

「行為の言語的部分」といわれる類型もある。例えば、Aが「Xさんはお金が入った封筒をYさんに渡しながら『遅くなったけど長い間ありがとう、助かったよ』と言っていました」というようなものだ。これは、XがYにお金を渡す行為に、贈与ではなく借金の返済である、という意味を与えるものであり、その立証に用いることができる。

もう一つよく挙げられる例は、**Aが「私はXが『俺は火星からの使者で、地球の人間を殺す使命を帯びてやってきた』と真剣にいうのを聞きました」という供述を、Xの精神状態の異常を立証するために用いる場合だ。**

(8)　精神状態の供述に伝聞法則が適用されないことの論拠については、非伝聞説、明文のない伝聞例外説など、いくつかの考え方がある。太田・実践刑事証拠74～80頁、太田・応用刑訴206～209頁参照。

５　自白法則

事件を一番よく知っているのは犯人であり、真犯人の自白であればその証明力は極めて大きい。しかし、取調官の過酷な取調べによって無実の被疑者が虚偽の自白をした結果、不幸な冤罪を招いたことも過去にはあったし、今後も絶対に起きないとは限らない。自白には両刃の剣という面もある。

そのため、日本国憲法やこれを受けた刑事訴訟法では、捜査官を始めとする司法関係者が自白の偏重に陥らないようにするため重要な規定を定めている。

憲法38条は

１項　何人も、自己に不利益な供述を強要されない。

２項　強制、拷問若しくは脅迫による自白又は不当に長く抑留若しくは拘禁された後の自白は、これを証拠とすることができない。

３項　何人も、自己に不利益な唯一の証拠が本人の自白である場合には、有罪とされ、又は刑罰を科せられない。

と定める(9)

【１　憲法38条１項に関する諸問題】

これは、アメリカ法の「自己負罪拒否特権」に由来する規定だ。文言だけを見れば、強要されないのは自己に不利益な供述だけのように読めるが、これは広く黙秘権を定めたものと解するのが一般だ。198条は２項で被疑者の取調べに際しては黙秘権を告知することを定め、また311条は被告人の公判での黙秘権を定めている。**同項に関しては、黙秘権の保障が、捜査公判ではない行政上の手続についても及ぶかという問題がある。**

指導的な判例は、川崎民商判決　最大判昭和47・11・22刑集26巻９号554頁で、純然たる刑事手続のほか、「実質上、刑事責任追及のための資料の取得収集に直接結びつく作用を一般的に有する手続」には自己負罪拒否特権の保障が及ぶとした。

この事案は、脱税事件に関するものだ。脱税案件というのは、通常の大半の案件は、税務署による調査で、不足分の税金や一定の加算税を納付することで落着し、刑事事件とはならない。そのような税務調査は純粋の行政手続であるため、その調査質問について黙秘権の保障は及ばない。ところが、脱税案件の中でも、「偽りその他不正の行為」による悪質で脱税額が高額に及ぶものについては、行政上の税務調査ではなく、いわゆる国税Ｇメンと呼ばれる国税査察官による強力な調査が行われる。そのために、国税犯則取締法という特別の法律が、査察官に対し、犯則嫌疑者等に対する質問のほか、刑事訴訟法並みの検査、領置、臨検、捜索又は差押等をする権限を与えている。脱税案件は多数発生するが、このような査察案件に至るのは、地方の小さい県では年間１～２件程度で、滅多にはないものだ。査察官の犯則調査が終了すると検察官に対し「告発」がなされ、受理されると刑事訴訟法に基づく捜査が開始されて脱税者は起訴されることとなる。**最（二小）判昭和59・３・27集38巻５号2037頁、判時1117号８頁、判タ528号77頁**は、このような事件に関するものであり、**「調査の対象となる犯則事件は、……告発により被疑事件となって刑事手続に移行し、告発前の右調査手続におい**

(９)　自白法則の詳細は、太田・実践刑事証拠305頁～329頁参照。

て得られた質問顛末書等の資料も、右被疑事件についての捜査及び訴追の証拠資料として利用されることが予定されているのである。……右調査手続は、実質的には租税犯の捜査としての機能を営むものであって……、国税犯則取締法上の質問調査の手続は、犯則嫌疑者については、自己の刑事上の責任を問われるおそれのある事項についても供述を求めることになるもので、**『実質上刑事責任追及のための資料の取得収集に直接結びつく作用を一般的に有する』ものというべきであって、前記昭和四七年等の当審大法廷判例及びその趣旨に照らし、憲法三八条一項の規定による供述拒否権の保障が及ぶものと解するのが相当である。**」と判示した。

そのほかに具体的に問題となったいくつかの判例がある。これらの事案では、検査や報告などの義務を法律で課すことが自己の犯罪を当局に知られるきっかけとなり得るために黙秘権の保障に反すると争われたものだが、いずれもそれに反しないとされた。

ア　呼気検査

呼気検査は、酒気帯び運転の続行を阻止するための行政警察上の応急措置の一環であり、拒否すれば呼気検査拒否罪に問われるが、**最（一小）判平成９・１・30刑集51巻１号335頁（刑訴百選［10版］A９事件）**は「酒気を帯びて車両を運転することの防止を目的として運転者らから呼気を採取してアルコール保有の程度を調査するものであって、**その供述を得ようとするものではないから、右検査を拒んだ者を処罰する右道路交通法の規定は、憲法38条１項に違反するものではない。」とした。**

イ　道交法上の事故の報告義務

交通事故を起こした場合には、事故の報告義務が課せられるが、最大判昭和37・５・２刑集16巻５号495頁（刑訴百選［10版］A10事件）は、「事故の内容」とは、その発生した日時、場所、死傷者の数及び負傷の程度並に物の損壊及びその程度等、交通事故の態様に関する事項を指すものと解すべきである。したがって……**必要な限度においてのみ右報告義務を負担するのであって、それ以上に刑事責任を問われるおそれのある事故の原因その他の事項までも右報告義務ある事項中に含まれるものとは解せられない。」**とした。

ウ　外国人登録の義務

日本に在留する外国人には外国人登録法によって登録義務が課せられていたが（現在は入管法に基づく在留カード制度になっている）、**最（一小）判昭和56・11・26刑集35巻８号896頁、判時1023号131頁、判タ457号88頁**は「登録申請は、外国人の居住関係及び身分関係を明確にし、もって在留外国人の公正な管理に資することを目的とする手続であって、**刑事責任の追及を目的とする手続でないことはもとより、そのための資料収集に直接結びつく作用を一般的に有するものでない。**また、この登録申請は、有効な旅券等を所持しない不法な入国者であると否とを問わず、すべての入国者に対し一般的に義務づけられているものであり、前記行政目的を達成するために必要かつ合理的な制度というべきである。」とした。

エ　医師による異状死体の届出義務

最（三小）判平成16・４・13刑集58巻４号247頁、判時1861号140頁、判タ1153号95頁は、看護師の点滴ミスについて、自らも監督者として刑事責任を負うおそれのあった医師である被告人が、医師法21条が死体等を検案して異状を認めた場合に警察への報告義務を罰則付で課していることが憲法38条１項に反すると争われた事案だ。判決は、その義務の履行が、自己の犯罪発覚の端緒を与えることにもなり得るなど一定の不利益を負う可能性があるとしても、**公益上の高度の必要性、届出人と死**

体とのかかわり等、犯罪行為を構成する事項の供述までも強制されるものではないことなどから、憲法38条１項には反しないとした。

【2　憲法38条2項に関する諸問題―自白法則―】

強制、拷問若しくは脅迫による自白又は不当に長く抑留若しくは拘禁された後の自白は、これを証拠とすることができない。これが憲法38条２項のいわゆる「自白法則」だ。このような自白には任意性が認められない。同項は例示的列挙であり、319条１項は、これを受けて「～その他任意にされたものでない疑のある自白」も証拠とできないとしている。

【自白法則の根拠】

このような自白が証拠とできないことの根拠については、大別して「任意性説」と「違法排除説」がある。任意性説の中にも虚偽排除説と人権擁護説の二つの考え方がある。虚偽排除説とは、任意性のない自白は虚偽であるおそれが強いことを理由とする。人権擁護説は、このような自白は黙秘権の人権を侵害するから排除されるとする。違法排除説は、このような自白は、適正手続の保障に反し、違法な手続によって得られたものなので排除すべきだとするもので、後述の違法収集証拠排除法則が自白についても妥当すると考えるものだ。しかし、今日、自白法則の根拠はこれらの説のいずれか一つのみではなく、虚偽排除等の任意性説を中心としつつ、違法排除も自白の排除の根拠となりうるとする二元説ないし総合説が通説判例となっている。

拷問や脅迫による自白に任意性が認められないのは当然であるが、自白の任意性を否定した重要な判例には次のようなものがある。

【排除される自白の例】

ア　偽計による自白

最大判昭和45・11・25刑集24巻12号1670頁、判時613号18頁、判タ256号95頁では、夫婦が不法な銃の共同所持の疑いで取り調べを受け、それぞれがまだ共同所持の自白をしていないのに、夫に対し「妻はもう認めたぞ」と嘘を言い、観念した夫を自供させて、次に妻に対し「夫は自白したぞ」と告げて自白させた事案だ。いわゆる「切り違え尋問」であり、偽計による自白として任意性が否定された。**東京地判昭和62・２・16判時1275号35頁、判タ664号252頁（刑訴百選［９版］75事件）**では、学生寮に侵入した犯人が強盗強姦未遂事件を犯して逃走した後、逮捕され、遺留したデッキシューズの臭気選別結果にある程度の反応が出ていたに過ぎないのに、警察官が、大声で怒鳴り頭を小突くなどして執拗に取調べ、「今の発達した科学では、人間の分泌物から、その細かく枝分かれした血液型を知ることができ、指紋と同様、同じ分泌物の人間は一億人に一人しかいないが、本件のデッキシューズがおまえのと一致した」などと虚言を述べて自白させたもので、自白の任意性が否定された。

イ　約束による自白

最（二小）判昭和41・７・１刑集20巻６号637頁、判時457号63頁、判タ196号149頁（児島税務署収賄事件〈刑訴百選［10版］70事件〉）は、被告人が収賄を否認していたため、検察官が、弁護人に対し、起訴猶予処分も考えられるので無益な否認をやめて自白するよう勧告することを示唆したところ、弁護人がそのように勧告した結果、起訴猶予になることを期待した被告人が収賄を自白して供述調書が作成されたという事案だ。最高裁は**「被疑者が、起訴不起訴の決定権をもつ検察官の、自白をすれば起訴猶予にする旨のことばを信じ、起訴猶予になるものと期待してした自白は、任意性に疑いがあるものとして、証拠能力を欠くものと解するのが相当である」**として証拠能力を否定した。本件では検察官の取調べには何らの違法はなかったが、被疑者が起訴猶予にしてもらえると思い込んだために任意性が否定されたものだ。**福岡高判平成５・３・18判時1489号59頁**は、熊本の警察が捜査中の事件で、飲食喫煙等で便宜を図った上、他の事件（福岡に）おける元愛人宅からの窃盗容疑）を送検しない約束の下で作成された疑いのある自白調書について、**「他の事件を自白すれば福岡事件を送致しないという約束は、いわゆる不起訴の約束に等しいものであって、福岡事件を起訴してもらいたくないという被告人の弱みにつけこんだものであって、到底許容される捜査方法ではない。**そうすると右捜査官の約束に基づいてなされた疑いのある平成２年10月以降の被告人の自白は、すべて任意性に疑いがあるものとして、その証拠能力を否定すべき」とした事案だ。

ウ　違法な手続によって得られた自白

取調べの方法自体には脅迫や偽計など任意性を否定すべき事情はないが、**違法な別件逮捕・勾留中の自白とか、過剰な宿泊を伴う取調べなど、捜査の手続自体が違法である場合にも自白が排除されることについて判例は確立している。**

最（三小）判昭和58・７・12刑集37巻６号791頁（神戸ホステス宅放火事件）は、放火事件を追及する目的で、被疑者を軽微で逮捕の必要性がない住居侵入事件で逮捕し、逮捕当日の午後から放火事件を厳しく追及して放火を自白させ、翌日住居侵入については釈放して放火事件で再逮捕勾留したという典型的な違法な別件逮捕事件だ。この事案では、放火についての捜査官による自白は、逮捕中のものも、その後の勾留中のものも、すべて証拠能力が否定された。

東京高判平成14・９・４判時1808号44頁（松戸市殺人事件又はロザール事件〈刑訴百選［９版］77事件〉）は、**被疑者を病室やホテルなど９泊10日宿泊させ、連日深夜までの取調べを行って殺人の自白を得た事案だ。**判決は、「自白を内容とする供述証拠についても、違法収集証拠排除法則を採用できない理由はないから、手続の違法が重大であり、これを証拠とすることが違法捜査抑制の見地から相当でない場合には証拠能力は否定すべき～～事実上の身柄拘束にも近い９泊の宿泊を伴った連続10日間の取調べは明らかに行き過ぎであって、違法は重大であり、違法捜査抑制の見地からしても（自白調書の）証拠能力を付与するのは相当でない」として自白の証拠能力を否定した。

【3　憲法38条3項の諸問題―自白の補強法則―】

何人も、自己に不利益な唯一の証拠が本人の自白である場合には、有罪とされ、又は刑罰を科せられない。自白のみでは有罪にできず、必ず「補強証拠」が必要とされる。ただ、自白内容だけでは有罪の心証が得られない場合に、他の客観的な証拠が必要なのは当然のことであり、これは本来の補強法則の問題ではない。**補強法則とは、被告人が公判廷でさめざめと泣きながら詳細かつ全面的に自白するなど、その信用性に全く疑いがなく、裁判所が十分に有罪の心証がとれる場合であっても、その自白だけでは有罪にできない、というものだ。**

自白の偏重を防止するための重要な原則だ。いくつかの問題がある。

ア　この自白には「公判廷の自白」も含まれるか

かつて争われたが、**最大判昭和23・7・29刑集2巻9号1012頁（刑訴百選［10版］A34事件）**は、「公判廷における被告人の自白が、裁判所の自由心証によって真実に合するものと認められる場合には、公判廷外における被告人の自白とは異なり、更に他の補強証拠を要せずして犯罪事実の認定ができると解するのが相当で（あり）、憲法38条3項の自白には公判廷における自白を含まない」とした。**ただ、この点は、319条2項が「公判廷における自白であると否とを問わず」と定めたため、現在実務上の問題はない。**

イ　補強証拠適格の問題

【共犯者の自白は補強証拠となり得るか】

共犯者の自白が補強証拠になり得るかについてはかつて学説で激しい対立があった。例えば、AB二人の共犯者がいて、Aは否認し、Bは自白している場合、共犯者の自白も本人の自白と同じなので補強証拠とはできない、とすると、他の補強証拠がない限り、ABのどちらも有罪にはできない。しかし、共犯者の自白は本人の自白ではないので補強証拠たり得ると考えれば、この場合、AについてはBの自白という補強証拠があるので有罪にできるが、Bについては本人の自白しかないので無罪となる。**最大判昭和33・5・28刑集12巻8号1718頁、判時150号6頁**は、**「共犯者の自白をいわゆる『本人の自白』と同一視し、又はこれに準ずるものとすることはできない。けだし、共同審理を受けていない単なる共犯者は勿論、共同審理を受けている共犯者（共同被告人）であっても、被告人本人との関係においては、被告人以外の者であって、被害者その他の純然たる証人とその本質を異にするものではないからである。されば、かかる共犯者又は共同被告人の犯罪事実に関する供述は、憲法38条2項のごとき証拠能力を有しないものでない限り、自由心証に委かされるべき、独立、完全な証明力を有するものといわざるを得ない」**とした。

【被告人が捜査とは無関係に作成した書面は補強証拠となり得るか】

自白の最も大きな危険は捜査官の厳しい追及や違法な手続によって得られる自白にある。したがって、**捜査とは無関係に被告人が自主的に作成していた書面などに事件の自白が含まれている場合であればそのような危険がないので、補強証拠として認められることがある。最（二小）決昭和32・11・2刑集11巻12号3047頁（刑訴百選［10版］A35事件）は、食糧管理法違反事件について、被告人が犯行当時販売日時、数量、金額、相手方等を記入していた未収金控帳が補強証拠として認められるか否かが争われた事案だ。**この決定は、「所論未収金控帳は、……**被告人が犯罪の嫌疑を受ける前にこれと関係なく、自らその販売未収金関係を備忘のため、闇米と配給米とを問わず、その都度記入したものと認められ、その記載内容は被告人の自白と目すべきものではなく、右帳面はこれを刑訴三二三条二号の書面としての証拠能力を有し、被告人の第一審公判廷の自白に対する補強証拠たりうるものと認めるべきである。」**としてこれを肯定した。

ウ　補強の程度・範囲

補強証拠がどの程度・範囲において必要とされるかについては、学説では、罪体の主要部分（罪体説）や犯人性についても必要とするなど、広く捉える説もある。しかし、判例では、**基本的にこのような限定はせず、自白の信用性が保障できる程度のものであれば足りるとし、「客観的には架空な、空中楼閣的な事実が犯罪としてでっち上げられる危険……を防止するためにある」（最（一小）判昭和24・4・7刑集3巻4号489頁）、「自白を補強すべき証拠は……自白にかかる事実の真実性を保障**

し得るものであれば足りる」（最（二小）判昭和23・10・30刑集２巻11号1427頁）などとする。そして、収賄罪の主観的要件について不要とし（**最（三小）判昭和32・12・17法律新聞86号６頁**）、被告人と犯人の結びつきについて不要としている（**最（三小）判昭和24・７・19刑集３巻８号1348頁、最（三小）判昭和25・６・13刑集４巻６号995頁、最大判昭和30・６・22刑集９巻８号1189頁**）。このような考え方は、「実質説」と呼ばれる。放火事件など秘密裡に行われる犯罪では、犯人性は被告人の自白のみによらざるを得ない場合が多く、犯人性についてまで補強証拠を必要とするのは実務的に妥当性や現実性を欠く。

ただ、近年は、無免許運転の罪において、無免許の点については自白のみでは足りず客観的証拠が必要であるとしたもの（**最（一小）判昭和42・12・21刑集21巻10号1476頁、判時505号19頁、判タ216号114頁（刑訴百選77［10版］事件）**や、無許可で古物の売買を営業として罪に関する自白には、営業行為自体の他、無許可の事実についても補強証拠が必要としたもの（**仙台高判昭和43・３・26高刑集21巻２号186頁**）、酒気帯び運転について、酒気帯びの点のほか、運転行為についても補強証拠を必要としたもの（**最（三小）決昭和47・2・8裁判集刑183号99頁**）などがあり、罪体説に親和的な判例も出ている。

6　違法収集証拠排除法則

【1　この法則が我が国に導入された経緯】

警察官が、覚せい剤密売所が近くにあると噂に聞いていた路上でXを発見し、Xが向きを変えて立ち去ろうとしたので、ひょっとしたら覚せい剤を持っているのではないかと疑い、男を羽交い絞めにして無理やり停止させ、「お前覚せい剤持ってるだろう」と怒鳴りながら、いきなりXの上着の内ポケットに手を突っ込んで入っている物をつかみ出したところ、白い粉の入ったビニール袋だったので予試験し、覚せい剤だと判明したためXを現行犯逮捕してその覚せい剤を差し押さえたとする。このような職務質問と所持品検査はほとんど実質的逮捕や捜索に至っており、その違法性は重大であってこの覚せい剤は証拠排除される。検察官はこの状況を知っていれば起訴できないし、起訴しても無罪となってしまう。これが今日確立している違法収集証拠の排除法則だ。

違法収集証拠の排除法則は、刑事訴訟法には一行も書かれていない。この法則はアメリカの判例法理に由来する。しかし、アメリカでも昔はこの法則は認められておらず、「お巡りがへまをしたから犯人が赦免されるのは筋違いだ」などの批判が根強かった。証拠収集手続に違法があっても、押収された証拠物の証明力には何ら問題はないからだ。しかし、捜査官の行き過ぎを抑止しなければならないという考え方が強まり、アメリカでは1961年のマップ対オハイオ事件という連邦最高裁の判例で、アメリカ全土にこの法理が確立した。

我が国でも、アメリカの判例法理を勉強した学者や裁判官がこの法理の導入を推進するようになり、昭和30年代の初めころから、下級審でこの法理を認める判例が出始めた。

最高裁が初めてこの法理を認めた画期的な判例が、**最（一小）判昭53・９・７刑集32巻６号1672頁、判時901号15頁、判タ369号125頁（大阪天王寺覚せい剤事件〈刑訴百選［10版］90事件）**だ。これは、警察官が、挙動が不審な被告人を職務質問するうち、被告人の落ち着きのない態度、青白い顔色から、覚せい剤中毒の疑いを持ち、口頭で所持品提示を要求した後、ポケットを触ったところ、上着左内側ポケットに何か固いものを感じたので、その提示を求め、ぶつぶつ言って不服らしい態度を示していた被告人の上着の内ポケットに手をいれてプラスチックケース入りの注射針１本とちり紙の包を取り出し、ビニール袋入り覚せい剤様の粉末を発見して試薬で検査すると覚せい剤であることが判明したので、現行犯逮捕し、差し押さえたという事案だ。最高裁は、

「所持品を検査する必要性ないし緊急性はこれを肯認しうるところであるが、被告人の承諾がないのに、その上衣左側内ポケットに手を差し入れて所持品を取り出したうえ検査した同巡査の行為は、一般にプライバシイ侵害の程度の高い行為であり、かつ、その態様において捜索に類するものであるから、……本件の具体的な状況のもとにおいては、相当な行為とは認めがたいところであって、職務質問に付随する所持品検査の許容限度を逸脱したものと解するのが相当である。してみると、**右違法な所持品検査及びこれに続いて行われた試薬検査の結果行われた現行犯逮捕に伴い行われた本件証拠物の差押手続は違法といわざるをえない**」

とした。そして、違法収集証拠の排除法則について

「違法に収集された証拠物の証拠能力については、憲法及び刑訴法になんらの規定もおかれていないので、この問題は、刑訴法の解釈に委ねられているものと解するのが相当であるところ刑訴法は、『刑事事件につき、公共の福祉の維持と個人の基本的人権の保障とを全うしつつ、事案の真相を明らかにし、刑罰法令を適正且つ迅速に適用実現することを目的とする。』（同法一条）ものであるから、違法に収集された証拠物の証拠能力に関しても、かかる見地からの検討を要するものと考えられる。ところで、刑罰法令を適正に適用実現し、公の秩序を維持することは、刑事訴訟の重要な任務であり、そのためには事案の真相をできる限り明らかにすることが必要であることはいうまでもないところ、証拠物は押収手続が違法であっても、物それ自体の性質・形状に変異をきたすことはなく、その存在・形状等に関する価値に変わりのないことなど証拠物の証拠としての性格にかんがみると、その押収手続に違法があるとして直ちにその証拠能力を否定することは事案の真相の究明に資するゆえんでなく、相当でないというべきである。しかし他面において、事案の真相の究明も、個人の基本的人権の保障を全うしつつ、適正な手続のもとでなされなければならない、ものであり、ことに憲法三五条が、憲法三三条の場合及び令状による場合を除き、住居の不可侵、捜索及び押収を受けることのない権利を保障し、これを受けて刑訴法が捜索及び押収等につき厳格な規定を設けていること、また、憲法三一条が法の適正な手続を保障していること等にかんがみると、**証拠物の押収等の手続に、憲法三五条及びこれを受けた刑訴法二一八条一項等の所期する令状主義の精神を没却するような重大な違法があり、これを証拠として許容することが、将来における違法な捜査の抑制の見地からして相当でないと認められる場合においては、その証拠能力は否定されるものと解すべきである。**」

と、我が国でも違法収集証拠の排除が認められるべきであることを宣言した。しかし、その上で、本件の具体的事案については、

「**職務質問の要件が存在し、かつ、所持品検査の必要性と緊急性が認められる状況のもとで、必ずしも諾否の態度が明白ではなかった被告人に対し、所持品検査として許容される限度をわずかに超えて行われたに過ぎないのであって、……本件証拠物の押収手続の違法は必ずしも重大であるとはいいえないのであり、これを被告人の罪証に供することが、違法な捜査の抑制の見地に立ってみても相当でないとは**

認めがたいから、本件証拠物の証拠能力はこれを肯定すべきである。」
として、結論においては証拠の排除を認めなかった（冒頭に指摘した事例との違いを考えてみよう）。

しかし、最高裁が我が国でも違法収集証拠の排除が認められる場合があることを宣言したのは画期的であり、その後下級審では、重大な違法があるとして証拠を排除する判例が増加した。最高裁として初めて具体的に証拠の排除を認めた判例は、最（二小）判平成15・2・14刑集57巻2号121頁（大津違法逮捕事件〈刑訴百選［10版］92事件〉）であり、上記最判から25年も経過してからのことだった。この事案は、警察官が被告人を逮捕状で逮捕するため自宅に赴いたが、逮捕状を携行するのを忘れてしまい、令状なしで逮捕し、警察に連行した後に提出させた尿から覚せい剤が検出されたので、覚せい剤使用事件に基づいて自宅の捜索差押許可状を取得し、五日後、以前から有していたが未執行だった窃盗罪での捜索差押許可状と共に執行したところ覚せい剤が発見押収されたので、被告人が覚せい剤自己使用と自宅での所持の罪で起訴されたというものだ。最高裁は、令状を示さない逮捕手続には重大な違法があったとし、尿の鑑定書はそれと密接に関連するものとして証拠を排除したが、後日自宅から発見された覚せい剤については密接には関連しないとして排除しなかった。

【2 排除法則の内容】

排除法則については、まずその論拠が問題だ。今日ほぼ支持されている考え方は①適正手続の理念、②違法捜査の抑止、③司法の廉潔性（無瑕性）であり、②の違法捜査の抑止が中心だ。

排除の要件については、前記最（一小）判昭和53・9・7の判旨をより普遍的に解し、①違法が重大で、②排除が相当である場合、と考えるのが一般的だ。そして、違法の重大性と排除の相当性を具体的事案に当てはめて検討する場合の考慮要素としては、「手続違反の程度、手続違反がされた状況、手続違反の有意性、手続違反の頻発性、手続違反と当該証拠獲得との因果性の程度、証拠の重要性、事件の重大性等の諸要因を総合的に検討すべきだとする」考え方（相対的排除論といわれる）が通説的見解だ。これに加えて「他の適法な捜査によってその証拠を獲得することが可能であったか」という補充性も考慮に含まれよう。

【具体的にどのような問題があるか】

排除法則を巡っては様々な問題がある。

ア 私人の違法行為によって収集された証拠について排除法則の適用があるか否か

排除法則の論拠を違法捜査の抑止のみに求めず、司法の廉潔性にも求めれば、私人の違法行為であってもそれが極めて重大な場合には、排除されることを認めてよい。

イ 申立適格

排除の申立てをする資格を当該証拠収集手続における違法行為の被害者等に限定すべきか、他の被疑者等もその手続の違法性を申立てることが許されるかという問題だが、我が国では、申立適格は限定されないという考え方が一般的だ。

ウ 証拠物に限らず、違法な取調べ等によって得られた自白についても排除法則の適用があるか

既に述べたように、これを肯定する判例が確立している。

エ　いわゆる派生証拠（毒樹の果実）の排除の問題

重大な違法手続によって得られた証拠（第一次証拠）が排除される場合に、その排除される証拠から派生して得られた証拠までも排除されるか否かという問題だ。アメリカでは毒樹の果実論と呼ばれる。これについては、「違法承継論」「密接関連論」「毒樹の果実論」などの考え方がある。その説明の仕方は必ずしも一様ではないが、今日の判例学説では、**①第一次的証拠の収集方法の違法の程度、②収集された第二次的証拠の重要さの程度、③第一次的証拠と第二次的証拠の関連性の程度、に加え、事件の重大性などを総合的に考慮して判断すべきとするという考え方が大方の支持を得ている。**

前記の平成15年の大津違法逮捕事件の最高裁判例の事案でも派生証拠の証拠能力が問題となった。**排除された第一次証拠は尿の鑑定書であり、それを資料として得られた捜索差押許可状によって発見押収された覚せい剤が派生証拠ないし毒樹の果実だ。最高裁は、これについて密接関連性を否定し証拠排除はしなかった。**

前述の神戸ホステス宅放火事件の最判の事例では、違法な別件逮捕によって得られた第一次自白が証拠排除され、その後放火事件での勾留後に得られた、捜査官による反復自白も排除されたが、捜査官とは独立した中立的な立場にある裁判官による勾留質問調書や、消防局の職員による火災原因の質問調書における自白については排除されなかった。

オ　違法収集証拠に対して被告人側が同意し、あるいは取調べに異議がない場合には証拠能力が認められるか

書証に対する同意（326条）の意味については当事者による証拠能力付与説が通説だ。だとすると、**違法収集証拠であっても、基本的には同意によって証拠能力を認めてよいとするのが判例だ。しかし、その違法が余りにも重大であるなら相当性を欠き、認められない場合がある。**証拠物について取調べに異議がない場合も同様に考えていいであろう。

7　悪性立証の問題

詐欺事件で被告人が否認している場合、「被告人は日ごろから嘘つきで通っている」という知人の証言を立証に用いることが許されるか。連続放火事件で被告人が否認している場合、被告人が過去に同種手口の放火事件を犯した前科調書を立証に用いることが許されるか。前科ではなく、同時に審理されている同種手口の犯行とか、起訴されていないが公判での証拠に現れている余罪を立証に用いることが許されるか。これらが、いわゆる悪性立証の問題だ[(10)]。

悪性立証の問題はアメリカでは「性格証拠排斥の法理」と言われ、連邦証拠法規則で具体的に規定されている。性格証拠には自然的な証明力が相当程度認められる反面、それが被告人に対する不当な偏見、不公正な不意打ちや争点の混乱をもたらすため、性格証拠による立証は原則として許されない。しかし、犯行の動機、故意、計画、知識などの主観面の立証のためには許されるなど、一定の例外も認められている。

我が国では明文の規定はないが、悪性立証が許される場合とその限界について学説や判例が形成されている。

（10）　太田・実践刑事証拠208〜219頁参照。

悪性立証の問題を考える大きなポイントは二つだ。

① 何を立証しようとするのか。
被告人の犯人性か、故意や認識などの主観面か。

② どのような悪性証拠で立証しようとするのか。
同種前科、同時に審理されている余罪、起訴されていない余罪、いわゆる生活上のエピソードの類

被告人が、当該行為を行った外形的事実は十分に立証されているのであれば、故意などの主観面について悪性証拠で立証することは許容されやすい。しかし、被告人の犯人性自体が争われているのに、それを悪性証拠で立証することには大きな問題がある。前にも似たような事件を被告人はやっているのだから、今度の事件も被告人が犯人なのだろう、と推論することは極めて危険だ。

同種前科は、有罪が裁判で確定したのだから、その事実自体には問題がない。しかし、古い事件なのだから、今回の犯行時点までそのような被告人の悪性が存続していたかどうかには疑問も生じ得る。同時に審理されている余罪については、犯行時期が近接していたとしても、まだそれ自体が有罪となっておらず真偽は確定していないという不安定さがある。起訴されていない余罪ならなおさらだ。生活上のエピソードの類は、そもそもそんな程度のことを犯罪の立証に用いること自体の問題性が大きい。

【主な判例】

ア　和歌山地決平成13・10・10判タ1122号132頁

和歌山カレー事件の地裁での決定だ。自治会の夏祭りで被告人がカレーの大鍋にヒ素を混入させ、４人が死亡し、67人がヒ素中毒になったという世間を震撼させた大事件で被告人Ｈ女は最高裁で死刑が確定した。悪性立証に関する重要な判例として次のイと共に著名だ。この決定は、被告人の動機の有無・内容が争われ、検察官が，被告人の激高性や非常識な性格を立証するために、「主婦同士の確執による激高から本件殺人事件のような重大な犯行を敢行することのありうる人間であることを立証することが必要かつ重要である」として被告人が以前勤務していた生命保険会社の同僚証人調べを請求した。検察官が立証しようとした内容は、「本件証人が、被告人から『気に入らない同僚に夜いたずら電話をする』旨聞いたことがあること本件証人にも夜中に無言のいたずら電話がかかってきたことがあり、それが被告人からであろうと思っていること、同僚のＩＤカードを捨てたことがあると被告人から聞いたことがある」という程度の内容だった。本決定は、「**上記事実関係は、被告人が甲社に勤務していた時代の同僚に対する嫌がらせという一定の時期に限定された極めてエピソード的なものである上……必ずしもその性格の実像を反映しない危険性のあるつまみ食い的な立証となるおそれが大であり、このような立証を許すことは、事実認定に供する意味合いが低いばかりか、不当な証拠評価をするのではないかとの疑念を生むけといわざるを得ない。**」としてこのような悪性立証は許されないとした。

イ　最（三小）決昭和41・11・22刑集20巻9号1035頁、判時467号65頁、判タ200号135頁（刑訴百選［9版］66事件）

社会福祉のための募金名下に寄付金を多数回にわたり合計20万円詐取した事案について、被告人は詐欺の犯意を争ったが、被告人は同種の手口による詐欺事件の有罪判決の執行猶予中であった。最高裁は、「**犯罪の客観的要素が他の証拠によって認められる本件事案の下において，被告人の詐欺の故**

意の如き犯罪の主観的要素を，被告人の同種前科の内容によって認定した原判決に所論の違法は認められない。」とした。故意などの主観的要素については同種前科による立証が許されるとする典型的な事案だ。

ウ　静岡地判昭和40・4・22下刑集7巻4号623頁

走行中の列車内で連続的に発生した集団スリによる７号車での窃盗事件と９号車での窃盗未遂事件であり、判決は、「時間的にも場所的にも共に接着し，その犯行の方法と態様も同類であって，両罪事実は互いに密接かつ一連の関係にあるものと見られるから……（後者が証明された場合には，前者）の存在を必然的に推理する蓋然性があり，……（前者も）被告人の犯行であるとする関連性が認められるし，またそれは情況証拠として，高い証明価値があるものとして許容することができる」とした。犯人性自体の立証のために同種手口の複数の犯行が相互に補強し合って立証に用いられることを認めた重要判例だ。

エ　大阪高判平成17・6・28判タ1192号186頁

和歌山カレー事件の控訴審判決だ。検察官は、起訴事実はカレーにヒ素を混入させた殺人等事件のみに絞って起訴したが、それを立証するための情況証拠の一環として、起訴されていない被告人が保険金取得目的でヒ素を人に使用したとするヒ素使用事案７件と、同目的で人に睡眠薬を飲ませたという事案12件についても立証活動を行った。判決は、「起訴されていない被告人の犯罪事実を立証することは，裁判所に不当な偏見を与えるとともに、争点の混乱を引き起こすおそれもあるから安易に許されるべきでないが、一切許容されないものではなく、特殊な手段、方法による犯罪について、同一ないし類似する態様の他の犯罪事実の立証を通じて被告人の犯人性を立証する場合など、その立証の必要性や合理性が認められ、かつ、事案の性質、審理の状況、被告人の受ける不利益の程度等に照らし相当と認められる場合には、許容されると解するのが相当である。」「被告人の周辺において複数の者が繰り返し急性ヒ素中毒を発症させたという事実は、それらが被告人の犯罪行為によるものであると否とにかかわらず、それ自体、被告人と凶器であるヒ素との結びつきやその殺傷力に対する知情性を推認させるものということができる。また、被告人が、過去において亜ヒ酸等を飲食物に混入させて人に摂取させた事実が認められる場合には、その手段及び方法の類似性から、前記殺人、同未遂事件における被告人の犯人性をも推認することが可能となる。さらに被告人がヒ素等を混入させた飲食物を人に摂取させることを繰り返していたという事実からは、規範意識が鈍磨していたことや、人にヒ素等を摂取させて殺傷することに対する罪障感、抵抗感が薄れていたことも推認でき、殊に、明確な犯行動機の見出しがたいカレー毒物混入事件にあっては、その犯人性を見極める上で検討に値する事実ということができる」などとして、起訴されていない余罪である多数の事実を、カレー事件の犯人性や犯意の立証に用いることを許容した。これは稀な事案であるが、ヒ素の使用という極めて特殊な手口の犯行であったという特殊事情があったからだといえるだろう。

オ　最（二小）判平成24・9・7刑集66巻9号907頁

同種前科を犯人性の立証に用いることについて厳格な判断と指針を示し、大きな指導性を有する極めて重要な判例だ。

事案は、平成21年９月に、窃盗に入った被告人が金目の物がなかったため、腹いせに石油ストーブの灯油を撒いて放火した窃盗未遂、放火の１件の事件で起訴されたものだ。被告人は、ずっと以前の平成３年から４年にかけて犯した15件の窃盗と11件の放火で懲役15年の刑により服役し、本件は

出所後の犯行だった。検察官は、手口の類似性から、この前科証拠を本件の犯人性の立証のために証拠請求したものだ。最高裁は、

「前科証拠は、単に証拠としての価値があるかどうか、言い換えれば自然的関連性があるかどうかのみによって証拠能力の有無が決せられるものではなく、前科証拠によって証明しようとする事実について、実質的根拠の乏しい人格評価によって誤った事実認定に至るおそれがないと認められるときに初めて証拠とすることが許されると解すべきである。**本件のように、前科証拠を被告人と犯人の同一性の証明に用いる場合についていうならば、前科に係る犯罪事実が顕著な特徴を有し、かつ、その特徴が証明の対象である犯罪事実と相当程度類似することから、それ自体で両者の犯人が同一であることを合理的に推認させるようなものであって初めて証拠として採用できるものというべきである。**」

とした上で、①窃盗目的で侵入し、期待したほどの財物が窃取できなかったために放火に及ぶことは放火の動機として特に際立った特徴を有するとはいえない、②放火の態様もさほど特殊なものとはいえない、③単に反復継続しているからといって、「行動傾向が固着化」とはいえない、④前刑の放火は、服役期間を挟んで17年前の犯行である。⑤本件放火の前後１か月間に31件の窃盗に及んだと上申しているが、これらは起訴されておらず、その中に充分な金品を得ていないものも多数あるのに、それらで放火がなされたことは窺われない、と指摘し、**本件の前科証拠による悪性立証は許されないとした。**

カ　最（一小）決平成25・2・20刑集67巻2号1頁

平成16年から17年にかけての20件の窃盗と、その半数における放火が起訴された事件だ。いわゆる色情盗で、女性用の物を盗んだ際に独特の複雑な感情を抱いて放火するというある程度の特異性が認められる事案であり、被告人には、**昭和50年に現住建造物等放火、窃盗で懲役６年、平成４年に住居侵入窃盗、現住建造物等放火で懲役９年に処せられた同種手口の前科２件があった。**控訴審ではこれらの前科証拠を本件の犯人性の立証のために用いることを認めたが、最高裁は前記の平成24年の最判を踏まえ、「色情盗という性癖はさほど特殊なものとはいえない」「手口態様もさほど特殊とはいえない」などとして原判決の判断を違法とし、このような悪性立証を認めなかった。

しかし、この判断については、平成24年の事案では、起訴された事件がわずか１件であり、31件の起訴されていない余罪では放火は発生していなかったのと比較すると疑問が残る。本件では、起訴された10件について窃盗とそれに引き続く放火がなされており、各窃盗についての被告人の犯人性は立証されていた。だとすれば、窃盗後に別人が入れ替わって放火だけを行うということは合理的には考え難い。裁判官１名も補足意見ではあるが、法廷意見の判断に疑問を呈している。

第7　訴因と公訴事実

【1　訴因と公訴事実の基本問題】

256条は、公訴の提起は起訴状を提出して行うこと（1項）、起訴状には、被告人の氏名等、公訴事実、罪名を記載すべきこと（2項）、を定めた上、3項で

> 公訴事実は、訴因を明示してこれを記載しなければならない。訴因を明示するには、できる限り日時、場所及び方法を以て罪となるべき事実を特定してこれをしなければならない

と定める。戦前の旧刑事訴訟法の下でも起訴状に犯罪事実（公訴事実）を記載していたが、「訴因（英語では「count」という。)」という概念はなく、**これは戦後のGHQの指導の下で現行刑事訴訟法が制定されたときに初めて導入された概念だ。旧刑事訴訟法は、裁判所が自ら真実を発見解明する職権審理主義であったので、裁判所は起訴状に記載された公訴事実にとらわれることなく、実体法上一罪の関係にある範囲なら自由に事実を解明し、認定することが許されていた。例えば、傷害致死の起訴であっても殺人を認定することもできたのだ。**ところが、現行刑事訴訟法が職権審理主義を大幅に後退させて当事者主義を採用したことに伴い、アメリカに倣って「訴因」の概念が導入されたのだ。しかし、**職権審理主義に慣れた裁判官にはこの制度はすぐには定着せず、長い間、審判の対象は公訴事実か、訴因か、という論争が続いた。**公訴事実説は、審判の対象は社会的歴史的事実としての公訴事実であり、訴因とはそれを法律的に構成したものに過ぎないと考えるのに対し、訴因説は、訴因とは事実が記載されたものであり、それ自体が審判の対象である、と考えるのだ。**しかし当事者主義の定着に伴い、今日では訴因自体が審判の対象であるとの考え方が確立した。**

「訴因とは、検察官が審判を求める、特定化された具体的犯罪事実の主張である」

と考えるのが一般的だ。裁判所は、戦前のような主体的能動的な真実の発見者ではなく、検察官の主張する訴因記載の事実が認められるかどうかだけを判断し、その立証が成功すれば有罪、立証が足りなければ無罪とするのが役割だ。いわばアンパイアの立場だ。**審判の対象が訴因であるとの説の確立に伴い、今日では訴因と公訴事実との二つの概念に違いはなく、訴因＝公訴事実にほかならないとの理解が定着した。**

しかし、256条の規定をよく読むと、当時の立法担当者は、訴因と公訴事実とは別のものだと考えていたことが判る。なぜなら、「公訴事実は訴因を明示して」という言葉について、訴因＝公訴事実であれば、「公訴事実は訴因（＝公訴事実）を明示して」ということになり、同義反復になってしまう。立法者は、おそらく訴因という概念を導入しても、審判の対象はその背後にある公訴事実だ、と考えていたのだろう。伝聞法則のところでも触れたが、現行刑事訴訟法の条文は、戦後、その運用が重ねられるうち、明文の条文とその解釈とが大きく異なってくるようになった点が少なくないが、訴因と公訴事実についてもそのことがよく当てはまる[(1)]。

【2　訴因の特定の問題】

訴因は審判の対象なので、それが特定されることがまず必要だ。典型的な殺人事件の起訴状に記載された公訴事実（訴因）の例を見てみよう。

「**被告人は**、住宅建築を業とする甲株式会社の営業部員として勤務していたものであるが、同社の営業部長Ｖ（当時56歳）が、かねてから被告人の営業成績が悪いと叱咤していたことを恨んでいたところ、平成21年３月10日午後５時ころ、甲市乙町１丁目１番地所在の同社本社営業部室内において、同僚の面前で「お前は役立たずのお荷物だ」などと面罵されたことに憤激し、**殺意をもって**、卓上にあったカッターナイフで、Ｖの胸部・腹部等を5回突き刺し、よって、そのころ、同所において、**Ｖを**腹部大動脈切断による出血により**死亡させて殺害した**ものである。」

起訴状の訴因が特定され、明示されていなければ審判の対象が明らかでないので裁判所は公訴棄却の判決をせざるを得ない（338条４号）。**訴因が特定されているためにはどの程度の事実の記載が必要か、ということが訴因の特定の問題だ。**

これについては、古くから識別説と防御権説の対立があった。識別説とは、訴因に記載された事実が他の犯罪事実と識別できる程度に記載されていれば足りるとする考え方だ。防御権説とは、単なる他の犯罪との識別だけでは足りず、被告人が十分防御できる程度の具体的な記載が必要だとする考えだ。学説では防御権説が有力だが、実務は基本的に識別説に立っている。防御権を強調して訴因に多くの事実を記載されなければならないとすると、裁判所に予断を生ぜしめるという別の問題も生じることや、被告人の防御の充実は、起訴状記載の訴因のみでなく、証明予定事実記載書面（公判前整理手続において316条の13が規定）の記載や冒頭陳述、釈明手続などによって十分に果たされるからだ。

しかし、実際の起訴状には、単なる識別を超える様々な事実が記載されることが少なくない。上記の起訴状では、識別に必要な最低限の記載は

被告人は、殺意をもって、Ｖを死亡させて殺害した

ということだけだ。「殺意をもって」と書かなければ傷害致死との識別ができない。単なる「人を殺害した」では、他の殺人事件との区別ができない。半面、これらの記載があれば、識別の要請は満たしていることとなる。

下線部分の犯行の日時場所や「カッターナイフで、Ｖの胸部・腹部等を５回突き刺し」という部分は、識別のためには必要でないが、256条３項が、「できる限り日時、場所及び方法を以て罪となるべき事実を特定」することを求めているために記載されるものだ。Ｖが営業部長であることとか、カッターナイフが「卓上」にあったということなどは、同項によっても記載は不要でいわば余事記載だ。

犯行の動機については、同項も記載を必要としておらず、近年では殺人事件などでも動機を記載しない起訴状の方が多いようだ。窃盗や傷害事件などでは動機は記載されないのが通常だ。

被告人が黙秘したり否認しているなどのため、十分に犯行の具体的事実を記載できない場合も珍しくない。その場合、識別すら満たすことができないのであれば、起訴はできないし起訴したとしても公訴棄却になるのは当然だ。しかし、どの程度の記載があれば識別を満たしているかということがしばしば問題となる。著名な指導的判例は次のようなものだ。

（1）　訴因と公訴事実の諸問題の詳細については、太田・実践刑事証拠362～422頁、太田・応用刑訴266～288頁参照。

ア　最大判昭和37・11・28刑集16巻11号1633頁（白山丸事件＜刑訴百選［10版］A17事件＞）

出入国管理令違反で、起訴状記載の訴因は「被告人は、昭和27年４月頃より同33年６月下旬までの間に、有効な旅券に出国の証印を受けないで、本邦より本邦外の地域たる中国に出国したものである」というものだった。判決は、訴因の明示につき「裁判所に対し審判の対象を限定するとともに、被告人に対し防御の範囲を示すことを目的とする」とした上、「犯罪の日時、場所及び方法は、……訴因を特定する一手段として、できる限り具体的に表示すべきことを要請されているのであるから、犯罪の種類、性質等の如何により、これを詳らかにすることができない特殊事情がある場合には～法の目的を害さないかぎりの幅のある表示をしても、その一事のみを以て、罪となるべき事実を特定しない違法があるということはできない」と判示した。そのような特殊事情として、①国交が回復していない国への出国でその確認が困難であること、②日時、場所、方法の内容については自供に依拠せざるを得ないこと、③出国の証印がなく、一方中国から帰国した事実があること（したがって密出国は容易に推認できる）が挙げられている。

イ　最（一小）決昭和56・4・25刑集35巻3号116頁、判時1000号128頁、判タ441号110頁（広島吉田町覚せい剤使用事件＜刑訴百選［10版］43事件＞）

自己使用を否認する覚せい剤使用事件について「昭和54年９月26日ころから同年10月３日までの間、広島県高田郡吉田町内及びその周辺において、覚せい剤若干量を自己の身体に注射又は服用して施用し、もって使用した」との訴因について、特定に欠けるところはないとした。実務ではこのような事件は少なくない。このような訴因を「否認形式の訴因」と実務では通称している。覚せい剤を使用した場合、通常１週間程度でその成分が尿に混じって排出されるため、尿中から覚せい剤が検出された場合、被疑者が使用を否認していても、採尿以前の1週間以内に覚せい剤を使用したことが推定できるからだ。このような訴因については、ア　鑑定結果に対応する最終の直近使用１回を起訴したもの（最終行為説）、イ　特定の期間中に少なくとも１回覚せい剤が使用された旨の起訴である（最低一行為説）、ウ　特定の期間中に行われた複数回の使用を包括一罪として起訴したもの、との３説がある。それぞれに一長一短はあるが、実務は最終行為説によっている。

ウ　最（一小）決平成14・7・18刑集56巻6号307頁（前原遺体白骨化事件）

訴因は、「被告人は、単独又はＸ及びＹと共謀の上、平成９年９月30日８時30分ころ、ビジネス旅館甲において、被害者に対し、その頭部等に手段不明の暴行を加え、頭蓋冠、頭蓋底骨折等の傷害を負わせ、よって、そのころ、同所において、頭蓋冠、頭蓋底骨折に基づく外傷性脳障害又は何らかの傷害により死亡させた」というものだ。本決定は、「第一次予備的訴因は、暴行態様、傷害の内容、死因等の表示が概括的なものであるにとどまるが、検察官において、当時の証拠に基づき、できる限り日時、場所、方法をもって傷害致死の罪となるべき事実を特定して訴因を明示したものと認められるから、訴因の特定に欠けるところはない」と判示した。このように殺害の実行行為者、日時、場所、方法、死因等が判明しないため、抽象的ないし択一的な記載しかできない事案はしばしば見られる。

【3　訴因変更の要否の問題】

公判での審理の過程で、検察官が立証しようとする訴因記載の事実が、そのままでは認定できなくなる場合がある。例えば、素手で殴ったという犯行方法が、角材で殴ったことが明らかになった場合、加療期間が２週間とされていたのが２か月に延びた場合、ＡＢ両名の共謀による殺人で、訴因ではＡが実行したとされていたのが実は実行者はＢであることが判明した場合、殺人の訴因だが、殺意は認められないものの、過失による死亡であったことが明らかになった場合、など様々だ。

312条１項は、

> 裁判所は、検察官の請求があるときは、公訴事実の同一性を害しない限度において、起訴状に記載された訴因又は罰条の追加、撤回又は変更を許さなければならない

と定める。検察官は、当初の訴因のままの事実が認められなくなったと考えれば、裁判所に訴因変更を請求することになる。

訴因事実との違いが些細なものに留まり、被告人の刑責に影響が生じない程度のものであれば、裁判所は訴因の変更なしに異なる事実を認定できる。また、いわゆる「縮小認定」といって、殺人の訴因に対して傷害致死を認定する場合や、強盗の訴因に対して恐喝を認定する場合に問題なく認められる。被告人により有利な認定であるし、不意打ちにもならないからだ。

裁判所が異なる事実を認定するために訴因の変更が必要なのは、「事実に重要な、あるいは実質的な差異が生じた場合」（緩やかな事実記載説という。）だとするのが実務・通説だ。

この問題に関する判例や学説は多いが、最も指導的な判例は最（三小）決平成13・４・11刑集55巻３号127頁、判時1748号175頁、判タ1060号175頁（刑訴百選［10版］45事件）だ。

この事案は、被告人Ｘが、Ｙ、Ｚらと共謀して犯した保険金詐欺についての口封じのため、Ｙと共謀してＺを殺害・死体遺棄した事件だ。当初公訴事実は「被告人はＹと共謀の上、頸部を締め付けて殺害」とし、実行行為者を特定しなかったが、第一審係属中に、検察官は、「被告人が、Ｚの頸部を締め付けるなどして殺害」に訴因変更した。審理の結果、一審判決は「Ｙまたは被告人あるいはその両名においてＺを殺害した」と認定したため、被告人は、訴因変更手続を経ない認定は法令違反であるとして上告したが、最高裁は次の判示をしてこれを棄却した。

> 「殺人罪の共同正犯の訴因としては、その実行行為者がだれであるかが明示されていないからといって、それだけで直ちに訴因の記載として罪となるべき事実の特定に欠けるものとはいえないと考えられるから、訴因において実行行為者が明示された場合にそれと異なる認定をするとしても、審判対象の画定という見地からは、訴因変更が必要となるとはいえないものと解される……とはいえ、実行行為者が誰であるかは、一般的に、被告人の防御にとって重要な事項であるから、当該訴因の成否について争いがある場合等においては、争点の明確化などのため、検察官において実行行為者を特定するのが望ましいということができ、検察官が訴因においてその実行行為者の明示をした以上、判決においてそれと実質的に異なる認定をするには、原則として訴因変更手続を要するものと解するのが相当である……しかしながら、実行行為者の明示は、前記のとおり、訴因の記載として不可欠な事項ではないから、少なくとも、被告人の防御の具体的な状況等の審理の経過に照らし、被告人に不意打ちを与えるものではないと認められ、かつ、判決で認定される事実が訴因に記載された事実と比べて被告人にとってより不利益であるとはいえない場合には、例外的に、訴因変更手続を経ることなく訴因と異なる実行行為者を認定することも違法ではないものと解すべきである」

などとした上、本件については被告人が自己の実行行為を争った審理経過や、その主張を一部受け入れた判決内容等に照らし、不意打ちでなく、被告人にとってより不利益でもなかったとして、訴因変更手続を経なかったことは違法でないとした。

この判断枠組みを整理すると次のようになる。

ア　審判対象の画定のために必要な事項（訴因の記載として不可欠な事項）

→　「拘束力ある訴因事実」であり、訴因変更が必要。

イ　訴因の記載として不可欠ではないが、訴因に記載され、被告人の防御にとって重要な事項

→　「拘束力のない訴因事実」であり、原則的には訴因変更が必要だが、具体的審理状況に照らし、被告人に不意打ちでなく、より不利益とならない場合には例外的に不要。

ウ　いずれにも当たらない事項

→　訴因変更は不要。

この最決は、共謀事案における実行行為者を訴因で明示された場合の具体的事案についての判断であるが、これらの判断枠組みは、訴因に記載された事実と異なる認定が必要となるその他の様々な事案についても妥当する。

問題となる場合として

①　**共同正犯を幇助犯と認定する場合**

②　**構成要件的評価が異なる認定をする場合**

③　**単独犯を共犯と認定する場合**

④　**過失犯における過失の態様について異なる認定をする場合**

⑤　**実行行為の手段・結果が大きく異なる場合**

⑥　**未遂を既遂と認定する場合（逆なら縮小認定であり、訴因変更は不要）**

⑦　**作為犯を不真正不作為犯と認定する場合**

⑧　**未必的故意を確定的故意と認定する場合（逆なら縮小認定であり訴因変更は不要）**

これらについて、アに当たる場合なら訴因変更は不可欠であるが、イの場合なら、それが被告人に対して不意打ちでなく、より不利益とならないかどうか、によって判断することになる。

【4　訴因変更の可否の問題】

訴因と認定しようとする事実の異なり方が大きくなりすぎると、もはや訴因変更が許されなくなる場合がある。312条は「公訴事実の同一性を害しない限度において」訴因の変更ができるとしているが、前述のように、今日訴因は公訴事実と同じ意味との考えが確立しているので、「公訴事実」に「訴因」を代入すれば意味のない同義反復となる。そのため、**今日では「公訴事実の同一性」の「公訴事実」には特段の意味はなく、それ自体が訴因変更の限界を示す道具ないし機能概念だ、と考えられている。**

訴因変更が可能であるか否かは、「公訴事実の単一性」と「狭義の同一性」によって判断するのが実務だ。公訴事実の単一性とは、要するに実体法上一罪の関係にあるか否かということだ。事実の変化が大きくなりすぎ、もはや他の犯罪事実、すなわち当初訴因と併合罪の関係にある事実にまで変化すればもはや訴因変更は許されない。その場合には、新たな事実を「追起訴」し、当初の訴因事実については公訴を取り消すか、無罪判決を受けるしかない。**この単一性が認められることを前提に、事**

実の変化によるいわばねじれの度合いが許容できる程度であるか否かということが「狭義の同一性」の問題だ。これについては様々な学説があるが、実務で定着している考え方は、基本的事実同一説だ。これは、当初訴因事実と認定しようとする事実とが、犯罪を構成する事実関係の基本的な部分が社会通念上同一と認められる場合に狭義の公訴事実の同一性があるとするものだ。犯罪を構成する具体的な事実関係の基本部分において社会通念上の密接関連性（罪質も含む）や近接性（日時・場所等）、同一性（被害者、被害物等）、共通性（態様・方法等）があるといえるかを判断基準とする。また、基本的事実が同一であるかの判断が容易でない場合、それを補完する判断基準として「非両立性」がある。これは、前訴因と変更しようとする訴因とが、非両立の関係ないし択一関係がある場合に、公訴事実の同一性を肯定するものだ。非両立でなく、両立するのであれば、それは併合罪関係にあることを意味するので訴因変更は許されないのだ。

主な判例には次のようなものがある。

ア　最（二小）判昭和29・5・14刑集8巻5号676頁

10月14日静岡県でホテル宿泊中の客Aから背広・定期入れ等を窃取　→10月19日、東京都内で自称Aから依頼を受け背広を質入れ。

「（物件の同一性、罪質上の密接な関係、日時・場所の近接性に鑑みれば）一方の犯罪が認められるときは他方の犯罪の成立を認め得ない関係にあると認めざるを得ないから、かような場合には、両訴因は基本的事実関係を同じくするものと解するのを相当とすべく、従って公訴事実の同一性の範囲内に属する」

イ　最（二小）判昭和34・12・11刑集13巻13号3195頁

馬の売却代金の横領　→馬自体の窃盗

「一方が有罪となれば他方がその不可罰的行為として不処罰となる関係にあり、その間基本的事実関係の同一を肯認することができるから）」

ウ　最（一小）決昭和53・3・6刑集32巻2号218頁

枉法収賄　→贈賄（公務員Xと共謀の上、Xの職務不正行為に対する謝礼の趣旨でYから賄賂を収受　→Yと共謀の上同趣旨でXに対して賄賂を供与）

「収受したとされる賄賂と供与したとされる賄賂との間に事実上の共通性がある場合には、両立しない関係にあり、かつ、一連の同一事象に対する法的評価を異にするに過ぎないものであって、基本的事実関係においては同一である」

第8　少　年　法

【少年法とは何か】

少年とは、20歳未満の者をいう（少年法2条1項）。成人が罪を犯した場合は刑事訴訟法に従って捜査や公判、確定した刑の執行などの手続が進められる。しかし、少年は成長過程にあり保護育成すべき対象であるため、少年の刑事事件については、刑事訴訟法の特別法として少年法がある。少年法1条は

「この法律は、少年の健全な育成を期し、非行のある少年に対して性格の矯正及び環境の調整に関する保護処分を行うとともに、少年の刑事事件について特別の措置を講ずることを目的とする。」

と定めている。

少年法が対象とする非行少年には3つの種別がある（少年法3条1項）。①罪を犯した少年（犯罪少年）、②14歳に満たないで刑罰法令に触れる行為をした少年（触法少年）、③一定の事由があって、その性格又は環境に照して、将来、罪を犯し、又は刑罰法令に触れる行為をする虞のある少年（虞犯少年）だ。少年は原則として「刑罰」の対象でなく家庭裁判所の審判による「保護処分」の対象だ。

少年の刑事事件についても捜査がなされるべきことは当然だ。捜査自体は原則的に刑事訴訟法に基づいて行われるが、少年法第3章「少年の刑事事件」が少年の特性に配慮した特別の規定を設けている。少年の勾留はやむを得ない場合に限ること（48条）、勾留に代えて17条1項の観護措置（保護観察や少年鑑別所への送致）を行えることなどだ。

【犯罪少年の刑事事件の手続の流れ】

最大の特則は、全件家裁送致の原則だ。司法警察員は少年の被疑事件について捜査を遂げた場合、罰金以下の刑に当たる犯罪の嫌疑がある場合や、犯罪の嫌疑がなくとも少年審判に付すべき事由がある場合には直接家庭裁判所に送致する（41条）が、その他の場合には検察官に送致する。検察官は少年の被疑事件について捜査を遂げた結果、犯罪の嫌疑があるものと思料する場合や、犯罪の嫌疑がなくても少年審判に付すべき事由がある場合には家裁に送致する（42条）。どんなに事件が悪質重大でも、いきなり地裁などへの起訴は許されない。

家庭裁判所では、いきなり少年審判を開始するのでなく、まず事件について調査を行う（8条）。その調査は、少年や保護者等について行状、経歴、素質、環境等について医学や心理学、教育学、社会学その他の専門的知識や少年鑑別所の鑑別の結果を活用して行われるが、家庭裁判所調査官に命じてこれらを行わせることが多い（8～9条）。その結果、事案によっては審判不開始の決定がなされて審判を行うことなく事件が落着することもある。審判が開始された場合、それは非公開で懇切を旨として和やかに行われる（22条）。

従来は、検察官の関与は一切認められていなかったが、少年による凶悪事件に対する社会や被害者

の批判の高まりなどにより、重大事件について必要があると認められるときは家庭裁判所の決定によって検察官を出席させることができることになり（22条の2）、また、被害者等による少年審判の傍聴も一定の事件について諸事情を考慮の上で認められることになった（22条の4）。検察官の出席が認められた事件については、弁護士である付添人も付せられる（22条の3）。

少年審判により決定される保護処分としては、**①保護観察、②児童自立支援施設又は児童養護施設に送致、③少年院送致、**がある。また、家庭裁判所は、調査の結果、児童福祉法に規定による措置を相当と認めるときは、決定をもって、事件を都道府県知事または児童相談所庁に送致する（18条）。児童福祉法の措置としては、指導委託、児童養護施設等への入所など様々な福祉措置がある。

少年に対し、死刑、懲役又は禁錮に当たる罪の事件について、保護処分では足りず、成人同様に刑罰を受けさせるのが相当であると家庭裁判所が判断した場合、検察官に送致する決定をする（20条）。これをいわゆる逆送決定という。いったん検察官が家庭裁判所に送致した事件が再び検察官に返されてくるからだ。故意の犯罪行為により被害者を死亡させた事件で、犯行時に16歳以上であった少年に係るものについては原則的に逆送される。

検察官は逆送決定を受けた事件について、公訴を提起するに足りる嫌疑があると思料するときは、原則的に管轄裁判所に起訴しなければならない（45条）。

公判手続は成人と同様であるが、刑罰については、罪を犯すとき18歳に満たない者に対しては死刑をもって処断すべきときでも無期刑が科せられ、また無期刑をもって処断すべきときでも有期の懲役又は禁錮刑が科される（51条）。有期の懲役又は禁錮刑で処断すべき場合には、長期と短期を定めた不定期刑が科される（52条）。少年の可塑性に配慮した特別の定めだ。懲役刑等に処された少年については、その服役は少年刑務所でなされるなどの配慮もある。

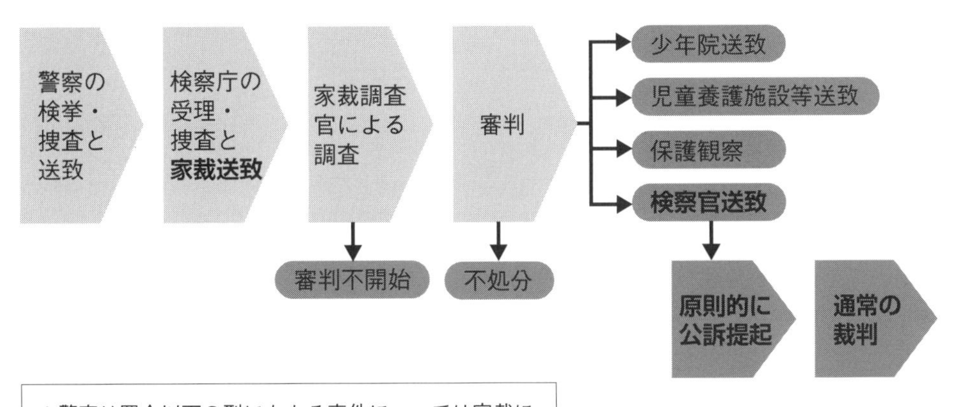

【少年法の改正】

令和３年５月21日、少年法の改正が参議院本会議で可決されて成立し、令和４年４月１日から施行された。これは、民法の成人年齢が20歳から18歳に引き下げられるのに合わせた措置だ。法改正の議論では、罪を犯した18、19歳の少年を少年法の対象から外すべきだとの意見もあった。しかし、この改正では、これらの少年も少年法の対象として家庭裁判所に送致する現行制度の基本は維持しつつ、「特定少年」と位置づけて一定の厳罰化を図ることとなった。これまで、逆送の対象は、殺人や傷害致死など「故意に人を死亡させた事件」に限っていたが、今回の法改正では、特定少年については「死刑、無期、懲役または禁錮１年以上の犯罪」に拡大され、強盗や放火、強制性交なども対象に加えられることとなった。起訴後は、氏名や顔写真など、本人を特定する報道も可能となった。

第9　心神喪失者等医療観察法

【制定の経緯】

殺人などの重大犯罪を犯しても、心神喪失状態にあり、責任能力が認められない場合には起訴はできず起訴されても無罪となってしまう。このような場合、かつては、精神保健及び精神障害者福祉に関する法律に基づく都道府県知事による措置入院制度等で対応していた。しかし、それは司法審査を経ないために客観性に問題があったり、措置入院後短期間で退院してしまい、再び重大犯罪を犯す例も少なくなく深刻な社会問題となっていた。そのため、刑罰としてではなく、精神障害の治療と社会からの隔離を目的とした「保安処分」の導入が検討されたが、人権団体等からの強い反対（ナチスや共産圏の政治犯の強制収容を想起）があり、長い間実現に至らなかった。しかし、精神に障害があるために犯された凶悪な犯罪が後を絶たない事から、激しい論議を経て、ようやく、同法が成立し、平成17年７月から施行された。

【制度の概要】

対象者は心神喪失や心神耗弱の状態で放火・殺人・強盗等の重大犯罪に当たる行為を行ったが、起訴されず、あるいは無罪や減軽の判決を受けた者だ。手続は検察官が裁判所に対象者の入院又は通院の決定を行うよう申し立てる。**裁判官と精神保健審判員（必要な学識経験を有する医師）の各１名からなる合議体による審判で、処遇の要否と内容の決定が行われる。入院決定がなされた対象者は、厚生労働大臣が指定した医療機関（指定入院医療機関）において、手厚い専門的な医療の提供が行われる。**退院は、同機関から裁判所に対する許可の申立てと決定による。この入院期間中から、保護観察所に配置されている社会復帰調整官により、退院後の生活環境の調整が実施される。また、通院による医療の決定を受けた人や退院を許可された人については、社会復帰調整官が中心となって作成する処遇実施計画に基づいて、原則として３年間、地域において、厚生労働大臣が指定した医療機関（指定通院医療機関）による医療を受ける。通院の期間中、対象者は精神保健監察に付されるが、これは保護観察所が地域や民間団体との連携協力の下に実施する。

厚生労働省ウェブサイト掲載の統計によれば、制度施行の平成17年以降、令和１年12月末までの終局処理人員総数は5,098人であり、そのうち、入院決定は3,459人、通院決定は645人、医療を行わない旨の決定は798人、却下（対象行為を行ったとは認められないとか、心神喪失者等ではないなどの理由による）は、163人となっており、この制度が適切に活用されていることが判る。

第10　犯罪者の矯正と再犯防止の諸制度

刑事訴訟法の主な目的は、犯罪を摘発して捜査を遂行し、犯人に厳正的確な処罰を与えることだが、犯罪者の更生、社会復帰と再犯の防止は、それと並んで刑事政策の最大の課題だ。刑務所等の受刑者のうち、再入者の割合は高い。再入者の人員は、平成11年から毎年増加した後、18年をピークにその後は減少傾向にあり、令和３年は9,203人（前年比4.5％減）だった。再入者率は、平成16年から28年まで毎年上昇を続け、その後概ね横ばいで推移しており、令和３年は57.0％だった。入所受刑者の総数は平成19年以降減少を続け、令和３年は16,152人であり、その入所回数の内訳は

１度　43.0％、２度　15.2％、３度　11.0％、４度　7.8％、５度以上　22.9％

であり、再犯率の高さがわかるだろう（『令和４年版 犯罪白書』246頁）。

【犯罪者の更生・再犯防止のための諸制度、諸施策】

犯罪捜査から起訴、刑の執行、そして社会復帰への全体の流れは犯罪者の矯正と再犯防止のために有機的につながっている。検察官は罪を犯した者であっても事案により起訴猶予処分（刑訴法246条）として刑罰を科さず立ち直りの機会を与えることができる。処罰に相当する事案でも、略式命令の活用によって簡易な手続で罰金刑のみを科すこともできる。公判請求された事案であっても、重大事件でなければ、執行猶予判決も可能だし、これも保護観察に付すことによってもう一度立ち直りの機会が与えられる。こうして、刑務所での服役を余儀なくされる者は、これらの再三の立ち直りの機会を与えられたにもかかわらずそれに応えられなかった者や、重大な罪を犯したために最初から実刑に処すべき者に限定されることになる。矯正や保護の諸制度は、このような流れの中に位置づけてその意義や役割がよく発揮されることとなる。

ア　矯正による施設内処遇

矯正とは、刑務所等の刑事施設で、被収容者に対して懲役や禁錮の刑に服せしめ、規律ある作業への従事や教誨教育によって犯罪傾向を除去し、社会復帰を図るものだ。かつては監獄法という古い法律で規律されていたが、矯正業務に関する様々な問題が生じていたことから、平成17年に「刑事収容施設及び被収容者等の処遇に関する法律（刑事施設法）が制定され、矯正行政は新たに生まれ変わることになった。少年については、家裁の審判で少年院送致決定を受けた者について、少年院法に基づき。少年院において矯正教育が行われる。法務省矯正局が全国の刑務所や少年院などの統括的な運営・指導の任に当たっている。

諸外国の矯正関係者が日本の刑務所等を視察するとき、一様に驚くのは、作業場において数十人の暴力団員や多数の前科を有する受刑者が整然と刑務作業に従事し、手に取れば武器となる様々な作業工具が周りにありながら、武器も持たないわずか数名の刑務官が刑務作業の監督を行っていることだ。これは、前述のように、刑務所で服役する者は、立ち直りの機会をこれまで与えられながらそれ

に応じることができなかった者等であることに加え、日本の高い有罪率もその背景にある。不幸な冤罪の例外は皆無ではないとはいえ、受刑者は、自分が罪を犯したため刑に服すべきことは自覚し、規律に服して真面目に刑を受けるしかないと考える者が多いのだ。受刑者は、年齢や犯罪傾向の度合いなどに応じて適切に分類され、真面目に服役することによる累進処遇が施され、様々な娯楽や情操教育の機会もある。刑務作業には職業訓練の機能があり、様々な資格の取得の機会を与えられるものもある。そして、真面目に服役することにより仮釈放の希望もある。これらが有機的に関連し、機能していることが、外国関係者が驚く刑務所の秩序規律の保持を支えているのだ。

イ　保護観察を中心とする社会内処遇

更生保護法が、保護行政全般の目的や具体的諸制度を定める基本的な法律だ。これには保護行政を担う組織として、中央更生保護審査会、地方更生保護委員会、保護観察所、保護観察官及び保護司が定められている。中央更生保護審査会は、地方更生保護委員会が行った仮釈放や仮退院の決定に対する審査のほか、恩赦法に基づく恩赦の実施の内閣への申し出も所管する。全国各地で保護行政を具体的かつ中心的に担うのが保護観察所だ。法務省保護局がその統括的な運営・指導の任に当たっている。保護観察所は全国に50か所設置され、そこで中心的な役割を担うのが保護観察官だ。保護観察官は、心理学、教育学、社会学等の専門的知識を備えた国家公務員だ。保護観察所が行う任務の中心は保護観察であり、その対象者は①少年法に基づいて保護観察処分に付された者、②少年院からの仮退院者、③刑務所からの仮釈放者、④保護観察付執行猶予に付された者、だ（更生保護法48条）。

しかし、保護観察官の数は限られており、保護観察は、保護観察官と協力連携する保護司によって担われ、支えられている。保護司は、保護司法に基づいて任命されるボランテイアの非常勤国家公務員だ。地域で信望の厚い企業経営者、教育者その他の篤志の人々の無報酬の貢献により、犯罪者の更生を親身になって助ける極めて重要な任務を担う人々だ。保護司の定数は、保護司法により５万2,500人を超えないものと定められている。平成27年１月１日現在の人員は４万7,872人であり、特に近年減少していまる。同日現在、女性の占める割合は26.0％で、増加傾向にある。保護司の平均年齢は、近年上昇傾向にあり、同日現在64,7歳である。

また、更生保護事業法は、法務大臣の認可によって設立される更生保護法人が、更生保護施設を運営するなどして、刑務所からの出所者や保護観察を受けている者に対し、宿泊場所の提供や就職の援助、生活環境の改善や指導を行うことを定めている。更生保護施設は全国に104か所設置され、これらの者たちが宿所や食事を提供されながら職場に通勤することができるなど、重要な社会的役割を果たしている。また、これ以外にも協力雇用主制度とか、自立更生促進センターなど、官民の協力による様々な犯罪者の更生と社会復帰を促進する諸制度・施策が推進されている。

第11　犯罪被害者保護の諸制度

被疑者や被告人の人権の保障が十分でなく、それを弾圧、蹂躙することが多かった戦前の刑事司法の制度や運用に対する強い批判や反省から、戦後は、被疑者・被告人の人権の保障が強調され、それを支える制度や運用が強く推進されてきた。しかし、その反面として、犯罪被害者の保護や救済については長くおざなりにされ、光が当てられることがない状況が長く続いていた。例えば、性犯罪の被害者は、脳裏から消し去りたい悪夢のような被害状況について刑事から取り調べられ、検事からも取り調べられ、犯人が起訴されれば公判に証人として出廷し、被告人や傍聴人の面前で詳細な証人尋問にさらされ、それは犯罪被害自体に加えて二次被害とすらいってもよい精神的な打撃を受けることになる。他方、捜査の秘密の名のもとに、自己が被害にあった事件がどのように警察や検察によって処理されたかということを知る権利も与えられない。また、犯罪被害によって生じた損害について刑事司法はなんらの助力を与えられず被害者は自力で民事訴訟を提起するしかない。

これらに対する深い反省に立ち、平成に入ったころから、警察や法務検察でも犯罪被害者保護の諸制度、施策を開始、推進するようになり、また弁護士や民間組織の間にもそれを強力に要望、推進、支援する動きが活発となった。それらに基づく成果は次のような諸制度、施策として結実し、今日では、犯罪被害者保護は画期的ともいえるほど充実したものになりつつある。大きな流れとして、平成８年に警察庁が「被害者対策要綱」を策定し、同11年に検察が「犯罪被害者通知制度」を導入し、同12年に、犯罪被害者保護関連二法が成立し、同16年に犯罪被害者等基本法が成立し、同17年に、第一次犯罪被害者等基本計画（以後、23年に第二次、28年に第三次の同計画）が定められている。主な具体的制度、施策は次の通りだ。

【一般的な施策】

① 相談体制の整備

都道府県、警察・検察庁、法務省、日本司法支援センター（法テラス）にそれぞれ被害者の相談・支援の窓口を整備

② 損害回復・経済的支援

犯罪被害給付制度（犯罪被害者等給付金の支給等による犯罪被害者等の支援に関する法律）

証人等の被害についての給付制度

いわゆる振り込め詐欺救済法による預保納付金の活用

③ 居住等の安定

公営住宅への優先入居や一時避難場所の提供など

④ 精神的・身体的被害の回復・防止

いわゆるワンストップ支援センターや警察等でのカウンセリングの実施

⑤ 身体的保護施策

ストーカー、児童虐待対策など

⑥ 情報の提供

受刑者の処遇や出所情報など

【捜査段階での施策】

① 事情聴取等での配慮（女性警察官による聴取被害児童からの聴取について検察庁、警察、児童相談所等の協議など）

② 被害者専用待合室の設置

【公判段階での施策】

① 被害者証人尋問でのビデオリンク、付添人、遮蔽措置、被害者特定事項の秘匿

② 被害者参加制度

一定事件の被害者の申し出により、被害者又は委託を受けた弁護人が被告事件に参加し、公判に出席して、検察官に意見を述べ、情状に関する事項について証人尋問や被告人質問、検察官の論告求刑後の意見陳述ができる。

③ 被害者等の心情についての公判での意見陳述

④ 犯罪被害者等及び証人を保護するための措置

検察官は、証人等の氏名等を知る機会を与えるべき場合において、証人等の身体又は財産に害を加える行為等がなされるおそれがあると認めるときは、被告人の防御に実質的な不利益を生ずるおそれがある場合を除き、弁護人に対し、当該氏名等を知る機会を与えた上で、これを被告人に知らせてはならない旨の条件を付すること等ができることとし、特に必要があると認めるときは、被告人及び弁護人に対し、当該氏名等を知る機会を与えず、これに代わる呼称等を知る機会を与えることができることとした（平成28年の改正による法299条の４）。

⑤ 公判記録の閲覧謄写

⑥ 被害者の損害回復

刑事和解制度：被告人と被害者が民事上の争いについて合意が成立した場合、公判調書に記載を求めることができ、記載された場合には、裁判上の和解と同一効力を有し、強制執行も可能

損害賠償命令制度：一定の事件について刑事の裁判所が被告人に損害賠償命令を出すことができる。

【刑事裁判終了後の施策】

被害回復給付金支給制度、作業報奨金の損害倍書金への充当、仮釈放審査における被害者の意見聴取、心情等伝達制度、被害者担当官・保護司、処遇情況の情報提供など

事項索引

判例索引

著者略歴

上野　幸彦（うえの・ゆきひこ）

1959年北海道出身。

1982年日本大学法学部卒業、1987年日本大学大学院法学研究科博士課程（公法学専攻）退学。

1987年日本大学法学部助手。1993年以後、日本大学法学部・文理学部・理工学部、国際医療福祉大学等の非常勤講師。

2016年日本大学危機管理学部准教授。

2021年４月より同教授。

主要著書・論文

「承継的共同正犯論の批判的検討」法学研究年報14号（1984年）

「事後強盗罪と刑法第六五条適用の当否」法学紀要30巻（1988年）

「日常行為と可罰的幇助」日本法学77巻１号（2011年）

（翻訳）ゲルハルト・ゼーエア「限界なき刑法？」日本法学82巻４号（2017年）その他、論文、判例評釈など多数。

『国家と社会の基本法［第４版］』（共著、2018年、成文堂）

『Next教科書シリーズ　刑法総論』（共著、2018年、弘文堂）

太田　　茂（おおた・しげる）

1949年福岡県出身。

1973年司法試験合格、1974年京都大学法学部卒業。

1977年大阪地方検察庁検事に任官後、熊本、神戸、大阪各地検勤務を経て、1986年から在中華人民共和国日本国大使館一等書記官。1989年法務省官房人事課、1993年高知地検次席検事。以後、法務省刑事局参事官、東京地検刑事部副部長、法務省司法法制課長、同秘書課長、大阪地検次席検事、長野地検検事正、最高検総務部長、大阪高検次席検事を経て、2011年８月京都地検検事正を退官。

2012年～2016年早稲田大学法務研究科（法科大学院）・法学部教授。

2017年～2019年日本大学危機管理学部教授。

弁護士（虎ノ門総合法律事務所）

主要著書・論文

「アメリカ合衆国連邦裁判所における捜索差押えの特定性の要求に関する判例法理の研究――『詐欺性充満の法理』を中心として――⑴～⑷」比較法学49巻１号（2015年）～50巻１号（2016年）

その他、ジュリスト、刑事法ジャーナル等への刑事訴訟法の判例解説など多数

『ゼロ戦特攻隊から刑事へ』（共著、2016年、芙蓉書房出版）

『実践刑事証拠法』（2017年、成文堂）

『応用刑事訴訟法』（2017年、成文堂）

『日中和平工作秘史　繆斌工作は真実だった』（2023年、芙蓉書房出版）

刑事法入門［第２版］

2018年10月１日　初　版第１刷発行
2023年４月20日　第２版第１刷発行

著　者　上野幸彦
　　　　太田　茂
発行者　阿部成一
〒162-0041　東京都新宿区早稲田鶴巻町514番地
発行所　株式会社　成文堂
電話 03(3203)9201(代)　Fax 03(3203)9206
http://www.seibundoh.co.jp

製版・印刷・製本　恵友印刷　　検印省略

☆乱丁・落丁本はおとりかえいたします☆
ISBN978-4-7923-5390-2　C3032

定価（本体2,200円＋税）